高等学校应用型特色教材 经管系列

高级财务会计理论与实务
(第三版)

金 颖 陈玲娣 花爱梅 编著

清华大学出版社

北京

内 容 简 介

本书内容详尽，案例贴合实际，有助于读者的理解。全书共分为九章，主要包括以下内容：①背离会计基本假设的非标准会计核算和报告内容，有企业合并、合并财务报表、外币折算；②中级财务会计中未涉及的、企业出现的具有一定的普遍性但处理难度较大的会计核算，有非货币性资产交换、债务重组、所得税会计、租赁会计、会计政策变更、会计估计变更、前期差错更正、资产负债表日后事项。

本书除了可用作高校应用型本科的会计学、财务管理、审计学等专业学习"高级财务会计"课程的教材外，也可以用作广大会计实务工作者的实务操作参考书。

图书在版编目(CIP)数据

高级财务会计理论与实务/金颖，陈玲娣，花爱梅编著. —3 版. —北京：清华大学出版社，2022.7
（2024.2 重印）

高等学校应用型特色教材. 经管系列

ISBN 978-7-302-61233-9

Ⅰ. ①高… Ⅱ. ①金… ②陈… ③花… Ⅲ. ①财务会计—高等学校—教材 Ⅳ. ①F234.4

中国版本图书馆 CIP 数据核字(2022)第 109740 号

责任编辑：孙晓红
封面设计：李 坤
责任校对：李玉茹
责任印制：宋 林

出版发行：清华大学出版社

　　　　网　　　址：https://www.tup.com.cn, https://www.wqxuetang.com

　　　　地　　　址：北京清华大学学研大厦 A 座　　　邮　　编：100084

　　　　社 总 机：010-83470000　　　　　　　　邮　　购：010-62786544

　　　　投稿与读者服务：010-62776969, c-service@tup.tsinghua.edu.cn

　　　　质量反馈：010-62772015, zhiliang@tup.tsinghua.edu.cn

　　　　课件下载：https://www.tup.com.cn, 010-62791865

印 装 者：涿州市般润文化传播有限公司

经　　销：全国新华书店

开　　本：185mm×260mm　　　印　张：17.5　　　字　数：425 千字

版　　次：2011 年 9 月第 1 版　2022 年 7 月第 3 版　　印　次：2024 年 2 月第 2 次印刷

定　　价：56.00 元

产品编号：094317-01

前　　言

从我国各院校会计学专业的课程设置体系来看，"高级财务会计理论与实务"是继"会计学基础"和"中级财务会计"之后开设的一门重要的专业课程。但是，无论在国内还是国外，对高级财务会计与中级财务会计的内容体系、界限都没有一个明确的划分标准，国内的绝大部分教材都是根据编者自身的理解作出内容的取舍。本书对内容的组织主要考虑了以下几点。

(1) 内容侧重突破基本会计假设的特殊交易与事项。

大多数会计学者认为，是否遵循会计的基本假设是中级财务会计与高级财务会计内容划分的主要标志。遵循基本会计假设的常规交易或事项一般是中级财务会计的内容，而背离基本会计假设的交易或事项，如外币折算、企业合并、合并财务报表的编制等都是高级财务会计的内容。

(2) 与中级财务会计的内容相互衔接。

随着经济的不断发展，会计核算事项越来越丰富，中级财务会计的内容也越来越多，对于一般的常见的交易或事项通常包含在中级财务会计的内容中，但是对于企业出现的具有一定的普遍性但处理难度较大的业务，一般在高级财务会计中介绍，如非货币性资产交换、债务重组、所得税会计、租赁会计、会计政策变更、会计估计变更、会计差错更正以及资产负债表日后事项等。

(3) 强调综合分析和实际应用。

会计是一门实务性很强的学科，课程内容应强调实际应用性，本书列举了充分的案例来增强实务操作性。为强化专业综合分析，本书内容讲解和习题编写融入了权威考试的相关内容，以体现会计的职业性特征，体现理论要求和实际应用的结合。

(4) 紧跟最新财税政策的变化，体现全新内容。

本书的编写在总体遵循我国会计准则体系的基础上，更加突出地体现了近几年修订的《企业会计准则》和应用指南以及解释性公告等的最新变化，同时，对我国已全面实施的"营改增"政策及最新的税率调整等涉及的会计处理进行了全面修订。

本书为江苏省高等教育学会"十四五"高等教育科学研究规划课题研究成果之一(项目编号：YB099)。

本书由金颖、陈玲娣、花爱梅共同编写，最后由金颖总纂定稿。具体分工如下：金颖编写第一、第二、第五章，陈玲娣编写第八、第九章，花爱梅编写第三、第四、第六、第七章。本书在编写、出版过程中得到了清华大学出版社的大力支持，在此表示感谢！

书中不足之处，敬请读者批评、指正。

编　者

目　　录

第一章　非货币性资产交换..................1

　第一节　非货币性资产交换概述..................1

　　一、货币性资产和非货币性资产..........1

　　二、非货币性资产交换的特征..........1

　　三、非货币性资产交换的认定..........2

　　四、非货币性资产交换不涉及的

　　　　交易和事项..........................3

　第二节　非货币性资产交换的确认和

　　　　计量..............................4

　　一、非货币性资产交换的确认..........4

　　二、非货币性资产交换的计量原则......4

　　三、商业实质的判断..................5

　第三节　非货币性资产交换的会计处理......7

　　一、以公允价值为基础计量的会计

　　　　处理..........................7

　　二、以账面价值为基础计量的会计

　　　　处理..........................11

　　三、涉及多项非货币性资产交换的

　　　　会计处理......................12

　第四节　非货币性资产交换的披露..........17

　思考题......................................17

　自测题......................................17

　业务题......................................22

第二章　债务重组..........................25

　第一节　债务重组概述......................25

　　一、债务重组的概念..................25

　　二、债务重组的方式..................26

　第二节　债务重组的会计处理..............27

　　一、债权和债务的终止确认..........27

　　二、债权人的会计处理..............28

　　三、债务人的会计处理..............30

　第三节　债务重组的披露..................36

　思考题......................................37

　自测题......................................37

　业务题......................................42

第三章　所得税会计......................44

　第一节　所得税会计概述..................44

　　一、所得税会计的概念..............44

　　二、所得税会计的特点..............44

　　三、所得税会计核算的一般程序......45

　第二节　计税基础和暂时性差异..........45

　　一、资产的计税基础................45

　　二、负债的计税基础................50

　　三、特殊交易或事项中产生资产、

　　　　负债计税基础的确定............52

　　四、暂时性差异....................52

　　五、特殊项目产生的暂时性差异......54

　第三节　递延所得税资产及负债的

　　　　确认和计量....................55

　　一、递延所得税资产的确认和计量....55

　　二、递延所得税负债的确认和计量....57

　　三、特殊交易或事项中涉及递延

　　　　所得税的确认和计量............61

　　四、适用税率变化对已确认递延

　　　　所得税资产和递延所得税负债的

　　　　影响..........................62

　第四节　所得税费用的确认和计量..........62

　　一、当期所得税....................62

　　二、递延所得税....................63

　　三、所得税费用....................63

　　四、亏损弥补的所得税会计处理......65

　第五节　所得税的列报..................65

　　一、列报的基本原则................65

　　二、所得税费用(收益)与会计利润

　　　　关系的说明....................66

　思考题......................................66

　自测题......................................67

　业务题......................................70

第四章 外币折算.........72

第一节 外币折算概述.........72
　　一、记账本位币.........72
　　二、汇率.........74
　　三、汇兑损益及其确认.........74
第二节 外币交易的记账方法与会计
　　　　处理.........75
　　一、外币交易会计处理的两种观点.........75
　　二、外币交易的记账方法.........76
　　三、外币交易的会计处理.........76
第三节 外币财务报表的折算.........82
　　一、外币财务报表折算方法.........82
　　二、我国外币财务报表折算的一般
　　　　原则.........83
　　三、境外经营的处置.........86
思考题.........86
自测题.........86
业务题.........90

第五章 租赁会计.........92

第一节 租赁概述.........92
　　一、租赁的识别.........92
　　二、租赁的分拆与合并.........95
　　三、租赁期.........97
第二节 承租人的会计处理.........98
　　一、租赁负债的初始计量.........99
　　二、使用权资产的初始计量.........102
　　三、租赁负债的后续计量.........103
　　四、使用权资产的后续计量.........104
　　五、租赁变更的会计处理.........105
　　六、短期租赁和低价值资产租赁.........107
第三节 出租人的会计处理.........108
　　一、出租人的租赁分类.........108
　　二、出租人对融资租赁的会计
　　　　处理.........109
　　三、出租人对经营租赁的会计
　　　　处理.........114
第四节 特殊租赁业务的会计处理.........115
　　一、转租赁.........115

　　二、生产商或经销商出租人的
　　　　融资租赁会计处理.........116
　　三、售后租回交易.........117
第五节 租赁的列报.........120
　　一、承租人的列报和披露.........120
　　二、出租人的列报和披露.........121
思考题.........122
自测题.........122
业务题.........126

第六章 会计政策、会计估计及其变更和差错更正.........129

第一节 会计政策及其变更.........129
　　一、会计政策概述.........129
　　二、会计政策变更概述.........131
　　三、会计政策变更的会计处理.........132
第二节 会计估计及其变更.........137
　　一、会计估计概述.........137
　　二、会计估计变更概述.........139
　　三、会计估计变更的会计处理.........139
第三节 前期差错及其更正.........141
　　一、前期差错的概念及重要性判断.........141
　　二、前期差错更正的会计处理.........142
思考题.........144
自测题.........144
业务题.........148

第七章 资产负债表日后事项.........151

第一节 资产负债表日后事项概述.........151
　　一、资产负债表日后事项的定义.........151
　　二、资产负债表日后事项涵盖的
　　　　期间.........152
　　三、资产负债表日后事项的内容.........152
第二节 调整事项的会计处理.........154
　　一、资产负债表日后调整事项的
　　　　处理原则.........154
　　二、资产负债表日后调整事项的
　　　　具体会计处理方法.........154
第三节 非调整事项的会计处理.........159

一、资产负债表日后非调整事项的
处理原则 159
二、资产负债表日后非调整事项的
具体会计处理方法 159
思考题 161
自测题 161
业务题 165

第八章　企业合并 168
第一节　企业合并概述 168
一、企业合并的概念 168
二、企业合并的分类 171
三、合并方(或购买方)、合并日
(或购买日)的确定 173
第二节　同一控制下企业合并的会计
处理原则及方法 175
一、会计核算方法 175
二、同一控制下企业合并的会计
处理原则 176
三、同一控制下企业合并的会计
处理方法 178
四、同一控制下企业合并的信息
披露 183
第三节　非同一控制下企业合并的会计
处理原则及方法 183
一、会计核算方法 183
二、非同一控制下企业合并的会计
处理原则 184
三、非同一控制下企业合并的会计
处理方法 187
四、非同一控制下企业合并的信息
披露 191
思考题 191
自测题 191
业务题 196

第九章　合并财务报表 199
第一节　合并财务报表概述 199
一、合并财务报表的概念及作用 199
二、合并财务报表的合并理论 199

三、合并财务报表的编制原则 201
四、合并财务报表编制的前期
准备 202
五、合并财务报表的编制程序 203
六、合并财务报表的格式 204
第二节　合并范围的确定 206
一、以"控制"为基础确定合并
范围 206
二、纳入合并范围的特殊情况——
对被投资方可分割部分的
控制 216
三、合并范围的豁免——投资性
主体 217
四、控制的持续评估 218
第三节　内部股权投资的合并处理
(同一控制下企业合并) 218
一、同一控制下企业合并控制权
取得日合并财务报表的编制 218
二、同一控制下企业合并控制权
取得日后首期合并财务报表的
编制 223
三、同一控制下企业合并控制权
取得日后连续合并财务报表的
编制 228
第四节　内部股权投资的合并处理
(非同一控制下企业合并) 229
一、非同一控制下企业合并控制权
取得日合并财务报表的编制 229
二、非同一控制下企业合并控制权
取得日后首期合并财务报表的
编制 231
三、非同一控制下企业合并控制权
取得日后连续合并财务报表的
编制 236
四、合并财务报表的格式 236
第五节　集团内部交易的合并处理 242
一、集团内部交易事项概述 242
二、集团内部存货交易的抵销 242
三、集团内部固定资产交易的抵销 ...247

四、集团内部债权、债务交易的
抵销 255
第六节 所得税会计相关的合并处理.......258
一、所得税会计概述...................258
二、内部应收款项相关所得税
会计的合并处理 258
三、内部交易存货相关所得税
会计的合并处理 259
四、内部交易固定资产相关所得税
会计的合并处理 260

第七节 合并现金流量表的含义与
编制 261
一、合并现金流量表概述...........261
二、合并现金流量表的编制方法.......261
思考题 264
自测题 264
业务题 268

参考文献 272

第一章

非货币性资产交换

学习目标： 理解货币性资产和非货币性资产的概念；掌握非货币性资产交换的概念、非货币性资产交换的确认与计量原则；掌握非货币性资产交换的会计处理；了解非货币性资产交换的披露。

关键词： 非货币性资产　非货币性资产交换　补价　商业实质　公允价值　账面价值

第一节　非货币性资产交换概述

一、货币性资产和非货币性资产

资产按未来经济利益流入(表现形式是货币金额)是否固定或可确定，分为货币性资产和非货币性资产。非货币性资产是相对于货币性资产而言的。

货币性资产，是指企业持有的货币资金和收取固定或可确定金额的货币资金的权利，包括现金、银行存款、应收账款和应收票据等。这些资产在将来为企业带来的经济利益，即货币金额，基本上就是该资产的账面价值，也就是固定的或可确定的。例如，账面价值为 10 000 元的应收账款，在正常情况下能给企业带来的经济效益就是 10 000 元。

非货币性资产，是指货币性资产以外的资产，如存货(原材料、包装物、低值易耗品、库存商品等)、固定资产、在建工程、生产性生物资产、无形资产、投资性房地产、长期股权投资等。非货币性资产有别于货币性资产的最基本特征是其在将来为企业带来的经济利益(即货币金额)是不固定的或不可确定的。例如，企业持有固定资产的主要目的是用于生产经营，通过折旧方式将其磨损价值转移到产品成本或服务中，然后通过产品销售或提供服务获利，固定资产在将来为企业带来的经济利益(即货币金额)是不固定的或不确定的，因此，固定资产属于非货币性资产。

二、非货币性资产交换的特征

企业在生产经营过程中发生的大量交易是以取得或付出货币性资产来进行的，属于货币性资产交换。例如，企业之间赊购赊销，赊销方取得在未来收回一定金额货币的权利，如应收账款；赊购方承担了一项将来会导致企业付出一定金额货币资金的义务，如应付账款。又如，企业支付大量的费用都会导致企业货币资金的减少。货币性资产交换导致了企业资产价值的最终实现，所交换的货币性资产的金额，是计量企业收到的非货币性资产成本的基础，也是计量企业转出非货币性资产的收益或损失的基础。因此，我们应当按照收入和费用确认的原则来合理确定货币性资产交换的损益。

非货币性资产交换是一种非经常性的特殊交易行为,是指企业主要以固定资产、无形资产、投资性房地产和长期股权投资等非货币性资产进行的交换。该交换不涉及或只涉及少量的货币性资产(即补价)。从非货币性资产交换的定义可以看出,非货币性资产交换具有如下特征。

第一,非货币性资产交换的交易对象主要是非货币性资产。企业用货币性资产(如现金、银行存款)来交换非货币性资产(如存货、固定资产等)的交易最为普遍;但是在有些情况下,企业为了满足各自生产经营的需要,同时减少货币性资产的流入和流出,而进行非货币性资产交换交易。例如,A企业需要B企业闲置的生产设备,B企业需要A企业闲置的办公楼,双方在货币性资产短缺的情况下,可能会出现非货币性资产交换的交易行为。

第二,非货币性资产交换是以非货币性资产进行交换的行为。交换,通常是指一个企业和另一个企业之间的互惠转让,通过转让,企业以让渡其他资产或劳务或承担其他义务而取得资产或劳务或偿还负债。非互惠的非货币性资产转让不属于本章所述的非货币性资产交换,如企业捐赠非货币性资产等。

第三,非货币性资产交换一般不涉及货币性资产,但有时也可能涉及少量货币性资产。

通常情况下,交易双方对于某项交易是否为非货币性资产交换的判断是一致的。需要注意的是,对非货币性资产交换进行判断,企业应从自身的角度,根据交易的实质判断相关交易是否属于本章定义的非货币性资产交换,不应基于交易双方的情况进行判断。例如,投资方以一项固定资产出资取得对被投资方的权益性投资,对投资方来说,换出资产为固定资产,换入资产为长期股权投资,属于非货币性资产交换;对于被投资方来说,则是接受换入的实物资产,属于接受权益性投资,不属于非货币性资产交换。

三、非货币性资产交换的认定

非货币性资产交换一般不涉及货币性资产,或只涉及少量货币性资产,即补价。判断涉及少量货币性资产的交换是否为非货币性资产交换时,通常以补价占整个资产交换金额的比例是否低于25%作为参考比例。具体来说:从收到补价的企业来看,收到的货币性资产占换出资产公允价值(或占换入资产公允价值和收到的货币性资产之和)的比例低于25%的,视为非货币性资产交换;从支付补价的企业来看,支付的货币性资产占换出资产公允价值与支付的货币性资产之和(或占换入资产公允价值)的比例低于25%的,视为非货币性资产交换;如果上述比例高于25%(含25%)的,则视为货币性资产交换,适用《企业会计准则第14号——收入》等相关准则的规定。

例如,为适应公司不同经营活动的需要,2021年6月30日,经协商,甲公司决定用一辆货运卡车交换乙公司的一辆小轿车。在交换日,货运卡车的账面原值为200 000元,累计折旧为50 000元,公允价值为155 000元;小轿车的账面原值为180 000元,累计折旧为18 000元,公允价值为160 000元。甲公司另支付银行存款5 000元给乙公司。

在这项交易中,甲公司支付的货币性资产占换入小轿车公允价值的比例＝5 000÷160 000＝3.125%,低于25%,所以,可以判定这项交易为非货币性资产交换。

如果上例中,货运卡车的公允价值为100 000元,小轿车的公允价值为160 000元,在其他条件不变的情况下,甲公司需另支付银行存款60 000元给乙公司。

在这项交易中,甲公司支付的货币性资产占换入小轿车公允价值的比例 = 60 000 ÷ 160 000 = 37.5%,高于 25%,因此,可以判定这项交易为货币性资产交换。

四、非货币性资产交换不涉及的交易和事项

本章适用于所有非货币性资产交换,但不涉及以下交易和事项。

1. 换出资产为存货的非货币性资产交换

企业以存货换取客户的非货币性资产(如固定资产、无形资产等)的,换出存货的企业相关的会计处理适用《企业会计准则第 14 号——收入》。《企业会计准则第 14 号——收入》对企业因转让存货取得非现金对价情形的会计处理作出了规范。

2. 在企业合并中取得的非货币性资产

非货币性资产交换中涉及企业合并的,适用《企业会计准则第 20 号——企业合并》《企业会计准则第 2 号——长期股权投资》和《企业会计准则第 33 号——合并财务报表》。

3. 交换的资产包括属于非货币性资产的金融资产

非货币性资产交换中涉及由《企业会计准则第 22 号——金融工具确认和计量》规范的金融资产的,金融资产的确认、终止确认和计量适用《企业会计准则第 22 号——金融工具确认和计量》和《企业会计准则第 23 号——金融资产转移》。

4. 非货币性资产交换中涉及使用权资产或应收融资租赁款

非货币性资产交换中涉及由《企业会计准则第 21 号——租赁》规范的使用权资产或应收融资租赁款等,相关资产的确认、终止确认和计量适用《企业会计准则第 21 号——租赁》。

5. 非货币性资产交换构成权益性交易

非货币性资产交换的一方直接或间接对另一方持股且以股东身份进行交易,或者非货币性资产交换的双方均受同一方或相同的多方最终控制,且该非货币性资产交换的交易实质是交换的一方向另一方进行了权益性分配或交换的一方接受了另一方的权益性投入,应当适用权益性交易的有关会计处理规定。例如,集团重组中发生的非货币性资产划拨、划转行为,在股东或最终控制方的安排下,企业无代价或以明显不公平的代价将非货币性资产转让给其他企业或接受其他企业的非货币性资产,该类转让的实质是企业进行了权益性分配或接受了权益性投入,不适用本章所述的非货币性资产交换会计处理,应当适用权益性交易的有关会计处理规定。企业应当遵循实质重于形式的原则判断非货币性资产交换是否构成权益性交易。

6. 涉及非货币性资产但不属于本章规范范围的情形

实务中,某些交易和事项虽涉及非货币性资产,但不属于本章规范的非货币性资产交换,适用其他相关会计准则的规定,包括但不限于以下情形。

(1) 企业从政府无偿取得非货币性资产(例如,政府无偿提供非货币性资产给企业建造固定资产等)的,适用《企业会计准则第 16 号——政府补助》。

(2) 企业将非流动资产或处置组分配给所有者的,适用《企业会计准则第 42 号——持

有待售的非流动资产、处置组和终止经营》。

(3) 企业以非货币性资产向职工发放非货币性福利的，适用《企业会计准则第 9 号——职工薪酬》。

(4) 企业以发行股票形式取得的非货币性资产，相当于以权益工具换入非货币性资产，其成本确定适用《企业会计准则第 37 号——金融工具列报》。

(5) 企业用于非货币性资产交换的非货币性资产应当符合资产的定义并满足资产的确认条件，且作为资产列报于企业的资产负债表上。因此，企业用于交换的资产目前尚未列报于资产负债表上、不存在或尚不属于本企业的，适用其他相关会计准则。例如，甲企业从乙企业取得一项土地使用权，承诺未来 3 年内在该地块上建造写字楼，并待写字楼建造完成后向乙企业交付一幢写字楼，在这种情形下，由于甲企业用于交换的建筑物尚不存在，因此无论对甲企业还是乙企业而言，该交易都不属于本章规范的非货币性资产交换。

第二节　非货币性资产交换的确认和计量

一、非货币性资产交换的确认

企业应当分别按照下列原则对非货币性资产交换中的换入资产进行确认，对换出资产终止确认：对于换入资产，应当在其符合资产定义并满足资产确认条件时予以确认；对于换出资产，应当在其满足资产终止确认条件时终止确认。例如，某企业在非货币性资产交换中的换入资产或换出资产均为固定资产，按照《企业会计准则第 4 号——固定资产》和《企业会计准则第 14 号——收入》的规定，换入的固定资产应当在与该固定资产有关的经济利益很可能流入企业，且成本能够可靠地计量时确认；换出的固定资产应当以换入企业取得该固定资产控制权时点作为处置时点终止确认。

非货币性资产交换中的资产应当符合资产的定义并满足资产的确认条件，且作为资产列报于企业的资产负债表上。通常情况下，换入资产的确认时点与换出资产的终止确认时点应当相同或相近。实务中，由于资产控制权转移所必需的运输或转移程序等方面的原因(如资产运输至对方地点所需的合理运输时间、办理股权或房产过户手续等)，可能导致换入资产满足确认条件的时点与换出资产满足终止确认条件的时点存在短暂不一致，企业可以按照重要性原则，在换入资产满足确认条件和换出资产满足终止确认条件孰晚的时点进行会计处理。在换入资产的确认时点与换出资产的终止确认时点存在不一致的情形下，在资产负债表日，企业应当按照下列原则进行会计处理：换入资产满足资产确认条件，换出资产尚未满足终止确认条件的，在确认换入资产的同时将交付换出资产的义务确认为一项负债；换入资产尚未满足资产确认条件，换出资产满足终止确认条件的，在终止确认换出资产的同时将取得换入资产的权利确认为一项资产。

二、非货币性资产交换的计量原则

在非货币性资产交换的情况下，不论是一项资产换入一项资产、一项资产换入多项资产、多项资产换入一项资产，还是多项资产换入多项资产，非货币性资产交换准则都规定了换入资产成本的计量基础和交换所产生损益的确认原则。

1. 以公允价值为基础计量

非货币性资产交换同时满足下列两个条件的，应当以公允价值和应支付的相关税费作为换入资产的成本，公允价值与换出资产账面价值的差额计入当期损益：

(1) 该项交换具有商业实质；

(2) 换入资产或换出资产的公允价值能够可靠地计量。

换入资产和换出资产公允价值均能够可靠计量的，应当以换出资产公允价值作为确定换入资产成本的基础。一般来说，取得资产的成本应当按照所放弃资产的对价来确定，在非货币性资产交换中，换出资产就是放弃的对价，如果其公允价值能够可靠确定，应当优先考虑以换出资产的公允价值作为确定换入资产成本的基础；如果有确凿证据表明换入资产的公允价值更加可靠的，应当以换入资产公允价值为基础确定换入资产的成本。

对于非货币性资产交换中换入资产和换出资产的公允价值均能够可靠计量的情形，企业在判断是否有确凿证据表明换入资产的公允价值更加可靠时，应当考虑确定公允价值所使用的输入值层次，企业可以参考以下情况：第一层次输入值为公允价值提供了最可靠的证据，第二层次直接或间接可观察的输入值比第三层次不可观察输入值为公允价值提供了更确凿的证据。实务中，在考虑了补价因素的调整后，正常交易中换入资产的公允价值和换出资产的公允价值通常是一致的。

2. 以账面价值为基础计量

不具有商业实质或交换涉及资产的公允价值均不能可靠计量的非货币性资产交换，应当以换出资产的账面价值和应支付的相关税费，作为换入资产的成本；无论是否支付补价，均不确认损益；收到或支付的补价作为确定换入资产成本的调整因素。

三、商业实质的判断

非货币性资产交换具有商业实质，是换入资产能够采用公允价值计量的重要条件之一。在确定资产交换是否具有商业实质时，企业应当重点考虑由于发生了该项资产交换预期使企业未来现金流量发生变动的程度，通过比较换出资产和换入资产预计产生的未来现金流量或其现值，确定非货币性资产交换是否具有商业实质。只有当换出资产和换入资产预计未来现金流量或其现值两者之间的差额较大时，才能表明交易的发生使企业经济状况发生了明显改变，非货币性资产交换因而具有商业实质。

1. 判断条件

企业发生的非货币性资产交换，满足下列条件之一的，视为具有商业实质。

(1) 换入资产的未来现金流量在风险、时间分布或金额方面与换出资产显著不同。

企业应当对比考虑换入资产与换出资产的未来现金流量在风险、时间分布或金额三个方面，对非货币性资产交换是否具有商业实质进行综合判断。通常情况下，只要换入资产和换出资产的未来现金流量在其中某个方面存在显著不同，表明满足商业实质的判断条件。

例如，企业以一项生产用的设备换入一批存货，设备作为固定资产要在较长的时间内为企业带来现金流量，而存货流动性强，能够在较短的时间内产生现金流量。两者产生现金流量的时间相差较大，即使假定两者产生未来现金流量的风险和总额均相同，也可以认为上述固定资产与存货的未来现金流量显著不同，因而交换具有商业实质。

又如，A 企业以其用于经营出租的一幢公寓楼，与 B 企业同样用于经营出租的一幢公寓楼进行交换，两幢公寓楼的租期、每期租金总额均相同，但是 A 企业是租给一家财务及信用状况良好的企业让其单身职工居住，B 企业的客户则都是单个租户。相比较而言，A 企业取得租金的风险较小，B 企业由于租给散户，租金的取得依赖于各单个租户的财务和信用状况。因此，两者现金流量流入的风险或不确定性程度存在明显差异，则两幢公寓楼的未来现金流量显著不同，进而可判断该两项资产的交换具有商业实质。

(2) 使用换入资产所产生的预计未来现金流量现值与继续使用换出资产所产生的预计未来现金流量现值不同，且其差额与换入资产和换出资产的公允价值相比是重大的。

企业如果按照上述第(1)项判断条件难以判断某项非货币性资产交换是否具有商业实质，那么可以按照第(2)项条件，分别计算使用换入资产进行相关经营的预计未来现金流量现值和继续使用换出资产进行相关经营的预计未来现金流量现值，通过二者比较进行判断。企业在计算预计未来现金流量现值时，应当按照资产在企业自身持续使用过程和最终处置时预计产生的税后未来现金流量(使用企业自身的所得税税率)，根据企业自身而不是市场参与者对资产特定风险的评价，选择恰当的折现率对预计未来现金流量折现后的金额加以确定，以体现资产对企业自身的特定价值，即国际财务报告准则所称的"主体特定价值"。

从市场参与者的角度分析，换入资产和换出资产的未来现金流量在风险、时间或金额方面可能相同或相似。但是对于企业自身而言，鉴于换入资产的性质和换入企业经营活动的特征等因素，换入资产与换入企业其他现有资产相结合，能够比换出资产发挥更大的作用，使换入企业受该换入资产影响的经营活动部分产生的现金流量与换出资产明显不同，进而使用换入资产进行相关经营的预计未来现金流量现值与继续使用换出资产进行相关经营的预计未来现金流量现值存在重大差异，若其差额与换入资产和换出资产的公允价值相比是重大的，则表明交换具有商业实质。

例如，甲企业以持有的某非上市公司 A 企业的 10%股权换入乙企业拥有的一项专利权。假定从市场参与者的角度来看，该股权与该项专利权的公允价值相同，两项资产未来现金流量的风险、时间和金额亦相似。通过用第(1)项判断条件难以得出交易是否具有商业实质的结论。根据第(2)项判断条件，对换入专利权的甲企业来说，该项专利权能够解决其生产中的技术难题，使其未来的生产产量成倍增长，从而产生的预计未来现金流量现值与换出的股权投资有较大差异，且其差额与换入资产和换出资产的公允价值相比是重大的，因而认为该交换具有商业实质。对换入股权的乙企业来说，其取得甲公司换出的 A 企业 10%股权后，对 A 企业的投资关系由重大影响变为控制，从而产生的预计未来现金流量现值与换出的专利权有较大差异，且其差额与换入资产和换出资产的公允价值相比也是重大的，因而可认为该交换具有商业实质。

2. 交换涉及的资产类别与商业实质的关系

企业在判断非货币性资产交换是否具有商业实质时，通常还可以考虑资产是否属于同一类别来进行分析。同类别的资产是指在资产负债表中列示为同一报表项目的资产；不同类别的资产是指在资产负债表中列示为不同报表项目的资产，例如存货、固定资产、无形资产、投资性房地产、长期股权投资等都是不同类别的非货币性资产。一般来说，不同类别的非货币性资产产生经济利益的方式不同，其产生的未来现金流量在风险、时间或金额方面也很可能不相同。不同类别非货币性资产之间的交换(如存货和固定资产之间的交换、固定资产和长期股权投资之间的交换等)是否具有商业实质，通常较易判断；而同类别非货币性资产之间的交换(如存货之间、固定资产之间、长期股权投资之间的交换等)是否具有商业实质，则通常较难判断，需要根据上述两项判断条件综合判断。

例如，企业将一项用于出租的投资性房地产，与另一企业的厂房进行交换，换入的厂房作为自用固定资产，属于不同类别的非货币性资产之间的交换。在该交换交易下，换出的投资性房地产的未来现金流量为每期的租金，换入的固定资产的未来现金流量为该厂房独立产生或包括该厂房的资产组协同产生的现金流量。通常情况下，由定期租金带来的现金流量与用于生产经营的固定资产产生的现金流量在风险、时间或金额方面显著不同，因而两项资产的交换具有商业实质。

再如，企业将其拥有的一幢建筑物，与另一企业拥有的在同一地点的另一幢建筑物进行交换，两幢建筑物的建造时间、建造成本等均相同，属于同类别的非货币性资产之间的交换。在该交换交易下，两幢建筑物未来现金流量的风险、时间和金额可能相同，也可能不同。如果其中一幢建筑物可以立即出售，企业管理层也打算将其立即出售，而另一幢建筑物难以出售或只能在一段较长的时间内出售，则可以表明两项资产未来现金流量的风险、时间或金额显著不同，因而这两项资产的交换具有商业实质。

此外，需要说明的是，从事相同经营业务的企业之间相互交换具有类似性质和相等价值的商品，以便在不同地区销售，这种同类别的非货币性资产之间的交换不具有商业实质。实务中，这种交换通常发生在某些特定商品上，常见的例子如石油或牛奶等。

第三节　非货币性资产交换的会计处理

一、以公允价值为基础计量的会计处理

非货币性资产交换具有商业实质且公允价值能够可靠计量的，应当以换出资产的公允价值和应支付的相关税费作为换入资产的成本，除非有确凿证据表明换入资产的公允价值比换出资产的公允价值更加可靠。其中，计入换入资产的应支付的相关税费应当符合相关会计准则对资产初始计量成本的规定。例如，换入资产为存货的，包括相关税费、使该资产达到目前场所和状态所发生的运输费、装卸费、保险费，以及可归属于该资产的其他成本；换入资产为长期股权投资的，包括与取得该资产直接相关的费用、税金和其他必要支出；换入资产为固定资产的，包括相关税费、使该资产达到预定可使用状态前所发生的可归属于该资产的运输费、装卸费、安装费和专业人员服务费等。上述税费均不包括准予从增值税销项税额中抵扣的进项税额。

在以公允价值为基础计量的情况下，不论是否涉及补价，只要换出资产的公允价值与其账面价值不相同，就一定会涉及损益的确认，因为非货币性资产交换损益通常是换出资产公允价值与换出资产账面价值的差额，通过非货币性资产交换予以实现。

企业应当在换出资产终止确认时，将换出资产的公允价值与其账面价值之间的差额计

入当期损益。换出资产的公允价值不能够可靠计量，或换入资产和换出资产的公允价值均能够可靠计量但有确凿证据表明换入资产的公允价值更加可靠的，应当在终止确认时，将换入资产的公允价值与换出资产账面价值之间的差额计入当期损益。

非货币性资产交换的会计处理，视换出资产的类别不同而有所区别：

(1) 换出资产为固定资产、在建工程、生产性生物资产、无形资产的，计入当期损益的部分通过"资产处置损益"科目核算，在利润表"资产处置收益"项目中列示。

(2) 换出资产为长期股权投资的，计入当期损益的部分通过"投资收益"科目核算，在利润表"投资收益"项目中列示。

(3) 换出资产为投资性房地产的，按换出资产公允价值或换入资产公允价值确认"其他业务收入"，按换出资产账面价值结转"其他业务成本"，二者之间的差额计入当期损益，二者分别在利润表"营业收入"和"营业成本"项目中列示。

1. 不涉及补价的情况

【例 1-1】甲公司和乙家具制造公司均为增值税一般纳税人，适用的增值税税率均为13%。经协商，甲公司与乙公司于20×1年1月30日签订资产交换合同，当日生效。合同约定，甲公司以生产经营过程中使用的一台设备与乙公司生产的一批办公家具进行交换，用于交换的设备和办公家具当日的公允价值均为7.5万元。合同签订日即交换日，甲公司设备的账面价值为7.4万元(其中账面原价为10万元，已计提折旧2.6万元)；乙公司办公家具的账面价值为7万元。甲公司将换入的办公家具作为固定资产使用和管理；乙公司将换入的设备作为固定资产使用和管理。甲公司和乙公司开具的增值税专用发票注明的计税价格均为7.5万元，增值税额为9 750元。交易过程中，甲公司以银行存款支付设备清理费用1 500元。

假设甲公司和乙公司此前均未对上述资产计提减值准备，整个交易过程中未发生除增值税以外的其他税费。

分析：整个资产交换过程没有涉及收付货币性资产，交换的资产为办公家具和设备，属于非货币性资产交换。

对甲公司来说，换入的办公家具虽然也作为固定资产使用和管理，但其未来现金流量是通过员工的使用来实现，而换出的设备的未来现金流量是通过生产产品并对外销售而产生，二者产生的现金流量在风险、时间和金额方面存在明显差异，因而交换具有商业实质。同时，两项资产的公允价值都能够可靠地计量，符合以公允价值为基础计量的条件。假设没有确凿证据表明换入资产的公允价值更加可靠，按照相关会计准则的规定，甲公司以换出资产的公允价值为基础确定换入资产的成本，并确认换出资产产生的损益。

甲公司的账务处理如下。

借：固定资产清理	85 250	
累计折旧	26 000	
贷：固定资产——设备		100 000
银行存款		1 500
应交税费——应交增值税(销项税额)		9 750

```
借：固定资产——办公家具                          75 000
    应交税费——应交增值税(进项税额)               9 750
    资产处置损益                                     500
    贷：固定资产清理                             85 250
```

对乙公司来说，相关收入应当按照《企业会计准则第 14 号——收入》的相关规定进行会计处理。假定换出存货的交易符合准则规定的收入确认条件。

乙公司的账务处理如下。

```
借：固定资产——设备                            75 000
    应交税费——应交增值税(进项税额)               9 750
    贷：主营业务收入                             75 000
        应交税费——应交增值税(销项税额)           9 750
借：主营业务成本                               70 000
    贷：库存商品                                 70 000
```

2. 涉及补价的情况

在以公允价值为基础确定换入资产成本的情况下，发生补价的，支付补价方和收到补价方应当分别处理。

(1) 支付补价方：①以换出资产的公允价值为基础计量的，应当以换出资产的公允价值，加上支付补价的公允价值和应支付的相关税费，作为换入资产的成本，换出资产的公允价值与其账面价值之间的差额计入当期损益。②有确凿证据表明换入资产的公允价值更加可靠的，即以换入资产的公允价值为基础计量的，应当以换入资产的公允价值和应支付的相关税费作为换入资产的初始计量金额，换入资产的公允价值减去支付补价的公允价值，与换出资产账面价值之间的差额计入当期损益。

(2) 收到补价方：①以换出资产的公允价值为基础计量的，应当以换出资产的公允价值，减去收到补价的公允价值，加上应支付的相关税费，作为换入资产的成本，换出资产的公允价值与其账面价值之间的差额计入当期损益。②有确凿证据表明换入资产的公允价值更加可靠的，即以换入资产的公允价值为基础计量的，应当以换入资产的公允价值和应支付的相关税费作为换入资产的初始计量金额，换入资产的公允价值加上收到补价的公允价值，与换出资产账面价值之间的差额计入当期损益。

【例 1-2】沿用例 1-1，假设其他条件不变，合同约定甲公司用于交换的设备的公允价值为 7.5 万元，乙公司用于交换的办公家具的公允价值为 9 万元，甲公司以银行存款向乙公司支付补价 1.5 万元。甲公司开具的增值税专用发票注明的计税价格为 7.5 万元，增值税额为 9 750 元；乙公司开具的增值税专用发票注明的计税价格为 9 万元，增值税额为 1.17 万元；甲公司以银行存款向乙公司支付增值税差额 1 950 元。

分析：涉及收付货币性资产，应当计算货币性资产占整个资产交换的比例，双方各自 1.5 万元占 9 万元的比例为 16.67%，小于 25%，属于非货币性资产交换。

甲公司的账务处理如下。

```
借：固定资产清理                               85 250
    累计折旧                                   26 000
```

贷：固定资产——设备		100 000
银行存款		1 500
应交税费——应交增值税(销项税额)		9 750
借：固定资产——办公家具	90 000	
应交税费——应交增值税(进项税额)	11 700	
资产处置损益	500	
贷：固定资产清理		85 250
银行存款		16 950

乙公司的账务处理如下。

借：固定资产——设备	75 000	
应交税费——应交增值税(进项税额)	9 750	
银行存款	16 950	
贷：主营业务收入		90 000
应交税费——应交增值税(销项税额)		11 700
借：主营业务成本	70 000	
贷：库存商品		70 000

【例 1-3】 20×1 年 6 月 15 日，甲冰箱制造公司为了提高产品质量，需要乙公司的一项专利权。经协商，甲公司与乙公司签订合同，甲公司以其持有的对其联营企业丙公司的 20% 股权作为对价购买乙公司的专利权。专利权的过户手续于 20×1 年 6 月 28 日完成，正式转移至甲公司。乙公司取得对丙公司的 20% 股权后，向丙公司派遣 1 名董事替代原甲公司派遣的董事，能够对丙公司实施重大影响，丙公司成为乙公司的联营企业。丙公司的股权过户、董事更换、相关董事会决议和章程修订于 20×1 年 6 月 30 日完成并生效。20×1 年 6 月 30 日，甲公司的长期股权投资的账面价值为 630 万元(其中，投资成本为 670 万元，损益调整为-40 万元)；乙公司专利权的账面价值为 680 万元(其中，账面原价为 800 万元，累计摊销额为 120 万元)。

丙公司是上市公司，按照合同开始日的股票价格计算，丙公司的 20% 股权的公允价值为 700 万元。乙公司专利权的公允价值为 650 万元，系第三方报价机构使用乙公司自身数据通过估值技术确定的。由于甲公司迫切需要该专利权来提高产品质量，同意乙公司以银行存款支付补价 40 万元。20×1 年 6 月 30 日，丙公司可辨认净资产公允价值为 3 200 万元。

假设甲公司和乙公司此前均未对上述资产计提减值准备，丙公司自成立以来未发生其他综合收益变动，整个交易过程中未发生相关税费。

分析：交换的资产为长期股权投资和无形资产，属于非货币性资产交换。对甲公司来说，换入的专利权能够大幅度改善产品质量，通过生产高质量的产品并对外销售而产生现金流量，与换出的对丙公司的长期股权投资通过获得股利产生现金流量相比，其预计未来现金流量的风险、时间和金额均不相同，因而交换具有商业实质；对乙公司来说，换入的对丙公司的长期股权投资，使丙公司成为其联营企业，可通过参与丙公司的财务和经营政策等方式，对其实施重大影响，由此从丙公司活动中获取现金流量，与换出的专利权预计产生的未来现金流量的风险、时间和金额均不相同，因而交换具有商业实质。同时，两项资产的公允价值都能够可靠地计量，符合以公允价值为基础计量的条件。

本例中,涉及收付货币性资产,应当计算货币性资产占整个资产交换的比例。补价 40 万元占整个资产交换金额的比例小于 25%,属于非货币性资产交换。

由于用于交换的两项资产的公允价值均能够可靠地计量,企业应当考虑是否有确凿证据表明换入资产的公允价值更加可靠。由于丙公司是上市公司, 其 20%的股权的公允价值是基于股票价格计算的, 其公允价值输入值的层次为第一层次, 即活跃市场上未经调整的报价。乙公司专利权的公允价值是基于估值技术的评估值, 其公允价值输入值的层次为第三层次。因此, 对甲公司来说, 应当以换出资产丙公司的 20%股权的公允价值(700 万元)减去收到的补价(40 万元)作为换入资产专利权的成本(700 万元-40 万元=660 万元), 换出资产的公允价值与其账面价值之间的差额计入当期损益(700 万元-630 万元=70 万元); 对乙公司来说, 有确凿证据表明换入资产丙公司的 20%股权的公允价值更加可靠, 应当以换入资产丙公司的 20%股权的公允价值(700 万元)作为其初始计量金额, 换入资产的公允价值减去支付的补价, 与换出资产专利权账面价值之间的差额计入当期损益(700 万元-40 万元-680 万元=-20 万元)。

甲公司的账务处理如下。

借: 无形资产——专利权　　　　　　　　　　　6 600 000
　　长期股权投资——损益调整　　　　　　　　　 400 000
　　银行存款　　　　　　　　　　　　　　　　　 400 000
　　贷: 长期股权投资——投资成本　　　　　　　　　　 6 700 000
　　　　投资收益　　　　　　　　　　　　　　　　　　 700 000

乙公司的账务处理如下。

借: 长期股权投资——投资成本　　　　　　　　7 000 000
　　累计摊销　　　　　　　　　　　　　　　　1 200 000
　　资产处置损益　　　　　　　　　　　　　　　 200 000
　　贷: 无形资产——专利权　　　　　　　　　　　　　 8 000 000
　　　　银行存款　　　　　　　　　　　　　　　　　　 400 000

二、以账面价值为基础计量的会计处理

非货币性资产交换不具有商业实质, 或者虽然具有商业实质但换入资产和换出资产的公允价值均不能可靠计量的, 应当以换出资产账面价值为基础确定换入资产成本, 无论是否支付补价, 均不确认损益。

1. 不涉及补价的情况

在以账面价值为基础计量的情况下, 对于换入资产, 应当以换出资产的账面价值和应支付的相关税费作为换入资产的初始计量金额; 对于换出资产, 终止确认时不确认损益。

2. 涉及补价的情况

对于以账面价值为基础计量的非货币性资产交换, 涉及补价的, 支付补价方和收到补价方应当将补价作为确定换入资产初始计量金额的调整因素, 分别进行处理。

(1) 支付补价方: 应当以换出资产的账面价值, 加上支付补价的账面价值和应支付的

相关税费，作为换入资产的初始计量金额，不确认损益。

(2) 收到补价方：应当以换出资产的账面价值，减去收到补价的公允价值，加上应支付的相关税费，作为换入资产的初始计量金额，不确认损益。

【例1-4】 丙公司拥有一台专有设备，该设备账面原价为450万元，已计提折旧330万元，丁公司拥有一项长期股权投资，账面价值为90万元，两项资产均未计提减值准备。丙公司决定以其专有设备交换丁公司的长期股权投资，该专有设备是生产某种产品必需的设备。由于专有设备系当时专门制造，性质特殊，其公允价值不能可靠计量；丁公司拥有的长期股权投资的公允价值也不能可靠计量。经双方商定，丁公司支付了20万元补价。假定交易不考虑相关税费。

分析：该项资产交换涉及收付货币性资产，即补价20万元。对丙公司而言，换出资产的账面价值=设备账面原价450万元-已计提折旧330万元=120万元，收到的补价20万元÷换出资产账面价值120万元=16.7%，小于25%。因此，该项交换属于非货币性资产交换，丁公司的情况也类似。由于两项资产的公允价值不能可靠计量，因此，丙、丁公司换入资产的成本均应当按照换出资产的账面价值确定。

丙公司的账务处理如下。

借：固定资产清理	1 200 000	
累计折旧	3 300 000	
贷：固定资产——专有设备		4 500 000
借：长期股权投资	1 000 000	
银行存款	200 000	
贷：固定资产清理		1 200 000

丁公司的账务处理如下。

借：固定资产——专有设备	1 100 000	
贷：长期股权投资		900 000
银行存款		200 000

三、涉及多项非货币性资产交换的会计处理

企业以一项非货币性资产同时换入另一企业的多项非货币性资产，或同时以多项非货币性资产换入另一企业的一项非货币性资产，或以多项非货币性资产同时换入多项非货币性资产，也可能涉及补价。涉及多项资产的非货币性资产交换，企业无法将换出的某一资产与换入的某一特定资产相对应。与单项非货币性资产之间的交换一样，涉及多项资产的非货币性资产交换的计量，企业也应当首先判断是否符合以公允价值计量的两个条件，再分别确定各项换入资产的成本。

1. 以公允价值为基础计量的情况

1) 以换出资产的公允价值为基础计量的

(1) 对于同时换入的多项资产，由于通常无法将换出资产与换入的某项特定资产相对应，应当按照各项换入资产的公允价值的相对比例(换入资产的公允价值不能够可靠计量的，可以按照换入的金融资产以外的各项资产的原账面价值的相对比例或其他合理的比例)，将

换出资产公允价值总额(涉及补价的,加上支付补价的公允价值或减去收到补价的公允价值)扣除换入金融资产公允价值后的净额进行分摊,分摊至各项换入资产,以分摊额和应支付的相关税费作为各项换入资产的成本进行初始计量。需要说明的是,如果同时换入的多项非货币性资产中包含由《企业会计准则第22号——金融工具确认和计量》规范的金融资产,应当按照《企业会计准则第22号——金融工具确认和计量》的规定进行会计处理,在确定换入的其他多项资产的初始计量金额时,应当将金融资产公允价值从换出资产公允价值总额中扣除。

(2) 对于同时换出的多项资产,应当将各项换出资产的公允价值与其账面价值之间的差额,在各项换出资产终止确认时计入当期损益。

2) 以换入资产的公允价值为基础计量的

(1) 对于同时换入的多项资产,应当以各项换入资产的公允价值和应支付的相关税费作为各项换入资产的初始计量金额。

(2) 对于同时换出的多项资产,由于通常无法将换出资产与换入的某项特定资产相对应,应当按照各项换出资产的公允价值的相对比例(换出资产的公允价值不能够可靠计量的,可以按照各项换出资产的账面价值的相对比例),将换入资产的公允价值总额(涉及补价的,减去支付补价的公允价值或加上收到补价的公允价值)分摊至各项换出资产,分摊额与各项换出资产账面价值之间的差额,在各项换出资产终止确认时计入当期损益。需要说明的是,如果同时换出的多项非货币性资产中包含由《企业会计准则第22号——金融工具确认和计量》规范的金融资产,该金融资产应当按照《企业会计准则第22号——金融工具确认和计量》和《企业会计准则第23号——金融资产转移》的规定判断换出的该金融资产是否满足终止确认条件并进行终止确认的会计处理。在确定其他各项换出资产终止确认的相关损益时,终止确认的金融资产公允价值应当从换入资产公允价值总额中扣除。

【例1-5】甲公司和乙公司均为增值税一般纳税人,适用的增值税税率均为13%。20×1年8月,为适应业务发展的需要,经协商,甲公司决定以生产经营过程中使用的机器设备和专用货车换入乙公司生产经营过程中使用的小汽车和客运汽车。甲公司设备的账面原价为1 800万元,在交换日的累计折旧为300万元,公允价值为1 350万元;货车的账面原价为600万元,在交换日的累计折旧为480万元,公允价值为100万元。乙公司小汽车的账面原价为1 300万元,在交换日的累计折旧为690万元,公允价值为709.5万元;客运汽车的账面原价为1 300万元,在交换日的累计折旧为680万元,公允价值为700万元。乙公司另外向甲公司支付银行存款45.765万元,其中包括由于换出和换入资产公允价值不同而支付的补价40.5万元,以及换出资产销项税额与换入资产进项税额的差额5.265万元。

假定甲公司和乙公司都没有为换出资产计提减值准备;甲公司换入乙公司的小汽车、客运汽车作为固定资产使用和管理;乙公司换入甲公司的设备、货车作为固定资产使用和管理。假定甲公司和乙公司上述交易涉及的增值税进项税额按照税法规定可抵扣且已得到认证;不考虑其他相关税费。

分析:涉及收付货币性资产,应当计算甲公司收到的货币性资产占甲公司换出资产公允价值总额的比例(等于乙公司支付的货币性资产占乙公司换入资产公允价值的比例),即40.5万元÷(1 350万元+100万元)=2.79%,小于25%。可以认定这一涉及多项资产的交换行为属于非货币性资产交换。

对于甲公司而言，为了拓展运输业务，需要小汽车、客运汽车等，乙公司为了扩大产品生产，需要设备和货车，换入资产对换入企业均能发挥更大的作用。因此，该项涉及多项资产的非货币性资产交换具有商业实质；同时，各单项换入资产和换出资产的公允价值均能可靠计量，因此，甲、乙公司均应当以公允价值为基础确定换入资产的总成本，确认产生的相关损益。同时，按照各单项换入资产的公允价值占换入资产公允价值总额的比例，确定各单项换入资产的成本。

甲公司的账务处理如下。

(1) 根据税法的有关规定：

换出设备的增值税销项税额 = 1 350 × 13% = 175.5 (万元)

换出货车的增值税销项税额 = 100 × 13% = 13 (万元)

换入小汽车、客运汽车的增值税进项税额 = (709.5 + 700) × 13% = 183.235 (万元)

(2) 计算换入资产、换出资产公允价值总额：

换出资产公允价值总额 = 1 350 + 100 = 1 450 (万元)

换入资产公允价值总额 = 709.5 + 700 = 1 409.5 (万元)

(3) 计算换入资产总成本：

换入资产总成本 = 换出资产公允价值 - 补价 + 应支付的相关税费

= 1 450 - 40.5 + 0 = 1 409.5 (万元)

(4) 计算确定换入各项资产的公允价值占换入资产公允价值总额的比例：

小汽车公允价值占换入资产公允价值总额的比例 = 709.5 ÷ 1 409.5 = 50.34%

客运汽车占换入资产公允价值总额的比例 = 700 ÷ 1 409.5 = 49.66%

(5) 计算确定换入各项资产的成本：

小汽车成本 = 1 409.5 × 50.34% = 709.5 (万元)

客运汽车的成本 = 1 409.5 × 49.66% = 700 (万元)

(6) 会计分录：

借：固定资产清理	16 200 000	
累计折旧	7 800 000	
贷：固定资产——设备		18 000 000
——货车		6 000 000
借：固定资产——小汽车	7 095 000	
——客运汽车	7 000 000	
应交税费——应交增值税(进项税额)	1 832 350	
银行存款	457 650	
资产处置损益	1 700 000	
贷：固定资产清理		16 200 000
应交税费——应交增值税(销项税额)		1 885 000

乙公司的账务处理如下。

(1) 根据税法的有关规定：

换入货车的增值税进项税额 = 100 × 13% = 13 (万元)

换入设备的增值税进项税额 = 1 350 × 13% = 175.5 (万元)

换出小汽车、客运汽车的增值税销项税额 = (709.5 + 700) × 13% = 183.235 (万元)

(2) 计算换入资产、换出资产公允价值总额：

换入资产公允价值总额 = 1 350 + 100 = 1 450 (万元)

换出资产公允价值总额 = 709.5 + 700 = 1 409.5 (万元)

(3) 确定换入资产总成本：

换入资产总成本 = 换出资产公允价值 + 支付的补价 = 1 409.5 + 40.5 = 1 450 (万元)

(4) 计算确定换入各项资产的公允价值占换入资产公允价值总额的比例：

设备公允价值占换入资产公允价值总额的比例 = 1 350 ÷ 1 450 = 93.10%

货车公允价值占换入资产公允价值总额的比例 = 100 ÷ 1 450 = 6.90%

(5) 计算确定换入各项资产的成本：

设备的成本 = 1 450 × 93.10% = 1 350 (万元)

货车的成本 = 1 450 × 6.90% = 100 (万元)

(6) 会计分录：

借：固定资产清理　　　　　　　　　　　　　　12 300 000

　　累计折旧　　　　　　　　　　　　　　　　13 700 000

　　　贷：固定资产——小汽车　　　　　　　　　　13 000 000

　　　　　　　　——客运汽车　　　　　　　　　　13 000 000

借：固定资产——设备　　　　　　　　　　　　13 500 000

　　　　　　——货车　　　　　　　　　　　　 1 000 000

　　应交税费——应交增值税(进项税额)　　　　 1 885 000

　　　贷：固定资产清理　　　　　　　　　　　　12 300 000

　　　　　应交税费——应交增值税(销项税额)　　 1 832 350

　　　　　银行存款　　　　　　　　　　　　　　 457 650

　　　　　资产处置损益　　　　　　　　　　　　 1 795 000

2. 以账面价值为基础计量的情况

对于以账面价值为基础计量的非货币性资产交换，如涉及换入多项资产或换出多项资产，或者同时换入和换出多项资产的，应当分别对换入的多项资产、换出的多项资产进行会计处理。

对于换入的多项资产，由于通常无法将换出资产与换入的某项特定资产相对应，应当按照各项换入资产的公允价值的相对比例(换入资产的公允价值不能够可靠计量的，也可以按照各项换入资产的原账面价值的相对比例或其他合理的比例)，将换出资产的账面价值总额(涉及补价的，加上支付补价的账面价值或减去收到补价的公允价值)分摊至各项换入资产，加上应支付的相关税费，作为各项换入资产的初始计量金额。

对于同时换出的多项资产，各项换出资产终止确认时均不确认损益。

【例1-6】20×1年5月，甲公司因经营战略发生较大转变，产品结构发生较大调整，原生产产品的专有设备、生产产品的专利技术等已不符合生产新产品的需要，经与乙公司协商，将其专用设备连同专利技术与乙公司正在建造过程中的一幢建筑物及对丙公司的长期股权投资进行交换。甲公司换出专有设备的账面原价为1 200万元，已提折旧750万元；专利技术账面原价为 450 万元,已摊销金额为 270 万元。乙公司在建工程截止到交换日的成本为 525 万元,对丙公司的长期股权投资账面余额为 150 万元。由于甲公司持有的专有设备和专利技术市场上已不多见,因此公允价值不能可靠计量。乙公司的在建工程因完工程度难以合理确定,其公允价值不能可靠计量;乙公司对丙公司长期股权投资的公允价值也不能可靠计量。假定甲、乙公司均未对上述资产计提减值准备,假定不考虑相关税费等因素。

分析:不涉及收付货币性资产,属于非货币性资产交换。由于换入资产、换出资产的公允价值均不能可靠计量,甲、乙公司均应当以换出资产账面价值总额作为换入资产的成本,各项换入资产的成本,应当按各项换入资产的账面价值占换入资产账面价值总额的比例分配后确定。

甲公司的账务处理如下。

(1) 计算换入资产、换出资产账面价值总额:

换入资产账面价值总额 = 525 + 150 = 675 (万元)

换出资产账面价值总额 = (1 200 - 750) + (450 - 270) = 630 (万元)

(2) 确定换入资产总成本:

换入资产总成本 = 630 (万元)

(3) 计算各项换入资产账面价值占换入资产账面价值总额的比例:

在建工程占换入资产账面价值总额的比例 = 525 ÷ 675 = 77.8%

长期股权投资占换入资产账面价值总额的比例 = 150 ÷ 675 = 22.2%

(4) 确定各项换入资产成本:

在建工程成本 = 630 × 77.8% = 490.14 (万元)

长期股权投资成本 = 630 × 22.2% = 139.86 (万元)

(5) 会计分录:

借: 固定资产清理 4 500 000
    累计折旧 7 500 000
    贷: 固定资产——专有设备 12 000 000

借: 在建工程 4 901 400
    长期股权投资 1 398 600
    累计摊销 2 700 000
    贷: 固定资产清理 4 500 000
        无形资产——专利技术 4 500 000

乙公司的账务处理如下。

(1) 计算换入资产、换出资产账面价值总额:

换入资产账面价值总额 = (1 200 - 750) + (450 - 270) = 630 (万元)

换出资产账面价值总额 = 525 + 150 = 675(万元)

(2) 确定换入资产总成本:

换入资产总成本 = 675 (万元)

(3) 计算各项换入资产账面价值占换入资产账面价值总额的比例:

专有设备占换入资产账面价值总额的比例 = 450 ÷ 630 = 71.4%

专利技术占换入资产账面价值总额的比例 = 180 ÷ 630 = 28.6%

(4) 确定各项换入资产成本:

专有设备成本 = 675 × 71.4% = 481.95 (万元)

专利技术成本 = 675 × 28.6% = 193.05 (万元)

借: 固定资产——专有设备　　　　　　　　　　　4 819 500

　　无形资产——专利技术　　　　　　　　　　　1 930 500

　　　贷: 在建工程　　　　　　　　　　　　　　　5 250 000

　　　　　长期股权投资　　　　　　　　　　　　1 500 000

第四节　非货币性资产交换的披露

　　企业应当在财务报告附注中，披露有关非货币性资产交换的下列信息: ①非货币性资产交换是否具有商业实质及其原因; ②换入资产、换出资产的类别，即企业在非货币性资产交换中以什么资产与什么资产相交换; ③换入资产初始计量金额的确定方式; ④换入资产、换出资产的公允价值以及换出资产的账面价值; ⑤非货币性资产交换确认的损益。

　　需要说明的是，披露非货币性资产交换是否具有商业实质的原因时，如果能够通过定性分析得出结论认定换入资产的未来现金流量在风险、时间或金额方面与换出资产显著不同，交换因而具有商业实质，则应当披露定性分析中所考虑的相关因素和相关结论。这种情况下，不需要进一步披露使用换入资产和继续使用换出资产所产生的预计未来现金流量现值，以及通过计算进行的定量分析。如果难以通过定性分析直接得出结论认定非货币性资产交换具有商业实质，则应当披露使用换入资产进行相关经营的预计未来现金流量现值和继续使用换出资产进行相关经营的预计未来现金流量现值，以及相关的定量分析和结论。

思　考　题

1. 如何判别非货币性资产交换和货币性资产交换?

2. 什么是商业实质? 判断是否具有商业实质的主要依据有哪些?

3. 具有商业实质且公允价值能够可靠计量的非货币性资产交换，如何计量换入资产价值?

4. 具有商业实质但公允价值不能够可靠计量的非货币性资产交换，如何计量换入资产价值?

5. 换入多项非货币性资产时，应当如何计量各项换入资产的价值?

自　测　题

一、单项选择题

1. 下列各项目中，不能归属于非货币性资产的是(　　)。

　　A. 无形资产　　　B. 长期股权投资　　　C. 固定资产　　　D. 应收账款

2. 下列有关非货币性资产交换的说法中，正确的是(　　)。

  A. 非货币性资产交换是企业经常发生的常规性交易之一

  B. 非货币性资产交换交易中交换双方需要确认交换损益

  C. 企业用库存商品交换固定资产属于非货币性资产交换

  D. 企业将存货用于股权投资适用于非货币性资产交换准则

3. 非货币性资产交换交易中可能涉及少量的货币资金，这里的"少量"是指(　　)。

  A. 对支付方而言，其支付的货币资金低于或等于换入资产公允价值的25%

  B. 对收取方而言，其收到的货币资金低于或等于换入资产公允价值的25%

  C. 对支付方而言，其支付的货币资金低于换入资产公允价值的25%

  D. 对收取方而言，其收到的货币资金低于换入资产公允价值的25%

4. 甲公司为增值税一般纳税人，适用的增值税税率为13%。20×1年度甲公司以账面价值为250万元、市场价格为280万元、消费税税率为10%的一批库存商品(应税消费品)向乙公司换取一套生产用设备，该设备账面原始价值为300万元、累计折旧60万元，经评估其公允价值为280万元。甲公司经判断，该项库存商品的换出符合收入确认条件。不考虑其他因素。此项交易导致甲公司20×1年度税前利润增加(　　)万元。

  A. 280   B. 250   C. 28   D. 2

5. 以账面价值为基础计量的非货币性资产交换，同时换入多项资产的，对于同时换入的多项资产，按照(　　)，加上应支付的相关税费，作为各项换入资产的初始计量金额。

  A. 各项换入资产的公允价值与其账面价值之间的差额

  B. 各项换出资产的公允价值与其账面价值之间的差额

  C. 各项换入资产的账面价值的相对比例，将换出资产的账面价值总额分摊至各项换入资产

  D. 各项换入资产的公允价值的相对比例，将换出资产的账面价值总额分摊至各项换入资产

6. 甲公司为一家房地产开发公司，20×0年发生的下列交易事项中，应当按照非货币性资产交换准则进行会计处理的是(　　)。

  A. 甲公司以其开发产品换取被拆迁人持有的房屋

  B. 甲公司以其开发产品换取客户的大型设备

  C. 甲公司取得政府无偿给予的土地使用权

  D. 甲公司以其自用办公楼取得某单位研发的专利技术

7. 20×0年1月1日，甲公司将一项以公允价值计量且其变动计入其他综合收益的非交易性权益工具投资和一项以成本模式计量的投资性房地产与乙公司的一幢厂房进行交换。已知甲公司金融资产的账面价值为200万元(其中，成本为160万元，公允价值变动收益为40万元)，公允价值为240万元；投资性房地产的成本为300万元，已计提投资性房地产累计折旧40万元，已计提资产减值准备20万元，公允价值为360万元。乙公司厂房的账面价值为480万元，公允价值为520万元。乙公司另向甲公司支付补价80万元。该项非货币性资产交换具有商业实质。不考虑增值税等其他因素的影响，甲公司换出资产影响当期损益的金额为(　　)万元。

  A. 160   B. 200   C. 0   D. 120

8. A公司与B公司均为增值税一般纳税人，20×0年10月30日，A公司与B公司协商，A公司以一台专用生产设备与B公司一幢在建的写字楼交换，交换日，A公司专用生产设备账面原价1 000万元，已计提折旧300万元，未计提减值准备，公允价值为800万元；B公司在建写字楼成本为800万元，未计提减值准备，公允价值为700万元，B公司为换入专用生产设备支付运杂费5万元。专用生产设备适用增值税税率为13%，在建写字楼适用增值税税率为9%，该项非货币性资产交换不具有商业实质，假定不考虑其他因素。下列说法正确的是(　　)。

  A. A公司换入在建写字楼入账价值为700万元

  B. A公司换出专用生产设备确认损益金额为100万元

  C. B公司换入专用生产设备入账价值为764万元

  D. B公司换入专用生产设备入账价值为800万元

9. A公司和B公司均为增值税一般纳税人，销售商品适用的增值税税率为13%。20×0年10月30日，A公司以其拥有的一项商标权(符合免征增值税条件)与B公司生产的一批商品交换。交换日，A公司换出商标权的成本为1 000万元，累计摊销为200万元，已计提减值准备240万元，公允价值无法可靠计量；换入商品的成本为400万元，未计提存货跌价准备，公允价值为640万元，增值税税额为83.2万元，A公司将其作为存货核算；A公司另以银行存款向B公司支付160万元(含增值税税额影响)。该非货币性资产交换具有商业实质，不考虑其他因素，A公司对该交易应确认的收益为(　　)万元。

  A. 0   B. 3.2   C. 80   D. 240

10. 甲公司以一项以公允价值计量且其变动计入其他综合收益的金融资产(债权投资)交换乙公司一项交易性金融资产，该交易具有商业实质。甲公司换出以公允价值计量且其变动计入其他综合收益金融资产(债权投资)的账面价值为1 800万元，公允价值为2 400万元。甲公司向乙公司支付补价30万元，另以银行存款支付换入资产相关税费15万元。甲公司换入该金融资产仍作为交易性金融资产核算，则甲公司换入资产的入账成本为(　　)万元。

  A. 1 800   B. 2 400   C. 2 445   D. 2 430

二、多项选择题

1. 下列有关非货币性资产交换的说法中，不正确的有(　　)。

  A. 非货币性资产交换一定不能涉及货币资金

  B. 非货币性资产交换交易的双方分别是换入方和换出方

  C. 企业用一种资产交换另一种同类资产不属于非货币性资产交换

  D. 具有商业实质与否是判断换入资产能否采用公允价值计量的唯一标准

2. 非货币性资产交换交易中同时换入多项资产时，企业需要采用一定分配率在各换入资产之间对换入资产入账价值总额(不包括相关税费)进行分配(换入的金融资产除外)。这里的"分配率"可能是(　　)。

  A. 各项换入资产原账面价值占换入资产原账面价值总额的比率

  B. 各项换入资产公允价值占换入资产公允价值总额的比率

  C. 各项换入资产公允价值占换入资产入账价值总额的比率

  D. 出于简化考虑而由企业确定的平均分配率

3. 20×1年度，甲公司将账面价值为300万元、公允价值为320万元的对乙公司的长期股权投资转让给丙公司，与丙公司交换一项原账面价值为290万元、公允价值为320万元的专利权。经分析判断该交易具有商业实质。不考虑其他因素，以下会计科目中是与此项交易有关的会计处理所涉及科目的有(   )。

  A. "投资收益"   B. "无形资产"

  C. "营业外支出"   D. "资产处置损益"

4. 甲企业某一报告期内发生了以下四项非货币性资产交换交易。如果站在甲企业的立场进行判断，其中具有商业实质的交易有(   )。

  A. 甲企业以一批存货换入乙企业的一项生产用设备，两者产生的未来现金流量总额相同

  B. 甲企业以其用于经营出租的一幢公寓楼(客户为一家财务及信用状况良好的企业，租用该公寓是给其单身职工居住)换入丙企业同样用于经营出租的一幢公寓楼(客户都是单个租户)，两幢公寓楼的租期、每期租金总额均相同

  C. 甲企业以一项商标权换入丁企业的一项新开发的专利技术，预计两项无形资产的使用寿命相同，在使用寿命期内预计为企业带来的现金流量总额相同

  D. 甲企业以一成套设备换入戊企业拥有的对A公司的长期股权投资。两项资产的公允价值相同。换入该项长期股权投资后甲企业对A公司由重大影响变为控制

5. 以公允价值为基础计量的非货币性资产交换，对于换入资产，应当以(   )和应支付的相关税费作为换入资产的成本进行初始计量。

  A. 换出资产的公允价值

  B. 换出资产的账面价值

  C. 换出资产的公允价值与换入资产的公允价值孰低

  D. 有确凿证据表明换入资产的公允价值更加可靠的，应当以换入资产的公允价值

6. 20×1年8月13日，A公司以一项机器设备换入B公司的一项无形资产。当日，A公司换出的机器设备取得时的成本为750万元，累计计提折旧250万元，公允价值为900万元，增值税额117万元；A公司收到银行存款63万元。B公司换出的无形资产账面余额为900万元，累计摊销为375万元，未提减值准备，当日公允价值为900万元，换出时确认应交增值税54万元。已知A公司换入的无形资产作为管理使用，剩余可使用年限为6年，公司采用直线法进行摊销。假定期末无残值，且该交换具有商业实质，换入资产符合资产确认条件，换出资产符合终止确认条件。下列说法正确的有(   )。

  A. A公司换入无形资产的入账金额为900万元

  B. A公司应该确认处置损益400万元

  C. B公司应该确认处置损益0万元

  D. B公司换入机器设备的入账金额为900万元

7. 下列项目中，属于货币性项目的有(   )。

  A. 预收账款   B. 商业承兑汇票

  C. 3个月内到期的国债   D. 合同负债

8. 20×0年度，甲公司发生的有关交易或事项如下：①以库存原材料偿付所欠乙公司账款的70%，其余应付账款以银行存款支付；②以对子公司(丙公司)的股权投资换取对丁公

司 40%股权并收到补价，收到的补价占换出丙公司股权公允价值的 15%；③租入一台设备，签发银行承兑汇票用于支付设备租赁费；④向戊公司发行自身普通股，取得戊公司对乙公司 60%的股权。上述交易或事项均发生于非关联方之间。下列各项关于甲公司发生的上述交易或事项中，不属于非货币性资产交换的有(　　)。

  A. 签发银行承兑汇票支付设备租赁费

  B. 以丙公司股权换取丁公司股权并收到补价

  C. 以库存原材料和银行存款偿付所欠乙公司款项

  D. 发行自身普通股取得乙公司 60%股权

9. A 公司与 B 公司协商，A 公司以一台专用生产设备和专利技术与 B 公司一幢在建的写字楼和长期股权投资进行交换，交换日，A 公司专用生产设备账面原价为 200 万元，已计提折旧 100 万元，未计提减值准备；专利技术账面原价为 300 万元，累计摊销 150 万元，未计提减值准备。交换日，B 公司在建写字楼成本为 200 万元，未计提减值准备；长期股权投资账面余额为 100 万元，未计提减值准备，B 公司为换入专用生产设备支付运杂费 20 万元。由于 A 公司专用生产设备与专利技术市场上已不多见，因此，无法确定二者的公允价值。B 公司在建写字楼履约进度难以合理确定，其公允价值无法计量，B 公司长期股权投资市场公允价值也无法确定。假定不考虑增值税等其他因素，下列说法正确的有(　　)。

  A. A 公司换入在建写字楼入账价值为 166.67 万元

  B. A 公司换入长期股权投资入账价值为 83.33 万元

  C. B 公司换入专用生产设备入账价值为 120 万元

  D. B 公司换入专利技术入账价值为 180 万元

10. A 公司和 B 公司均为增值税一般纳税人，20×0 年 10 月 1 日，A 公司与 B 公司进行资产交换，A 公司将其持有的专用生产设备、交易性金融资产(符合免征增值税条件)以及商标权同 B 公司的办公楼、以公允价值计量且其变动计入其他综合收益的债权投资(符合免征增值税条件)进行交换。交换日，A 公司持有专用生产设备的账面价值为 300 万元，不含增值税的公允价值为 360 万元，交易性金融资产的账面价值为 540 万元，公允价值为 660 万元，商标权的账面原价为 1 200 万元，已累计摊销 300 万元，已计提减值准备 60 万元，公允价值为 780 万元；B 公司办公楼的账面价值为 960 万元，不含增值税的公允价值为 1 080 万元，以公允价值计量且其变动计入其他综合收益的债权投资账面价值为 600 万元，公允价值为 840 万元。同时，A 公司支付给 B 公司银行存款 123.6 万元，假定该项交换具有商业实质，A、B 公司换入资产均不改变使用用途。销售设备适用的增值税税率为 13%，销售办公楼适用的增值税税率为 9%，出售商标权适用的增值税税率为 6%。假定不考虑其他因素，下列说法中正确的有(　　)。

  A. A 公司换入资产的总成本为 1 920 万元

  B. B 公司换入资产的总成本为 1 800 万元

  C. A 公司换入的以公允价值计量且其变动计入其他综合收益的债权投资的入账价值为 896 万元

  D. B 公司换入商标权的入账价值为 780 万元

三、判断题

1. 非货币性资产交换就是用一项非货币性资产交换另一项非货币性资产。 （　　）

2. 以公允价值计量且其变动计入当期损益的金融资产是短期内即将变现的资产，所以应归类为货币性资产。 （　　）

3. 20×1年6月28日，甲公司与戊公司签订股权置换合同，合同约定：甲公司以其持有的乙公司60%股权与戊公司所持有的辛公司30%股权进行置换；甲公司所持有乙公司60%股权的公允价值为2800万元。戊公司另支付货币资金1200万元。20×1年6月30日，办理完成了乙公司、辛公司的股东变更登记手续，同时甲公司收到了戊公司支付的货币资金1200万元。甲公司将此项业务判断为非货币性资产交换。 （　　）

4. 在确定非货币性资产交换交易中取得的换入资产的入账价值时，以换入资产的公允价值为计量基础或以换出资产的原账面价值为计量基础就意味着：换入资产的入账金额一定等于换入资产的公允价值或一定等于换出资产的原账面价值。 （　　）

5. 换入资产的确认时点与换出资产的终止确认时点一定是同时的。 （　　）

6. 非货币性资产交换，是指企业主要以固定资产、无形资产、投资性房地产和长期股权投资等非货币性资产进行的交换，交易双方都不涉及货币性资产。 （　　）

7. 企业以存货换取客户的非货币性资产的，适用《非货币性资产交换》准则，而不适用《企业会计准则第14号——收入》准则。 （　　）

8. 以公允价值为基础计量的非货币性资产交换，对于换入资产，应当在终止确认时，将换出资产的公允价值与其账面价值之间的差额计入当期损益。 （　　）

9. 以账面价值为基础计量的非货币性资产交换，对于换出资产，应当在终止确认时，将换出资产的公允价值与其账面价值之间的差额计入当期损益。 （　　）

10. 以公允价值为基础计量的非货币性资产交换，同时换入多项资产不涉及补价和金融资产的，对于同时换入的多项资产，按照各项换入资产公允价值相对比例，将换出资产公允价值总额进行分摊，以分摊至各项换入资产的金额，加上应支付的相关税费，作为各项换入资产的成本进行初始计量。 （　　）

业　务　题

1. 20×1年9月，A公司以生产经营过程中使用的一台设备交换B打印机公司生产的一批打印机，换入的打印机作为固定资产管理。A、B公司均为增值税一般纳税人，适用的增值税税率为13%。设备的账面原价为150万元，在交换日的累计折旧为45万元，公允价值为90万元。打印机的账面价值为110万元，在交换日的市场价格为90万元，计税价格等于市场价格。B公司换入A公司的设备是生产打印机过程中需要使用的设备。

假设A公司此前没有为该项设备计提资产减值准备，整个交易过程中，除支付该项设备的运杂费15 000元外，没有发生其他相关税费。假设B公司此前也没有为库存打印机计提存货跌价准备，其在整个交易过程中没有发生除增值税以外的其他税费。

要求：对该交易做出分析判断，并做出双方的账务处理。

2. A公司以其持有的一项专利权与B公司拥有的一台机器设备交换，交换后两公司对于换入资产仍供经营使用。在交换日，A公司的专利权的账面余额为1 800万元，已计提累计摊销300万元，未计提减值准备，在交换日的公允价值为1 600万元。B公司拥有的机器设备的账面价值原价为2 000万元，已计提折旧600万元，未计提减值准备，在交换日的公允价值为1 510万元。A公司另支付了10.3万元给B公司(增值税税差100.3万元，公允价值价差即补价90万元)。假定两公司均为增值税一般纳税人，销售固定资产和无形资产适用的增值税税率分别为13%和6%。上述交易过程中涉及的增值税进项税额按照税法规定可抵扣且已得到认证；不考虑其他相关税费。假定A、B双方换入资产符合确认条件时，换出资产符合终止确认的条件。

要求：对该交易做出分析判断，并做出双方的账务处理。

3. 甲公司是一家制药公司，因经营战略发生重大转变，将专注于疫苗的生产和销售，其拥有的一项生产抗生素的专利权难以满足新的经营战略。乙公司也是一家制药公司，正在开展一系列抗生素方面的新业务。20×1年3月30日，甲公司和乙公司协商后决定，甲公司将其生产抗生素的专利权转让给乙公司，作为交换，乙公司将其刚申请专利的一项传染病疫苗%方转让给甲公司，由其进行生产推广。当日，甲公司换出的抗生素专利权的账面价值为45万元(其中账面原价为60万元，累计摊销额为15万元)；乙公司刚申请专利的传染病疫苗已转为无形资产核算，账面价值为50万元，尚未进行摊销。假设两项专利权的公允价值不能可靠计量，假设整个交易过程中没有发生相关税费。双方取得专利权后仍分别作为无形资产核算。

甲公司和乙公司进行专利权交换的同时，甲公司还将一套抗生素生产专用设备转移给乙公司，乙公司将一套专门用于传染病疫苗存储的设备转移给甲公司。20×1年3月30日，甲公司换出的专用设备的账面价值为420万元(其中账面原价为500万元，已提折旧80万元)，乙公司换出的疫苗存储设备账面价值为400万元(其中账面原价为700万元，已提折旧300万元)。假设两项设备均为自行研究制造的专用设备，其公允价值不能可靠计量。

要求：对该交易做出分析判断，并计算(取整到元)及做出双方的账务处理。

4. 甲公司和乙公司均为增值税一般纳税人。经协商，甲公司和乙公司于20×1年1月25日签订资产交换合同，当日生效。合同约定，甲公司用于交换的资产包括：一间生产用厂房，公允价值为110万元；一幢自购入时就全部用于经营出租的公寓楼，公允价值为390万元。乙公司用于交换的资产包括：一块土地的使用权，公允价值为240万元；经营过程中使用的10辆货车，公允价值为300万元。甲公司以银行存款向乙公司支付补价40万元。双方于20×1年2月1日完成了资产交换手续。交换当日，甲公司厂房的账面价值为120万元(其中账面原价为150万元，已计提折旧30万元)；作为采用成本模式计量的投资性房地产的公寓楼的账面价值为360万元(其中账面原价为420万元，已计提折旧60万元)。乙公司的土地使用权的账面价值为210万元(其中成本为220万元，累计摊销额为10万元)，10辆货车的账面价值为320万元(其中账面原价为400万元，已计提折旧80万元)。甲公司开具两张增值税专用发票，分别注明厂房的计税价格为110万元、增值税额为9.9万元；公寓楼的计税价格为390万元、增值税额为35.1万元。乙公司开具两张增值税专用发票，分别注明土地使用权的计税价格为240万元、增值税额为21.6万元；10辆货车的计税价格为300万元、增值税额为39万元。甲公司以银行存款向乙公司支付增值税差额15.6万元。交易过程中，甲公司用银行存款支付了土地使用权的契税及过户费5万元，乙公司用银行存款分别支付了厂房和公寓楼的契税及过户费用 3 万元和 10 万元。

假设甲公司和乙公司此前均未对上述资产计提减值准备，上述资产交换后的用途不发生改变。不考虑其他税费。

要求：对该交易做出分析判断，并计算及做出双方的账务处理。

5. 沿用题 4，假设其他条件不变，合同约定甲公司用于交换的资产还包括一项对 P 公司的股票投资，甲公司将该投资作为交易性金融资产核算。该股票投资在 20×1 年 1 月 25 日的公允价值为 30 万元，账面价值为 25 万元。甲公司向乙公司支付的补价为 8 万元。

要求：对该交易做出分析判断，并计算(取整到元)及做出双方的账务处理。

第二章

债 务 重 组

学习目标：掌握债务重组的概念；了解债务重组的范围；理解债务重组的方式和债权、债务的终止确认；掌握债权人和债务人各种重组方式的会计处理；了解债务重组的信息披露。

关键词：债务重组　债权人　债务人　债务重组方式　实质性修改　投资收益　其他收益——债务重组收益

第一节　债务重组概述

一、债务重组的概念

债务重组涉及债权人和债务人，对债权人而言为"债权重组"，对债务人而言为"债务重组"。债务重组，是指在不改变交易对手方的情况下，经债权人和债务人协定或法院裁定，就清偿债务的时间、金额或方式等重新达成协议的交易。

1. 关于交易对手方

债务重组是在不改变交易对手方的情况下进行的交易。实务中经常出现第三方参与相关交易的情形，例如，某公司以不同于原合同条款的方式代债务人向债权人偿债；又如，新组建的公司承接原债务人的债务，与债权人进行债务重组；再如，资产管理公司从债权人处购得债权，再与债务人进行债务重组。在上述情形下，企业应当首先考虑债权和债务是否发生终止确认，适用《企业会计准则第 22 号——金融工具确认和计量》和《企业会计准则第 23 号——金融资产转移》等准则，再就债务重组交易适用《企业会计准则第 12 号——债务重组》。

债务重组不强调在债务人发生财务困难的背景下进行，也不论债权人是否作出让步。也就是说，无论何种原因导致债务人未按原定条件偿还债务，也无论双方是否同意债务人以低于债务的金额偿还债务，只要债权人和债务人就债务条款重新达成了协议，就符合债务重组的定义。例如，债权人在减免债务人部分债务本金的同时提高剩余债务的利息，或者债权人同意债务人用等值库存商品抵偿到期债务等，均属于债务重组。

2. 关于债权和债务的范围

债务重组涉及的债权和债务，是指《企业会计准则第 22 号——金融工具确认和计量》规范的债权和债务，不包括合同资产、合同负债、预计负债，但包括租赁应收款和租赁应付款。债务重组中涉及的债权、重组债权、重组债务和其他金融工具的确认、计量和列报，适用《企业会计准则第 22 号——金融工具确认和计量》和《企业会计准则第 37 号——金融工具列报》等金融工具相关准则。

3. 关于债务重组的范围

通过债务重组形成企业合并的，适用《企业会计准则第 20 号——企业合并》。债务人以股权投资清偿债务或者将债务转为权益工具，可能对应导致债权人取得被投资单位或债务人控制权，在合并财务报表层面，债权人取得资产和负债的确认和计量适用《企业会计准则第 20 号——企业合并》的有关规定。

债务重组构成权益性交易的，应当适用权益性交易的有关会计处理规定，债权人和债务人不确认构成权益性交易的债务重组相关损益。债务重组构成权益性交易的情形包括：①债权人直接或间接对债务人持股，或者债务人直接或间接对债权人持股，且持股方以股东身份进行债务重组；②债权人与债务人在债务重组前后均受同一方或相同的多方最终控制，且该债务重组的交易实质是债权人或债务人进行了权益性分配或接受了权益性投入。

例如，甲公司是乙公司的股东，为了弥补乙公司临时性经营现金流短缺，甲公司向乙公司提供 1 000 万元无息借款，并约定于 6 个月后收回。借款期满时，尽管乙公司具有充足的现金流，甲公司仍然决定免除乙公司部分本金还款义务，仅收回 200 万元借款。在此项交易中，如果甲公司不以股东身份而是以市场交易者身份参与交易，在乙公司具有足够偿债能力的情况下不会免除其部分本金。因此，甲公司和乙公司应当将该交易作为权益性交易，不确认债务重组相关损益。

债务重组中不属于权益性交易的部分仍然应当确认债务重组相关损益。假设前例中债务人乙公司确实出现财务困难，其他债权人对其债务普遍进行了减半的豁免，那么甲公司作为股东比其他债权人多豁免 300 万元债务的交易应当作为权益性交易，正常豁免 500 万元债务的交易应当确认债务重组相关损益。

企业在判断债务重组是否构成权益性交易时，应当遵循实质重于形式原则。例如，假设债权人对债务人的权益性投资通过其他人代持，债权人不具有股东身份，但实质上以股东身份进行债务重组，债权人和债务人应当认为该债务重组构成权益性交易。

二、债务重组的方式

债务重组的方式主要包括：债务人以资产清偿债务、债务人将债务转为权益工具、修改其他条款，以及前述一种以上方式的组合。这些债务重组方式都是通过债权人和债务人重新协定或者法院裁定达成的，与原来约定的偿债方式不同。

1. 债务人以资产清偿债务

债务人以资产清偿债务，是债务人转让其资产给债权人以清偿债务的债务重组方式。债务人用于偿债的资产通常是已经在资产负债表中确认的资产，例如，现金、应收账款、长期股权投资、投资性房地产、固定资产、在建工程、生物资产、无形资产等。债务人以日常活动产出的商品或服务清偿债务的，用于偿债的资产可能体现为存货等资产。

在受让上述资产后，按照相关会计准则要求及本企业会计核算要求，债权人核算相关受让资产的类别可能与债务人不同。例如，债务人以作为固定资产核算的房产清偿债务，债权人可能将受让的房产作为投资性房地产核算；债务人以部分长期股权投资清偿债务，债权人可能将受让的投资作为金融资产核算；债务人以存货清偿债务，债权人可能将受让的资产作为固定资产核算等。

除上述已经在资产负债表中确认的资产外，债务人也可能以不符合确认条件而未予确认的资产清偿债务。例如，债务人以未确认的内部产生品牌清偿债务，债权人在获得的商标权符合无形资产确认条件的前提下作为无形资产核算。在少数情况下，债务人还可能以处置组(即一组资产和与这些资产直接相关的负债)清偿债务。

2. 债务人将债务转为权益工具

债务人将债务转为权益工具，这里的权益工具，是指根据《企业会计准则第 37 号——金融工具列报》分类为"权益工具"的金融工具，会计处理上体现为股本、实收资本、资本公积等科目。

实务中，有些债务重组名义上采用"债转股"的方式，但同时附加相关条款，如约定债务人在未来某个时点有义务以某一金额回购股权，或债权人持有的股份享有强制分红权等。对于债务人，这些"股权"可能并不是根据《企业会计准则第 37 号——金融工具列报》分类为权益工具的金融工具，从而不属于债务人将债务转为权益工具的债务重组方式。债权人和债务人还可能协议以一项同时包含金融负债成分和权益工具成分的复合金融工具替换原债权债务，这类交易也不属于债务人将债务转为权益工具的债务重组方式。

3. 修改其他条款

修改其他条款，是债务人不以资产清偿债务，也不将债务转为权益工具，而是改变债权和债务的其他条款的债务重组方式，如调整债务本金、改变债务利息、变更还款期限等。经修改其他条款的债权和债务分别形成重组债权和重组债务。

4. 组合方式

组合方式，是采用债务人以资产清偿债务、债务人将债务转为权益工具、修改其他条款三种方式中一种以上方式的组合清偿债务的债务重组方式。例如，债权人和债务人约定，由债务人以机器设备清偿部分债务，将另一部分债务转为权益工具，调减剩余债务的本金，但利率和还款期限不变；再如，债务人以现金清偿部分债务，同时将剩余债务展期等。

第二节　债务重组的会计处理

一、债权和债务的终止确认

债务重组中涉及的债权和债务的终止确认，应当遵循《企业会计准则第 22 号——金融工具确认和计量》和《企业会计准则第 23 号——金融资产转移》有关金融资产和金融负债终止确认的规定。债权人在收取债权现金流量的合同权利终止时终止确认债权，债务人在债务的现时义务解除时终止确认债务。

由于债权人与债务人之间进行的债务重组涉及债权和债务的认定，以及清偿方式和期限等的协商，通常需要经历较长时间，例如，破产重整中进行的债务重组。只有在符合上述终止确认条件时才能终止确认相关债权和债务，并确认债务重组相关损益。对于在报告期间已经开始协商，但在报告期资产负债表日后的债务重组，不属于资产负债表日后调整事项。

对于终止确认的债权，债权人应当结转已计提的减值准备中对应该债权终止确认部分的金额。对于终止确认的分类为以公允价值计量且其变动计入其他综合收益的债权，之前计入其他综合收益的累计利得或损失应当从其他综合收益中转出，记入"投资收益"科目。

1. 以资产清偿债务或债务人将债务转为权益工具

对于采用以资产清偿债务或者债务人将债务转为权益工具方式进行的债务重组，由于债权人在拥有或控制相关资产时，通常其收取债权现金流量的合同权利也同时终止，债权人一般可以终止确认该债权。同样，由于债务人通过交付资产或权益工具解除了其清偿债务的现时义务，债务人一般可以终止确认该债务。

2. 修改其他条款

对于债权人，债务重组通过调整债务本金、改变债务利息、变更还款期限等修改合同条款方式进行的，合同修改前后的交易对手方没有发生改变，合同涉及的本金、利息等现金流量很难在本息之间及债务重组前后做出明确分割，即很难单独识别合同的特定可辨认现金流量。因此通常情况下，应当整体考虑是否对全部债权的合同条款做出了实质性修改。如果做出了实质性修改，或者债权人与债务人之间签订协议，以获取实质上不同的新金融资产方式替换债权，应当终止确认原债权，并按照修改后的条款或新协议确认新金融资产。

对于债务人，如果对债务或部分债务的合同条款做出实质性修改形成重组债务，或者债权人与债务人之间签订协议，以承担实质上不同的重组债务方式替换债务，债务人应当终止确认原债务，同时按照修改后的条款确认一项新金融负债。其中，如果重组债务未来现金流量(包括支付和收取的某些费用)现值与原债务的剩余期间现金流量现值之间的差异超过10%，则意味着新的合同条款进行了实质性修改或者重组债务是实质上不同的，有关现值的计算均采用原债务的实际利率。

3. 组合方式

对于债权人，与上述"修改其他条款"部分分析类似，通常情况下应当整体考虑是否终止确认全部债权。由于组合方式涉及多种债务重组方式，一般可以认为对全部债权的合同条款做出了实质性修改，从而终止确认全部债权，并按照修改后的条款确认新金融资产。

对于债务人，组合中采用以资产清偿债务或者将债务转为权益工具方式进行的债务重组，如果债务人清偿该部分债务的现时义务已经解除，应当终止确认该部分债务。组合中以修改其他条款方式进行的债务重组，需要根据具体情况，判断对应的部分债务是否满足终止确认条件。

二、债权人的会计处理

1. 以资产清偿债务或债务人将债务转为权益工具

债务重组采用以资产清偿债务或债务人将债务转为权益工具方式进行的，债权人应当在受让的相关资产符合其定义和确认条件时予以确认。

1) 债权人受让金融资产

债权人受让包括现金在内的单项或多项金融资产的，应当按照《企业会计准则第 22 号——金融工具确认和计量》的规定进行确认和计量。金融资产初始确认时应当以其公允价值计量，金融资产确认金额与债权终止确认日账面价值之间的差额，记入"投资收益"科目。但是，收取的金融资产的公允价值与交易价格(即放弃债权的公允价值)存在差异的，应当按照《企业会计准则第 22 号——金融工具确认和计量》第三十四条的规定处理。

2) 债权人受让非金融资产

债权人初始确认受让的金融资产以外的资产时，应当按照下列原则以成本计量：①存货的成本，包括放弃债权的公允价值，以及使该资产达到当前位置和状态所发生的可直接归属于该资产的税金、运输费、装卸费、保险费等其他成本。②对联营企业或合营企业投资的成本，包括放弃债权的公允价值，以及可直接归属于该资产的税金等其他成本。③投资性房地产的成本，包括放弃债权的公允价值，以及可直接归属于该资产的税金等其他成本。④固定资产的成本，包括放弃债权的公允价值，以及使该资产达到预定可使用状态前所发生的可直接归属于该资产的税金、运输费、装卸费、安装费、专业人员服务费等其他成本。确定固定资产成本时，应当考虑预计弃置费用因素。⑤生物资产的成本，包括放弃债权的公允价值，以及可直接归属于该资产的税金、运输费、保险费等其他成本。⑥无形资产的成本，包括放弃债权的公允价值，以及可直接归属于使该资产达到预定用途所发生的税金等其他成本。放弃债权的公允价值与账面价值之间的差额，记入"投资收益"科目。

3) 债权人受让多项资产

债权人受让多项非金融资产，或者包括金融资产、非金融资产在内的多项资产的，应当按照《企业会计准则第 22 号——金融工具确认和计量》的规定确认和计量受让的金融资产；按照受让的金融资产以外的各项资产在债务重组合同生效日的公允价值比例，对放弃债权在合同生效日的公允价值扣除受让金融资产当日公允价值后的净额进行分配，并以此为基础分别确定各项资产的成本。放弃债权的公允价值与账面价值之间的差额，记入"投资收益"科目。

4) 债权人受让处置组

债务人以处置组清偿债务的，债权人应当分别按照《企业会计准则第 22 号——金融工具确认和计量》和其他相关准则的规定，对处置组中的金融资产和负债进行初始计量，然后按照金融资产以外的各项资产在债务重组生效日的公允价值比例，对放弃债权在合同生效日的公允价值以及承担的处置组中负债的确认金额之和，扣除受让金融资产当日公允价值后的净额进行分配，并以此为基础分别确定各项资产的成本。放弃债权的公允价值与账面价值之间的差额，记入"投资收益"科目。

5) 债权人将受让的资产或处置组划分为持有待售类别

债务人以资产或处置组清偿债务，且债权人在取得日未将受让的相关资产或处置组作为非流动资产和非流动负债核算，而是将其划分为持有待售类别的，债权人应当在初始计量时，比较假定其不划分为持有待售类别情况下的初始计量金额和公允价值减去出售费用后的净额，以两者孰低计量。

2. 修改其他条款

债务重组以修改其他条款方式进行的，如果修改其他条款导致全部债权终止确认，债权人应当按照修改后的条款以公允价值初始计量新的金融资产，新金融资产的确认金额与债权终止确认日账面价值之间的差额，记入"投资收益"科目。

如果修改其他条款未导致债权终止确认，债权人应根据其分类，继续以摊余成本、以公允价值计量且其变动计入其他综合收益，或者以公允价值计量且其变动计入当期损益进行后续计量。对于以摊余成本计量的债权，债权人应当根据重新议定合同的现金流量变化情况，重新计算该重组债权的账面余额，并将相关利得或损失记入"投资收益"科目。重新计算的该重组债权的账面余额，应当根据将重新议定或修改的合同现金流量按债权原实际利率折现的现值确定，购买或源生的已发生信用减值的重组债权，应按经信用调整的实际利率折现。对于修改或重新议定合同所产生的成本或费用，债权人应当调整修改后的重组债权的账面价值，并在修改后重组债权的剩余期限内摊销。

3. 组合方式

债务重组以组合方式进行的，一般可以认为对全部债权的合同条款做出了实质性修改，债权人应当按照修改后的条款，以公允价值初始计量新的金融资产和受让的新金融资产，按照受让的金融资产以外的各项资产在债务重组合同生效日的公允价值比例，对放弃债权在合同生效日的公允价值扣除受让金融资产和重组债权当日公允价值后的净额进行分配，并以此为基础分别确定各项资产的成本。放弃债权的公允价值与账面价值之间的差额，记入"投资收益"科目。

三、债务人的会计处理

1. 债务人以资产清偿债务

债务重组采用以资产清偿债务方式进行的，债务人应当将所清偿债务账面价值与转让资产账面价值之间的差额计入当期损益。

1) 债务人以金融资产清偿债务

债务人以单项或多项金融资产清偿债务的，债务的账面价值与偿债金融资产账面价值的差额，记入"投资收益"科目。偿债金融资产已计提减值准备的，应结转已计提的减值准备。对于以分类为以公允价值计量且其变动计入其他综合收益的债务工具投资清偿债务的，之前计入其他综合收益的累计利得或损失应当从其他综合收益中转出，记入"投资收益"科目。对于以指定为以公允价值计量且其变动计入其他综合收益的非交易性权益工具投资清偿债务的，之前计入其他综合收益的累计利得或损失应当从其他综合收益中转出，记入"盈余公积""利润分配——未分配利润"等科目。

2) 债务人以非金融资产清偿债务

债务人以单项或多项非金融资产清偿债务的，或者以包括金融资产和非金融资产在内的多项资产清偿债务的，不需要区分资产处置损益和债务重组损益，也不需要区分不同资产的处置损益，而应将所清偿债务账面价值与转让资产账面价值之间的差额，记入"其他收益——债务重组收益"科目。偿债资产已计提减值准备的，应结转已计提的减值准备。

债务人以包含非金融资产的处置组清偿债务的，应当将所清偿债务和处置组中负债的账面价值之和，与处置组中资产的账面价值之间的差额，记入"其他收益——债务重组收益"科目。处置组所属的资产组或资产组组合按照《企业会计准则第 8 号——资产减值》分摊了企业合并中取得的商誉的，该处置组应包含分摊至处置组的商誉。处置组中的资产已计提减值准备的，应结转已计提的减值准备。

债务人以日常活动产出的商品或服务清偿债务的，应当将所清偿债务账面价值与存货等相关资产账面价值之间的差额，记入"其他收益——债务重组收益"科目。

2. 债务人将债务转为权益工具

债务重组以债务人将债务转为权益工具方式进行的，债务人初始确认权益工具时，应当按照权益工具的公允价值计量，权益工具的公允价值不能可靠计量的，应当按照所清偿债务的公允价值计量。所清偿债务账面价值与权益工具确认金额之间的差额，记入"投资收益"科目。债务人因发行权益工具而支出的相关税费等，应当依次冲减资本溢价、盈余公积、未分配利润等。

3. 修改其他条款

债务重组以修改其他条款方式进行的，如果修改其他条款导致债务终止确认，债务人应当按照公允价值计量重组债务，终止确认的债务账面价值与重组债务确认金额之间的差额，记入"投资收益"科目。

如果修改其他条款未导致债务终止确认，或者仅导致部分债务终止确认，对于未终止确认的部分债务，债务人应当根据其分类，继续以摊余成本、以公允价值计量且其变动计入当期损益或其他适当方法进行后续计量。对于以摊余成本计量的债务，债务人应当根据重新议定合同的现金流量变化情况，重新计算该重组债务的账面价值，并将相关利得或损失记入"投资收益"科目。重新计算的该重组债务的账面价值，应当根据将重新议定或修改的合同现金流量按债务的原实际利率或按《企业会计准则第 24 号——套期会计》第二十三条规定的重新计算的实际利率(如适用)折现的现值确定。对于修改或重新议定合同所产生的成本或费用，债务人应当调整修改后的重组债务的账面价值，并在修改后重组债务的剩余期限内摊销。

4. 组合方式

债务重组采用以资产清偿债务、将债务转为权益工具、修改其他条款等方式的组合进行的，对于权益工具，债务人应当在初始确认时按照权益工具的公允价值计量，权益工具的公允价值不能可靠计量的，应当按照所清偿债务的公允价值计量。对于修改其他条款形成的重组债务，债务人应当参照上文修改其他条款部分的内容，确认和计量重组债务。所清偿债务的账面价值与转让资产的账面价值以及权益工具和重组债务的确认金额之和的差额，记入"其他收益——债务重组收益"或"投资收益"(仅涉及金融工具时)科目。

【例 2-1】20×1 年 6 月 18 日，甲公司向乙公司销售商品一批，应收乙公司款项的入账金额为 95 万元。甲公司将该应收款项分类为以摊余成本计量的金融资产，乙公司将该应付账款分类为以摊余成本计量的金融负债。20×1 年 10 月 18 日，双方签订债务重组合同，乙公司以一项作为无形资产核算的非专利技术偿还该欠款。该无形资产的账面余额为 100 万元,累计摊销额为 10 万元,已计提减值准备 2 万元。10 月 22 日,双方办理完成该无形资产转让手续,甲公司支付评估费用 4 万元。当日,甲公司应收款项的公允价值为 87 万元,已计提坏账准备 7 万元,乙公司应付款项的账面价值仍为 95 万元。假设不考虑相关税费。

(1) 债权人的会计处理。

20×1 年 10 月 22 日,债权人甲公司取得该无形资产的成本为债权公允价值 87 万元与评估费用 4 万元的合计 91 万元。甲公司的账务处理如下。

借:无形资产   910 000
  坏账准备   70 000
  投资收益   10 000
  贷:应收账款   950 000
    银行存款   40 000

(2) 债务人的会计处理。

乙公司 10 月 22 日的账务处理如下。

借:应付账款   950 000
  累计摊销   100 000
  无形资产减值准备   20 000
  贷:无形资产   1 000 000
    其他收益——债务重组收益 70 000

假设甲公司管理层决议,受让该非专利技术后将在半年内将其出售,当日无形资产的公允价值为 87 万元,预计未来出售该非专利技术时将发生 1 万元的出售费用,该非专利技术满足持有待售资产确认条件。

分析:10 月 22 日,甲公司对该非专利技术进行初始确认时,按照无形资产入账 91 万元与公允价值减出售费用 87-1 = 86 万元孰低计量。债权人甲公司的账务处理如下。

借:持有待售资产——无形资产 860 000
  坏账准备   70 000
  资产减值损失   60 000
  贷:应收账款   950 000
    银行存款   40 000

【例 2-2】20×1 年 2 月 10 日,甲公司从乙公司购买一批材料,约定 6 个月后甲公司应结清款项 100 万元(假定无重大融资成分)。乙公司将该应收款项分类为以公允价值计量且其变动计入当期损益的金融资产;甲公司将该应付款项分类为以摊余成本计量的金融负债。20×1 年 8 月 12 日,甲公司因无法支付货款与乙公司协商进行债务重组,双方商定乙公司将该债权转为对甲公司的股权投资。10 月 20 日,乙公司办结了对甲公司的增资手续,甲公司和乙公司分别支付手续费等相关费用 1.5 万元和 1.2 万元。债转股后甲公司总股本为 100 万元,乙公司持有的抵债股权占甲公司总股本的 25%,对甲公司具有重大影响,甲公司股权公允价值不能可靠计量。甲公司应付款项的账面价值仍为 100 万元。

20×1 年 6 月 30 日,应收款项和应付款项的公允价值均为 85 万元。

20×1 年 8 月 12 日,应收款项和应付款项的公允价值均为 76 万元。

20×1 年 10 月 20 日,应收款项和应付款项的公允价值仍为 76 万元。

假定不考虑其他相关税费。

(1) 债权人的会计处理。

乙公司的账务处理如下。

6月30日，

借：公允价值变动损益   150 000

  贷：交易性金融资产——公允价值变动   150 000

8月12日，

借：公允价值变动损益   90 000

  贷：交易性金融资产——公允价值变动   90 000

10月20日，乙公司对甲公司长期股权投资的成本为应收款项公允价值76万元与相关税费1.2万元的合计77.2万元。

借：长期股权投资——甲公司   772 000

  交易性金融资产——公允价值变动   240 000

  贷：交易性金融资产——成本   1 000 000

    银行存款   12 000

(2) 债务人的会计处理。

10月20日，由于甲公司股权的公允价值不能可靠计量，初始确认权益工具公允价值时应当按照所清偿债务的公允价值76万元计量，并扣除因发行权益工具支出的相关税费1.5万元。甲公司的账务处理如下。

借：应付账款   1 000 000

  贷：实收资本   250 000

    资本公积——资本溢价   495 000

    银行存款   15 000

    投资收益   240 000

【例2-3】20×0年11月5日，甲公司向乙公司赊购一批材料，含税价为234万元。20×1年9月10日，甲公司因发生财务困难，无法按合同约定偿还债务，双方协商进行债务重组。乙公司同意甲公司用其生产的商品、作为固定资产管理的机器设备和一项债券投资抵偿欠款。当日，该债权的公允价值为210万元，甲公司用于抵债的商品市价(不含增值税)为90万元，抵债设备的公允价值为75万元，用于抵债的债券投资市价为23.55万元。抵债资产于20×1年9月20日转让完毕，甲公司发生设备运输费用0.65万元，乙公司发生设备安装费用1.5万元。

乙公司以摊余成本计量该项债权。20×1年9月20日，乙公司对该债权已计提坏账准备19万元，债券投资市价为21万元。乙公司将受让的商品、设备和债券投资分别作为低值易耗品、固定资产和以公允价值计量且其变动计入当期损益的金融资产核算。

甲公司以摊余成本计量该项债务。20×1年9月20日，甲公司用于抵债的商品成本为70万元；抵债设备的账面原价为150万元，累计折旧为40万元，已计提减值准备18万元；甲公司以摊余成本计量用于抵债的债券投资，债券票面价值总额为15万元，票面利率与实际利率一致，按年付息。当日，该项债务的账面价值仍为234万元。

甲、乙公司均为增值税一般纳税人，适用增值税税率为13%，经税务机关核定，该项

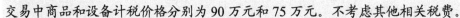

交易中商品和设备计税价格分别为 90 万元和 75 万元。不考虑其他相关税费。

(1) 债权人的会计处理。

低值易耗品可抵扣增值税 = 90×13% = 11.7(万元)

设备可抵扣增值税 = 75×13% = 9.75(万元)

低值易耗品和固定资产的成本应当以其公允价值比例(90∶75)对放弃债权公允价值扣除受让金融资产公允价值后的净额进行分配后的金额为基础确定。

低值易耗品的成本 = 90÷(90+75)×(210-23.55-11.7-9.75) = 90(万元)

固定资产的成本 = 75÷(90+75)×(210-23.55-11.7-9.75) = 75(万元)

20×0 年 9 月 20 日,乙公司的账务处理如下。

① 结转债务重组相关损益

借: 低值易耗品	900 000
在建工程——在安装设备	750 000
应交税费——应交增值税	214 500
交易性金融资产	210 000
坏账准备	190 000
投资收益	75 500
贷: 应收账款——甲公司	2 340 000

② 支付安装成本

| 借: 在建工程——在安装设备 | 15 000 |
| 　贷: 银行存款 | 15 000 |

③ 安装完毕达到可使用状态

| 借: 固定资产——××设备 | 765 000 |
| 　贷: 在建工程——在安装设备 | 765 000 |

(2) 债务人的会计处理。

甲公司 9 月 20 日的账务处理如下。

借: 固定资产清理	920 000
累计折旧	400 000
固定资产减值准备	180 000
贷: 固定资产	1 500 000
借: 固定资产清理	6 500
贷: 银行存款	6 500
借: 应付账款	2 340 000
贷: 固定资产清理	926 500
库存商品	700 000
应交税费——应交增值税	214 500
债权投资——成本	150 000
其他收益——债务重组收益	349 000

【例 2-4】A 公司为上市公司,2017 年 1 月 1 日,A 公司取得 B 银行贷款 5 000 万元,约定贷款期限为 4 年(即 2020 年 12 月 31 日到期),年利率为 6%,按年付息,A 公司已按时

支付所有利息。2020 年 12 月 31 日，A 公司出现严重资金周转问题，多项债务违约，信用风险增加，无法偿还贷款本金。2021 年 1 月 10 日，B 银行同意与 A 公司就该项贷款重新达成协议，新协议约定：①A 公司将一项作为固定资产核算的房产转让给 B 银行，用于抵偿债务本金 1 000 万元，该房产账面原值 1 200 万元，累计折旧 400 万元，未计提减值准备。②A 公司向 B 银行增发股票 500 万股，面值 1 元/股，占 A 公司股份总额的 1%，用于抵偿债务本金 2 000 万元，A 公司股票于 2021 年 1 月 10 日的收盘价为 4 元/股。③在 A 公司履行上述偿债义务后，B 银行免除 A 公司 500 万元债务本金，并将尚未偿还的债务本金 1 500 万元展期至 2021 年 12 月 31 日，年利率为 8%；如果 A 公司未能履行①②所述偿债义务，B 银行有权终止债务重组协议，尚未履行的债权调整承诺随之失效。

B 银行以摊余成本计量该贷款，已计提贷款损失准备 300 万元。该贷款于 2021 年 1 月 10 日的公允价值为 4 600 万元，予以展期的贷款的公允价值为 1 500 万元。2021 年 3 月 2 日，双方办理完成房产转让手续，B 银行将该房产作为投资性房地产核算。2021 年 3 月 31 日，B 银行为该笔贷款补提了 100 万元的损失准备。2021 年 5 月 9 日，双方办理完成股权转让手续，B 银行将该股权投资分类为以公允价值计量且其变动计入当期损益的金融资产，A 公司股票当日收盘价为 4.02 元/股。

A 公司以摊余成本计量该贷款，截至 2021 年 1 月 10 日，该贷款的账面价值为 5 000 万元。不考虑相关税费。

(1) 债权人的会计处理。

A 公司与 B 银行以组合方式进行债务重组，同时涉及以资产清偿债务、将债务转为权益工具、包括债务豁免的修改其他条款等方式，可以认为对全部债权的合同条款做出了实质性修改，债权人在收取债权现金流量的合同权利终止时应当终止确认全部债权，即在 2021 年 5 月 9 日该债务重组协议的执行过程和结果不确定性消除时，可以确认债务重组相关损益，并按照修改后条款确认新金融资产。

债权人 B 银行的账务处理如下。

① 3 月 2 日

投资性房地产成本＝放弃债权公允价值 4 600 万元－受让股权公允价值 2 000 万元－重组债权公允价值 1 500 万元＝1 100(万元)

借：投资性房地产	11 000 000
贷：贷款——本金	11 000 000

② 3 月 31 日

借：信用减值损失	1 000 000
贷：贷款损失准备	1 000 000

③ 5 月 9 日

受让股权的公允价值＝4.02×500＝2 010(万元)

借：交易性金融资产	20 100 000
贷款——本金	15 000 000
贷款损失准备	4 000 000
贷：贷款——本金	39 000 000
投资收益	100 000

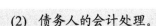

(2) 债务人的会计处理。

该债务重组协议的执行过程和结果不确定性于 2021 年 5 月 9 日消除时，债务人清偿该部分债务的现时义务已经解除，可以确认债务重组相关损益，并按照修改后的条款确认新金融负债。债务人 A 公司的账务处理如下。

① 3 月 2 日

借: 固定资产清理   8 000 000

    累计折旧   4 000 000

    贷: 固定资产   12 000 000

借: 长期借款——本金   8 000 000

    贷: 固定资产清理   8 000 000

② 5 月 9 日

借款的新现金流量现值 = 1 500 × (1+8%)÷(1+6%) = 1 528.5(万元)

现金流现值变化 = (1 528.5-1 500) ÷1 500 = 1.9%<10%

因此针对 1 500 万元本金部分的合同条款的修改不构成实质性修改，不终止确认该部分负债。

借: 长期借款——本金   42 000 000

    贷: 股本   5 000 000

        资本公积   15 100 000

        长期借款——本金   15 285 000

        其他收益——债务重组收益   6 615 000

本例中，即使没有"如果 A 公司未能履行①②所述偿债义务，B 银行有权终止债务重组协议，尚未履行的债权调整承诺随之失效"的条款，债务人仍然应当谨慎处理，考虑在债务的现时义务解除时终止确认原债务。

第三节　债务重组的披露

债务重组中涉及的债权、重组债权、债务、重组债务和其他金融工具的披露，应当按照《企业会计准则第 37 号——金融工具列报》的规定处理。此外，债权人和债务人还应当在附注中披露与债务重组有关的额外信息。

债权人应当在附注中披露与债务重组有关的下列信息：①根据债务重组方式，分组披露债权账面价值和债务重组相关损益。分组时，债权人可以按照以资产清偿债务方式、将债务转为权益工具方式、修改其他条款方式、组合方式为标准分组，也可以根据重要性原则以更细化的标准分组。②债务重组导致的对联营企业或合营企业的权益性投资增加额，以及该投资占联营企业或合营企业股份总额的比例。

债务人应当在附注中披露与债务重组有关的下列信息：①根据债务重组方式，分组披露债务账面价值和债务重组相关损益。分组的标准与对债权人的要求类似。②债务重组导致的股本等所有者权益的增加额。

报表使用者可能关心与债务重组相关的其他信息，例如，债权人和债务人是否具有关联方关系；再如，如何确定债务转为权益工具方式中的权益工具，以及修改其他条款方式中的新重组债权或重组债务等的公允价值；又如，是否存在与债务重组相关的或有事项等，企业应当根据《企业会计准则第13号——或有事项》《企业会计准则第22号——金融工具确认和计量》《企业会计准则第36号——关联方披露》《企业会计准则第37号——金融工具列报》和《企业会计准则第39号——公允价值计量》等准则规定，披露相关信息。

思 考 题

1. 什么是债务重组？债务重组有哪些方式？
2. 债务重组的收益或损失如何入账？
3. 债权人受让的非金融资产按照什么价值入账？
4. 债务人将债务转为权益工具时，债务人以什么金额初始确认权益工具？
5. 在以修改其他条款方式进行债务重组的情况下，债权人和债务人各自如何处理？

自 测 题

一、单项选择题

1. 以多项资产清偿债务或者组合方式进行债务重组的，债务人应当按照准则第十一条和第十二条的规定确认和计量权益工具和重组债务，所清偿债务的账面价值与转让资产的账面价值以及权益工具和重组债务的确认金额之和的差额，应当计入( )。

    A. 其他综合收益   B. 资本公积   C. 当期损益   D. 其他收益

2. X公司欠Y公司购货款70 000元。由于X公司发生财务困难，短期内不能支付20×1年6月1日到期的货款。20×1年9月10日，经双方协商，Y公司同意X公司以其生产的产品偿还债务，该产品的公允价值为40 000元，实际成本为24 000元。Y公司于20×1年10月10日收到X公司抵债的产品，并作为产成品入库，Y公司对该项应收账款已计提了10 000元的坏账准备。应收账款的公允价值为62 000元，不考虑相关税费。债务重组日，Y公司应确认的收益为( )元。

    A. 0   B. 2 000   C. 20 000   D. 8 000

3. 甲公司因乙公司发生严重财务困难，预计难以全额收回乙公司所欠货款120万元，经协商，乙公司以银行存款90万元结清了全部债务。甲公司对该项应收账款已计提坏账准备12万元。假定不考虑其他因素，债务重组日乙公司应确认的收益为( )万元。

    A. 0   B. 12   C. 18   D. 30

4. 对于以固定资产清偿债务的债务重组，下列各项中，债权人应确认损失的是( )。

    A. 放弃债权的公允价值小于放弃债权的账面价值的差额

    B. 放弃债权的公允价值大于放弃债权的账面价值的差额

    C. 收到的固定资产公允价值小于放弃债权账面价值的差额

    D. 收到的固定资产原账面价值小于放弃债权账面价值的差额

5. 下列关于债务重组会计处理的表述中，正确的是( )。

    A. 债权人一定会确认债务重组损失

  B. 债务人一定会确认资产处置损益

  C. 债务人以存货清偿债务的，应当视同销售处理，根据收入准则相关规定，按存货的公允价值确认销售商品收入，同时结转相应的成本

  D. 债权人受让的资产，以债权人放弃债权的公允价值为基础确认入账成本

  6. 甲公司销售给乙公司一批库存商品，形成应收账款 452 万元，款项尚未收到。经双方协商，甲公司同意乙公司用存货抵偿该项债务，该批存货公允价值为 420 万元，账面价值为 380 万元，假设重组日甲公司该笔应收账款已计提 78 万元坏账准备，经评估该债权公允价值为 350 万元。为取得该存货，甲公司支付运输费 3 万元，当天甲公司收到存货并验收入库。不考虑税费等其他因素，债务重组日甲公司取得存货的入账成本为( )万元。

  A. 420   B. 380   C. 358   D. 353

  7. 20×1 年度，甲公司发生的有关交易或事项如下：①甲公司以账面价值为 50 万元、市场价格为 65 万元的一批库存商品向乙公司投资，取得乙公司 2%的股权。甲公司取得乙公司 2%股权后，对乙公司不具有控制、共同控制和重大影响。②甲公司以账面价值为 20 万元、市场价格为 25 万元的一批库存商品交付丙公司，抵偿所欠丙公司款项 32 万元。③甲公司领用账面价值为 30 万元、市场价格为 32 万元的一批原材料，投入在建工程项目。④甲公司将账面价值为 10 万元、市场价格为 14 万元的一批自产的商品作为集体福利发放给职工。不考虑税费等其他因素，甲公司 20×1 年度因上述交易或事项应当确认的收入是( )万元。

  A. 65   B. 104   C. 90   D. 79

  8. 下列各项交易或事项中，应按债务重组准则进行会计处理的是( )。

  A. 母公司免除资金流充足的子公司的债务   B. 债务人以存货清偿债务

  C. 将未来应收货款本金及其利息出售给银行   D. 签发商业承兑汇票支付购货款

  9. 乙公司应付甲公司货款 500 万元，因乙公司经营不善到期未予偿付，甲公司就该项债权计提了 20 万元的坏账准备。20×0 年 6 月 10 日，双方签订协议，约定乙公司以其持有的一项专利技术抵偿全部债务，该项专利技术的账面原值为 800 万元，已摊销金额为 400 万元。当期，该专利技术的公允价值为 450 万元，双方于当日办妥转让手续。不考虑其他因素，乙公司对于该项债务重组的账务处理中正确的是( )。

  A. "应付账款"科目减少 450 万元

  B. 无形资产的账面价值减少 450 万元

  C. 记入"其他收益"科目的金额为 50 万元

  D. 记入"其他收益"科目的金额为 100 万元

  10. 甲公司与乙公司均为增值税一般纳税人。甲公司销售给乙公司一批商品，价款为 800 万元，增值税税额为 104 万元，款项尚未收到。20×0 年 4 月 10 日，甲公司与乙公司协商进行债务重组，乙公司用一批原材料和一台设备(固定资产)抵偿全部价款。20×0 年 4 月 25 日，乙公司将原材料和设备运抵甲公司，该原材料的账面余额为 220 万元，已计提存货跌价准备 40 万元，公允价值为 200 万元，增值税税额为 26 万元；设备原价为 600 万元，已计提折旧 220 万元，未计提减值准备，公允价值为 400 万元，增值税税额为 52 万元。不考虑其他因素，乙公司应计入营业利润的金额为( )万元。

  A. 226   B. 20   C. 560   D. 266

二、多项选择题

1. 关于债务重组准则中债务人以资产(非金融资产)清偿债务的,下列说法中正确的有( )。
   - A. 债权人取得的资产应以抵债资产的公允价值为基础入账
   - B. 债权人取得的资产应以放弃债权的公允价值和相关税费为基础入账
   - C. 债务人以资产清偿债务的,债务人应当将重组债务的账面价值与转让的非金融资产公允价值之间的差额,计入资本公积
   - D. 债权人放弃债权的公允价值与账面价值之间的差额,应当计入当期损益

2. 关于将债务转为权益工具方式进行债务重组导致债权人将债权转为对联营企业或合营企业的权益性投资的,债务人、债权人的相关处理正确的有( )。
   - A. 债权人应将放弃债权的公允价值与账面价值之间的差额,计入当期损益
   - B. 债务人初始确认权益工具时应当按照权益工具的公允价值计量,权益工具的公允价值不能可靠计量的,应当按照所清偿债务的公允价值计量
   - C. 债务人所清偿债务公允价值与权益工具确认金额之间的差额,应当计入当期损益
   - D. 债务人所清偿债务账面价值与权益工具确认金额之间的差额,应当计入当期损益

3. 下列关于债务重组时债务人会计处理的表述中,错误的有( )。
   - A. 以现金清偿债务时,其与债务金额的差额计入当期损益
   - B. 以非现金资产清偿债务时,其公允价值与债务金额的差额计入资本公积
   - C. 以非现金资产清偿债务时,其账面价值与债务金额的差额计入资本公积
   - D. 以非现金资产清偿债务时,其账面价值与债务金额的差额计入当期损失

4. 下列有关债务重组的会计处理方法,正确的有( )。
   - A. 债务人以存货抵偿债务时,要确认收入并结转成本
   - B. 将债务转为权益工具,债务人初始确认权益工具时应当按照权益工具的公允价值计量
   - C. 对于债务人而言,发生债务重组时,所清偿债务的账面价值与转让资产的账面价值以及权益工具和重组债务的确认金额之和的差额,应当计入当期损益
   - D. 债务人以固定资产抵偿债务时,既要确认债务重组利得,又要确认处置非流动资产损益

5. 下列关于债务重组中债权人或债务人的会计处理中,正确的有( )。
   - A. 以非现金资产清偿债务的,除金融资产外,债权人应当以放弃债权的公允价值为基础确认受让资产的入账成本,放弃债权的公允价值与账面价值之间的差额,计入当期损益
   - B. 以非现金资产清偿债务的,债权人应当对接受的非现金资产按其公允价值入账,重组债权的账面价值与接受的非现金资产的公允价值之间的差额,计入所有者权益
   - C. 以非现金资产清偿债务的,债务人应当将重组债务的账面价值与转让的非现金资产公允价值之间的差额,计入当期损益。转让的非现金资产公允价值与其账

面价值之间的差额，计入当期损益

    D. 以非现金资产清偿债务的，债务人应当将清偿债务的账面价值与转让资产账面价值之间的差额计入当期损益

6. 20×1 年 5 月 10 日，甲公司销售一批商品给乙公司，销售价款为 488 万元，货款尚未收到。20×1 年 8 月，经双方协商，甲公司同意乙公司将其拥有的一项固定资产(厂房)用于抵偿债务，该项固定资产成本为 428 万元，已计提累计折旧 84 万元，未计提减值准备，公允价值为 430 万元；甲公司为该项应收账款已计提了 68 万元的坏账准备，该债权的公允价值为 413 万元，当天验收厂房，并投入使用。假设不考虑其他因素，下列关于甲公司和乙公司债务重组会计处理的表述中，正确的有(　　　)。

    A. 乙公司债务重组利得为 144 万元   B. 乙公司处置非流动资产利得为 80 万元

    C. 甲公司债务重组损失为 7 万元   D. 甲公司取得厂房入账价值为 430 万元

7. 20×0 年 1 月 1 日，甲公司从乙公司赊购一批材料，价款为 1 000 万元。20×0 年 3 月 1 日，甲公司因发生财务困难，无法按合同约定偿还债务，双方协商进行债务重组。乙公司同意甲公司用其作为固定资产核算的一套生产设备偿还 200 万元债务，该设备原值为 260 万元，已计提折旧 160 万元，未计提减值准备。甲公司以向乙公司增发股票 400 万股(每股面值 1 元)的方式偿还剩余债务，当日甲公司股票的收盘价为 2 元/股。20×0 年 3 月 10 日，双方办理完相关手续，甲公司当期股票收盘价为 2.1 元/股。假设不考虑其他因素，下列关于甲公司会计处理的说法中正确的有(　　　)。

    A. 甲公司应计入资本公积的金额为 400 万元

    B. 甲公司应确认股本 400 万元

    C. 甲公司的债务重组损益应记入"投资收益"科目

    D. 甲公司应确认债务重组损益 60 万元

8. M 公司与 N 公司均为增值税一般纳税人，购买及销售商品、设备适用的增值税税率均为 13%。M 公司销售给 N 公司一批商品，价款为 1 000 万元，增值税税额为 130 万元，款项尚未收到，因 N 公司发生资金困难，已无力偿还 M 公司的全部货款。20×0 年 10 月 5 日双方签订债务重组合同，M 公司同意 N 公司分别用一项债权投资、一批原材料和一项设备(固定资产)予以抵偿。M 公司对该笔应收账款已计提坏账准备 200 万元，其公允价值为 1 000 万元。合同签订日，债权投资公允价值为 300 万元；原材料的成本为 150 万元，已计提存货跌价准备 10 万元，公允价值为 100 万元；设备原价 400 万元，已提折旧 100 万元，未计提减值准备，公允价值 400 万元。20×0 年 10 月 25 日，M 公司收到上述资产，双方解除债权债务关系，该日债权投资的公允价值为 305 万元。不考虑其他因素，M 公司下列会计处理中正确的有(　　　)。

    A. 债权投资入账价值为 305 万元   B. 原材料入账价值为 127 万元

    C. 固定资产入账价值为 508 万元   D. 计入当期损益的金额为 70 万元

9. 甲公司销售商品产生应收乙公司货款 1 000 万元，因乙公司资金周转困难，逾期已 1 年以上尚未支付。20×0 年 6 月 5 日，双方经协商达成以下协议：乙公司以一台机器设备抵偿上述债务，该日应收债权的公允价值为 900 万元，已提坏账准备 200 万元，双方办理完成资产转让手续，甲公司将取得的设备划分为持有待售类别，该日设备的公允价值减去出售费用后的净额为 850 万元。不考虑增值税等因素的影响，该债务重组业务甲公司下列会

计处理中正确的有( )。

  A. 持有待售资产入账价值为 850 万元 B. 固定资产入账价值为 900 万元

  C. 影响当期损益的金额为 50 万元 D. 应计入投资收益的金额为 100 万元

  10. 甲、乙公司均为增值税一般纳税人，20×0 年 3 月，甲公司销售一批商品给乙公司，开出的增值税专用发票上注明的销售价款为 400 万元，增值税税额为 52 万元，货款尚未收到。20×0 年 6 月 20 日，甲公司与乙公司协商进行债务重组，甲公司同意乙公司将其拥有的一项固定资产(厂房)用于抵偿债务，同日甲公司已为该项应收账款计提了 60 万元的坏账准备，其公允价值为 400 万元。20×0 年 6 月 30 日，乙公司将固定资产交付给甲公司，双方办理完成产权转移手续，解除债权债务关系，乙公司固定资产账面原值为 400 万元，已计提累计折旧 160 万元，未计提减值准备，公允价值为 320 万元(等于计税价格)，增值税税额为 28.8 万元。假设不考虑其他因素的影响。下列甲公司和乙公司有关债务重组的会计处理中正确的有( )。

  A. 乙公司计入其他收益的金额为 183.2 万元

  B. 乙公司计入资产处置损益的金额为 40 万元

  C. 甲公司计入当期损益的金额为 8 万元

  D. 甲公司取得厂房入账价值为 371.2 万元

三、判断题

  1. 采用以资产(非金融资产)清偿债务方式进行债务重组的，债务人应当在相关资产和所清偿债务符合终止确认条件时予以终止确认，所清偿债务账面价值与转让资产公允价值之间的差额计入当期损益。 ( )

  2. 债务重组，是指在债务人发生财务困难的情况下，债权人按照其与债务人达成的协议或法院的裁定作出让步的事项。 ( )

  3. 20×1 年 3 月 1 日，甲公司因发生财务困难，无力偿还所欠乙公司 1 200 万元款项。经双方协商同意，甲公司以自有的一幢办公楼和一批存货抵偿所欠债务。用于抵债的办公楼原值为 1 050 万元，已提折旧为 300 万元，公允价值为 900 万元；用于抵债的存货账面价值为 135 万元，公允价值为 180 万元。不考虑税费等其他因素，甲公司在该项债务重组中，确认的重组损益金额为 120 万元。 ( )

  4. 因乙公司无法偿还到期债务，经协商，甲公司同意乙公司以库存商品偿还其所欠全部债务。债务重组日，甲公司应收乙公司债权的账面余额为 2 000 万元，已计提坏账准备 1 500 万元，经评估该债权的公允价值为 450 万元。乙公司用于偿债商品的账面价值为 480 万元，公允价值为 600 万元。不考虑税费等其他因素，甲公司因上述交易应确认债务重组相关损益的金额是 100 万元。 ( )

  5. 债务人以一项以摊余成本计量的债权投资偿还债务的，应确认债权投资公允价值与其账面价值之间的损益。 ( )

  6. 债务人采用以资产清偿债务的方式偿还债务的，股份的公允价值总额与股本之间的差额记入"资本公积——股本溢价"科目。 ( )

  7. 债务人以存货偿还债务的，视同销售该存货，应按照其公允价值确认相应的收入，同时结转存货的成本。 ( )

8. 债务人以固定资产偿还债务的,清偿债务的账面价值与固定资产账面价值之间的差额,计入当期损益。   (　　)

9. 在报告期间已经开始协商的,但在报告期资产负债表日后的债务重组,属于资产负债表日后调整事项。   (　　)

10. 对于终止确认的分类为以公允价值计量且其变动计入其他综合收益的债权,之前计入其他综合收益的累计利得或损失应当从其他综合收益中转出,记入"其他收益"科目。   (　　)

业　务　题

1. 20×1 年 4 月 1 日,高顿公司向东华公司赊销一批产品,合同约定东华公司应向高顿公司支付价款 200 万元(不含增值税),款项尚未支付,高顿公司与东华公司将该笔款项分别划分为以摊余成本计量的金融资产和以摊余成本计量的金融负债。20×1 年 6 月 30 日,因东华公司陷入流动性危机,该笔应收账款经评估的公允价值为 182 万元,高顿公司故对该笔应收账款计提坏账准备 18 万元,并与东华公司达成协议,约定东华公司以一项商标权偿还该笔欠款,该商标权的账面余额为 300 万元,累计摊销额为 120 万元,且并未计提减值准备。7 月 1 日,双方办理完毕该无形资产的转让手续,并由高顿公司支付评估费用 6 万元。假设不考虑相关税费。

要求: 分别做出高顿公司与东华公司的会计处理。

2. 甲公司和乙公司均为增值税一般纳税人,增值税税率为 13%。20×1 年 2 月 1 日,甲公司应收乙公司账款账面余额为 100 万元,已提坏账准备 10 万元。经双方协商,于 20×1 年 2 月 5 日进行债务重组,乙公司用一台设备清偿债务,设备原值为 120 万元,已累计计提折旧 40 万元,无减值。假定设备的计税价格为 80 万元,甲公司放弃债权的公允价值为 85 万元,设备已经交付给甲公司并且双方办理了解除债权债务手续,甲公司将抵债设备作为固定资产核算,不考虑其他税费。

要求: 分别做出甲公司与乙公司的会计处理。

3. A 公司于 20×0 年 6 月 3 日向 B 公司销售一批商品,价税合计 50 万元。由于 B 公司发生财务困难,到 20×0 年 12 月 31 日尚未支付货款,A 公司为该项应收账款提取了坏账准备 5 万元。20×1 年 1 月 1 日,B 公司与 A 公司协商,A 公司同意 B 公司以其所拥有并作为以公允价值计量且其变动计入当期损益的某上市公司股票抵偿债务。B 公司该股票的成本为 40 万元,账面价值为 45 万元,当日的公允价值为 43 万元。假定用于抵债的股票于当日即办理相关转让手续,A 公司为此支付交易费用 2 万元,并准备随时将该股出售。

要求: 做出债务重组双方的会计处理。(分录中的数字以"万元"为单位)

4. 青江公司和南方公司均为增值税一般纳税人,增值税税率均为 13%。20×1 年 6 月 16 日,南方公司销售一批商品给青江公司,价税合计为 2 260 000 元(增值税税率为 13%)。双方协议,青江公司以一批甲产品(成本为 1 000 000 元,市价为 1 200 000 元)抵偿债务的一部分,剩余的转为南方公司对青江公司的投资,用于抵债的普通股为 200 000 股(面值 1 元),股票每股市价为 4 元,印花税税率为 2‰。另外,南方公司对应收账款计提 36 000 元坏账准备,重组日债权公允价值为 2 150 000 元。青江公司对甲产品计提减值准备 10 000 元。

要求：分别做出青江公司与南方公司的会计处理。

5. 甲公司应收乙公司账款余额为 2 000 万元，已提坏账准备 200 万元，因乙公司发生财务困难，甲公司于 20×0 年 6 月 10 日与乙公司进行债务重组，合同签订日甲公司应收债权的公允价值为 1 700 万元。甲公司同意乙公司以处置组抵偿上述债务，处置组中包括其他权益工具投资、库存商品、一台机器设备及一笔短期借款，合同签订日的公允价值分别为400 万元、420 万元、980 万元和 200 万元。

20×0 年 6 月 30 日，甲公司和乙公司办理完成处置组转让手续，双方解除债权债务关系。该日，其他权益工具投资的账面价值为 390 万元(成本为 380 万元，公允价值变动为 10万元)，公允价值为 410 万元；库存商品的账面价值为 400 万元；机器设备的账面价值为 900万元(原价为 1 000 万元，累计折旧 100 万元)；短期借款的账面价值和公允价值均为 200 万元。

假定甲公司取得处置组中的资产和负债的分类与乙公司相同，甲公司和乙公司按净利润的 10%提取法定盈余公积，不考虑增值税及其他因素的影响。

要求：编制甲公司和乙公司 20×0 年 6 月 30 日债务重组的会计分录。

第三章

所得税会计

学习目标： 理解资产计税基础和负债计税基础；掌握应纳税暂时性差异与可抵扣暂时性差异；重点掌握递延所得税资产及递延所得税负债的确认和计量；掌握所得税费用的确认和计量。

关键词： 应纳税暂时性差异　可抵扣暂时性差异　资产的计税基础　负债的计税基础　资产的账面价值　负债的账面价值

第一节　所得税会计概述

一、所得税会计的概念

所得税会计是一种纳税会计。会计和税法是经济领域里的两个不同分支，分别规范不同的对象，遵循不同的原则，服务于不同的目的。财务会计和纳税会计的区别体现在以下方面：确认收益实现和费用扣减的时间，以及费用的可扣减性。财务会计是按照会计制度和会计准则核算资产、负债、收入、费用和利润等，纳税会计是按照税收法规确认资产、负债、收入、费用和利润等。因此，按照财务会计的方法计算的利润和按照税法的要求计算的应纳税所得额很可能不相等。所得税会计就是研究如何处理按照会计制度和会计准则计算的会计收益(即利润表中的税前利润总额)与按照税法计算的应税收益(即按税法计算的应纳税所得额)之间差异的会计理论和方法。

二、所得税会计的特点

我国所得税会计采用了资产负债表债务法。资产负债表债务法是从资产负债表出发，通过比较资产负债表上列示的资产、负债按照企业会计准则规定确定的账面价值与按照税法规定确定的计税基础，对于两者之间的差异分别应纳税暂时性差异与可抵扣暂时性差异，确认相关的递延所得税负债与递延所得税资产，在综合考虑当期应交所得税的基础上，确定每一会计期间利润表中的所得税费用。

资产负债表债务法在所得税的会计核算方面遵循了资产、负债的界定。从资产负债角度考虑，资产的账面价值代表的是某项资产在持续持有及最终处置的一定期间内为企业带来未来经济利益的总额，而其计税基础代表的是该期间内按照税法规定就该项资产可以税前扣除的总额。资产的账面价值小于其计税基础的，表明该项资产于未来期间产生的经济利益流入低于按照税法规定允许税前扣除的金额，产生可抵减未来期间应纳税所得额的因素，减少未来期间以所得税税款的方式流出企业的经济利益，应确认为递延所得税资产。

反之，一项资产的账面价值大于其计税基础的，两者之间的差额会增加企业于未来期间的应纳税所得额及应交所得税，对企业形成经济利益流出的义务，应确认为递延所得税负债。

资产负债表债务法是基于资产负债表中所列示的资产、负债账面价值和计税基础经济含义的基础上，分析按照会计原则列报的账面价值与税法规定的差异，并就有关差异确定相关所得税影响的会计方法。相较于仅将当期实际应交所得税作为利润表中所得税费用的核算方法，资产负债表债务法除了能够反映企业已经持有的资产、负债及其变动对当期利润的影响外，还能够反映有关资产、负债对未来期间的所得税影响，在所得税核算领域贯彻了资产负债观。

三、所得税会计核算的一般程序

在采用资产负债表债务法核算所得税的情况下，企业一般应于每一资产负债表日进行所得税的核算。发生特殊交易或事项时，如企业合并，在确认因交易或事项产生的资产、负债时即应确认相关的所得税影响。企业进行所得税核算一般应遵循以下程序。

(1) 按照相关企业会计准则规定确定资产负债表中除递延所得税资产和递延所得税负债以外的其他资产和负债项目的账面价值。资产和负债项目的账面价值，是指企业按照相关会计准则的规定进行核算后在资产负债表中列示的金额。对于计提了减值准备的各项资产，是指其账面余额减去已计提减值准备后的余额。例如，企业持有的应收账款账面余额为 2 000 万元，企业对该应收账款计提了 100 万元的坏账准备，其账面价值为 1 900 万元。

(2) 按照企业会计准则中对于资产和负债计税基础的确定方法，以适用的税收法规为基础，确定资产负债表中有关资产、负债项目的计税基础。

(3) 比较资产、负债的账面价值与其计税基础，对于两者之间存在的差异，分析其性质，除企业会计准则中规定的特殊情况外，分别应纳税暂时性差异与可抵扣暂时性差异，确定资产负债表日递延所得税负债和递延所得税资产的应有金额，并与期初递延所得税资产和递延所得税负债的余额相比，确定当期应予进一步确认的递延所得税资产和递延所得税负债金额或应予转销的金额，作为递延所得税。

(4) 就企业当期发生的交易或事项，按照适用的税法计算确定当期应纳税所得额，将应纳税所得额与适用的所得税税率计算的结果确认为当期应交所得税，作为当期所得税。

(5) 确定利润表中的所得税费用。利润表中的所得税费用包括当期所得税(当期应交所得税)和递延所得税两个组成部分，企业在计算确定了当期所得税和递延所得税后，两者之和(或之差)，是利润表中的所得税费用。

第二节 计税基础和暂时性差异

一、资产的计税基础

资产的计税基础，是指企业收回资产账面价值的过程中，计算应纳税所得额时按照税法规定可以自应税经济利益中抵扣的金额，即某一项资产在未来期间计税时按照税法规定可以税前扣除的金额。

资产的计税基础＝未来期间可税前列支或扣除的金额

资产在初始确认时，其计税基础一般为取得成本，即企业为取得某项资产支付的成本在未来期间准予税前扣除。在资产持续持有的过程中，其计税基础是指资产的取得成本减去以前期间按照税法规定已经税前扣除的金额后的余额。例如，固定资产、无形资产等长期资产在某一资产负债表日的计税基础，是指其成本扣除按照税法规定已在以前期间税前扣除的累计折旧额或累计摊销额后的余额。

下面举例说明部分资产项目计税基础的确定。

1. 固定资产

以各种方式取得的固定资产，初始确认时按照会计准则规定确定的入账价值基本上是被税法认可的，即取得时其账面价值一般等于计税基础。

固定资产在持有期间进行后续计量时，由于会计与税法规定就折旧方法、折旧年限以及固定资产减值准备的提取等处理不同，可能造成固定资产的账面价值与计税基础的差异。

(1) 折旧方法、折旧年限不同产生的差异。会计准则规定，企业应当根据与固定资产有关的经济利益的预期实现方式合理选择折旧方法，如可以按年限平均法计提折旧，也可以按照双倍余额递减法、年数总和法等计提折旧，前提是企业选用的有关折旧方法反映相关固定资产包含经济利益的实现方式。税法中除某些按照规定可以加速折旧的情况外，基本上可以税前扣除的是按照年限平均法计提的折旧；另外，税法还就每一类固定资产的最低折旧年限作出了规定，而会计准则规定折旧年限是由企业根据固定资产的性质和使用情况合理确定的。如企业进行会计处理时确定的折旧年限与税法规定不同，也会因每一期间折旧额的差异产生固定资产在资产负债表日账面价值与计税基础的差异。

(2) 因计提固定资产减值准备产生的差异。持有固定资产的期间内，在对固定资产计提了减值准备以后，因税法规定企业计提的资产减值准备在发生实质性损失前不允许税前扣除，其账面价值下降，但计税基础不会随资产减值准备的提取而发生变化，也会造成其账面价值与计税基础的差异，即：

固定资产账面价值＝实际成本-会计累计折旧-固定资产减值准备

固定资产计税基础＝实际成本-税法累计折旧

【例 3-1】A 公司于 2019 年 12 月 20 日取得的某项环保用固定资产，原价为 300 万元，使用年限为 10 年，会计上采用年限平均法计提折旧，净残值为 0。假定税法规定类似环保用固定资产采用加速折旧法计提的折旧可予税前扣除，该企业在计税时采用双倍余额递减法计提折旧，净残值为 0。2021 年 12 月 31 日，企业估计该项固定资产的可收回金额为 220 万元。现计算该固定资产的账面价值和计税基础。

2021 年 12 月 31 日，该项固定资产的账面价值 = 300 - 30 × 2 - 20 = 220(万元)

该项固定资产的计税基础 = 300 - 300 × 20% - 240 × 20% = 192(万元)

该项固定资产账面价值 220 万元与其计税基础 192 万元之间产生了 28 万元的差额，意味着企业将于未来期间增加应纳税所得额和应交所得税。

【例 3-2】A 公司于 20×0 年年末以 300 万元购入一项生产用固定资产，按照该项固定资产的预计使用情况，A 公司在会计核算时估计其使用寿命为 10 年。计税时，按照适用税法规定，其折旧年限为 20 年。假定会计与税法均按年限平均法计提折旧，净残值均为 0。

20×1 年该项固定资产按照 12 个月计提折旧。假定本例中固定资产未发生减值。现计算该固定资产的账面价值和计税基础。

20×1 年 12 月 31 日，该项固定资产的账面价值 = 300 − 300÷10 = 270(万元)

该项固定资产的计税基础 = 300 − 300÷20 = 285(万元)

该项固定资产的账面价值 270 万元与其计税基础 285 万元之间产生了 15 万元的差额，在未来期间会减少企业的应纳税所得额和应交所得税。

2. 无形资产

除内部研究开发形成的无形资产以外，以其他方式取得的无形资产，初始确认时按照会计准则规定确定的入账价值与按照税法规定确定的计税基础之间一般不存在差异。无形资产的差异主要产生于内部研究开发形成的无形资产以及使用寿命不确定的无形资产。

(1) 内部研究开发形成的无形资产，其成本为开发阶段符合资本化条件以后至达到预定用途前发生的支出。除此之外，研究开发过程中发生的其他支出应予费用化计入损益；税法规定，自行开发的无形资产，以开发过程中该资产符合资本化条件后至达到预定用途前发生的支出为计税基础。另外，对于研究开发费用的加计扣除，比如税法中规定企业为开发新技术、新产品、新工艺发生的研究开发费用，未形成无形资产计入当期损益的，在按照规定据实扣除的基础上，按照研究开发费用的 50%加计扣除；形成无形资产的，按照无形资产成本的 150%摊销。

另外，会计准则中规定有例外条款，即如该无形资产的确认不是产生于企业合并交易，同时在确认时既不影响会计利润也不影响应纳税所得额，则不确认该暂时性差异的所得税影响。该种情况下，无形资产在初始确认时，对于会计与税收规定之间存在的暂时性差异不予确认，持续持有过程中，在初始未予确认暂时性差异的所得税影响范围内的摊销额等的差异亦不予确认。

【例 3-3】A 公司当期发生研究开发支出 2 000 万元，其中研究阶段支出为 400 万元，开发阶段符合资本化条件前发生的支出为 400 万元，符合资本化条件后至达到预定用途前发生的支出为 1 200 万元。假定税法规定，研究开发支出未形成无形资产计入当期损益的，按照研发费用的 50%加计扣除；形成无形资产的，按照无形资产成本的 150%摊销。假定该公司开发形成的无形资产在当期期末已达到预定用途(尚未开始摊销)。现计算该项无形资产的账面价值和计税基础。

A 公司当期发生的研究开发支出中，按照会计准则规定应予费用化的金额为 800 万元，形成无形资产的成本为 1 200 万元，即期末所形成无形资产的账面价值为 1 200 万元。

A 公司于当期发生的 2 000 万元研究开发支出，可在税前扣除的金额为 1 200 万元。所形成无形资产在未来期间可予税前扣除的金额为 1 800 万元，其计税基础为 1 800 万元，形成暂时性差异 600 万元。

应予说明的是，上述 600 万元暂时性差异因产生于无形资产的初始确认，该无形资产并非产生于企业合并，且该无形资产在初始确认时既未影响会计利润，也未影响应纳税所得额，因此，该 600 万元暂时性差异的所得税影响不予确认。

(2) 无形资产在后续计量时，会计与税收的差异主要产生于是否需要摊销、摊销方法和年限的差异及无形资产减值准备的提取。

无形资产账面价值=实际成本-会计累计摊销-无形资产减值准备

计税基础=实际成本-税法累计摊销

会计准则规定，企业应根据无形资产的使用寿命情况，区分为使用寿命有限的无形资产与使用寿命不确定的无形资产。对于使用寿命不确定的无形资产，不要求摊销，但持有期间每年应进行减值测试。税法规定，企业取得的无形资产成本(外购商誉除外)，应在一定期限内摊销。对于使用寿命不确定的无形资产，会计处理时不予摊销，但计税时按照税法规定确定的摊销额允许税前扣除，造成该类无形资产账面价值与计税基础的差异。

在对无形资产计提减值准备的情况下，因税法规定计提的无形资产减值准备在转变为实质性损失前不允许税前扣除，即在提取无形资产减值准备的期间，无形资产的计税基础不会随减值准备的提取发生变化，从而造成无形资产的账面价值与计税基础的差异。

【例3-4】A公司于20×1年1月1日取得的某项无形资产，取得成本为600万元，公司根据各方面情况判断，无法合理预计其为企业带来未来经济利益的期限，将其视为使用寿命不确定的无形资产。20×1年12月31日，对该项无形资产进行减值测试表明未发生减值。A公司在计税时，对该项无形资产按照10年的期间摊销，有关金额允许税前扣除。

会计上将该项无形资产作为使用寿命不确定的无形资产，在未发生减值的情况下，其在20×1年12月31日的账面价值为取得成本600万元。

该项无形资产在20×1年12月31日的计税基础为(600－60)540万元。

该项无形资产的账面价值600万元与其计税基础540万元之间的差额60万元将计入未来期间企业的应纳税所得额，或者可以理解为因为该60万元已经在当期计算应纳税所得额时税前扣除，从而减少了当期应交所得税，未来期间不会再予扣除，当企业于未来期间产生相关的经济利益流入时即应交所得税。

3. 以公允价值计量且其变动计入当期损益的金融资产

按照《企业会计准则第22号——金融工具确认和计量》的规定，以公允价值计量且其变动计入当期损益的金融资产于某一会计期末的账面价值为其公允价值。税法规定，企业以公允价值计量的金融资产、金融负债以及投资性房地产等，持有期间公允价值的变动不计入应纳税所得额，在实际处置或结算时，处置取得价款扣除其历史成本后的差额应计入处置或结算期间的应纳税所得额。按照该规定，以公允价值计量的金融资产在持有期间市价的波动在计税时不予考虑，有关金融资产在某一会计期末的计税基础为其取得成本，从而造成在公允价值变动情况下以公允价值计量的金融资产账面价值与计税基础之间的差异。

会计：账面价值=公允价值

税法：计税基础=取得成本

企业持有的以公允价值计量且其变动计入其他综合收益的金融资产，其计税基础的确定，与以公允价值计量且其变动计入当期损益的金融资产类似，可比照处理。

【例3-5】20×1年10月20日，A公司自公开市场取得一项权益性投资，支付价款800万元，作为交易性金融资产核算。20×1年12月31日，该项权益性投资的市价为880万元。

该项交易性金融资产的期末市价为880万元，其按照会计准则规定进行核算的、在20×1年资产负债表日的账面价值为880万元。

因税法规定以公允价值计量的金融资产在持有期间公允价值的变动不计入应纳税所得额，其在20×1年资产负债表日的计税基础应维持原取得成本不变，为800万元。

该交易性金融资产的账面价值800万元与其计税基础880万元之间产生了80万元的暂时性差异，该暂时性差异在未来期间转回时会增加未来期间的应纳税所得额。

【例3-6】20×1年11月18日，甲公司自公开的市场上取得一项债权性投资，作为以公允价值计量且其变动计入其他综合收益的金融资产核算。该投资的成本为1 500万元。20×1年12月31日，其市价为1 575万元。

按照会计准则规定，该项金融资产在会计期末应以公允价值计量，其账面价值应为期末公允价值1 575万元。

因税法规定资产在持有期间公允价值变动不计入应纳税所得额，则该项金融资产的期末计税基础应维持其原取得成本不变，为1 500万元。

该金融资产在20×1年资产负债表日的账面价值1 575万元与其计税基础1 500万元之间产生的75万元暂时性差异，在企业预期以1 575万元的价格出售该金融资产时，出售价格与取得成本之间的差额75万元将会增加未来期间的应纳税所得额。

4. 其他资产

因企业会计准则规定与税法规定不同，企业持有的其他资产，可能造成其账面价值与计税基础之间存在差异。

(1) 投资性房地产。企业持有的投资性房地产进行后续计量时，会计准则规定可以采用两种模式：一种是成本模式，采用这种模式计量的投资性房地产，其账面价值与计税基础的确定与固定资产、无形资产相同；另一种是在符合规定条件的情况下，可以采用公允价值模式对投资性房地产进行后续计量。对于采用公允价值模式进行后续计量的投资性房地产，其账面价值的确定类似于以公允价值计量的金融资产，因税法中没有投资性房地产的概念及专门的税收处理规定，其计税基础的确定类似于固定资产或无形资产的计税基础。

会计：账面价值=公允价值

税法：计税基础=以历史成本为基础确定

【例3-7】A公司于20×1年1月1日签订租赁合同，将其某自用房屋建筑物转为对外出租，该房屋建筑物的成本为300万元，预计使用年限为20年。转为投资性房地产之前，已使用4年，A公司按照直线法计提折旧，预计净残值为0。转为投资性房地产核算以后，因能够持续可靠地取得该投资性房地产的公允价值，A公司选择采用公允价值对该投资性房地产进行后续计量。假定对该房屋建筑物，税法规定的折旧方法、折旧年限及净残值与会计规定相同。同时税法规定资产在持有期间公允价值的变动不计入应纳税所得额，待处置时一并计算确定应计入应纳税所得额的金额，该项投资性房地产在20×1年12月31日的公允价值为360万元。

A公司选择对该项投资性房地产采用公允价值进行后续计量，其在20×1年12月31日的账面价值为其公允价值360万元，其计税基础为取得成本扣除按照税法规定允许税前扣除的折旧额后的金额，即计税基础为(300-300÷20×5)225万元。

该项投资性房地产的账面价值360万元与其计税基础225万元之间产生了135万元的暂时性差异，在其未来期间预期能够产生360万元的经济利益流入，而按照税法规定仅能够扣除225万元的情况下，该差异会增加企业在未来期间的应纳税所得额。

（2）其他计提了资产减值准备的各项资产。有关资产计提了减值准备以后，其账面价值会随之下降，而按照税法规定，资产的减值在转化为实质性损失之前，不允许税前扣除，即其计税基础不会因减值准备的提取而发生变化，从而造成资产的账面价值与其计税基础之间的差异。

【例3-8】A公司20×1年购入原材料成本为2 000万元，因部分生产线停工，当年未领用任何原材料，20×1年资产负债表日考虑到该原材料的市价及用其生产产成品的市价情况，估计该原材料的可变现净值为1 600万元。假定公司该原材料期初余额为0。

该项原材料因期末可变现净值低于其成本，应计提存货跌价准备，其金额为(2 000－1 600)400万元。计提存货跌价准备后，该项原材料的账面价值为1 600万元。

该项原材料的计税基础不会因存货跌价准备的提取而发生变化，其计税基础为2 000万元不变。

该存货的账面价值1 600万元与其计税基础2 000万元之间产生了400万元的暂时性差异，该差异会减少企业在未来期间的应纳税所得额。

【例3-9】A公司20×1年12月31日应收账款余额为6 000万元，该公司期末对应收账款计提了600万元的坏账准备。税法规定，不符合国务院财政、税务主管部门规定的各项资产减值准备不允许税前扣除。假定该公司应收账款及坏账准备的期初余额均为0。

该项应收账款在20×1年资产负债表日账面价值为(6 000－600)5 400万元。因有关的坏账准备不允许税前扣除，其计税基础为6 000万元。该计税基础与其账面价值之间产生600万元暂时性差异，在应收账款发生实质性损失时，会减少未来期间的应纳税所得额。

二、负债的计税基础

负债的计税基础，是指负债的账面价值减去未来期间计算应纳税所得额时按照税法规定可予抵扣的金额。其用公式可表示为

负债的计税基础=账面价值-未来期间按照税法规定可予税前扣除的金额

一般情况下，负债的确认与偿还不会影响企业的损益，也不会影响其应纳税所得额，未来期间计算应纳税所得额时按照税法规定可予抵扣的金额为0，计税基础即为账面价值，如企业的短期借款、应付账款等。但是，某些情况下，负债的确认可能会影响企业的损益，进而影响不同期间的应纳税所得额，使得其计税基础与账面价值之间产生差额，如按照会计规定确认的某些预计负债。

现就有关负债计税基础的确定举例说明如下。

1. 企业因销售商品提供售后服务等原因确认的预计负债

按照《企业会计准则第13号——或有事项》的规定，企业对于预计提供售后服务将发生的支出在满足有关确认条件时，销售当期即应确认为费用，同时确认预计负债。如果税法有规定，与销售产品相关的支出应于实际发生时税前扣除。因该类事项产生的预计负债在期末的计税基础为其账面价值与未来期间可税前扣除的金额之间的差额，即为0。

其他交易或事项确认的预计负债，应按照税法规定的计税原则确定其计税基础。某些情况下，因有些事项确认的预计负债，税法规定其支出无论是否实际发生均不允许税前扣

除，即未来期间按照税法规定可予抵扣的金额为 0，账面价值等于计税基础。

【例 3-10】A 公司 20×1 年因销售产品承诺提供 3 年的保修服务，在当年度利润表中确认了 200 万元的销售费用，同时确认为预计负债，当年度未发生任何保修支出。假定按照税法规定，与产品售后服务相关的费用在实际发生时允许税前扣除。

该项预计负债在 A 公司 20×1 年 12 月 31 日资产负债表中的账面价值为 200 万元。

该项预计负债的计税基础=账面价值-未来期间计算应纳税所得额时按照税法规定可予抵扣的金额=200 万元-200 万元=0。

该项负债的账面价值 200 万元与其计税基础 0 之间的暂时性差异可以理解为：未来期间企业实际发生 200 万元的经济利益流出用以履行产品保修义务时，税法规定允许税前扣除，即减少未来实际发生期间的应纳税所得额。

2. 合同负债

企业在收到客户预付的款项时，因不符合收入确认条件，会计上将其确认为负债。税法中对于收入的确认原则一般与会计规定相同，即会计上未确认收入时，计税时一般亦不计入应纳税所得额，该部分经济利益在未来期间计税时可予税前扣除的金额为 0，计税基础等于账面价值。

某些情况下，因不符合会计准则规定的收入确认条件，未确认为收入的预收款项，按照税法规定应计入当期应纳税所得额时，有关合同负债的计税基础为 0，即因其产生时已经计算应交纳所得税，未来期间可全额税前扣除。

【例 3-11】A 公司于 20×1 年 12 月 20 日自客户处收到一笔合同预付款，金额为 1 000 万元，因不符合收入确认条件，将其作为合同负债核算。按照适用税法规定，该款项应计入当期应纳税所得额，计算缴纳所得税。

该合同负债在 A 公司 20×1 年 12 月 31 日资产负债表中的账面价值为 1 000 万元。

该合同负债的计税基础=账面价值 1 000 万元-未来期间计算应纳税所得额时按照税法规定可予抵扣的金额 1 000 万元＝0。

该项负债的账面价值 1 000 万元与其计税基础 0 之间产生了 1 000 万元暂时性差异，该项暂时性差异的含义为：在未来期间企业按照会计规定确认收入，产生经济利益流入时，因其在产生期间已经计算缴纳了所得税，未来期间则不再计入应纳税所得额，从而会减少企业于未来期间的所得税税款流出。

3. 应付职工薪酬

企业会计准则规定，企业为获得职工提供的服务所给予的各种形式的报酬以及其他相关支出均应作为企业的成本费用，在未支付之前确认为负债。税法中对于合理的职工薪酬基本允许税前扣除，但税法中如果规定了税前扣除标准的，按照会计准则规定计入成本费用的金额超过规定标准部分，应进行纳税调整。因超过部分在发生当期不允许税前扣除，在以后期间也不允许税前扣除，即该部分差额对未来期间计税时不产生影响，所产生应付职工薪酬负债的账面价值等于计税基础。

【例 3-12】A 公司 20×1 年 12 月计入成本费用的职工工资总额为 3 200 万元，至 20×1 年 12 月 31 日尚未支付。按照适用税法规定，当期计入成本费用的 3 200 万元工资支出中，可予税前扣除的金额为 2 400 万元。

该项应付职工薪酬负债于 20×1 年 12 月 31 日的账面价值为 3 200 万元。

该项应付职工薪酬负债于 20×1 年 12 月 31 日的计税基础=账面价值 3 200 万元-未来期间计算应纳税所得额时按照税法规定可予抵扣的金额 0=3 200 万元。

该项负债的账面价值 3 200 万元与其计税基础 3 200 万元相同,不形成暂时性差异。该事项的会计处理与税收处理存在差异,但不形成暂时性差异的原因是两者之间的 800 万元差异在产生当期不能税前扣除,在未来期间亦不能税前扣除,从而构成一项永久性差异,其不会对企业未来期间的计税产生影响。

4. 其他负债

其他负债如企业应交的罚款和滞纳金等,在尚未支付之前按照会计规定确认为费用,同时作为负债反映。税法规定,罚款和滞纳金不能税前扣除,即该部分费用无论是在发生当期还是在以后期间均不允许税前扣除,其计税基础为账面价值减去未来期间计税时可予税前扣除的金额 0 之间的差额,即计税基础等于账面价值,不产生暂时性差异。

【例 3-13】A 公司 20×1 年 12 月因违反当地有关环保法规的规定,接到环保部门的处罚通知,要求其支付罚款 200 万元。税法规定,企业因违反国家有关法律法规支付的罚款和滞纳金,计算应纳税所得额时不允许税前扣除。至 20×1 年 12 月 31 日,该项罚款尚未支付。

应支付罚款产生的负债账面价值为 200 万元。

该项负债的计税基础=账面价值 200 万元-未来期间计算应纳税所得额时按照税法规定可予抵扣的金额 0=200 万元。

该项负债的账面价值 200 万元与其计税基础 200 万元相同,不形成暂时性差异,不会对未来期间的计税产生影响。

三、特殊交易或事项中产生资产、负债计税基础的确定

除企业在正常生产经营活动过程中取得的资产和负债以外,对于某些特殊交易中产生的资产、负债,其计税基础的确定应遵从税法规定,如企业合并过程中取得资产、负债计税基础的确定。

《企业会计准则第 20 号——企业合并》中,视参与合并各方在合并前后是否为同一方或相同的多方最终控制,分为同一控制下的企业合并与非同一控制下的企业合并两种类型。

对于企业合并的税收处理,通常情况下被合并企业应视为按公允价值转让、处置全部资产,计算资产的转让所得,依法缴纳所得税。合并企业接受被合并企业的有关资产,计税时可以按经评估确认的价值确定计税基础。另外,在考虑有关企业合并是应税合并还是免税合并时,某些情况下还需要考虑在合并中涉及的获取资产或股权的比例、非股权支付额的比例,具体划分标准和条件应遵从税法规定。

由于会计准则与税收法规对企业合并的划分标准不同,处理原则不同,某些情况下,会造成企业合并中取得的有关资产、负债的入账价值与其计税基础的差异。

四、暂时性差异

暂时性差异是指资产、负债的账面价值与其计税基础不同产生的差额。因资产、负债

的账面价值与其计税基础不同，产生了在未来收回资产或清偿负债的期间内，应纳税所得额增加或减少并导致未来期间应交所得税增加或减少的情况，形成企业的资产或负债，在有关暂时性差异发生当期，符合确认条件的情况下，应当确认相关的递延所得税负债或递延所得税资产。根据暂时性差异对未来期间应纳税所得额影响的不同，分为应纳税暂时性差异和可抵扣暂时性差异。

某些不符合资产、负债的确认条件，未作为财务会计报告中资产、负债列示的项目，如果按照税法规定可以确定其计税基础，该计税基础与其账面价值之间的差额也属于暂时性差异。

1. 应纳税暂时性差异

应纳税暂时性差异，是指在确定未来收回资产或清偿负债期间的应纳税所得额时，将导致产生应税金额的暂时性差异，即在未来期间不考虑该事项影响的应纳税所得额的基础上，由于该暂时性差异的转回，会进一步增加转回期间的应纳税所得额和应交所得税金额，在其产生当期应当确认相关的递延所得税负债。

应纳税暂时性差异通常产生于以下情况。

(1) 资产的账面价值大于其计税基础。资产的账面价值代表的是企业在持续使用及最终出售该项资产时会取得的经济利益的总额，而计税基础代表的是一项资产在未来期间可予税前扣除的总金额。资产的账面价值大于其计税基础，该项资产未来期间产生的经济利益不能全部税前抵扣，两者之间的差额需要交税，产生应纳税暂时性差异。例如，一项资产的账面价值为 500 万元，计税基础如为 375 万元，两者之间的差额会造成未来期间应纳税所得额和应交所得税的增加，在其产生当期，应确认相关的递延所得税负债。

(2) 负债的账面价值小于其计税基础。负债的账面价值为企业预计在未来期间清偿该项负债时的经济利益流出，而其计税基础代表的是账面价值在扣除税法规定未来期间允许税前扣除的金额之后的差额。因负债的账面价值与其计税基础不同产生的暂时性差异实质上是税法规定就该项负债在未来期间可以税前扣除的金额，负债的账面价值小于其计税基础，则意味着就该项负债在未来期间可以税前抵扣的金额为负数，即应在未来期间应纳税所得额的基础上调增，增加应纳税所得额和应交所得税金额，产生应纳税暂时性差异，应确认相关的递延所得税负债。

2. 可抵扣暂时性差异

可抵扣暂时性差异，是指在确定未来收回资产或清偿负债期间的应纳税所得额时，将导致产生可抵扣金额的暂时性差异。该差异在未来期间转回时会减少转回期间的应纳税所得额，减少未来期间的应交所得税。在该暂时性差异产生当期，符合确认条件时，应当确认相关的递延所得税资产。

可抵扣暂时性差异一般产生于以下情况。

(1) 资产的账面价值小于其计税基础，意味着资产在未来期间产生的经济利益少，按照税法规定允许税前扣除的金额多，两者之间的差额可以减少应纳税所得额并减少应交所得税，形成可抵扣暂时性差异。例如，一项资产的账面价值为 200 万元，计税基础为 260 万元，则企业在未来期间就该项资产可以在其自身取得经济利益的基础上多扣除 60 万元，从整体上来看，未来期间应纳税所得额会减少，应交所得税也会减少，形成可抵扣暂时性差异。符合有关确认条件时，应确认相关的递延所得税资产。

(2) 负债的账面价值大于其计税基础，负债产生的暂时性差异实质上是税法规定就该项负债可以在未来期间税前扣除的金额。一项负债的账面价值大于其计税基础，意味着未来期间按照税法规定构成负债的全部或部分金额可以自未来应税经济利益中扣除，减少未来期间的应纳税所得额和应交所得税，产生可抵扣暂时性差异，符合有关确认条件的，应确认相关的递延所得税资产。

五、特殊项目产生的暂时性差异

1. 未作为资产、负债确认的项目产生的暂时性差异

某些交易或事项发生以后，因为不符合资产、负债的确认条件而未体现为资产负债表中的资产或负债，但按照税法规定能够确定其计税基础的，其账面价值 0 与计税基础之间的差异也构成暂时性差异。如企业发生的符合条件的广告费和业务宣传费支出，除另有规定外，不超过当年销售收入 15%的部分准予扣除；超过部分准予向以后纳税年度结转扣除。该类费用在发生时按照会计准则规定计入当期损益，不形成资产负债表中的资产，但按照税法规定可以确定其计税基础的，两者之间的差异也形成暂时性差异。

【例 3-14】A 公司 20×1 年发生了 2 000 万元的广告费支出，发生时已作为销售费用计入当期损益。税法规定，该类支出不超过当年销售收入 15%的部分允许当期税前扣除，超过部分允许向以后纳税年度结转税前扣除。A 公司 20×1 年实现销售收入 10 000 万元。

该广告费支出因按照会计准则规定在发生时已计入当期损益，不体现为期末资产负债表中的资产，如果将其视为资产，其账面价值为 0。

因按照税法规定，该类支出税前列支有一定的扣除标准，根据当前 A 公司销售收入 15%计算，当期可予税前扣除(10 000×15%)1 500 万元，当期未予税前扣除的 500 万元可以向以后纳税年度结转扣除，其计税基础为 500 万元。

该项资产的账面价值 0 与其计税基础 500 万元之间产生了 500 万元的暂时性差异，该暂时性差异在未来期间可减少企业的应纳税所得额，为可抵扣暂时性差异，符合确认条件时，应确认相关的递延所得税资产。

2. 可抵扣亏损及税款抵减产生的暂时性差异

按照税法规定可以结转以后年度的未弥补亏损及税款抵减，虽不是因资产、负债的账面价值与计税基础不同产生的，但与可抵扣暂时性差异具有同样的作用，均能够减少未来期间的应纳税所得额，进而减少未来期间的应交所得税，会计处理上视同可抵扣暂时性差异，符合条件的情况下，应确认与其相关的递延所得税资产。

【例 3-15】A 公司于 20×1 年因政策性原因发生经营亏损 2 000 万元，按照税法规定，该亏损可用于抵减以后 5 个年度的应纳税所得额。该公司预计其于未来 5 年期间能够产生足够的应纳税所得额利用该经营亏损。

该经营亏损虽不是因比较资产、负债的账面价值与其计税基础产生的，但从其性质上看可以减少未来期间的应纳税所得额和应交所得税，属于可抵扣暂时性差异。企业预计未来期间能够产生足够的应纳税所得额利用该可抵扣亏损时，应确认相关递延所得税资产。

第三节 递延所得税资产及负债的确认和计量

企业在计算确定了可抵扣暂时性差异与应纳税暂时性差异后，应当按照所得税会计准则规定的原则确认相关的递延所得税资产以及递延所得税负债。

一、递延所得税资产的确认和计量

1. 确认递延所得税资产的一般原则

递延所得税资产产生于可抵扣暂时性差异。确认因可抵扣暂时性差异产生的递延所得税资产应以未来期间可能取得的应纳税所得额为限。在可抵扣暂时性差异预期转回的未来期间内，企业无法产生足够的应纳税所得额用以利用可抵扣暂时性差异的影响，使得与可抵扣暂时性差异相关的经济利益无法实现的，不应确认递延所得税资产；企业有明确的证据表明其于可抵扣暂时性差异转回的未来期间能够产生足够的应纳税所得额，进而利用可抵扣暂时性差异的，则应以可能取得的应纳税所得额为限，确认相关的递延所得税资产。

有关交易或事项发生时，对会计利润或是应纳税所得额产生影响的，所确认的递延所得税资产应作为利润表中所得税费用的调整；有关的可抵扣暂时性差异产生于直接计入所有者权益的交易或事项，则确认的递延所得税资产应计入所有者权益；企业合并时产生的可抵扣暂时性差异的所得税影响，应相应调整企业合并中确认的商誉或是应计入当期损益的金额。

在判断企业于可抵扣暂时性差异转回的未来期间能否产生足够的应纳税所得额时，应考虑企业在未来期间通过正常的生产经营活动能够实现的应纳税所得额以及以前期间产生的应纳税暂时性差异在未来期间转回时将增加的应纳税所得额。

(1) 对与子公司、联营企业、合营企业的投资相关的可抵扣暂时性差异，同时满足下列条件的，应当确认相关的递延所得税资产：一是暂时性差异在可预见的未来很可能转回；二是未来很可能获得用来抵扣暂时性差异的应纳税所得额。

对联营企业和合营企业的投资产生的可抵扣暂时性差异，主要产生于权益法下被投资单位发生亏损时，投资企业按照持股比例确认应予承担的部分相应减少长期股权投资的账面价值，但税法规定长期股权投资的成本在持有期间不发生变化，造成长期股权投资的账面价值小于其计税基础，产生可抵扣暂时性差异。

投资企业对有关投资计提减值准备的情况下，也会产生可抵扣暂时性差异。

(2) 对于按照税法规定可以结转以后年度的未弥补亏损和税款抵减，应视同可抵扣暂时性差异处理。在有关的亏损或税款抵减金额得到税务部门的认可或预计能够得到税务部门的认可，且预计可利用未弥补亏损或税款抵减的未来期间内能够取得足够的应纳税所得额时，除准则中规定不予确认的情况下，应当以很可能取得的应纳税所得额为限，确认相应的递延所得税资产，同时减少确认当期的所得税费用。

【例 3-16】A 公司 2016 年 12 月 31 日购入价值为 5 000 元的设备，预计可使用 5 年，净残值为 0。A 公司采用双倍余额递减法提取折旧，税法允许公司采用直线法计提折旧。未折旧前的利润总额为 11 000 元。A 公司适用的所得税税率为 15%。运用资产负债表债务法

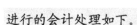

进行的会计处理如下。

资产负债表债务法分三步进行会计处理。

步骤一，确定产生暂时性差异的项目，即设备折旧。

步骤二，确定各年的暂时性差异及该项差异对纳税的影响，见表3-1。

表3-1　暂时性差异及对纳税的影响

单位：元

项　目	2016 年	2017 年	2018 年	2019 年	2020 年	2021 年
账面价值	5 000	3 000	1 800	1 080	540	0
计税基础	5 000	4 000	3 000	2 000	1 000	0
差额	0	−1 000	−1 200	−920	−460	0
税率		15%	15%	15%	15%	15%
差异时点值	0	150	180	138	69	0

步骤三，确定所得税费用，应交所得税加减纳税影响等于当期所得税和递延所得税的总额。

各年的会计分录如下。

2017 年　借：所得税费用　　　　　　　　　　　　　　1 350
　　　　　　　递延所得税资产　　　　　　　　　　　　150
　　　　　　贷：应交税费——应交所得税　　　　　　　　　　　1 500

2018 年　借：所得税费用　　　　　　　　　　　　　　1 470
　　　　　　　递延所得税资产　　　　　　　　　　　　30
　　　　　　贷：应交税费——应交所得税　　　　　　　　　　　1 500

2019 年　借：所得税费用　　　　　　　　　　　　　　1 542
　　　　　　贷：递延所得税资产　　　　　　　　　　　　　　　42
　　　　　　　　应交税费——应交所得税　　　　　　　　　　　1 500

2020 年　借：所得税费用　　　　　　　　　　　　　　1 569
　　　　　　贷：递延所得税资产　　　　　　　　　　　　　　　69
　　　　　　　　应交税费——应交所得税　　　　　　　　　　　1 500

2021 年　借：所得税费用　　　　　　　　　　　　　　1 569
　　　　　　贷：递延所得税资产　　　　　　　　　　　　　　　69
　　　　　　　　应交税费——应交所得税　　　　　　　　　　　1 500

2. 不确认递延所得税资产的特殊情况

某些情况下，如果企业发生的某项交易或事项不是企业合并，并且交易发生时既不影响会计利润也不影响应纳税所得额，且该项交易中产生的资产、负债的初始确认金额与其计税基础不同，产生可抵扣暂时性差异的，企业会计准则中规定在交易或事项发生时不确认相应的递延所得税资产。原因是在该种情况下，如果确认递延所得税资产，则需调整资产、负债的入账价值，对实际成本进行调整将有违会计核算中的历史成本原则，影响会计信息的可靠性，因此，企业会计准则中规定不确认相应的递延所得税资产。

【例3-17】A公司20×1年发生资本化研究研发支出600万元，至年末研发项目尚未完成。税法规定，按照会计准则规定资本化的开发支出以其150%作为计算摊销额的基础。

A公司按照会计准则规定，资本化的开发支出为600万元，其计税基础为900万元(600万×150%)，该研发支出及所形成无形资产在初始确认时其账面价值与计税基础存在差异，因该差异并非产生于企业合并，同时在产生时既不影响会计利润也不影响应纳税所得额，按照准则规定，不确认与该暂时性差异相关的所得税影响。

3. 递延所得税资产的计量

1) 适用税率的确定

确认递延所得税资产时，应估计相关可抵扣暂时性差异的转回时间，采用转回期间适用的所得税税率为基础计算确定。无论相关的可抵扣暂时性差异转回期间如何，递延所得税资产均不予折现。

2) 递延所得税资产账面价值的复核

企业在确认了递延所得税资产以后，资产负债表日，应当对递延所得税资产的账面价值进行复核。如果未来期间很可能无法取得足够的应纳税所得额用以利用可抵扣暂时性差异带来的利益，应当减记递延所得税资产的账面价值。减记的递延所得税资产，除原确认时计入所有者权益，其减记金额亦应计入所有者权益外，其他的情况均应增加当期的所得税费用。

因无法取得足够的应纳税所得额利用可抵扣暂时性差异减记递延所得税资产账面价值的，以后期间根据新的环境和情况判断能够产生足够的应纳税所得额利用可抵扣暂时性差异，使得递延所得税资产包含的经济利益能够实现，应相应恢复递延所得税资产的账面价值。

二、递延所得税负债的确认和计量

1. 确认递延所得税负债的一般原则

企业在确认因应纳税暂时性差异产生的递延所得税负债时，应遵循以下原则。

(1) 除企业会计准则中明确规定可不确认递延所得税负债的情况以外，企业对于所有的应纳税暂时性差异均应确认相关的递延所得税负债。除与直接计入所有者权益的交易或事项以及企业合并中取得资产、负债相关的以外，在确认递延所得税负债的同时，应增加利润表中的所得税费用。

(2) 与直接计入所有者权益的交易或事项相关的，其所得税影响应增加或减少所有者权益；企业合并产生的，相关的递延所得税影响应调整购买日应确认的商誉或是计入当期损益的金额。

【例3-18】A公司于20×1年12月31日购入某项环保设备，取得成本为200万元，会计上采用直线法计提折旧，使用年限为10年，净残值为0，计税时按双倍余额递减法计提折旧，使用年限及净残值与会计相同。A公司适用的所得税税率为15%。假定该企业不存在其他会计与税收处理的差异，该项固定资产在期末未发生减值。相关会计处理如下。

20×2年资产负债表日，该项固定资产按照会计规定计提的折旧额为20万元，计税时允许扣除的折旧额为 40 万元，则该固定资产的账面价值 180 万元与其计税基础 160 万元的差额构成应纳税暂时性差异，企业应确认相关的递延所得税负债。

借：所得税费用　　　　　　　　　　　　　30 000(200 000 × 15%)
　　贷：递延所得税负债　　　　　　　　　　30 000

2. 不确认递延所得税负债的情况

有些情况下，虽然资产、负债的账面价值与其计税基础不同，产生了应纳税暂时性差异，但出于各方面的考虑，企业会计准则中规定不确认相应的递延所得税负债。

(1) 商誉的初始确认。非同一控制下的企业合并中，企业合并成本大于合并中取得的被购买方可辨认净资产公允价值份额的差额，确认为商誉。因会计与税收的划分标准不同，按照税法规定作为免税合并的情况下，税法不认可商誉的价值，即从税法角度，商誉的计税基础为 0，两者之间的差额形成应纳税暂时性差异。但是，确认该部分暂时性差异产生的递延所得税负债，则意味着将进一步增加商誉的价值。因商誉本身即是企业合并成本在取得的被购买方可辨认资产、负债之间进行分配后的剩余价值，确认递延所得税负债进一步增加其账面价值会影响会计信息的可靠性，增加了商誉的账面价值以后，可能很快就要计提减值准备，而且其账面价值的增加还会进一步产生应纳税暂时性差异，使得递延所得税负债和商誉价值量的变化不断循环。因此，会计上作为非同一控制下的企业合并，同时按照税法规定作为免税合并的情况下，商誉的计税基础为 0，其账面价值与计税基础不同形成的应纳税暂时性差异，会计准则规定不确认相关的递延所得税负债。

【例 3-19】A 公司以增发市场价值为 15 000 万元的自身普通股为对价购入 B 公司 100%的净资产，对 B 公司进行吸收合并，合并前 A 公司与 B 公司不存在任何关联方关系。假定该项合并符合税法规定的免税合并条件，交易各方选择进行免税处理，购买日 B 公司各项可辨认资产、负债的公允价值及其计税基础见表 3-2。

表 3-2　公允价值及计税基础

单位：万元

项　目	公允价值	计税基础	暂时性差异
固定资产	6 750	3 875	2 875
应收账款	5 250	5 250	—
存货	4 350	3 100	1 250
其他应付款	−750	0	−750
应付账款	−3 000	−3 000	0
不包括递延所得税的可辨认资产、负债的公允价值	12 600	9 225	3 375

B 公司适用的所得税税率为 25%，预期在未来期间不会发生变化，该项交易中应确认递延所得税负债及商誉的金额计算如下。

可辨认净资产公允价值　　　　　　　　　12 600
递延所得税资产　　　　　　　　　　　　187.5(即 750 × 25%)
递延所得税负债　　　　　　　　　　　　1 031.25(即 4 125 × 25%)
考虑递延所得税后可辨认资产、负债的公允价值　11 756.25

| 企业合并成本 | 15 000 |
| 商誉 | 3 243.75 |

因该项合并符合税法规定的免税合并条件，当事各方选择免税处理的情况下，购买方在免税合并中取得的被购买方有关资产、负债应维持其原计税基础不变。被购买方原账面上未确认商誉，即商誉的计税基础为 0。

该项合并中所确认的商誉金额 3 243.75 万元与其计税基础 0 之间产生的应纳税暂时性差异，按照准则中规定，不再进一步确认相关的所得税影响。

应说明的是，按照会计准则规定在非同一控制下企业合并中确认了商誉，并且按照所得税法规的规定商誉在初始确认时计税基础等于账面价值的，该商誉在后续计量过程中因会计准则与税法规定不同产生暂时性差异的，应当确认相关的所得税影响。

(2) 除企业合并以外的其他交易或事项中，如果该项交易或事项发生时既不影响会计利润，也不影响应纳税所得额，则所产生的资产、负债的初始确认金额与其计税基础不同所形成应纳税暂时性差异的，交易或事项发生时不确认相应的递延所得税负债。该规定主要是考虑到由于交易发生时既不影响会计利润，也不影响应纳税所得额，确认递延所得税负债的直接结果是增加有关资产的账面价值或是降低所确认负债的账面价值，使得资产、负债在初始确认时，违背历史成本原则，影响会计信息的可靠性。

(3) 与子公司、联营企业、合营企业投资等相关的应纳税暂时性差异，一般应确认相应的递延所得税负债，但同时满足以下两个条件的除外：一是投资企业能够控制暂时性差异转回的时间；二是该暂时性差异在可预见的未来很可能不会转回。同时满足上述条件时，投资企业可以运用自身的影响力决定暂时性差异的转回，如果不希望转回，则在可预见的未来该暂时性差异即不会转回，从而无须确认相应的递延所得税负债。

对于采用权益法核算的长期股权投资，其账面价值与计税基础产生的有关暂时性差异是否应确认相关的所得税影响，应当考虑该项投资的持有意图。

① 对于采用权益法核算的长期股权投资，如果企业拟长期持有，则因初始投资成本的调整产生的暂时性差异预计未来期间不会转回，对未来期间没有所得税影响；因确认投资损益产生的暂时性差异，如果在未来期间逐期分回现金股利或利润时免税(我国税法规定，居民企业间的股息、红利免税)，也不存在对未来期间的所得税影响；因确认应享有被投资单位其他权益变动而产生的暂时性差异，在长期持有的情况下预计未来期间也不会转回。因此，在准备长期持有的情况下，对于采用权益法核算的长期股权投资账面价值与计税基础之间的差异，投资企业一般不确认相关的所得税影响。

② 对于采用权益法核算的长期股权投资，如果投资企业改变持有意图拟对外出售的情况下，按照税法规定，企业在转让或者处置投资资产时，投资资产的成本准予扣除。在持有意图由长期持有转变为拟近期出售的情况下，因长期股权投资的账面价值与计税基础不同产生的有关暂时性差异，均应确认相关的所得税影响。

3. 递延所得税负债的计量

所得税准则规定，资产负债表日，对于递延所得税负债，应当根据适用税法规定，按照预期收回该资产或清偿该负债期间的适用税率计量。即递延所得税负债应以相关应纳税暂时性差异转回期间适用的所得税税率计量。在我国，除享受优惠政策的情况以外，企业适用的所得税税率在不同年度之间一般不会发生变化，企业在确认递延所得税负债时，可以现行适用税率为基础计算确定。对于享受优惠政策的企业,如国家需要重点扶持的高新技术企业,享受一定时期的税率优惠,则所产生的暂时性差异应以预计其转回期间的适用所得税税率为基础计量。另外,无论应纳税暂时性差异的转回期间如何,递延所得税负债不要求折现。

【例3-20】A公司于20×1年12月31日购入一台机器设备,成本为5 000元,预计使用年限为5年,预计净残值为0。会计上按直线法计提折旧,因该设备符合税法规定的税收优惠条件,计税时可采用双倍余额递减法计提折旧。未折旧前的利润总额为11 000元。A公司适用的所得税税率前两年为15%,从第三年起改为20%。下面运用资产负债表债务法进行会计处理。

资产负债表债务法分三步进行会计处理。

步骤一,确定产生暂时性差异的项目,即设备折旧。

步骤二,确定各年的暂时性差异及该项差异对纳税的影响,见表3-3。

表3-3　暂时性差异及对纳税的影响

单位:元

项　目	20×1年	20×2年	20×3年	20×4年	20×5年	20×6年
账面价值	5 000	4 000	3 000	2 000	1 000	0
计税基础	5 000	3 000	1 800	1 080	540	0
差额	0	1 000	1 200	920	460	0
税率		15%	15%	20%	20%	20%
差异时点值	0	150	180	184	92	0

步骤三,确定所得税费用,应交所得税加减纳税影响等于当期所得税和递延所得税的总额。

各年的会计分录如下。

20×2年　借:所得税费用　　　　　　　　　　　　1 500
　　　　　　贷:递延所得税负债　　　　　　　　　　　　150
　　　　　　　　应交税费——应交所得税　　　　　　　1 350
20×3年　借:所得税费用　　　　　　　　　　　　1 500
　　　　　　贷:递延所得税负债　　　　　　　　　　　　 30
　　　　　　　　应交税费——应交所得税　　　　　　　1 470
20×4年　借:所得税费用　　　　　　　　　　　　2 060
　　　　　　贷:递延所得税负债　　　　　　　　　　　　 4
　　　　　　　　应交税费——应交所得税　　　　　　　2 056
20×5年　借:所得税费用　　　　　　　　　　　　2 000
　　　　　　　递延所得税负债　　　　　　　　　　　　 92
　　　　　　贷:应交税费——应交所得税　　　　　　　2 092
20×6年　借:所得税费用　　　　　　　　　　　　2 000
　　　　　　　递延所得税负债　　　　　　　　　　　　 92
　　　　　　贷:应交税费——应交所得税　　　　　　　2 092

三、特殊交易或事项中涉及递延所得税的确认和计量

1. 与直接计入所有者权益的交易或事项相关的所得税

与当期及以前期间直接计入所有者权益的交易或事项相关的当期所得税及递延所得税应当计入所有者权益。直接计入所有者权益的交易或事项主要有：会计政策变更采用追溯调整法或对前期差错更正采用追溯重述法调整期初留存收益、以公允价值计量且其变动计入其他综合收益的金融资产公允价值的变动金额、同时包含负债及权益成分的金融工具在初始确认时计入所有者权益、自用房地产转为采用公允价值模式计量的投资性房地产时公允价值大于原账面价值的差额计入其他综合收益等。

2. 与企业合并相关的递延所得税

在企业合并中，购买方取得的可抵扣暂时性差异，比如，购买日取得的被购买方在以前期间发生的未弥补亏损等可抵扣暂时性差异，按照税法规定可以用于抵减以后年度应纳税所得额，但在购买日不符合递延所得税资产确认条件而不予以确认。购买日后12个月内，如取得新的或进一步的信息表明购买日的相关情况已经存在，预期被购买方在购买日可抵扣暂时性差异带来的经济利益能够实现的，应当确认相关的递延所得税资产，同时减少商誉，商誉不足冲减的，差额部分确认为当期损益；除上述情况以外，确认与企业合并相关的递延所得税资产，应当计入当期损益。

【例3-21】A公司于20×1年1月1日购买乙公司80%股权，形成非同一控制下企业合并。因会计准则规定与适用税法规定的处理方法不同，在购买日产生可抵扣暂时性差异300万元。假定购买日及未来期间企业适用的所得税税率为25%。

购买日，因预计未来期间无法取得足够的应纳税所得额，未确认与可抵扣暂时性差异相关的递延所得税资产75万元。购买日确认的商誉为50万元。

在购买日后6个月，A公司预计能够产生足够的应纳税所得额用以抵扣企业合并时产生的可抵扣暂时性差异300万元，且该事实于购买日已经存在，则A公司会计处理如下。

借：递延所得税资产　　　　　　　　　　　　750 000
　　贷：商誉　　　　　　　　　　　　　　　　500 000
　　　　所得税费用　　　　　　　　　　　　250 000

假定在购买日后6个月，A公司根据新的事实预计能够产生足够的应纳税所得额用以抵扣企业合并时产生的可抵扣暂时性差异300万元，且该新的事实于购买日并不存在，则A公司应作会计处理如下。

借：递延所得税资产　　　　　　　　　　　　750 000
　　贷：所得税费用　　　　　　　　　　　　750 000

3. 与股份支付相关的当期及递延所得税

与股份支付相关的支出在按照会计准则规定确认为成本费用时，其相关的所得税影响应区别于税法的规定进行处理：如果税法规定与股份支付相关的支出不允许税前扣除，则不形成暂时性差异；如果税法规定与股份支付相关的支出允许税前扣除，在按照会计准则规定确认成本费用的期间内，企业应当根据会计期末取得的信息估计可税前扣除的金额计算确定其计税基础及由此产生的暂时性差异，符合确认条件的情况下，应当确认相关的递延所得税。

根据相关税法规定，对于附有业绩条件或服务条件的股权激励计划，企业按照会计准则的相关规定确认的成本费用在等待期内不得税前抵扣，待股权激励计划可行权时方可抵扣，可抵扣的金额为实际行权时的股票公允价值与激励对象支付的行权金额之间的差额。因此，企业未来可以在税前抵扣的金额与等待期内确认的成本费用金额很可能存在差异。企业应根据期末的股票价格估计未来可以税前抵扣的金额，以未来期间很可能取得的应纳税所得额为限确认递延所得税资产。此外，如果预计未来期间可抵扣的金额超过等待期内确认的成本费用，超出部分形成的递延所得税资产应直接计入所有者权益，而不是计入当期损益。

四、适用税率变化对已确认递延所得税资产和递延所得税负债的影响

因税收法规的变化，导致企业在某一会计期间适用的所得税税率发生变化的，企业应对已确认的递延所得税资产和递延所得税负债按照新的税率进行重新计量。递延所得税资产和递延所得税负债的金额代表的是有关可抵扣暂时性差异或应纳税暂时性差异于未来期间转回时，导致企业应交所得税金额的减少或增加的情况。适用税率变动的情况下，应对原已确认的递延所得税资产及递延所得税负债的金额进行调整，反映税率变化带来的影响。

除直接计入所有者权益的交易或事项产生的递延所得税资产及递延所得税负债，相关的调整金额应计入所有者权益以外，其他情况下因税率变化产生的调整金额应确认为税率变化当期的所得税费用(或收益)。

第四节　所得税费用的确认和计量

所得税会计的主要目的之一是确定当期应交所得税以及利润表中的所得税费用。在采用资产负债表债务法核算所得税的情况下，利润表中的所得税费用由两部分组成：当期所得税和递延所得税。

一、当期所得税

当期所得税是指企业按照税法规定计算确定的针对当期发生的交易和事项，应交纳给税务部门的所得税金额，即当期应交所得税。

企业在确定当期应交所得税时，对于当期发生的交易或事项，会计处理与税法处理不同的，应在会计利润的基础上，按照适用税收法规的规定进行调整，计算出当期应纳税所得额，按照应纳税所得额与适用所得税税率计算确定当期应交所得税。一般情况下，应纳税所得额可在会计利润的基础上，考虑会计与税收法规之间的差异，公式为

应纳税所得额＝会计利润
　　＋按照会计准则规定计入利润表但计税时不允许税前扣除的费用
　　＋/-计入利润表的费用与按照税法规定可予税前抵扣的金额之间的差额
　　＋/-计入利润表的收入与按照税法规定应计入应纳税所得额的收入之间的差额

-税法规定的不征税收入+/-其他需要调整的因素

二、递延所得税

递延所得税，是指按照企业会计准则规定应予以确认的递延所得税资产和递延所得税负债在期末应有的金额相对于原已确认金额之间的差额，即递延所得税资产及递延所得税负债的当期发生额，但不包括直接计入所有者权益的交易或事项及企业合并的所得税影响。用公式表示即为

递延所得税=(递延所得税负债期末余额-递延所得税负债期初余额)

　　　　　　-(递延所得税资产期末余额-递延所得税资产期初余额)

应予说明的是，企业因确认递延所得税资产和递延所得税负债产生的递延所得税，一般应当计入所得税费用，但以下两种情况除外。

一是某项交易或事项按照会计准则规定应计入所有者权益的，由该交易或事项产生的递延所得税资产或递延所得税负债及其变化亦应计入所有者权益，不构成利润表中的递延所得税费用(或收益)。

【例 3-22】A 公司持有的某项以公允价值计量且其变动计入其他综合收益的其他债权投资，成本为 500 万元，会计期末，其公允价值为 600 万元，该企业适用的所得税税率为 25%。除该事项外，A 公司不存在其他会计与税收法规之间的差异，且递延所得税资产和递延所得税负债不存在期初余额。

会计期末在确认 100 万元的公允价值变动时，账务处理如下。

借：其他债权投资 　　　　　　　　　　　　1 000 000

　　贷：其他综合收益 　　　　　　　　　　　　　1 000 000

确认应纳税暂时性差异的所得税影响时，账务处理如下。

借：其他综合收益 　　　　　　　　　　　　250 000

　　贷：递延所得税负债 　　　　　　　　　　　　250 000

二是企业合并中取得的资产、负债，其账面价值与计税基础不同，应确认相关递延所得税的，该递延所得税的确认影响合并中产生的商誉或是计入当期损益的金额，不影响所得税费用。有关举例见例 3-21。

三、所得税费用

利润表中的所得税费用由两部分组成：当期所得税和递延所得税。计入当期损益的所得税费用或收益不包括企业合并和直接在所有者权益中确认的交易或事项产生的所得税影响。

所得税费用=当期所得税+递延所得税

【例 3-23】A 公司 20×1 年度利润表中利润总额为 2 400 万元，该公司适用的所得税税率为 25%。递延所得税资产及递延所得税负债不存在期初余额。与所得税核算有关的情况如下。

20×1 年发生的有关交易和事项中，会计处理与税收处理存在的差别有：

(1) 20×1 年 1 月 2 日开始计提折旧的一项固定资产，成本为 1 200 万元，使用年限 10

年, 净残值为 0, 会计处理按双倍余额递减法计提折旧, 税收处理按直线法计提折旧。假定税法规定的使用年限及净残值与会计规定相同。

(2) 向关联企业提供现金捐赠 400 万元。假定按照税法规定, 企业向关联方的捐赠不允许税前扣除。

(3) 期末持有的交易性金融资产成本为 600 万元, 公允价值为 1 200 万元。税法规定, 以公允价值计量的金融资产持有期间市价变动不计入应纳税所得额。

(4) 应付违反环保规定罚款 200 万元。

(5) 期末对持有的存货计提了 60 万元的存货跌价准备。

现计算 20×1 年度 A 公司应交的所得税、20×1 年度递延所得税费用以及进行相关会计处理。

分析计算如下。

(1) 20×1 年度当期应交所得税:

应纳税所得额 = 24 000 000 + 1 200 000 + 4 000 000 − 6 000 000 + 2 000 000 + 600 000
= 25 800 000(元)

应交所得税 = 25 800 000 × 25% = 6 450 000(元)

(2) 20×1 年度递延所得税计算如下:

该公司 20×1 年资产负债表相关项目金额及其计税基础见表 3-4。

表 3-4 暂时性差异计算表

单位: 元

项 目	账面价值	计税基础	差 异	
			应纳税暂时性差异	可抵扣暂时性差异
存货	16 000 000	16 600 000		600 000
固定资产				
固定资产原价	12 000 000	12 000 000		
减: 累计折旧	2 400 000	1 200 000		
减: 固定资产减值准备	0	0		
固定资产账面价值	9 600 000	10 800 000		1 200 000
交易性金融资产	12 000 000	6 000 000	6 000 000	
其他应付款	2 000 000	2 000 000		
总计			6 000 000	1 800 000

递延所得税资产 = 1 800 000 × 25% = 450 000(元)

递延所得税负债 = 6 000 000 × 25% = 1 500 000(元)

递延所得税 = 1 500 000 − 450 000 = 1 050 000(元)

(3) 利润表中应确认的所得税费用:

所得税费用 = 6 450 000 + 1 050 000 = 7 500 000(元)

借: 所得税费用   7 500 000

     递延所得税资产   450 000

     贷: 应交税费——应交所得税   6 450 000

         递延所得税负债   1 500 000

四、亏损弥补的所得税会计处理

我国现行税法允许企业亏损时向后递延弥补5年。所得税准则要求企业对能够结转后期尚可抵扣的亏损，应当以可能获得用于抵扣尚可抵扣的亏损的未来应税利润为限，确认递延所得税资产。这一般称为当期确认法，即后转递延所得税的利益在亏损当年确认。使用该方法，企业应当对5年内可抵扣暂时性差异是否能够在以后经营期内的应税利润充分转回做出判断，如果不能，企业就不应该确认。

【例3-24】A公司在20×1—20×4年期间每年的应税收益分别为：-200万元、80万元、70万元、80万元，适用税率为25%，假设无其他暂时性差异。各年编制的会计分录如下。

(1) 20×1年的会计处理。

借：递延所得税资产	500 000	
贷：所得税费用		500 000

(2) 20×2年的会计处理。

借：所得税费用	200 000	
贷：递延所得税资产		200 000

(3) 20×3年的会计处理。

借：所得税费用	175 000	
贷：递延所得税资产		175 000

(4) 20×4年的会计处理。

借：所得税费用	200 000	
贷：递延所得税资产		125 000
应交税费——应交所得税		75 000

第五节　所得税的列报

一、列报的基本原则

企业对所得税的核算结果，除利润表中列示的所得税费用以外，在资产负债表中形成的应交税费(应交所得税)以及递延所得税资产和递延所得税负债应当遵循准则规定列报。其中，递延所得税资产和递延所得税负债一般应当分别作为非流动资产和非流动负债在资产负债表中列示，所得税费用应当在利润表中单独列示，同时还应在附注中披露与所得税有关的信息。

一般情况下，在个别财务报表中，当期所得税资产与当期所得税负债及递延所得税资产及递延所得税负债可以以抵销后的净额列示。在合并财务报表中，纳入合并范围的企业中，一方的当期所得税资产或递延所得税资产与另一方的当期所得税负债或递延所得税负债一般不能予以抵销，除非所涉及的企业具有以净额结算的法定权利并且意图以净额结算。

二、所得税费用(收益)与会计利润关系的说明

会计准则要求企业在会计报表附注中就所得税费用(或收益)与会计利润的关系进行说明,该说明的意义在于:在利润表中已列示所得税费用的基础上,对当期以会计利润为起点,考虑会计与税收规定之间的差异,计算得到所得税费用的调节过程。自会计利润到所得税费用之间的调整包括两个方面:一是未包括在利润总额的计算中,但包含在当期或递延所得税计算中的项目;二是未包括在当期或递延所得税计算中,但包含在利润总额中的项目。具体调整项目一般包括:①与税率相关的调整;②税法规定的非应税收入、不得税前扣除的成本费用和损失等永久性差异;③本期未确认递延所得税资产的可抵扣暂时性差异或可抵扣亏损的影响、使用前期未确认递延所得税资产的可抵扣亏损影响;④对以前期间所得税进行汇算清缴的结果与以前期间确认金额不同调整报告期间所得税费用等。其格式及内容如表 3-5 所示。

表 3-5 所得税费用(收益)与会计利润关系

项 目	20×1 年	20×0 年
利润总额		
按法定/适用税率计算的所得税费用		
子公司适用不同税率的影响		
调整以前期间所得税的影响		
非应税收入的影响		
不可抵扣的成本、费用和损失的影响		
使用前期未确认递延所得税资产的可抵扣亏损的影响		
本期未确认递延所得税资产的可抵扣暂时性差异或可抵扣亏损的影响		
研发费用加计扣除		
……		
所得税费用		

思 考 题

1. 说明按照资产负债表债务法核算所得税的基本原理。
2. 什么是资产的计税基础?什么是负债的计税基础?
3. 什么是暂时性差异?如何区分应纳税暂时性差异与可抵扣暂时性差异?
4. 如何确认递延所得税资产?
5. 简要概括所得税列报的基本原则。

自 测 题

一、单项选择题

1. 在企业收回资产账面价值的过程中，计算应纳税所得额时按照税法规定可以自应税经济利益中抵扣的金额，称为(   )。

    A. 资产的计税基础   B. 资产的账面价值

    C. 负债的计税基础   D. 应纳税所得额

2. 某公司于 20×1 年 6 月 15 日取得某项固定资产，其初始入账价值为 360 万元，预计使用年限为 10 年，采用年限平均法计提折旧，预计净残值为 0。税法规定，该项固定资产的最低折旧年限为 15 年，折旧方法、预计净残值与会计相同，则 20×1 年 12 月 31 日该项固定资产的计税基础为(   )万元。

    A. 346   B. 24   C. 12   D. 348

3. 甲公司 20×1 年 12 月计入成本费用的职工工资总额为 5 600 万元，20×1 年 12 月 31 日尚未支付。税法规定，当期计入成本费用的 5 600 万元工资支出中，可予税前扣除的合理部分为 4 000 万元，则甲公司 20×1 年 12 月 31 日应付职工薪酬的计税基础为(   )万元。

    A. 5 600   B. 4 000   C. 1 600   D. 0

4. 在确定未来收回资产或清偿负债期间的应纳税所得额时，将导致产生应税金额的暂时性差异是(   )。

    A. 永久性差异   B. 实质性差异

    C. 应纳税暂时性差异   D. 可抵扣暂时性差异

5. 20×1 年 5 月 1 日，甲公司购入一项以公允价值计量且其变动计入其他综合收益的金融资产(权益工具投资)，取得时成本为 26 万元，假定不考虑相关税费。20×1 年 12 月 31 日该项以公允价值计量且其变动计入其他综合收益的金融资产的公允价值为 28 万元。税法规定，以公允价值计量且其变动计入其他综合收益的金融资产公允价值变动不计入当期应纳税所得额，则 20×1 年 12 月 31 日该项金融资产的计税基础为(   )万元。

    A. 0   B. 28   C. 30   D. 26

6. 对于可抵扣暂时性差异可能产生的未来经济利益，应以很可能取得的用来抵扣可抵扣暂时性差异的应纳税所得额为限，确认相应的(   )。

    A. 递延所得税资产   B. 递延所得税负债

    C. 应交所得税   D. 暂时性差异

7. 20×0 年 12 月 31 日，甲公司因交易性金融资产和其他权益工具投资的公允价值变动，分别确认了 100 万元的递延所得税资产和 200 万元的递延所得税负债。甲公司当期应交所得税的金额为 1 500 万元。不考虑其他因素，该公司 20×0 年度利润表"所得税费用"项目"本期金额"应列示的金额为(   )万元。

    A. 1 200   B. 1 400   C. 1 600   D. 1 800

8. 甲公司所得税采用资产负债表债务法核算，适用的所得税税率为 25%。甲公司

20×1 年年初因计提产品质量保证金确认递延所得税资产 20 万元，20×1 年计提产品质量保证金 50 万元，本期实际发生保修费用 80 万元，则甲公司 20×1 年年末因产品质量保证金确认递延所得税资产的余额为( )万元。

    A. 12.5   B. 0   C. 15   D. 22.5

9. 某公司 20×1 年 12 月因违反当地有关环保法规规定，接到环保部门的处罚通知，要求其支付罚款 100 万元。税法规定，企业因违反国家有关法律法规支付的罚款和滞纳金，计算应纳税所得额时不允许税前扣除。至 20×1 年 12 月 31 日，该项罚款尚未支付。甲公司适用所得税税率为 25%。20×1 年年末该公司产生的应纳税暂时性差异为( )万元。

    A. 0   B. 100   C. -100   D. 25

10. 在进行所得税会计处理时，下列各项交易或事项不会导致资产、负债产生暂时性差异的是( )。

    A. 计提固定资产折旧

    B. 期末计提坏账准备

    C. 期末按公允价值调整交易性金融资产的账面价值

    D. 企业确认的国债利息收入

二、多项选择题

1. 下列负债项目中，其账面价值与计税基础不会产生差异的有( )。

    A. 短期借款   B. 合同负债   C. 应付账款   D. 应付职工薪酬

2. 下列关于企业所得税的表述中，正确的有( )。

    A. 如果未来期间很可能无法取得足够的应纳税所得额用以利用递延所得税资产的利益，应以可取得的应纳税所得额为限，确定相关的递延所得税资产

    B. 企业应以当期适用的所得税税率为基础计算确定递延所得税资产

    C. 企业应以当期适用的税率计算确定当期应交所得税

    D. 企业应以未来转回期间适用的所得税税率(未来的适用税率可以预计)为基础计算确定递延所得税资产

3. 下列项目中，将形成应纳税暂时性差异的有( )。

    A. 资产的账面价值小于其计税基础   B. 负债的账面价值大于其计税基础

    C. 资产的账面价值大于其计税基础   D. 负债的账面价值小于其计税基础

4. 下列资产项目中，可能产生应纳税暂时性差异的有( )。

    A. 存货   B. 固定资产   C. 长期股权投资   D. 交易性金融资产

5. 下列各项中，在计算应纳税所得额时可能调整的项目有( )。

    A. 采用公允价值模式的投资性房地产资产转让的净收益

    B. 国债的利息收入

    C. 广告宣传费支出

    D. 持有的其他债权投资公允价值变动

6. 下列有关所得税会计处理的表述中，正确的有( )。

    A. 应当谨慎地确认递延所得税资产和递延所得税负债

    B. 与直接计入所有者权益的交易或者事项相关的当期所得税和递延所得税的影响，应当计入所有者权益

C. 资产负债表日，对于递延所得税资产和递延所得税负债，应当根据税法规定，按照预期收回该资产或清偿该负债期间适用的税率计量，如果未来期间税率发生变化的，应当按照变化后的新税率计算确定

D. 无论应纳税暂时性差异的转回期间如何，相关的递延所得税负债都不要求折现

7. 下列各事项中，不会导致计税基础和账面价值产生差异的有(　　)。

A. 存货期末的可变现净值高于成本　　B. 购买国债确认的利息收入

C. 固定资产发生的维修支出　　　　　D. 超过税法标准的招待费

8. 下列资产和负债项目的账面价值与其计税基础之间的差额，不确认递延所得税的有(　　)。

A. 企业自行研究开发的专利权

B. 期末按公允价值调增其他债权投资的金额

C. 因非同一控制下的企业合并初始确认的商誉

D. 企业因销售商品提供售后服务确认的预计负债

9. 以下业务不影响"递延所得税资产"的有(　　)。

A. 资产减值准备的计提

B. 非公益性捐赠支出

C. 对产品计提产品质量保证金

D. 税务上对使用寿命不确定的无形资产执行不超过 10 年的摊销标准

10. 下列各项交易或事项中，产生的暂时性差异所确认的递延所得税资产或负债不应当对应所得税费用的有(　　)。

A. 计提产品质量保证金 50 万元

B. 确认其他债权投资公允价值上升 80 万元

C. 确认交易性金融负债公允价值下降 120 万元

D. 由成本模式转换为公允价值模式的投资性房地产，转换日公允价值与原账面价值的差额为 100 万元

三、判断题

1. 暂时性差异，是指资产或负债的账面价值与其计税基础之间的差额；此外，所有者权益的账面价值与其计税基础之间也可能形成暂时性差异。　　　　　　　　(　　)

2. 固定资产的账面价值小于其计税基础所形成的暂时性差异，属于可抵扣暂时性差异。
　　　　　　　　　　　　　　　　　　　　　　　　　　　　　　　　(　　)

3. 购入交易性金融资产后，公允价值持续增加，形成可抵扣暂时性差异。　　(　　)

4. 按照税法规定允许用以后年度的所得弥补的可抵扣亏损及可结转以后年度的税款抵减，按照可抵扣暂时性差异的原则处理。　　　　　　　　　　　　　　　　(　　)

5. 企业合并中形成的暂时性差异，应在资产负债表日确认递延所得税资产或负债，同时调整所得税费用。　　　　　　　　　　　　　　　　　　　　　　　　(　　)

6. 企业应当对递延所得税资产和递延所得税负债进行折现。　　　　　　　(　　)

7. 企业因政策性原因发生的巨额经营亏损，在符合条件的情况下，应确认与其相关的递延所得税资产。　　　　　　　　　　　　　　　　　　　　　　　　　(　　)

8. 企业对于其资产、负债的账面价值与计税基础的差异产生的可抵扣暂时性差异都要相应地确认递延所得税资产。　　　　　　　　　　　　　　　　　　（　）

9. 应付账款的计税基础即为账面价值。　　　　　　　　　　　　　　　（　）

10. 企业确认的递延所得税资产或递延所得税负债对所得税的影响金额，均应构成利润表中的所得税费用。　　　　　　　　　　　　　　　　　　　　　　（　）

业　务　题

1. 甲公司采用资产负债表债务法核算所得税，上期适用所得税税率为 15%，"递延所得税资产"科目的借方余额为 540 万元，本期适用的所得税税率为 25%，本期计提无形资产减值准备 3 720 万元，上期已经计提的存货跌价准备于本期转回 720 万元。假定不考虑除减值准备外的其他暂时性差异，本期"递延所得税资产"科目的发生额为多少万元？

2. 甲公司于 20×0 年 12 月 31 日购入一台管理用设备，取得成本为 200 万元(不含增值税)，会计上采用年限平均法计提折旧，预计使用年限为 10 年，预计净残值为 0，因该资产长年处于强震动状态，税法上按双倍余额递减法计提折旧，预计使用年限及净残值与会计相同。甲公司适用的所得税税率为 15%。假定甲公司不存在其他会计与税收处理的差异。

要求：编制甲公司 20×1 年 12 月 31 日和 20×2 年 12 月 31 日与所得税有关的会计分录。(答案中的金额单位用"万元"表示)

3. 甲公司 20×1 年度取得一项其他债权投资，取得成本为 220 万元，20×1 年 12 月 31日，该项金融资产的公允价值为 200 万元。20×2 年 2 月 10 日，甲公司将该金融资产全部出售，售价为 190 万元。假定未来期间甲公司能够取得足够的应纳税所得额用以抵扣该可抵扣暂时性差异，甲公司适用的所得税税率为 25%，不考虑利息等其他因素的影响。

要求：编制甲公司与上述业务相关的会计分录。

4. 甲公司 20×1 年年初的递延所得税资产借方余额为 50 万元，与之对应的预计负债贷方余额为 200 万元；递延所得税负债无期初余额。甲公司 20×1 年度实现的利润总额为 9 520万元，适用的企业所得税税率为 25%且预计在未来期间保持不变；预计未来期间能够产生足够的应纳税所得额用以抵扣可抵扣暂时性差异。甲公司 20×1 年度发生的有关交易和事项中，会计处理与税收处理存在差异的相关资料如下。

(1) 20×1 年 8 月，甲公司直接向非关联企业捐赠现金 500 万元。

(2) 20×1 年 9 月，甲公司以银行存款支付产品保修费用 300 万元，同时冲减了预计负债年初贷方余额 200 万元。20×1 年年末，保修期结束，甲公司不再预提保修费。

(3) 20×1 年 12 月 31 日，甲公司对应收账款计提了坏账准备 180 万元。

要求：计算甲公司 20×1 年度的应纳税所得额和应交所得税，确认 20×1 年年末递延所得税资产和递延所得税负债，计算 20×1 年所得税费用，并进行所得税账务处理。

5. 某股份有限公司所得税采用资产负债表债务法核算，所得税税率为 25%。20×1 年度有关所得税会计处理的资料如下。

(1) 20×1 年度实现税前会计利润 110 万元。

(2) 20×1 年 11 月，该公司购入交易性金融资产，入账价值为 40 万元；年末按公允价值计价为 55 万元。按照税法规定，成本在持有期间保持不变。

(3) 20×1 年 12 月末，该公司将应计产品保修成本 5 万元确认为一项负债，按税法规定，产品保修费可以在实际支付时在税前抵扣。

(4) 假设 20×1 年年初递延所得税资产和所得税负债的金额为 0。除上述事项外，该公司不存在其他与所得税计算缴纳相关的事项，暂时性差异在可预见的未来很可能转回，而且以后年度很可能获得用来抵扣可抵扣暂时性差异的应纳税所得额。

要求：计算 20×1 年应交所得税，确认 20×1 年年末递延所得税资产和递延所得税负债，计算 20×1 年所得税费用，并进行所得税的账务处理。

第四章

外 币 折 算

学习目标：掌握记账本位币的确定；熟悉外币交易会计处理的两种观点、汇兑损益的确认标准和计算方法，掌握外币交易的会计处理；掌握我国外币会计报表的折算方法。

关键词：外币交易　记账本位币　外币报表折算

第一节　外币折算概述

一、记账本位币

记账本位币是指企业经营所处的主要经济环境中的货币。主要经济环境，通常是指企业主要产生和支出现金的环境，使用该环境中的货币最能反映企业主要交易的经济结果。例如，我国大多数企业主要产出和支出现金的环境在国内，因此，一般以人民币作为记账本位币。

1. 企业记账本位币的确定

我国《会计法》规定，业务收支以人民币以外的货币为主的单位，可以选定其中一种货币作为记账本位币，但是，编报的财务会计报告应当折算为人民币。企业选择记账本位币，应当考虑下列因素。

(1) 从日常活动收入的角度看，所选择的货币能够对企业商品和劳务的销售价格起主要作用，通常以该货币进行商品和劳务销售价格的计价和结算。

(2) 从日常活动支出的角度看，所选择的货币能够对企业商品和劳务所需人工、材料和其他费用产生主要影响，通常以该货币进行这些费用的计价和结算。

(3) 融资活动获得的资金以及保存从经营活动中收取款项所使用的货币。即视融资活动获得的资金在其生产经营活动中的重要性，或者企业通常留存销售收入的货币而定。

【例 4-1】 国内 A 外商投资企业超过 80%的营业收入来自向各国的出口，其商品销售价格一般以美元结算，主要受美元的影响，因此，从影响商品和劳务销售价格的角度看，A企业应选择美元作为记账本位币。

如果 A 企业除厂房设施，25%的人工成本在国内以人民币采购，生产所需原材料、机器设备及 75% 以上的人工成本都来自美国投资者以美元在国际市场的采购，则可进一步确定 A 企业的记账本位币是美元。

如果 A 企业的人工成本、原材料及相应的厂房设施、机器设备等 95%以上在国内采购并以人民币计价，则难以确定 A 企业的记账本位币，需要考虑第三项因素。如果 A 企业取得的美元营业收入在汇回国内时可随时换成人民币存款，且 A 企业对所有以美元结算的资金往来的外币风险都进行了套期保值，则 A 企业应当选定人民币为其记账本位币。

在确定企业的记账本位币时，上述因素的重要程度因企业具体情况不同而不同，需要企业管理当局根据实际情况进行判断。一般情况下，综合考虑前两项即可确定企业的记账本位币，第三项为参考因素，视其对企业收支现金的影响程度而定。在综合考虑前两项因素仍不能确定企业记账本位币的情况下，第三项因素对企业记账本位币的确定起重要作用。

需要强调的是，企业管理当局根据实际情况确定的记账本位币只有一种，该货币一经确定，不得改变，除非与确定记账本位币相关企业经营所处的主要经济环境发生了重大变化。

2. 企业境外经营记账本位币的确定

境外经营有两方面的含义：一是指企业在境外的子公司、合营企业、联营企业、分支机构；二是当企业在境内的子公司、联营企业、合营企业或者分支机构选定的记账本位币与企业的记账本位币不同的，也应当视同境外经营。

区分某实体是否为该企业的境外经营的关键有两项：一是该实体与企业的关系，是否为企业的子公司、合营企业、联营企业、分支机构；二是该实体的记账本位币是否与企业记账本位币相同，而不是以该实体是否在企业所在地的境外作为标准。

境外经营也是一个企业，在确定其记账本位币时也应当考虑企业选择确定记账本位币需要考虑的上述因素。同时，由于境外经营是企业的子公司、联营企业、合营企业或者分支机构，因此，境外经营记账本位币的选择还应当考虑该境外经营与企业的关系。

(1) 境外经营对其所从事的活动是否拥有很强的自主性。如果境外经营所从事的活动是视同本企业经营活动的延伸，构成企业经营活动的组成部分，该境外经营应当选择与企业记账本位币相同的货币作为记账本位币；如果境外经营所从事的活动拥有极大的自主性，应根据所处的主要经济环境选择记账本位币。

(2) 境外经营活动中与企业的交易是否在境外经营活动中占有较大比重。如果境外经营活动中与企业的交易在境外经营活动中所占的比例较高，境外经营应当选择与企业记账本位币相同的货币作为记账本位币；反之，应根据所处的主要经济环境选择记账本位币。

(3) 如果境外经营产生的现金流量直接影响企业的现金流量，并且可以随时汇回国内，境外经营应当选择与企业记账本位币相同的货币作为记账本位币；反之，应根据所处的主要经济环境选择记账本位币。

(4) 境外经营活动产生的现金流量是否足以偿还其现有债务和可预期债务。在企业不提供资金的情况下，如果境外经营活动产生的现金流量难以偿还其债务和正常情况下可预期的债务，境外经营应当选择与企业记账本位币相同的货币作为记账本位币；反之，应根据所处的主要经济环境选择记账本位币。

3. 记账本位币的变更

企业因经营所处的主要经济环境发生重大变化、确需变更记账本位币的，应当采用变更当日的即期汇率将所有项目折算为变更后的记账本位币，折算后的金额作为以新的记账本位币计量的历史成本。由于采用同一即期汇率进行折算，不会产生汇兑差额。企业需要提供确凿的证据证明企业经营所处的经济环境确实发生了重大变化，并应当在附注中披露变更的理由。

企业记账本位币发生变更的，其比较财务报表应当以可比当日的即期汇率折算所有资产负债表和利润表项目。

二、汇率

一种货币和另一种货币之间的兑换率，即一种货币用另一种货币表示的价格称为汇率或汇价。汇率是经常发生变动的，经济因素或政治因素等都会影响一定时期的汇率水平。

目前，国际上通用的汇率标价方法有直接标价法和间接标价法两种。直接标价法，又称为应付标价法，是以一定单位的外国货币为标准，折算为一定数额的本国货币的标价方法。这种方法被包括我国在内的大多数国家所采用。间接标价法，也称为应收标价法，是以一定数额的本国货币为标准，折算为若干单位的外币标价法。在间接标价法下，本国货币的数额固定不变，外币的数额随本国货币和外国货币的币值变动而变化。

外汇汇率按不同的标志有不同的分类方法，在此仅介绍以下几种。

(1) 汇率按外汇的买入和卖出来分，可以分为买入汇率、卖出汇率和中间汇率。

买入汇率是指银行向客户买入外汇时所采用的汇率，卖出汇率是指银行向客户出售外汇时所采用的汇率，中间汇率是指银行买入汇率和卖出汇率的平均值。在实际业务中，外币的计价常使用中间汇率。

(2) 汇率按固定与否分为固定汇率和浮动汇率。

固定汇率是指某一国家的货币与其他国家的货币的兑换比例是基本固定不变的，汇率的波动仅限制在一定的幅度以内。浮动汇率是指一国货币当局不规定本国货币与另一国货币的官方汇率，听任外汇市场的供求来决定的汇率。

(3) 在外币会计中，有记账汇率和账面汇率、历史汇率和现行汇率之分。

记账汇率是指企业发生外币业务时，在外币账户记录所采用的汇率。目前，我国有关制度中规定，企业应以中国人民银行公布的市场汇率中间价作为记账汇率(采用分账制核算的企业除外)。企业发生外币交易时，应当在初始确认时采用交易日的即期汇率或即期汇率的近似汇率将外币金额折算为记账本位币金额。账面汇率是指企业在外币账户中已登记入账后所形成的汇率，即过去的记账汇率。账面汇率可以采用先进先出法、加权平均法、移动平均法和个别认定法等来确定，它是企业期末确定汇兑损益的依据之一。历史汇率是指外币交易发生时的汇率。现行汇率是指外币业务结算日或结账日实际使用的汇率。

三、汇兑损益及其确认

1. 汇兑损益的含义

汇兑损益是指由于汇率变动而产生的损益。汇兑损益以本位币的差额表现。按来源不同，汇兑损益又可以分为交易损益和折算损益两种。

1) 交易损益

交易损益是指在外币交易中形成的汇兑损益。例如，我国某出口商向美国出口了一批货物，售价为 10 000 美元，款项尚未收到。假定原始交易日的汇率为 1 美元=6.35 元人民币，结算日的汇率为 1 美元=6.40 元人民币，这样，由于汇率的变动，就会形成一笔 500 元的交易损益，即 10 000 × (6.40-6.35)。

交易损益可以进一步分为已结算交易损益和未结算交易损益两种。已结算交易损益又称已实现的汇兑损益，是指在报表编制日前已经结算的外币交易所产生的汇兑损益，即在编制报表之前，由于某一笔外币交易的原始记录所用的汇率不同于记录结算时所用的汇率而形成的汇兑损益，如上例中的 500 元就是已结算交易损益。倘若原始交易日和结算日跨越了两个会计期间，那么，为了在前一个会计期间编制财务报表的需要，对尚未结算的应收账款的余额必须按照报表编制日期的本国货币等值来予以表述，这种在交易结算日之前为编制财务报表而产生的汇兑损益，称为未结算交易损益或未实现汇兑损益。假定上例中的外币业务跨越了两个会计期间，即在结算日之前需要编制财务报表，在报表编制日，汇率为 1 美元=6.38 元人民币，则在财务报表编制日就存在一笔 300 元的未结算交易损益，即 $10\ 000 \times (6.38\text{-}6.35)$。

2) 折算损益

折算损益是指在财务报表项目由一种货币折算为另一种货币时由于汇率变动而产生的损益。例如，母公司与子公司的报表合并时，子公司以母公司所在国的货币为本位币时的汇率差额(属于未实现的损益)，即为折算损益。

2. 汇兑损益的确认

在各国的会计实务中，对外币汇兑损益的处理有许多种不同的做法。

1) 交易损益的确认

交易损益的确认，一种方法是将外币兑换损益直接计入当期损益，具体做法如下：在损益表中作为非常项目，将已实现的损益列为本期经营收入或费用，未实现的汇兑损益在损益表中予以补充说明。另一种方法是将外币兑换损益作为递延项目处理。

2) 折算损益的确认

折算损益的确认，一般有三种具体做法：一是在当期损益表中作为非常项目列报；二是在资产负债表中作为折算调整额列报；三是在资产负债表中作为递延项目处理。我国《企业会计准则》要求采用第二种方法，并要求将折算调整额列入所有者权益。

第二节　外币交易的记账方法与会计处理

外币交易是指以外币计价或者结算的交易。外币交易包括：买入或者卖出以外币计价的商品或者劳务；借入或者借出外币资金；其他以外币计价或者结算的交易。外币是指企业记账本位币以外的货币。

一、外币交易会计处理的两种观点

1. 单项交易观

单项交易观也称为一笔业务交易观或一项交易观。该种观点认为，企业销售或购货与随后的结算是一项交易的两个阶段，因此，一项交易必须在账款结算之后才算完成。这样，交易的收入或成本的功能货币等值也就应当取决于货款结算日的汇率，而非交易发生时的汇率。至于从交易发生到款项结算期间汇率变动的影响，应处理为对原入账的销售收入或购货成本的调整。

2. 两项交易观

两项交易观也称为两笔业务交易观。该种观点认为,交易的发生与相应款项的结算是两项独立的关联交易,交易产生的销售收入或购货成本在交易日由当日的汇率确定,以后不再因汇率的变动而予以调整,汇率变动的风险由因交易而产生的应收或应付款承担。因交易日与款项结算日汇率不同而产生的应收或应付款差额称为汇兑差额。当外币交易已经全部完成,债权债务已结清,产生的汇兑差额为"已实现汇兑差额";当外币交易已完成,但债权未收回或债务未偿付,产生的汇兑差额为"未实现汇兑差额"。对于"未实现汇兑差额",有两种处理方法:一是当期不确认未实现汇兑差额,需递延至外币交易结算的当期确认;二是未实现汇兑差额与已实现汇兑差额均在当期确认。前者是考虑了汇率的方向变动情况,但将产生前后两期净利润的扭曲。而后者则认为,既然存在着会计分期,就应分期反映当期汇率变动的情况,这与两项交易观的基础是一致的,因此,我国和大多数国家或地区均采用这一方法。

二、外币交易的记账方法

外币交易的记账方法有外币统账制和外币分账制两种。外币统账制是指企业在发生外币交易时,即折算为记账本位币入账。外币分账制是指企业在日常核算时分币种记账。资产负债表日,分货币性项目和非货币性项目进行调整:货币性项目按资产负债表日即期汇率折算,非货币性项目按交易日即期汇率折算,产生的汇兑差额计入当期损益。从我国目前的情况看,绝大多数企业采用外币统账制,只有银行等少数金融企业因为外币交易频繁,涉及外币币种较多,可以采用外币分账制记账方法进行日常核算。无论是采用分账制记账方法,还是采用统账制记账方法,只是账务处理程序不同,但产生的结果应当相同,即计算出的汇兑差额相同,相应的会计处理也相同,即均计入当期损益。

三、外币交易的会计处理

1. 外币交易的核算程序

企业发生外币交易时,其会计核算的基本程序如下。

(1) 将外币金额按照交易日的即期汇率或即期汇率的近似汇率折算为记账本位币金额,按照折算后的记账本位币金额登记有关账户;在登记有关记账本位币账户的同时,按照外币金额登记相应的外币账户。

(2) 期末,将所有外币货币性项目的外币余额,按照期末即期汇率折算为记账本位币金额,并与原记账本位币金额相比较,其差额记入"财务费用——汇兑差额"科目。

(3) 结算外币货币性项目时,将其外币结算金额按照当日即期汇率折算为记账本位币金额,并与原记账本位币金额相比较,其差额记入"财务费用——汇兑差额"科目。

2. 即期汇率和即期汇率的近似汇率

1) 即期汇率的选择

即期汇率是相对于远期汇率而言的,远期汇率是在未来某一日交付时的结算价格。为方便核算，准则中企业用于记账的即期汇率，一般指当日中国人民银行公布的人民币汇率的中间价。但是，在企业发生单纯的货币兑换交易或涉及货币兑换的交易时，仅用中间价不能反映货币买卖的损益，需要使用买入价或卖出价折算。

企业发生的外币交易只涉及人民币与美元、欧元、日元、港元等之间折算的，可直接采用中国人民银行每日公布的人民币汇率的中间价作为即期汇率进行折算；企业发生的外币交易涉及人民币与其他货币之间折算的，应当按照国家外汇管理局公布的各种货币对美元折算率采用套算的方法进行折算；发生的外币交易涉及人民币以外的货币之间折算的，可直接采用国家外汇管理局公布的各种货币对美元折算率进行折算。

2) 即期汇率的近似汇率

在汇率变动不大时，为简化核算，企业在外币交易日或外币报表的某些项目进行折算时，也可以选择即期汇率的近似汇率折算。即期汇率的近似汇率是"按照系统合理的方法确定的，与交易发生日即期汇率近似的汇率"，通常是指当期平均汇率或加权平均汇率等。加权平均汇率需要采用外币交易的外币金额作为权重进行计算。

确定即期汇率的近似汇率的方法应在前后各期保持一致。如果汇率波动使得采用即期汇率的近似汇率不适当时，应当采用交易发生日的即期汇率折算。至于何时不适当，需要企业根据汇率变动情况及计算近似汇率的方法等进行判断。

3. 外币交易的会计处理实务

1) 外币交易发生日的初始确认

企业发生外币交易的，应当在初始确认时采用交易发生日的即期汇率或即期汇率的近似汇率将外币金额折算为记账本位币金额。这里的即期汇率可以是外汇牌价的买入价或卖出价，也可以是中间价，在与银行不进行货币兑换的情况下，一般以中间价作为即期汇率。

(1) 销售及购货的外币业务账务处理。

【例 4-2】A 公司的记账本位币为人民币，属于增值税一般纳税企业。20×1 年 6 月 10 日，从国外购入某原材料，共计 50 000 美元，当日的即期汇率为 1 美元=6.4 元人民币，按照规定计算应缴纳的进口关税为 32 000 元人民币，支付的进口增值税为 45 760 元人民币，货款尚未支付，进口关税及增值税已用银行存款支付。

A 公司的会计分录如下。

借：原材料　　　　　　　　　　　　　　352 000(50 000 × 6.4 + 32 000)
　　应交税费——应交增值税(进项税额)　　45 760
　　贷：应付账款——美元　　　　　　　　320 000
　　　　银行存款——人民币　　　　　　　77 760(32 000 + 45 760)

(2) 以外币计价投入资本的核算。

企业收到投资者以外币投入的资本，无论是否有合同约定汇率，均不得采用合同约定汇率和即期汇率的近似汇率折算，而是采用交易日即期汇率折算。这样，外币投入资本与相应的货币性项目的记账本位币金额相等，不产生外币资本折算差额。

【例 4-3】 A 公司的记账本位币为人民币。20×1 年 12 月 12 日，A 公司与某外商签订投资合同，当日收到外商投入资本 20 000 美元，当日的即期汇率为 1 美元=6.4 元人民币，假定投资合同约定的汇率为 1 美元=6.45 元人民币。

A 公司的会计分录如下。

借: 银行存款——美元   128 000(20 000 × 6.4)

 贷: 实收资本   128 000

(3) 外汇借款的核算。

企业的外汇借款分为短期外汇借款和长期外汇借款。短期外汇借款的核算比较简单,其利息记入"财务费用"账户,可以预提,也可以在归还时一次列支,因汇率变动产生的汇兑损益计入当期损益;长期外汇借款大多用于购置固定资产或兴建工程,按期计提利息及计算汇兑损益时,借记"在建工程""财务费用"等账户,贷记"长期借款""应付利息"等账户,汇兑损益计入工程成本或当期损益。

【例 4-4】 A 公司的记账本位币是人民币。20×1 年 7 月 18 日从中国银行借入 12 000 欧元,期限为 6 个月,年利率为 6%,当日的即期汇率为 1 欧元=7 元人民币。假定借入的欧元暂存银行。

A 公司借入款项时的会计分录如下。

借: 银行存款——欧元   84 000(12 000 × 7)

 贷: 短期借款——欧元   84 000

(4) 外币汇兑的会计处理。

【例 4-5】A 公司的记账本位币为人民币。20×1 年 6 月 18 日以人民币向中国银行买入 5 000 美元,A 公司以中国人民银行公布的人民币汇率中间价作为即期汇率,当日的即期汇率为 1 美元=6.4 元人民币,中国银行当日美元卖出价为 1 美元=6.41 元人民币。

本例中,企业发生的外币交易属外币兑换业务或涉及外币兑换的交易事项,应当以交易实际采用的汇率,即银行买入价或卖出价折算。因此,A 公司当日会计分录如下。

借: 银行存款——美元   32 000(5 000 × 6.4)

 财务费用——汇兑差额   50

 贷: 银行存款——人民币   32 050(5 000 × 6.41)

2) 资产负债表日或结算日的会计处理

(1) 货币性项目。货币性项目是企业持有的货币和将以固定或可确定金额的货币收取的资产或者偿付的负债。货币性项目分为货币性资产和货币性负债。货币性资产包括现金、银行存款、应收账款、其他应收款、长期应收款等;货币性负债包括应付账款、其他应付款、短期借款、应付债券、长期借款、长期应付款等。

期末或结算货币性项目时,应以当日即期汇率折算外币货币性项目,该项目因当日即期汇率不同于初始入账时间或前一期末即期汇率而产生的汇率差额计入当期损益。

企业为购建或生产符合资本化条件的资产而借入的专门借款为外币借款时,在借款费用资本化期间内,由于外币借款在取得日、使用日及结算日的汇率不同而产生的汇兑差额,应当予以资本化,计入固定资产成本。

【例 4-6】国内甲公司的记账本位币为人民币。20×0 年 1 月 1 日,为建造某固定资产专门借入长期借款 20 000 美元,期限为 2 年,年利率为 5%,每年年初支付利息,到期还本。20×0 年 1 月 1 日的即期汇率为 1 美元=6.45 元人民币,20×0 年 12 月 31 日的即期汇率为 1 美元=6.2 元人民币。假定不考虑相关税费的影响。

20×0 年 12 月 31 日，该公司计提当年利息应作以下会计分录。

借：在建工程   6 200 (20 000×5%×6.2)

     贷：应付利息——美元   6 200

20×0 年 12 月 31 日，该公司美元借款本金由于汇率变动产生的汇兑差额，应作以下会计分录。

借：长期借款——美元   5 000 [20 000×(6.45 – 6.2)]

     贷：在建工程   5 000

20×1 年 1 月 1 日，该公司支付 20×0 年利息，该利息由于汇率变动产生的汇兑差额应当予以资本化，计入在建工程成本。20×1 年 1 月 1 日的即期汇率为 1 美元=6.22 元人民币，相应的会计分录如下。

借：应付利息——美元   6 200

     在建工程   20[即 20 000×5%×(6.22-6.2)]

     贷：银行存款   6 220

(2) 非货币性项目。非货币性项目是货币性项目以外的项目，如预付账款、预收账款、存货、长期股权投资、交易性金融资产(股票、基金)、固定资产、无形资产等。

① 对于以历史成本计量的外币非货币性项目，已在交易发生日按当日即期汇率折算，资产负债表日不应改变其原记账本位币金额，不产生汇兑差额。

【例 4-7】沿用例 4-3，外商企业投入 A 公司的外币资本 20 000 美元，已按当日即期汇率 1 美元=6.4 元折算为人民币并记入"实收资本"账户。"实收资本"属于非货币性项目，因此，资产负债表日不需要再按照当日即期汇率进行调整。

② 对于以成本与可变现净值孰低计量的存货，如果其可变现净值以外币确定，则在确定存货的期末价值时，应先将可变现净值折算为记账本位币，再与以记账本位币反映的存货成本进行比较。

【例 4-8】A 公司以人民币为记账本位币。20×1 年 11 月 20 日，以 1 000 美元/台的价格从美国某供货商处购入国际最新型号的甲器材 12 台(该器材在国内市场尚无供应)，并于当日支付了相应货款(假定 A 公司有美元存款)。至 20×1 年 12 月 31 日，已经售出甲器材 2 台，库存尚有 10 台，国内市场仍无甲器材供应，其在国际市场的价格已降至 980 美元/台。11 月 20 日的即期汇率是 1 美元=6.42 元人民币，12 月 31 日的即期汇率是 1 美元=6.41 元人民币。假定不考虑增值税等相关税费。

本例中，由于存货在资产负债表日采用成本与可变现净值孰低计量，因此，在以外币购入存货并且该存货在资产负债表日获得的可变现净值以外币反映时，在计提存货跌价准备时应当考虑汇率变动的影响。则在 12 月 31 日对甲器材计提的存货跌价准备为

计提的存货跌价准备 = 10 × 1 000 × 6.42 - 10 × 980 × 6.41 = 1 382(元)

借：资产减值损失   1 382

     贷：存货跌价准备   1 382

③ 对于以公允价值计量的股票等非货币性项目，如果期末的公允价值以外币反映，则应当先将该外币金额按照公允价值确定当日的即期汇率折算为记账本位币金额，再与原记账本位币金额进行比较，其差额作为公允价值变动损益，计入当期损益。

【例4-9】国内A公司的记账本位币为人民币。20×1年12月10日以每股1.5美元的价格购入乙公司B股10 000股作为交易性金融资产,当日汇率为1美元=6.3元人民币,款项已付。20×1年12月31日,由于市价变动,购入的乙公司B股的市价变为每股1美元,当日汇率为1美元=6.2元人民币。假定不考虑相关税费的影响。

20×1年12月10日,该公司对上述交易应作以下处理。

借:交易性金融资产　　　　　　　　　　　　　　94 500(1.5×10 000×6.3)
　　贷:银行存款——美元　　　　　　　　　　　　　94 500

根据《企业会计准则第22号——金融工具确认和计量》,交易性金融资产以公允价值计量。由于该项交易性金融资产是以外币计价,在资产负债表日,不仅应考虑股票市价的变动,还应一并考虑美元与人民币之间汇率变动的影响。上述交易性金融资产在资产负债表日的人民币金额为(1×10 000×6.2=)62 000元,与原账面价值94 500元的差额为-32 500元人民币,计入公允价值变动损益。相应的会计分录如下。

借:公允价值变动损益　　　　　　　　　　　　　　32 500
　　贷:交易性金融资产　　　　　　　　　　　　　　32 500

32 500元人民币既包含A公司所购乙公司B股股票公允价值变动的影响,又包含人民币与美元之间汇率变动的影响。

20×2年1月10日,A公司将所购乙公司B股股票按当日市价每股1.2美元全部售出,所得价款为12 000美元,按当日汇率1美元=6.25元人民币折算为人民币金额为75 000元,与其原账面价值人民币金额62 000元的差额为13 000元人民币,对于汇率的变动和股票市价的变动不进行区分,均作为投资收益进行处理。因此,售出当日,A公司应作会计分录如下。

借:银行存款——美元　　　　　　　　　　75 000(1.2×10 000×6.25)
　　贷:交易性金融资产　　　　　　　　　　62 000(94 500-32 500)
　　　　投资收益　　　　　　　　　　　　　13 000

④ 以公允价值计量且其变动计入其他综合收益的外币货币性金融资产形成的汇兑差额,应当计入当期损益;外币非货币性金融资产形成的汇兑差额,与其公允价值变动一并计入其他综合收益。但是,采用实际利率法计算的金融资产的外币利息产生的汇兑差额,应当计入当期损益,非交易性权益工具投资的外币现金股利产生的汇兑差额,应当计入当期损益。

【例4-10】国内A公司的记账本位币为人民币。20×1年12月10日以每股15港元的价格购入乙公司H股10 000股,指定为以公允价值计量且其变动计入其他综合收益的金融资产,当日汇率为1港元=0.9元人民币,款项已付。20×1年12月31日,由于市价变动,购入的乙公司H股的市价变为每股18港元,当日汇率为1港元=0.85元人民币。假定不考虑相关税费的影响。

20×1年12月10日,该公司对上述交易应作以下处理。

借:其他权益工具投资　　　　　　　　　　　135 000(15×10 000×0.9)
　　贷:银行存款——港元　　　　　　　　　　135 000

根据《企业会计准则第22号——金融工具确认和计量》,指定为以公允价值计量且其变动计入其他综合收益的非交易性权益工具投资,除了获得的股利收入(作为投资成本部分收回的股利收入除外)计入当期损益,其他相关的利得和损失(包括汇兑损益)均计入其他综合收益,且后续不得转入损益。由于该项金融资产是以外币计价,在资产负债表日,不仅应考虑股票市价的变动,还应一并考虑港元与人民币之间汇率变动的影响。上述金融资产在资产负债表日的人民币金额为(18×10 000×0.85=)153 000元,与原账面价值135 000元的差额为18 000元人民币,计入其他综合收益。相应的会计分录如下。

借:其他权益工具投资　　　　　　　　　　　　　　18 000

　　贷:其他综合收益　　　　　　　　　　　　　　　　　18 000

18 000元人民币既包含A公司所购乙公司H股股票公允价值变动的影响,又包含人民币与港元之间汇率变动的影响。

【例4-11】A公司的记账本位币为人民币,对外币交易采用发生时的即期汇率折算,按月计算汇兑损益。20×1年5月31日的即期汇率为1美元=6.65元人民币,当日有关外币余额见表4-1。

表4-1　外币账户余额

项　目	外币余额/万美元	当日即期汇率	人民币账户余额/万元人民币
银行存款	4 000	6.65	26 600
应收账款	2 000	6.65	13 300
应付账款	1 000	6.65	6 650

A公司20×1年6月份发生下列外币交易。

(1) 6月5日,将100万美元兑换为人民币,取得人民币存入银行。当日即期汇率为1美元=6.62元人民币。当日银行美元的买入价为1美元=6.6元人民币。

(2) 6月12日,从国外购入一批原材料,总价款为2 000万美元。该原材料已验收入库,货款尚未支付。当日即期汇率为1美元=6.61元人民币。另外,以银行存款支付该原材料的进口关税2 820万元人民币、增值税2085.2万元人民币。

(3) 6月16日,出口销售一批商品,销售价款为4 000万美元,货款尚未收到。当日即期汇率为1美元=6.6元人民币。假设不考虑相关税费。

(4) 6月25日,应收账款1 000万美元收到,款项已存入银行。当日即期汇率为1美元=6.58元人民币。该应收账款系5月份出口销售发生的。

(5) 6月30日,即期汇率为1美元=6.56元人民币。

假定不考虑其他因素的影响。(金额以"万元"为单位)

A公司编制的有关会计分录如下。

(1) 6月5日,以美元兑换人民币,会计分录如下。

借:银行存款——人民币　　　　　　　　　　　　　660(100×6.6)

　　财务费用——汇兑差额　　　　　　　　　　　　　2

　　贷:银行存款——美元　　　　　　　　　　　　　　662(100×6.62)

(2) 6月12日,从国外购入原材料,会计分录如下。

借:原材料　　　　　　　　　　　　　　16 040(2 000×6.61+2 820)

　　应交税费——应交增值税(进项税额)　　　　　　2 085.2

　　贷:应付账款——美元　　　　　　　　　　　13 220(2 000×6.61)

　　　　银行存款——人民币　　　　　　　　　　　4 905.2

(3) 6月16日，出口销售商品，会计分录如下。

借: 应收账款——美元   26 400(4 000 × 6.6)

    贷: 主营业务收入   26 400

(4) 6月25日，收到了5月份发生的应收账款，会计分录如下。

借: 银行存款——美元   6 580(1 000 × 6.58)

    财务费用——汇兑差额   70

    贷: 应收账款——美元   6 650 (1 000 × 6.65)

(5) 6月30日，计算期末产生的汇兑差额。

① 银行存款(美元)余额 = 4 000 - 100 + 1 000 = 4 900(万美元)

按当日即期汇率折算为人民币金额 = 4 900 × 6.56 = 32 144(万元人民币)

当期产生的汇兑差额 = 32 144 - (26 600 - 662 + 6580) = -374(万元人民币) (汇兑损失)

② 应收账款(美元)余额 = 2 000 + 4 000 - 1 000 = 5 000(万美元)

按当日即期汇率折算为人民币金额 = 5 000 × 6.56 = 32 800(万元人民币)

期末产生的汇兑差额 = 32 800 - (13 300 + 26 400 - 6 650) = -250(万元人民币)(汇兑损失)

③ 应付账款(美元)余额 = 1 000 + 2 000 = 3 000(万美元)

按当日即期汇率折算为人民币金额 = 3 000 × 6.56 = 19 680(万元人民币)

期末产生的汇兑差额 = 19 680-(6 650 + 13 220) = -190(万元人民币)(汇兑收益)

④ 期末应计入当期损益的汇兑差额 = -374 - 250 + 190 = -434(万元人民币)(汇兑损失)

相应的账务处理如下。

借: 财务费用——汇兑差额   434

    应付账款——美元   190

    贷: 银行存款——美元   374

         应收账款——美元   250

第三节　外币财务报表的折算

在将企业的境外经营通过合并、权益法核算等纳入企业的财务报表中时，需要将企业境外经营的财务报表折算为以企业记账本位币反映的财务报表，这一过程就是外币财务报表的折算。

一、外币财务报表折算方法

对外币报表的折算，常见的方法有四种：流动和非流动法、货币性和非货币性法、时态法与现时汇率法。

1. 流动和非流动法

流动和非流动法是将境外经营的资产负债表中流动资产和流动负债项目按资产负债表日现时汇率折算，非流动资产和非流动负债及实收资本等项目按取得时的历史汇率折算，

留存收益项目为依资产负债表的平衡原理轧差计算而得。利润表上折旧与摊销费用按相应资产取得时的历史汇率折算，其他收入和费用项目按报告期的平均汇率折算，销货成本根据"期初存货+本期购货-期末存货"的关系确定。形成的折算损失，计入报告企业的合并损益中；形成的折算收益，已实现部分予以确认，未实现部分，须予以递延，抵销以后期间形成的损失。本方法的优点在于能够反映境外经营的营运资金的报告货币等值，不改变境外经营的流动性。本方法的缺点：一是流动性与非流动性的划分与汇率的变动无关；二是对折算结果处理，掩盖了汇率变动对合并净收益的影响，平滑了各期收益，与实际情况不符。

2. 货币性和非货币性法

货币性和非货币性法是将货币性资产和负债按期末现时汇率折算，非货币性资产和负债按历史汇率折算。本方法的优点在于货币性与非货币性的分类恰当地考虑了汇率变动对资产和负债的影响，改正了流动和非流动法的缺点。本方法的缺点在于仍然是用分类来解决外币报表的折算，而没有考虑会计计量的问题，结果使得有些项目分类未必与所选的汇率相关，如存货项目，属非货币性项目，应采用历史汇率折算，但当存货采用成本与市价孰低计量时，对以市价计量的存货用历史汇率折算显然不合适。

3. 时态法

时态法是将资产负债表各项目以过去价值计量的，采用历史汇率，以现在价值计量的，采用现时汇率，产生的折算损益应计入当年的合并净收益。利润表各项目的折算与流动和非流动法下利润表的折算相同。本方法不仅考虑了会计计量基础，而且改正了上述货币性和非货币性法的缺点。但是，该方法是从报告企业的角度考虑问题，境外的子公司、分支机构等均被认为是报告企业经营活动在境外的延伸，与报告企业本身的外币交易原则相一致，这样实际上忽视了境外经营作为相对独立的实体(即境外实体)的情况。另外，按此方法对外币报表进行折算，由于各项目使用的折算汇率不同，因而产生的折算结果不可能保持外币报表在折算前的原有比率关系。

4. 现时汇率法

现时汇率法是将资产和负债项目均按现时汇率折算，实收资本按历史汇率折算，利润表各项目按当期(年)平均汇率折算，产生的折算损益作为所有者权益的一个单独项目予以列示。这一折算方法考虑了境外经营作为相对独立的实体的情况，着重于汇率变动对报告企业在境外经营的投资净额的影响，折算的结果使境外经营的会计报表中原有的财务关系不因折算而改变，所改变的仅是其表现方式。该方法改正了时态法的缺点。但产生了另外的问题，对所有的资产和负债均以现时汇率折算，如对以历史成本计价的固定资产等按现时汇率折算将显得不伦不类。

二、我国外币财务报表折算的一般原则

为与我国《企业会计准则第 33 号——合并财务报表》所采用的实体理论保持一致，我国外币折算准则基本采用现时汇率法。

在对企业境外经营财务报表进行折算前，应当调整境外经营的会计期间和会计政策，使之与企业会计期间和会计政策相一致，根据调整后的会计政策及会计期间编制相应货币(记账本位币以外的货币)的财务报表，然后再进行折算。

企业对境外经营的财务报表进行折算时，应当遵循下列规定。

(1) 资产负债表中的资产和负债项目，采用资产负债表日的即期汇率折算，所有者权益项目除"未分配利润"项目外，其他项目采用发生时的即期汇率折算。

(2) 利润表中的收入和费用项目，采用交易发生日的即期汇率或即期汇率的近似汇率折算。

(3) 产生的外币财务报表折算差额，在编制合并财务报表时，应在合并资产负债表中"其他综合收益"项目列示。

【例 4-12】A 公司的记账本位币为人民币，该公司在比利时有一子公司 M 公司，M 公司确定的记账本位币为欧元。根据合同约定，A 公司拥有 M 公司 70%的股权，并能够对 M 公司的财务和经营政策施加控制。A 公司采用当期平均汇率折算 M 公司的利润表项目。M 公司有关资料如下。

20×1 年 12 月 31 日的汇率为 1 欧元=7 元人民币，20×1 年的平均汇率为 1 欧元=7.5 元人民币，实收资本、资本公积发生日的即期汇率为 1 欧元=8 元人民币。20×1 年 12 月 31 日的累计盈余公积为 140 万欧元，折算为人民币 1 190 万元；累计未分配利润为 100 万欧元，折算为人民币 900 万元。A 公司和 M 公司均在年末提取盈余公积。

根据上述资料，将 M 公司的外币报表进行折算，见表 4-2 至表 4-4。

表 4-2　利润表

编制单位：M 公司　　　　　　　　　　20×1 年　　　　　　　　　　单位：万元

项　目	期末数/欧元	折算汇率	折算为人民币金额
一、营业收入	3 000	7.5	22 500
减：营业成本	1 800	7.5	13 500
管理费用	200	7.5	1 500
财务费用	100	7.5	750
二、营业利润	900	—	6 750
加：营业外收入	100	7.5	750
三、利润总额	1 000	—	7 500
减：所得税费用	300	7.5	2 250
四、净利润	700	—	5 250
五、每股收益			
六、其他综合收益			
七、综合收益总额	700	—	5 250

表4-3 所有者权益变动表

编制单位：M公司　　　　　　　　　　　　20×1年度　　　　　　　　　　　　单位：万元

项 目	实收资本			盈余公积			未分配利润		外币报表折算差额	所有者权益合计
	欧元	折算汇率	人民币	欧元	折算汇率	人民币	欧元	人民币		人民币
一、本年年初余额	6 000	8	48 000	140		1 190	100	900		50 090
二、本年增减变动金额										
(一)净利润							700	5 250		5 250
(二)其他综合收益									−6 760	−6 760
其中：外币报表折算差额									−6 760	−6 760
(三)利润分配										
1. 提取盈余公积				160	7.5	1 200	−160	−1 200		
三、本年年末余额	6 000	8	48 000	300		2 390	640	4 950	−6 760	48 580

当期计提的盈余公积采用当期平均汇率折算，期初盈余公积为以前年度计提的盈余公积按相应年度平均汇率折算后金额的累计，期初未分配利润记账本位币金额为以前年度未分配利润记账本位币金额的累计。

表4-4 资产负债表(简表)

编制单位：M公司　　　　　　　　　　　20×1年12月31日　　　　　　　　　　单位：万元

资 产	期末数/万欧元	折算汇率	人民币金额	负债和股东权益	期末数/万欧元	折算汇率	人民币金额
流动资产：				流动负债：			
银行存款	1 000	7	7 000	应付账款	360	7	2 520
应收账款	1 800	7	12 600	应付职工薪酬	800	7	5 600
存货	1 500	7	10 500				
流动资产合计	4 300		30 100	流动负债合计	1 160		8 120
非流动资产				非流动负债			
长期应收款	1 000	7	7 000	长期负债	1 200	7	8 400
固定资产	5 000	7	35 000	非流动负债合计	1 200		8 400
减：累计折旧	2 000	7	14 000	负债合计	2 360		16 520
无形资产	1 000	7	7 000	股东权益：			
非流动资产合计	5 000		35 000	实收资本	6 000	8	48 000
				盈余公积	300		2 390
				未分配利润	640		4 950
				外币报表折算差额			−6 760
				股东权益合计	6 940		48 580
资产总计	9 300	—	65 100	负债和股东权益合计	9 300		65 100

外币报表折算差额为以记账本位币反映的净资产减去以记账本位币反映的实收资本、累计盈余公积及累计未分配利润后的余额。

在企业境外经营为其子公司的情况下，企业在编制合并财务报表时，应按少数股东在境外经营所有者权益中所享有的份额计算少数股东应分担的外币财务报表折算差额，将其并入少数股东权益列示于合并资产负债表。

母公司含有实质上构成对子公司(境外经营)净投资的外币货币性项目的情况下，在编制合并财务报表时，应分别以下两种情况编制抵销分录。

(1) 实质上构成对子公司净投资的外币货币性项目以母公司或子公司的记账本位币反映，则应在抵销长期应收应付项目的同时，将其产生的汇兑差额转入"其他综合收益"项目。即借记或贷记"财务费用——汇兑差额"项目，贷记或借记"其他综合收益"项目。

(2) 实质上构成对子公司净投资的外币货币性项目以母、子公司的记账本位币以外的货币反映，则应将母、子公司此项外币货币性项目产生的汇兑差额相互抵销，差额转入"其他综合收益"项目。

如果合并财务报表中各子公司之间也存在实质上构成对另一子公司(境外经营)净投资的外币货币性项目，在编制合并财务报表时应比照上述方法编制相应的抵销分录。

三、境外经营的处置

企业可能通过出售、清算、返还股本或放弃全部或部分权益等方式处置其在境外经营中的利益。在境外经营为子公司的情况下，企业处置境外经营应当按照合并财务报表处置子公司的原则进行相应的会计处理。在包含境外经营的财务报表中，将已列入其他综合收益的外币报表折算差额中与该境外经营相关部分，自所有者权益项目中转入处置当期损益；如果是部分处置境外经营，应当按处置的比例计算处置部分的外币报表折算差额，转入处置当期损益；处置的境外经营为子公司的，将已列入其他综合收益的外币报表折算差额中归属于少数股东的部分，视全部处置或部分处置分别予以终止确认或转入少数股东权益。

思 考 题

1. 什么是记账本位币？企业选定记账本位币需要考虑哪些因素？
2. 企业因经营环境的改变的确需要变更记账本位币的，应如何进行会计处理？
3. 企业财务报告中的资产负债表项目、利润表项目分别采取什么汇率进行折算？
4. 什么是货币性项目和非货币性项目？期末调整或结算时分别如何进行处理？
5. 什么是境外经营？境外经营的处置如何处理？

自 测 题

一、单项选择题

1. 企业进行外币业务的会计处理，在期末进行账项调整时采用的汇率是(　　)。

A. 现行汇率　　B. 历史汇率　　　　C. 账面汇率　　D. 期初汇率

2. A 公司的记账本位币为人民币，其外币交易采用交易日的即期汇率折算，20×1 年12 月 8 日，A 公司按每股 5 欧元的价格以银行存款购入乙公司股票 100 000 股，分类为以公允价值计量且其变动计入当期损益的金融资产，当日即期汇率为 1 欧元=7.85 元人民币。20×1 年 12 月 31 日，乙公司股票的公允价值为每股 4 欧元，当日即期汇率为 1 欧元=7.9元人民币。该金融资产投资对 A 公司 20×1 年度营业利润的影响金额是(　　)。

A. 增加 2.5 万元人民币　　　　　　　B. 减少 76.5 万元人民币

C. 减少 78.5 万元人民币　　　　　　　D. 减少 79 万元人民币

3. 我国外币报表折算中产生的外币报表折算差额，应反映在(　　)中。

A. 资产负债表　　B. 现金流量表　　　C. 利润表　　　D. 会计报表附注

4. 企业采用外币业务发生时的市场汇率作为折算汇率的情况下，将人民币兑换成外币时所产生的汇兑损益，是指(　　)。

A. 银行买入价与当日市场汇率之差所引起的折算差额

B. 银行卖出价与当日市场汇率之差所引起的折算差额

C. 账面汇率与当日市场汇率之差所引起的折算差额

D. 账面汇率与当日银行卖出价之差所引起的折算差额

5. 某企业外币业务采用发生时的市场汇率核算。该企业本月月初有 30 000 美元，月初市场汇率为 1∶6.5。本月 15 日将其中的 10 000 美元售给中国银行，当日中国银行美元买入价为 1∶6.4，市场汇率为 1∶6.44。企业售出该笔美元时应确认的汇兑损益为(　　)元。

A. 100　　　　　　B. 600　　　　　　C. 400　　　　　　D. 0

6. 某外商投资企业收到外商作为实收资本投入的固定资产一台，协议作价 20 万美元，当日市场汇率为 1∶6.25，投资合同约定汇率为 1∶6.2，另发生运杂费 2 万元人民币，进口关税 5 万元人民币，安装调试费 3 万元人民币，该设备入账价值为(　　)万元人民币。

A. 134　　　　　　B. 125　　　　　　C. 124　　　　　　D. 135

7. A 公司为境内上市公司，其记账本位币为人民币。20×1 年下列有关境外经营经济业务处理中正确的是(　　)。

A. 通过收购，持有香港甲上市公司发行在外有表决权股份的 55%，从而拥有该公司的绝对控制权，甲公司的记账本位币为港元。因此，甲公司是 A 公司的境外经营

B. 与境外某公司合资在上海浦东兴建乙公司，乙公司的记账本位币为美元，A 公司参与乙公司的财务和经营政策的决策，境外投资公司控制这些政策的制定。因此，乙公司不是 A 公司的境外经营

C. 为适应近期欧洲市场销量增加的需要，A 公司在德国设立一分支机构丁公司，丁公司所需资金由 A 公司提供，其任务是负责从 A 公司进货并在欧洲市场销售，然后将销售款直接汇回 A 公司。因此，丁公司是 A 公司的境外经营

D. 与境外戊公司在戊公司所在地合建一工程项目，A 公司提供技术资料，戊公司提供场地、设备及材料，该项目竣工后予以出售，A、戊公司按 7∶3 分配税后利润，双方已经合作结束。戊公司的记账本位币为美元。除上述项目外，A 和戊公司无任何关系。因此，戊公司是 A 公司的境外经营

8. 企业选定记账本位币时,不该考虑的因素是(   )。

    A. 主要商品和劳务的销售价格所使用的货币

    B. 主要商品和劳务所需人工、材料和其他费用所使用的货币

    C. 融资活动获得的货币以及保存从经营活动中收取款项时所使用的货币

    D. 企业购买国外的固定资产,销售方所使用的货币

9. 外币会计报表折算时,子公司外币会计报表中的"营业收入"项目的金额应按(   )折算为母公司记账本位币。

    A. 资产负债表日的即期汇率　　　　B. 当年的平均市场汇率

    C. 合同约定的汇率　　　　　　　　D. 交易发生日的即期汇率或即期汇率的近似汇率

10. 按我国现行会计准则规定,购买国外固定资产所形成的外币账户长期应付款项目由于市场汇率下降引起的折算差额,在期末确认时,应(   )。

    A. 增加财务费用　　　　　　　　　B. 冲减财务费用

    C. 增加资本公积　　　　　　　　　D. 冲减资本公积

二、多项选择题

1. 企业发生外币业务时,外币账户可以采用的折算汇率有(   )。

    A. 历史汇率　　　B. 账面汇率　　　C. 即期汇率　　　D. 即期汇率的近似汇率

2. 企业下列各项涉及外币业务的交易中,于资产负债表日可能产生汇兑差额的有(   )。

    A. 企业以外币购入的固定资产

    B. 企业向境外出售商品确认的营业收入

    C. 企业借入的外币长期借款

    D. 企业自境外购入原材料应支付给境外供应商的外币应付账款

3. 下列关于企业外币财务报表折算会计处理表述中,正确的有(   )。

    A. "营业收入"项目按照资产负债表日的即期汇率折算

    B. "货币资金"项目按照资产负债表日的即期汇率折算

    C. "长期借款"项目按照借款日的即期汇率折算

    D. "实收资本"项目按照收到投资者投资当日的即期汇率折算

4. 下列各项中,不需要按照期末当日即期汇率进行折算的有(   )。

    A. 实收资本　　　B. 资本公积　　　C. 应收账款　　　D. 交易性金融资产

5. 下列项目中,可以作为汇兑损益计入当期损益的有(   )。

    A. 期末应付账款科目的折算差额　　B. 买卖外汇时发生的折算差额

    C. 外币会计报表折算差额　　　　　D. 期末应收账款科目的折算差额

6. 下列关于外币报表折算的一般原则,说法正确的有(   )。

    A. 企业境外经营如果采用与企业相同的记账本位币,那么境外经营财务报表不用进行折算

    B. 资产负债表中的资产、负债项目均采用资产负债表日的即期汇率折算

    C. 利润表中的收入和费用项目,可以采用交易发生日的即期汇率折算

    D. 企业在编制合并财务报表时,如果有实质上构成对境外经营净投资的外币货币性项目,因汇率变动产生的汇兑差额,计入当期损益

7. 下列各个公司中，属于境外经营的有(   )。

    A. 企业在境外的子公司，以外币为记账本位币

    B. 企业在境外的联营企业，以外币为记账本位币

    C. 企业在境内的联营企业，以外币为记账本位币

    D. 企业在境外的分支机构，以人民币作为记账本位币

8. 在进行外币报表折算时，应当按照资产负债表日的即期汇率折算的项目有(   )。

    A. 资本公积   B. 投资性房地产   C. 营业收入   D. 无形资产

9. 下列各项汇兑差额中，不应当计入当期财务费用的有(   )。

    A. 企业用外币购买且公允价值以外币反映的交易性金融资产，在期末按即期汇率折算的人民币金额与原账面已折算的人民币金额之间的差额

    B. 在资本化期间内，企业的外币专门借款应付未付利息的期末汇兑差额

    C. 企业用外币购买且其可变现净值以外币确定的原材料，在期末按即期汇率折算的人民币金额小于以记账本位币反映的原材料成本的差额

    D. 企业的外币银行存款，在期末按即期汇率折算的人民币金额与原账面已折算的人民币金额之间的差额

10. 下列各项中，企业应当计入当期损益的有(   )。

    A. 外币应收账款账户期末发生的汇兑差额

    B. 外币专门借款应付利息资本化期间产生的汇兑差额

    C. 外币应付账款账户期末发生的汇兑差额

    D. 外币财务报表折算差额

三、判断题

1. 记账本位币，指企业经营所处主要经济环境中的货币。人民币就是记账本位币。

    (   )

2. 外币会计报表折算差额与外币业务期末计算的汇兑损益都属于未实现汇兑损益。

    (   )

3. 外币买卖过程中产生的汇兑损益属于已实现的汇兑损益。(   )

4. 对于交易性金融资产等外币非货币性项目，其公允价值变动计入当期损益的，相应的汇率变动的影响计入资本公积。(   )

5. 企业收到投资者以外币投入的资本，应当采用交易日即期汇率折算，不得采用合同约定汇率和即期汇率的近似汇率折算，外币投入资本与相应的货币性项目的记账本位币金额之间不产生外币资本折算差额。(   )

6. 在境内的子公司、合营企业、联营企业、分支机构，采用不同于企业记账本位币的，也视同境外经营。(   )

7. 在境内，业务收支以人民币以外的货币为主的企业，可以选择其中的一种货币作为记账本位币，且在编报财务报表时不需要折算为人民币。(   )

8. 在进行外币报表折算时，资产负债表中的资产、负债和所有者权益项目，均采用资产负债表日的即期汇率折算。(   )

9. 以成本和可变现净值孰低计量存货，如果其可变现净值以外币确定，则在计算存货

期末价值时，仍然采用交易发生日即期汇率折算，不改变其记账本位币金额。　　(　　)

10. 对于需要计提减值准备的外币应收项目，应先计提减值准备，然后按照资产负债表日的即期汇率折算，因汇率波动而产生的汇兑差额作为财务费用计入当期损益，同时调增或调减外币货币性项目的记账本位币金额。　　(　　)

业 务 题

1. 某企业对外币业务采用发生当日的市场汇率进行核算，按月计算汇兑损益。20×1年1月20日销售一批产品价款为20万美元，货款尚未收到，当日的市场汇率为1:6.25。1月31日的市场汇率为1:6.28。2月28日市场汇率为1:6.23，货款于3月2日收回。

要求：计算该外币债权2月份发生的汇兑损益为多少万元。

2. 甲公司对外币业务采用交易发生日即期汇率进行折算，按月计算汇兑损益。20×1年8月10日从境外购入一批原材料，价款总额为800万美元，货款尚未支付，当日市场汇率为1:6.46，8月31日的市场汇率为1:6.56，9月30日的市场汇率为1:6.8。

要求：计算该外币债务9月份所发生的汇兑损失为多少。

3. A公司的记账本位币为人民币，对外币交易采用发生时的即期汇率折算。20×1年12月A公司发生如下外币业务。

(1) 12月1日以每台1 000美元的价格从美国某供货商手中购入国际最新型号A商品10台，并于当日支付了相应货款(假定A公司有美元存款)。12月31日，已售出A商品2台，国内市场仍无A商品供应，但A商品在国际市场的价格已降至每台960美元。12月1日的即期汇率是1美元=6.11元人民币，12月31日的汇率是1美元=6.10元人民币。假定不考虑增值税等相关税费。

(2) 12月5日以每股1.5美元的价格购入乙公司B股10 000股作为交易性金融资产，当日即期汇率为1美元=6.12元人民币，款项已付。12月31日，由于市价变动，当月购入的乙公司B股的市价变为每股2美元，当日即期汇率为1美元=6.10元人民币。假定不考虑相关税费的影响。

(3) 12月15日，A公司收到外商投入资本300 000美元，当日即期汇率为1美元=6.2元人民币，投资合同约定的汇率是1美元=6.5元人民币。

要求：编制上述业务12月份的全部会计分录。

4. 甲公司的记账本位币为人民币，对外币交易采用发生时的即期汇率折算，按月计算汇兑损益。20×1年11月30日的即期汇率为1美元=6.2元人民币，当日有关外币账户余额见下表。

项　目	外币余额/美元	当日即期汇率	人民币账户余额/元
银行存款	10 000	6.2	62 000
应收账款	20 000	6.2	124 000
短期借款	30 000	6.2	186 000

20×1年12月甲公司发生如下外币业务(不考虑相关税费)。

(1) 12月5日，出口商品一批，价款为30 000美元，款项尚未收到，当日的即期汇率

为 1 美元=6.21 元人民币。

(2) 12 月 10 日，从中国工商银行取得短期借款 10 000 美元，当日的即期汇率为 1 美元=6.19 元人民币。

(3) 12 月 12 日，偿还上月欠中国银行短期借款 20 000 美元，当日的即期汇率为 1 美元=6.18 元人民币。

(4) 12 月 31 日的即期汇率为 1 美元=6.17 元人民币。

要求：

(1) 编制该公司 12 月份外币业务的会计分录；

(2) 计算 12 月份的汇兑损益并进行账务处理。

5. 某工业企业采用当日即期汇率对外币业务进行折算，并按月计算汇兑损益。该企业 20×0 年 12 月 31 日有关外币账户余额如下，当日市场汇率为 1∶6.4。

应收账款	100 万美元
应付账款	50 万美元
银行存款	200 万美元

该企业 20×1 年 1 月发生如下业务。

(1) 1 月 5 日，对外销售产品，销售收入 100 万美元，当日汇率为 1∶6.3，款项尚未收回。

(2) 1 月 10 日，从银行借入短期外币借款 20 万美元，当日汇率为 1∶6.3。

(3) 1 月 12 日，从国外进口原材料 50 万美元，款项由外币存款支付，当日汇率为 1∶6.3。(为简化核算，假设该企业购进的原材料均免征增值税)

(4) 1 月 20 日，收到 1 月 5 日的销货款 100 万美元，当日汇率为 1∶6.35。

(5) 1 月 31 日，偿还 1 月 10 日借入的外币 20 万美元，当日汇率为 1∶6.35。

要求：

(1) 编制该企业 1 月份外币业务的会计分录；

(2) 计算 1 月份汇兑损益并进行账务处理。(答案中的金额单位用"万元"表示)

第五章

租 赁 会 计

学习目标：理解租赁、经营租赁、融资租赁、租赁期、租赁付款额、租赁内含利率、担保余值、使用权资产等概念；掌握租赁的识别；理解租赁的分拆与合并；掌握承租人初始计量、后续计量和租赁变更的会计处理；掌握出租人租赁分类和具体原则，以及经营租赁、融资租赁和租赁变更的会计处理；了解特殊租赁业务的会计处理；了解租赁的列报。

关键词：经营租赁　融资租赁　租赁期　租赁付款额　租赁内含利率　租赁负债　使用权资产　租赁收款额　租赁变更

第一节　租 赁 概 述

租赁，是指在一定期间内，出租人将资产的使用权让与承租人以获取对价的合同。承租人会计处理不再区分经营租赁和融资租赁，而是采用单一的会计处理模型，也就是说，除采用简化处理的短期租赁和低价值资产租赁外，对所有租赁均确认使用权资产和租赁负债，参照固定资产准则对使用权资产计提折旧，采用固定的周期性利率确认每期利息费用。出租人租赁仍分为融资租赁和经营租赁两大类，并分别采用不同的会计处理方法。

一、租赁的识别

1. 租赁的定义

在合同开始日，企业应当评估合同是否为租赁或包含租赁。如果合同一方让渡了在一定期间内控制一项或多项已识别资产使用的权利以换取对价，则该合同为租赁或包含租赁。

一项合同要被分类为租赁，必须满足三要素：一是存在一定期间；二是存在已识别资产；三是资产供应方向客户转移对已识别资产使用权的控制。

准则规定，同时符合下列条件的，使用已识别资产的权利构成一项单独租赁：①承租人可从单独使用该资产或将其与易于获得的其他资源一起使用中获利；②该资产与合同中的其他资产不存在高度依赖或高度关联关系。

2. 已识别资产

1) 对资产的指定

已识别资产通常由合同明确指定，也可以在资产可供客户使用时隐性指定。

【例 5-1】甲公司(客户)与乙公司(供应方)签订了使用乙公司一节火车车厢的 5 年期合同。该车厢专为用于运输甲公司生产过程中使用的特殊材料而设计，未经重大改造不适合其他客户使用。合同中没有明确指定轨道车辆(例如，通过序列号)，但是乙公司仅拥有一节适合客户甲使用的火车车厢。如果车厢不能正常工作，合同要求乙公司修理或更换车厢。

分析：具体哪节火车车厢虽未在合同中明确指定，但是被隐含指定，因为乙公司仅拥有一节适合客户甲使用的火车车厢，必须使用其来履行合同，乙公司无法自由替换该车厢。因此，火车车厢是一项已识别资产。

2）物理可区分

如果资产的部分产能在物理上可区分，则该部分产能属于已识别资产。如果资产的某部分产能与其他部分在物理上不可区分，则该部分不属于已识别资产，除非其实质上代表该资产的全部产能，从而使客户获得因使用该资产所产生的几乎全部经济利益的权利。

【例5-2】情形1：甲公司(客户)与乙公司(公用设施公司)签订了一份为期15年的合同，以取得连接A、B城市光缆中三条指定的物理上可区分的光纤使用权。若光纤损坏，乙公司应负责修理和维护。乙公司拥有额外的光纤，但仅可因修理、维护或故障等原因替换指定给甲公司使用的光纤。

情形2：甲公司与乙公司签订了一份为期15年的合同，以取得连接A、B城市光缆中约定带宽的光纤使用权。甲公司约定的带宽相当于使用光缆中三条光纤的全部传输容量(乙公司光缆包含15条传输容量相近的光纤)。

分析：情形1下，合同明确指定了三条光纤，并且这些光纤与光缆中的其他光纤在物理上可区分，乙公司不可因修理、维护或故障以外的原因替换光纤，因此情形1中存在三条已识别光纤。

情形2下，甲公司仅使用光缆的部分传输容量，提供给甲公司使用的光纤与其余光纤在物理上不可区分，且不代表光缆的几乎全部传输容量，因此，情形2中不存在已识别资产。

3）实质性替换权

即使合同已对资产进行指定，如果资产供应方在整个使用期间拥有对该资产的实质性替换权，则该资产不属于已识别资产。

同时符合下列条件时，表明资产供应方拥有资产的实质性替换权：

(1) 资产供应方拥有在整个使用期间替换资产的实际能力。

(2) 资产供应方通过行使替换资产的权利将获得经济利益，即替换资产的预期经济利益将超过替换资产所需成本。

【例5-3】甲公司(客户)与乙公司(供应方)签订合同，合同要求乙公司在5年内按照约定的时间表使用指定型号的火车车厢为甲公司运输约定数量的货物。合同中约定的时间表和货物数量相当于甲公司在5年内有权使用10节指定型号火车车厢。合同规定了所运输货物的性质。乙公司有大量类似的车厢可以满足合同要求。车厢不用于运输货物时存放在乙公司处。

分析：①乙公司在整个使用期间有替换每节车厢的实际能力。用于替换的车厢是乙公司易于获得的，且无须甲公司批准即可替换。②乙公司可通过替换车厢获得经济利益。车厢存放在乙公司处，乙公司拥有大量类似的车厢，替换每节车厢的成本极小，乙公司可以通过替换车厢获益，例如，使用已位于任务所在地的车厢执行任务，或利用某客户未使用而闲置的车厢。

因此，乙公司拥有车厢的实质性替换权，合同中用于运输甲公司货物的车厢不属于已识别资产。

3. 客户是否控制已识别资产使用权的判断

为确定合同是否让渡了在一定期间内控制已识别资产使用的权利,企业应当评估合同中的客户是否有权获得在使用期间因使用已识别资产所产生的几乎全部经济利益,并有权在该使用期间主导已识别资产的使用。

1) 客户是否有权获得因使用资产所产生的几乎全部经济利益

在评估客户是否有权获得因使用已识别资产所产生的几乎全部经济利益时,企业应当在约定的客户权利范围内考虑其所产生的经济利益。

为了控制已识别资产的使用,客户应当有权获得整个使用期间使用该资产所产生的几乎全部经济利益。客户可以通过多种方式直接或间接获得使用资产所产生的经济利益。使用资产所产生的经济利益包括资产的主要产出和副产品以及通过与第三方之间的商业交易实现的其他经济利益。

如果合同规定客户应向资产供应方或另一方支付因使用资产所产生的部分现金流量作为对价,该现金流量仍应视为客户因使用资产而获得的经济利益的一部分。

2) 客户是否有权主导资产的使用

存在下列情形之一的,可视为客户有权主导对已识别资产在整个使用期间的使用:

(1) 客户有权在整个使用期间主导已识别资产的使用目的和使用方式;

(2) 已识别资产的使用目的和使用方式在使用期间前已预先确定,并且客户有权在整个使用期间自行或主导他人按照其确定的方式运营该资产,或者客户设计了已识别资产(或资产的特定方面)并在设计时已预先确定了该资产在整个使用期间的使用目的和使用方式。

【例 5-4】甲公司(客户)与乙公司(供应方)就使用一辆卡车在一周时间内将货物从 A 地运至 B 地签订了合同。根据合同,乙公司只提供卡车、发运及到货的时间和站点,甲公司负责派人驾车自 A 地到 B 地。合同中明确指定了卡车,并规定在合同期内该卡车只允许用于运输合同中指定的货物,乙公司没有替换权。合同规定了卡车可行驶的最大里程。甲公司可在合同规定的范围内选择具体的行驶速度、路线、停车休息地点等。甲公司在指定路程完成后无权继续使用这辆卡车。

分析:合同明确指定一辆卡车,且乙公司无权替换,因此合同存在已识别资产。合同预先确定了卡车的使用目的和使用方式,即在规定时间内将指定货物从 A 地运至 B 地。甲公司有权在整个使用期间操作卡车(例如决定行驶速度、路线、停车休息地点),因此甲公司主导了卡车的使用,甲公司通过控制卡车的操作在整个使用期间全权决定卡车的使用。

【例 5-5】甲公司(客户)与乙公司(供应方)签订了购买某一新太阳能电厂 20 年生产的全部电力的合同。合同明确指定了太阳能电厂,且乙公司没有替换权。太阳能电厂的产权归乙公司所有,乙公司不能通过其他电厂向甲公司供电。太阳能电厂在建造之前由甲公司设计,甲公司聘请了太阳能专家协助其确定太阳能电厂的选址和设备工程。乙公司负责按照甲公司的设计建造太阳能电厂,并负责电厂的运行和维护。关于是否发电、发电时间和发电量无须再进行决策,该项资产在设计时已经预先确定了这些决策。

分析:合同明确指定了太阳能电厂,且乙公司无权替换,因此,合同存在已识别资产。由于太阳能电厂使用目的、使用方式等相关决策在太阳能电厂设计时已预先确定,因此,尽管太阳能电厂的运营由乙公司负责,但是该电厂由甲公司设计这一事实赋予了甲公司主导电厂使用的权利,甲公司在整个 20 年使用期有权主导太阳能电厂的使用。

合同可能包含一些旨在保护资产供应方在已识别资产或其他资产中的权益、保护资产供应方的工作人员或者确保资产供应方不因客户使用租赁资产而违反法律法规的条款和条件。这些权利虽然对客户使用资产权利的范围作出了限定，但是其本身不足以否定客户拥有主导资产使用的权利。

【例 5-6】 甲公司(客户)与乙公司(货运商)签订了一份使用 10 个指定型号集装箱的 5 年期合同。合同指定了具体的集装箱，集装箱归乙公司所有。甲公司有权决定何时何地使用这些集装箱以及用其运输什么货物。不用时，集装箱存放在甲公司处。甲公司可将集装箱用于其他目的(如用于存储)。但合同明确规定甲公司不能运输特定类型的货物(如爆炸物)。若某个集装箱需要保养或维修，乙公司应以同类型的集装箱替换。除非甲公司违约，乙公司在这合同期内不得收回集装箱。除集装箱外，合同还约定乙公司应按照甲公司的要求提供运输集装箱的卡车和司机。卡车存放在乙公司处，乙公司向司机发出指示详细说明甲公司的货物运输要求。乙公司可使用任一卡车满足甲公司的需求，卡车既可以用于运输甲公司的货物，也可以运输其他客户的货物，即如果其他客户要求运输货物的目的地与甲公司要求的目的地距离不远且时间接近，乙公司可以用同一卡车运送甲公司使用的集装箱及其他客户的货物。

分析：合同明确指定了 10 个集装箱，乙公司一旦交付集装箱给甲公司，仅在集装箱需要保养或维修时方可替换，因此，这 10 个集装箱是已识别资产。合同既未明确也未隐性指定卡车，因此运输集装箱的卡车不属于已识别资产。甲公司在整个 5 年使用期内控制这 10 个集装箱的使用，原因如下：①甲公司有权获得在 5 年使用期使用集装箱所产生的几乎全部经济利益。甲公司在整个使用期间(包括不使用集装箱运输货物的期间)拥有这些集装箱的独家使用权。②合同中关于集装箱可运输货物的限制并未赋予乙公司主导集装箱使用目的和使用方式的权利。在合同约定的使用权范围内，甲公司可以主导集装箱的使用目的和使用方式，决定何时何地使用集装箱以及使用集装箱运输什么货物。当集装箱不用于运输货物时，甲公司还可决定是否使用以及如何使用集装箱(如，用于存储)。甲公司在 5 年使用期内有权改变这些决定，因此甲公司有权主导集装箱的使用。尽管乙公司控制了运输集装箱的卡车和司机，但乙公司在这方面的决策并未赋予其主导集装箱使用目的和使用方式的权利。因此，乙公司在使用期间不能主导集装箱的使用。

基于上述分析可以得出结论：该合同包含集装箱的租赁，甲公司拥有 10 个集装箱的 5 年使用权。关于卡车的合同条款并不构成一项租赁，而是一项服务。

二、租赁的分拆与合并

1. 租赁的分拆

合同中同时包含多项单独租赁的，承租人和出租人应当将合同予以分拆，并分别各项单独租赁进行会计处理。合同中同时包含租赁和非租赁部分的，承租人和出租人应当将租赁和非租赁部分进行分拆，除非企业适用准则第十二条的规定进行会计处理。分拆时，各租赁部分应当分别按照准则进行会计处理，非租赁部分应当按照其他适用的企业会计准则进行会计处理。

同时符合下列条件，使用已识别资产的权利构成合同中的一项单独租赁：

(1) 承租人可从单独使用该资产或将其与易于获得的其他资源一起使用中获利。

(2) 该资产与合同中的其他资产不存在高度依赖或高度关联关系。

1) 承租人的处理

在分拆合同包含的租赁和非租赁部分时，承租人应当按照各项租赁部分的单独价格及非租赁部分的单独价格之和的相对比例分摊合同对价。租赁和非租赁部分的相对单独价格，应当根据出租人或类似资产供应方就该部分或类似部分向企业单独收取的价格确定。如果可观察的单独价格不易于获得，承租人应当最大限度地利用可观察的信息估计单独价格。

【例 5-7】甲公司从乙公司租赁一台推土机、一辆卡车和一台长臂挖掘机用于采矿业务，租赁期为 4 年。乙公司同意在整个租赁期内维护各项设备。合同固定对价为 3 000 000 元，按年分期支付，每年支付 750 000 元。合同对价包含了各项设备的维护费用。

分析：甲公司将非租赁部分(维护服务)与租入的各项设备分别进行会计处理。甲公司认为租入的推土机、卡车和长臂挖掘机分别属于单独租赁，原因如下：①甲公司可从单独使用这三项设备中的每一项，或将其与易于获得的其他资源一起使用中获利(例如，甲公司易于租入或购买其他卡车或挖掘机用于其采矿业务)。②尽管甲公司租入这三项设备只有一个目的(即从事采矿业务)，但这些设备不存在高度依赖或高度关联关系。因此，甲公司得出结论：合同中存在三个租赁部分和对应的三个非租赁部分(维护服务)。甲公司将合同对价分摊至三个租赁部分和非租赁部分。

市场上有多家供应方提供类似推土机和卡车的维护服务，因此这两项租入设备的维护服务存在可观察的单独价格。假设其他供应方的支付条款与乙公司签订的合同条款相似，甲公司能够确定推土机和卡车维护服务的可观察单独价格分别为 160 000 元和 80 000 元。长臂挖掘机是高度专业化机械，其他供应方不出租类似挖掘机或为其提供维护服务。乙公司对从本公司购买相似长臂挖掘机的客户提供 4 年的维护服务，可观察对价为固定金额 280 000 元，分 4 年支付。因此，甲公司估计长臂挖掘机维护服务的单独价格为 280 000 元。甲公司观察到乙公司在市场上单独出租租赁期为 4 年的推土机、卡车和长臂挖掘机的价格分别为 900 000 元、580 000 元和 1 200 000 元。

甲公司将合同固定对价 3 000 000 元分摊至租赁和非租赁部分情况如表 5-1 所示。

表 5-1 租赁固定对价分摊

单位：元

可观察的单独价格	租赁	推土机	卡车	长臂挖掘机	合 计
		900 000	580 000	1 200 000	2 680 000
	非租赁				520 000*
	合计				3 200 000
固定对价总额					3 000 000
分摊率/%					93.75

注：*160 000 + 80 000 + 280 000 = 520 000。

按照相关会计准则规定，承租人按照推土机、卡车、长臂挖掘机这三个租赁部分单独价格 900 000 元、580 000 元、1 200 000 元和非租赁部分的单独价格之和 520 000 元的相对比例，来分摊合同对价。分拆后，推土机、卡车和长臂挖掘机的租赁付款额(折现前)分别为843 750 元、543 750 元和 1 125 000 元。

2) 出租人的处理

出租人应当分拆租赁部分和非租赁部分，根据《企业会计准则第 14 号——收入》(2017)第二十条至第二十五条关于交易价格分摊的规定分摊合同对价。

2. 租赁的合并

企业与同一交易方或其关联方在同一时间或相近时间订立的两份或多份包含租赁的合同，在满足下列条件之一时，应当合并为一份合同进行会计处理：

(1) 该两份或多份合同基于总体商业目的而订立并构成一揽子交易，若不作为整体考虑则无法理解其总体商业目的的。

(2) 该两份或多份合同中某份合同的对价金额取决于其他合同的定价或履行情况。

(3) 该两份或多份合同让渡的资产使用权合起来构成一项单独租赁。

两份或多份合同合并为一份合同进行会计处理的，仍然需要区分该一份合同中的租赁部分和非租赁部分。

三、租赁期

租赁期是指承租人有权使用租赁资产且不可撤销的期间；承租人有续租选择权，即有权选择续租该资产，且合理确定将行使该选择权的，租赁期还应当包含续租选择权涵盖的期间；承租人有终止租赁选择权，即有权选择终止租赁该资产，但合理确定将不会行使该选择权的，租赁期应当包含终止租赁选择权涵盖的期间。

1. 租赁期开始日

租赁期自租赁期开始日起计算。租赁期开始日，是指出租人提供租赁资产使其可供承租人使用的起始日期。如果承租人在租赁协议约定的起租日或租金起付日之前，已获得对租赁资产使用权的控制，则表明租赁期已经开始。租赁协议中对起租日或租金支付时间的约定，并不影响租赁期开始日的判断。

【例 5-8】在某商铺的租赁安排中，出租人于 20×1 年 1 月 1 日将房屋钥匙交付承租人，承租人在收到钥匙后，就可以自主安排对商铺的装修布置，并安排搬迁。合同约定有 3 个月的免租期，起租日为 20×1 年 4 月 1 日，承租人自起租日开始支付租金。

分析：此交易中，由于承租人自 20×1 年 1 月 1 日起就已拥有对商铺使用权的控制，因此租赁期开始日为 20×1 年 1 月 1 日，租赁期包含出租人给予承租人的免租期。

2. 不可撤销期间

在确定租赁期和评估不可撤销租赁期间时，企业应根据租赁条款的约定确定可强制执行合同的期间。

如果承租人和出租人双方均有权在未经另一方许可的情况下终止租赁，且罚款金额不重大，则该租赁不再可强制执行。如果只有承租人有权终止租赁，则在确定租赁期时，企业应将该项权利视为承租人可行使的终止租赁选择权予以考虑。如果只有出租人有权终止租赁，则不可撤销的租赁期包括终止租赁选择权所涵盖的期间。

【例5-9】承租人与出租人签订了一份租赁合同，约定自租赁期开始日1年内不可撤销，如果撤销，双方将支付重大罚金，1年期满后，经双方同意可再延长1年，如有一方不同意，将不再续期，且没有罚款。假设承租人对于租赁资产并不具有重大依赖。

分析：在此情况下，自租赁期开始日起的第1年有强制的权利和义务，是不可撤销期间。而此后1年的延长期并非不可撤销期间，因为承租人或出租人均可单方面选择不续约而无须支付任何罚款。

3. 续租选择权和终止租赁选择权

在租赁期开始日，企业应当评估承租人是否合理确定将行使续租或购买标的资产的选择权，或者将不行使终止租赁选择权。在评估时，企业应当考虑对承租人行使续租选择权或不行使终止租赁选择权带来经济利益的所有相关事实和情况，包括自租赁期开始日至选择权行使日之间的事实和情况的预期变化。

需考虑的因素包括但不限于以下方面：

(1) 与市价相比，选择权期间的合同条款和条件。

(2) 在合同期内，承租人进行或预期进行重大租赁资产改良的，在可行使续租选择权、终止租赁选择权或者购买租赁资产选择权时，预期能为承租人带来重大经济利益。

(3) 与终止租赁相关的成本。

(4) 租赁资产对承租人运营的重要程度。

(5) 与行使选择权相关的条件及满足相关条件的可能性。

【例5-10】承租人签订了一份设备租赁合同，包括4年不可撤销期限和2年期固定价格续租选择权，续租选择权期间的合同条款和条件与市价接近，没有终止罚款或其他因素表明承租人合理确定将行使续租选择权。因此，在租赁期开始日，确定租赁期为4年。

【例5-11】承租人签订了一份建筑租赁合同，包括4年不可撤销期限和2年按照市价行使的续租选择权。在搬入该建筑之前，承租人花费了大量资金对租赁建筑进行了改良，预计在4年结束时租赁资产改良仍将具有重大价值，且该价值仅可通过继续使用租赁资产实现。

分析：在此情况下，承租人合理确定将行使续租选择权，因为如果在4年结束时放弃该租赁资产改良，将蒙受重大经济损失。因此，在租赁开始时，承租人确定租赁期为6年。

4. 对租赁期和购买选择权的重新评估

发生承租人可控范围内的重大事件或变化，且影响承租人是否合理确定将行使相应选择权的，承租人应当对其是否合理确定将行使续租选择权、购买选择权或不行使终止租赁选择权进行重新评估，并根据重新评估结果修改租赁期。

第二节　承租人的会计处理

在租赁期开始日，承租人应当对租赁确认使用权资产和租赁负债，应用短期租赁和低价值资产租赁简化处理的除外。

一、租赁负债的初始计量

租赁负债应当按照租赁期开始日尚未支付的租赁付款额的现值进行初始计量。识别应纳入租赁负债的相关付款项目是计量租赁负债的关键。

1. 租赁付款额

租赁付款额，是指承租人向出租人支付的与在租赁期内使用租赁资产的权利相关的款项。

租赁付款额包括以下五项内容。

(1) 固定付款额及实质固定付款额，存在租赁激励的，扣除租赁激励相关金额。

实质固定付款额是指在形式上可能包含变量但实质上无法避免的付款额。例如：

① 付款额设定为可变租赁付款额，但该可变条款几乎不可能发生，没有真正的经济实质。

② 承租人有多套付款额方案，但其中仅有一套是可行的。在此情况下，承租人应采用该可行的付款额方案作为租赁付款额。

③ 承租人有多套可行的付款额方案，但必须选择其中一套。在此情况下，承租人应采用总折现金额最低的一套作为租赁付款额。

【例5-12】甲公司是一家知名零售商，从乙公司处租入已成熟开发的零售场所开设一家商店。根据租赁合同，甲公司在正常工作时间内必须经营该商店，且甲公司不得将商店闲置或进行分租。合同中关于租赁付款额的条款为：如果甲公司开设的这家商店没有发生销售，则甲公司应付的年租金为 100 元；如果这家商店发生了任何销售，则甲公司应付的年租金为 1 000 000 元。

分析：该租赁包含每年 1 000 000 元的实质固定付款额。该金额不是取决于销售额的可变付款额。因为甲公司是一家知名零售商，根据租赁合同，甲公司应在正常工作时间内经营该商店，所以甲公司开设的这家商店不可能不发生销售。

【例5-13】承租人甲公司签订了一份为期 5 年的卡车租赁合同。合同中关于租赁付款额的条款为：如果该卡车在某月份的行驶里程不超过 1 万公里，则该月应付的租金为 10 000 元；如果该卡车在某月份的行驶里程超过 1 万公里但不超过 2 万公里，则该月应付的租金为 16 000 元；该卡车 1 个月内的行驶里程最高不能超过 2 万公里，否则承租人需支付巨额罚款。

分析：租赁付款额中包含基于使用情况的可变性，且某些月份里确实可避免支付较高租金，然而，月付款额 10 000 元是不可避免的。因此，月付款额 10 000 元属于实质固定付款额，应被纳入租赁负债的初始计量中。

【例5-14】承租人甲公司租入一台预计使用寿命为 5 年的机器。不可撤销的租赁期为 3 年。在第 3 年末，甲公司必须以 20 000 元购买该机器，或者必须将租赁期延长 2 年，如延长，则在续租期内每年末支付 10 500 元。

分析：甲公司在租赁期开始时评估认为，不能合理确定在第 3 年末将是购买该机器，还是将租赁期延长 2 年。如果甲公司单独考虑购买选择权或续租选择权，那么在租赁期开始时，购买选择权的行权价格与续租期内的应付租金都不会纳入到租赁负债中。然而，该安排在第 3 年末包含一项实质固定付款额。这是因为，甲公司必须行使上述两种选择权中的其中一个，且不论在哪种选择权下，甲公司都必须进行付款。因此在该安排中，实质固定付款额的金额是下述两项金额中的较低者：购买选择权的行权价格(20 000 元)的现值与续租期内付款额(每年末支付 10 500 元)的现值。

租赁激励，是指出租人为达成租赁向承租人提供的优惠，包括出租人向承租人支付的与租赁有关的款项、出租人为承租人偿付或承担的成本等。存在租赁激励的，承租人在确定租赁付款额时，应扣除租赁激励相关金额。

(2) 取决于指数或比率的可变租赁付款额。

可变租赁付款额，是指承租人为取得在租赁期内使用租赁资产的权利，而向出租人支付的因租赁期开始日后的事实或情况发生变化(而非时间推移)而变动的款项。可变租赁付款额可能与下列各项指标或情况挂钩：①由于市场比率或指数数值变动导致的价格变动。②承租人源自租赁资产的绩效。③租赁资产的使用。

需要注意的是，可变租赁付款额中，仅取决于指数或比率的可变租赁付款额纳入租赁负债的初始计量中，包括与消费者价格指数挂钩的款项、与基准利率挂钩的款项和为反映市场租金费率变化而变动的款项等。此类可变租赁付款额应当根据租赁期开始日的指数或比率确定。除了取决于指数或比率的可变租赁付款额之外，其他可变租赁付款额均不纳入租赁负债的初始计量中。

(3) 购买选择权的行权价格，前提是承租人合理确定将行使该选择权。

在租赁期开始日，承租人应评估是否合理确定将行使购买标的资产的选择权。在评估时，承租人应考虑对其行使或不行使购买选择权产生经济激励的所有相关事实和情况。如果承租人合理确定将行使购买标的资产的选择权，则租赁付款额中应包含购买选择权的行权价格。

【例 5-15】承租人甲公司与出租人乙公司签订了一份不可撤销的 5 年期设备租赁合同。合同规定，甲公司可以选择在租赁期结束时以 5 000 元购买这台设备。已知该设备应用于不断更新、迅速变化的科技领域，租赁期结束时其公允价值可能出现大幅波动，估计在 4 000 元至 9 000 元之间，在 5 年租赁期内可能会有更好的替代产品出现。

分析：在租赁期开始日，甲公司对于其是否将行使购买选择权的经济动机作出全面评估，并最终认为不能合理确定将行使购买选择权。该评估包括：租赁期结束时该设备公允价值的重大波动性，以及在租赁期间内可能出现更好替代产品的可能性等。评估甲公司是否合理确定将行使购买选择权可能涉及重大判断。

(4) 行使终止租赁选择权需支付的款项，前提是租赁期反映出承租人将行使终止租赁选择权。

在租赁期开始日，承租人应评估是否合理确定将行使终止租赁的选择权。在评估时，承租人应考虑对其行使或不行使终止租赁选择权产生经济激励的所有相关事实和情况。如果承租人合理确定将行使终止租赁选择权，则租赁付款额中应包含行使终止租赁选择权需支付的款项，并且租赁期不应包含终止租赁选择权涵盖的期间。

【例 5-16】承租人甲公司租入某办公楼的一层楼，为期 10 年。甲公司有权选择在第 5 年后提前终止租赁，并以相当于 6 个月的租金作为罚金。每年的租赁付款额为固定金额 120 000 元。该办公楼是全新的，并且在周边商业园区的办公楼中处于技术领先水平。上述

租赁付款额与市场租金水平相符。

分析：在租赁期开始日，甲公司评估后认为，6个月的租金对于甲公司而言金额重大，同等条件下，也难以按更优惠的价格租入其他办公楼，可以合理确定不会选择提前终止租赁，因此其租赁负债不应包括提前终止租赁时需支付的罚金，租赁期确定为10年。

(5) 根据承租人提供的担保余值预计应支付的款项。

担保余值，是指与出租人无关的一方向出租人提供担保，保证在租赁结束时租赁资产的价值至少为某指定的金额。如果承租人提供了对余值的担保，则租赁付款额应包含该担保下预计应支付的款项，它反映了承租人预计将支付的金额，而不是承租人担保余值下的最大敞口。

【例5-17】承租人甲公司与出租人乙公司签订了汽车租赁合同，租赁期为5年。合同中就担保余值的规定为：如果标的汽车在租赁期结束时的公允价值低于40 000元，则甲公司需向乙公司支付40 000元与汽车公允价值之间的差额，因此，甲公司在该担保余值下的最大敞口为40 000元。

分析：在租赁期开始日，甲公司预计标的汽车在租赁期结束时的公允价值为40 000元，即甲公司预计在担保余值下将支付的金额为0。因此，甲公司在计算租赁负债时，与担保余值相关的付款额为0。

2. 折现率

租赁负债应当按照租赁期开始日尚未支付的租赁付款额的现值进行初始计量。在计算租赁付款额的现值时，承租人应当采用租赁内含利率作为折现率；无法确定租赁内含利率的，应当采用承租人增量借款利率作为折现率。

租赁内含利率，是指使出租人的租赁收款额的现值与未担保余值的现值之和等于租赁资产公允价值与出租人的初始直接费用之和的利率。

其中，未担保余值，是指租赁资产余值中，出租人无法保证能够实现或仅由与出租人有关的一方予以担保的部分。

初始直接费用，是指为达成租赁所发生的增量成本。增量成本是指若企业不取得该租赁，则不会发生的成本，如佣金、印花税等。无论是否实际取得租赁都会发生的支出，不属于初始直接费用，例如为评估是否签订租赁而发生的差旅费、法律费用等，此类费用应当在发生时计入当期损益。

【例5-18】承租人甲公司与出租人乙公司签订了一份车辆租赁合同，租赁期为5年。在租赁开始日，该车辆的公允价值为100 000元，乙公司预计在租赁结束时其公允价值(即未担保余值)将为10 000元。租赁付款额为每年23 000元，于年末支付。乙公司发生的初始直接费用为5 000元。乙公司计算租赁内含利率r的方法如下：

$$23\ 000 \times (P/A, r, 5) + 10\ 000 \times (P/F, r, 5) = 100\ 000 + 5\ 000$$

计算得出的租赁内含利率r为5.79%。

承租人增量借款利率，是指承租人在类似经济环境下为获得与使用权资产价值接近的资产，在类似期间以类似抵押条件借入资金须支付的利率。该利率与下列事项相关：①承租人自身情况，即承租人的偿债能力和信用状况；②"借款"的期限，即租赁期；③"借入"资金的金额，即租赁负债的金额；④"抵押条件"，即租赁资产的性质和质量；⑤经济环境，包括承租人所处的司法管辖区、计价货币、合同签订时间等。

实务中，承租人增量借款利率常见的参考基础包括承租人同期银行贷款利率、相关租赁合同利率、承租人最近一期类似资产抵押贷款利率、与承租人信用状况相似的企业发行的同期债券利率等，但承租人还需根据上述事项在参考基础上相应进行调整。

二、使用权资产的初始计量

使用权资产，是指承租人可在租赁期内使用租赁资产的权利。在租赁期开始日，承租人应当按照成本对使用权资产进行初始计量。该成本包括下列四项：

(1) 租赁负债的初始计量金额。

(2) 在租赁期开始日或之前支付的租赁付款额；存在租赁激励的，应扣除已享受的租赁激励相关金额。

(3) 承租人发生的初始直接费用。

(4) 承租人为拆卸及移除租赁资产、复原租赁资产所在场地或将租赁资产恢复至租赁条款约定状态预计将发生的成本。

【例 5-19】承租人甲公司就某栋建筑物的某一层楼与出租人乙公司签订了为期 10 年的租赁协议，并拥有 5 年的续租选择权。有关资料如下：①初始租赁期内的不含税租金为每年 50 000 元，续租期间为每年 55 000 元，所有款项应于每年年初支付；②为获得该项租赁，甲公司发生的初始直接费用为 20 000 元，其中，15 000 元为向该楼层前任租户支付的款项，5 000 元为向促成此租赁交易的房地产中介支付的佣金；③作为对甲公司的激励，乙公司同意补偿甲公司 5 000 元的佣金；④在租赁期开始日，甲公司评估后认为，不能合理确定将行使续租选择权，因此，将租赁期确定为 10 年；⑤甲公司无法确定租赁内含利率，其增量借款利率为每年 5%，该利率反映的是甲公司以类似抵押条件借入期限为 10 年、与使用权资产等值的相同币种的借款而必须支付的利率。

为简化处理，假设不考虑相关税费影响。

分析：承租人甲公司的会计处理如下。

第一步，计算租赁期开始日租赁付款额的现值，并确认租赁负债和使用权资产。

在租赁期开始日，甲公司支付第 1 年的租金 50 000 元，并以剩余 9 年租金(每年 50 000 元)按 5%的年利率折现后的现值计量租赁负债。计算租赁付款额现值的过程：

剩余 9 期租赁付款额=50 000×9=450 000(元)

租赁负债=剩余 9 期租赁付款额的现值=50 000×(P/A, 5%, 9)=355 391(元)

未确认融资费用=剩余 9 期租赁付款额−剩余 9 期租赁付款额的现值

=450 000−355 391=94 609(元)

借：使用权资产 405 391

租赁负债——未确认融资费用 94 609

贷：租赁负债——租赁付款额 450 000

银行存款(第 1 年的租赁付款额) 50 000

第二步，将初始直接费用计入使用权资产的初始成本。

借：使用权资产 20 000

贷：银行存款	20 000

第三步，将已收的租赁激励相关金额从使用权资产入账价值中扣除。

借：银行存款	5 000
贷：使用权资产	5 000

综上，甲公司使用权资产的初始成本为：405 391 + 20 000 − 5 000 = 420 391(元)

三、租赁负债的后续计量

1. 计量基础

在租赁期开始日后，承租人应当按以下原则对租赁负债进行后续计量：

(1) 确认租赁负债的利息时，增加租赁负债的账面金额；

(2) 支付租赁付款额时，减少租赁负债的账面金额；

(3) 因重估或租赁变更等原因导致租赁付款额发生变动时，重新计量租赁负债的账面价值。

承租人应当按照固定的周期性利率计算租赁负债在租赁期内各期间的利息费用，并计入当期损益，但按照《企业会计准则第 17 号——借款费用》等其他准则规定应当计入相关资产成本的，从其规定。

此处的周期性利率，是指承租人对租赁负债进行初始计量时所采用的折现率，或者因租赁付款额发生变动或因租赁变更而需按照修订后的折现率对租赁负债进行重新计量时，承租人所采用的修订后的折现率。

【例 5-20】承租人甲公司与出租人乙公司签订了为期 7 年的商铺租赁合同。每年的租赁付款额为 450 000 元，在每年年末支付。甲公司无法确定租赁内含利率，其增量借款利率为 5.04%。

分析：在租赁期开始日，甲公司按租赁付款额的现值所确认的租赁负债为 2 600 000 元。在第 1 年年末，甲公司向乙公司支付第 1 年的租赁付款额 450 000 元，其中，131 040 元(即 2 600 000 × 5.04%)是当年的利息，318 960 元(即 450 000 − 131 040)是本金，即租赁负债的账面价值减少 318 960 元。甲公司的账务处理如下。

借：租赁负债——租赁付款额	450 000
贷：银行存款	450 000
借：财务费用——利息费用	131 040
贷：租赁负债——未确认融资费用	131 040

未纳入租赁负债计量的可变租赁付款额，即并非取决于指数或比率的可变租赁付款额，应当在实际发生时计入当期损益。

【例 5-21】沿用例 5-20，除固定付款额外，合同还规定租赁期间甲公司商铺当年销售额超过 1 000 000 元的，当年应再支付按销售额的 2% 计算的租金，于当年年末支付。

分析：由于该可变租赁付款额与未来的销售额挂钩，而并非取决于指数或比率，因此不应被纳入租赁负债的初始计量中。假设在租赁的第 3 年，该商铺的销售额为 1 500 000 元。甲公司第 3 年年末应支付的可变租赁付款额为 30 000 元(即 1 500 000 × 2%)，在实际发生时计入当期损益，甲公司的账务处理如下。

借：营业成本(或销售费用)　　　　　　　　　　30 000
　　贷：银行存款等　　　　　　　　　　　　　　　　　　30 000

2. 租赁负债的重新计量

在租赁期开始日后，当发生下列四种情形时，承租人应当按照变动后租赁付款额的现值重新计量租赁负债，并相应调整使用权资产的账面价值。使用权资产的账面价值已调减至 0，但租赁负债仍需进一步调减的，承租人应当将剩余金额计入当期损益。

(1) 实质固定付款额发生变动。

(2) 担保余值预计的应付金额发生变动。

(3) 用于确定租赁付款额的指数或比率发生变动。

(4) 购买选择权、续租选择权或终止租赁选择权的评估结果或实际行使情况发生变化。

【例 5-22】承租人甲公司签订了一项为期 10 年的不动产租赁合同，每年租赁付款额 50 000 元，每年年初支付。合同规定，租赁付款额在租赁期开始日后每两年基于过去 24 个月消费者价格指数的上涨进行上调。租赁期开始日的消费者价格指数为 125。

假设在租赁第 3 年年初的消费者价格指数为 135，甲公司在租赁期开始日采用的折现率为 5%。在第 3 年年初，在对因消费者价格指数变化而导致未来租赁付款额的变动进行会计处理以及支付第 3 年的租赁付款额之前，租赁负债为 339 320 元[即 50 000 + 50 000 × (P/A, 5%, 7)]。经消费者价格指数调整后的第 3 年租赁付款额为 54 000 元(即 50 000 × 135÷125)。

分析：甲公司在初始计量租赁负债时，应基于租赁期开始日的消费者价格指数确定租赁付款额，无须对后续年度因消费者价格指数而导致的租金变动作出估计。因此，在租赁期开始日，甲公司应以每年 50 000 元的租赁付款额为基础计量租赁负债。

因用于确定租赁付款额的消费者价格指数的变动，而导致未来租赁付款额发生变动，甲公司应当于第 3 年初重新计量租赁负债，以反映变动后的租赁付款额，即租赁负债应当以每年 54 000 元的租赁付款额(剩余 8 笔)为基础进行重新计量。在第 3 年年初，甲公司按以下金额重新计量租赁负债：每年 5 4000 元的租赁付款额按不变的折现率(即 5%)进行折现，为 366 466 元[即 54 000 +54 000 × (P/A, 5%, 7)]。因此，甲公司的租赁负债将增加 27 146 元，即重新计量后的租赁负债(366 466 元)与重新计量前的租赁负债(339 320 元)之间的差额。不考虑其他因素，甲公司相关账务处理如下。

借：使用权资产　　　　　　　　　　　　　　27 146
　　租赁负债——未确认融资费用　　　　　　　4 854
　　贷：租赁负债——租赁付款额　　　　　　　　　　　32 000

四、使用权资产的后续计量

1. 计量基础

在租赁期开始日后，承租人应当采用成本模式对使用权资产进行后续计量，即以成本减累计折旧及累计减值损失计量使用权资产。

承租人按照准则有关规定重新计量租赁负债的，应当相应调整使用权资产的账面价值。

2. 使用权资产的折旧

承租人应当参照《企业会计准则第 4 号——固定资产》有关折旧规定，自租赁期开始日起对使用权资产计提折旧。使用权资产通常应自租赁期开始的当月计提折旧，当月计提确有困难的，为便于实务操作，企业也可以选择自租赁期开始的下月计提折旧，但应对同类使用权资产采取相同的折旧政策。计提的折旧金额应根据使用权资产的用途，计入相关资产的成本或者当期损益。

承租人在确定使用权资产的折旧方法时，应当根据与使用权资产有关的经济利益的预期实现方式做出决定。通常，承租人按直线法对使用权资产计提折旧，其他折旧方法更能反映使用权资产有关经济利益预期实现方式的，应采用其他折旧方法。

承租人在确定使用权资产的折旧年限时，应遵循以下原则：承租人能够合理确定租赁期届满时取得租赁资产所有权的，应当在租赁资产剩余使用寿命内计提折旧；承租人无法合理确定租赁期届满时能够取得租赁资产所有权的，应当在租赁期与租赁资产剩余使用寿命两者孰短的期间内计提折旧。如果使用权资产的剩余使用寿命短于前两者，则应在使用权资产的剩余使用寿命内计提折旧。

3. 使用权资产的减值

在租赁期开始日后，承租人应当按照《企业会计准则第 8 号——资产减值》的规定，确定使用权资产是否发生减值，并对已识别的减值损失进行会计处理。使用权资产发生减值的，按应减记的金额，借记"资产减值损失"科目，贷记"使用权资产减值准备"科目。使用权资产减值准备一旦计提，不得转回。承租人应当按照扣除减值损失之后的使用权资产的账面价值，进行后续折旧。

【例 5-23】承租人甲公司签订了一份为期 10 年的机器租赁合同，用于甲公司生产经营。相关使用权资产的初始账面价值为 100 000 元，按直线法在 10 年内计提折旧，年折旧费为 10 000 元。在第 5 年年末，确认该使用权资产发生的减值损失 20 000 元，计入当期损益。该使用权资产在减值前账面价值为 50 000 元(即 100 000×5÷10)。计提减值损失之后，该使用权资产的账面价值减至 30 000 元(即 50 000－20 000)，之后每年的折旧费也相应减至 6 000 元(即 30 000÷5)。

五、租赁变更的会计处理

租赁变更，是指原合同条款之外的租赁范围、租赁对价、租赁期限的变更，包括增加或终止一项或多项租赁资产的使用权，延长或缩短合同规定的租赁期等。租赁变更生效日，是指双方就租赁变更达成一致的日期。

1. 租赁变更作为一项单独租赁处理

租赁发生变更且同时符合下列条件的，承租人应当将该租赁变更作为一项单独租赁进行会计处理。

(1) 该租赁变更通过增加一项或多项租赁资产的使用权而扩大了租赁范围或延长了租赁期限；

(2) 增加的对价与租赁范围扩大部分或租赁期限延长部分的单独价格按该合同情况调

整后的金额相当。

【例5-24】承租人甲公司与出租人乙公司就2 000平方米的办公场所签订了一项为期10年的租赁合同。在第6年初，甲公司和乙公司同意对原租赁合同进行变更，以扩租同一办公楼内3 000平方米的办公场所。扩租的场所于第6年第二季度末可供甲公司使用。增加的租赁对价与新增3 000平方米办公场所的当前市价(根据甲公司获取的扩租折扣进行调整后的金额)相当。扩租折扣反映了乙公司节约的成本，即若将相同场所租赁给新租户，乙公司将会发生的额外成本(如营销成本)。

分析：甲公司应当将该变更作为一项单独的租赁，与原来的10年期租赁分别进行会计处理。原因在于，该租赁变更通过增加3 000平方米办公场所的使用权而扩大了租赁范围，并且增加的租赁对价与新增使用权的单独价格按该合同情况调整后的金额相当。据此，在新租赁的租赁期开始日(即第6年第二季度末)，甲公司确认与新增3 000平方米办公场所租赁相关的使用权资产和租赁负债。甲公司对原有2 000平方米办公场所租赁的会计处理不会因为该租赁变更而进行任何调整。

2. 租赁变更未作为一项单独租赁处理

租赁变更未作为一项单独租赁进行会计处理的，在租赁变更生效日，承租人应当按照准则有关租赁分拆的规定对变更后合同的对价进行分摊；按照准则有关租赁期的规定确定变更后的租赁期；并采用变更后的折现率对变更后的租赁付款额进行折现，以重新计量租赁负债。在计算变更后租赁付款额的现值时，承租人应当采用剩余租赁期间的租赁内含利率作为折现率；无法确定剩余租赁期间的租赁内含利率的，应当采用租赁变更生效日的承租人增量借款利率作为折现率。

就上述租赁负债调整的影响，承租人应区分以下情形进行会计处理。

(1) 租赁变更导致租赁范围缩小或租赁期缩短的，承租人应当调减使用权资产的账面价值，以反映租赁的部分终止或完全终止。承租人应将部分终止或完全终止租赁的相关利得或损失计入当期损益。

(2) 其他租赁变更，承租人应当相应调整使用权资产的账面价值。

【例5-25】承租人甲公司与出租人乙公司就5 000平方米的办公场所签订了10年期的租赁合同。年租赁付款额为100 000元，在每年年末支付。甲公司无法确定租赁内含利率。在租赁期开始日，甲公司的增量借款利率为6%，相应的租赁负债和使用权资产的初始确认金额均为736 000元，即736 000 = 100 000 × (P/A, 6%, 10)。在第6年年初，甲公司和乙公司同意对原租赁合同进行变更，即自第6年年初起，将原租赁场所缩减至2 500平方米。每年的租赁付款额(自第6至10年)调整为60 000元。承租人在第6年年初的增量借款利率为5%。

分析：在租赁变更生效日(即第6年年初)，甲公司基于以下情况对租赁负债进行重新计量：①剩余租赁期为5年；②年付款额为60 000元；③采用修订后的折现率5%进行折现。据此，计算得出租赁变更后的租赁负债为259 770元，即259 770 = 60 000 × (P/A, 5%, 5)。

甲公司应基于原使用权资产部分终止的比例(即缩减的2 500平方米占原使用权资产的50%)，来确定使用权资产账面价值的调减金额。在租赁变更之前，原使用权资产的账面价值为368 000元(即736 000 × 5÷10)，50%的账面价值为184 000元；原租赁负债的账面价值为421 240元[即100 000 × (P/A, 6%, 5)]，50%的账面价值为210 620元。因此，在租赁变更生效日(第 6 年年初),甲公司终止确认 50% 的原使用权资产和原租赁负债,并将租赁负债减少额与使用权资产减少额之间的差额 26 620 元(即 210 620 - 184 000),作为利得计入当期损益。其中,租赁负债的减少额(210 620 元)包括:租赁付款额的减少额 250 000 元(即 100 000 × 50% × 5),以及未确认融资费用的减少额 39 380 元(即 250 000 - 210 620)。甲公司终止确认 50% 的原使用权资产和原租赁负债的账务处理如下。

借:租赁负债——租赁付款额　　　　　　　　　　250 000
　　贷:租赁负债——未确认融资费用　　　　　　　　　39 380
　　　　使用权资产　　　　　　　　　　　　　　　　184 000
　　　　资产处置损益　　　　　　　　　　　　　　　　26 629

此外,甲公司按剩余租赁负债(210 620 元)与变更后重新计量的租赁负债(259 770 元)之间的差额 49 150 元,相应调整使用权资产的账面价值。其中,租赁负债的增加额(49 150 元)包括两部分:租赁付款额的增加额 50 000 元[即(60 000 - 100 000 × 50%) × 5],以及未确认融资费用的增加额 850 元(即 50 000 - 49 150)。甲公司调整现使用权资产价值的账务处理如下。

借:使用权资产　　　　　　　　　　　　　　　　49 150
　　租赁负债——未确认融资费用　　　　　　　　　　850
　　贷:租赁负债——租赁付款额　　　　　　　　　　50 000

六、短期租赁和低价值资产租赁

对于短期租赁和低价值资产租赁,承租人可以选择不确认使用权资产和租赁负债。做出该选择的,承租人应当将短期租赁和低价值资产租赁的租赁付款额,在租赁期内各个期间按照直线法或其他系统合理的方法计入相关资产成本或当期损益。其他系统合理的方法能够更好地反映承租人的受益模式的,承租人应当采用该方法。

1. 短期租赁

短期租赁,是指在租赁期开始日,租赁期不超过 12 个月的租赁。包含购买选择权的租赁不属于短期租赁。

对于短期租赁,承租人可以按照租赁资产的类别做出采用简化会计处理的选择。如果承租人对某类租赁资产做出了简化会计处理的选择,未来该类资产下所有的短期租赁都应采用简化会计处理。某类租赁资产是指企业运营中具有类似性质和用途的一组租赁资产。

按照简化会计处理的短期租赁发生租赁变更或者其他原因导致租赁期发生变化的,承租人应当将其视为一项新租赁,重新按照上述原则判断该项新租赁是否可以选择简化会计处理。

【例 5-26】承租人与出租人签订了一份租赁合同,约定不可撤销期间为 9 个月,且承租人拥有 4 个月的续租选择权。在租赁期开始日,承租人判断可以合理确定将行使续租选择权,因为续租期的月租赁付款额明显低于市场价格。在此情况下,承租人确定租赁期为 13 个月,不属于短期租赁,承租人不能选择上述简化会计处理。

2. 低价值资产租赁

低价值资产租赁,是指单项租赁资产为全新资产时价值较低的租赁。

承租人在判断是否是低价值资产租赁时,应基于租赁资产的全新状态下的价值进行评估,不应考虑资产已被使用的年限。

对于低价值资产租赁,承租人可根据每项租赁的具体情况做出简化会计处理选择。低价值资产同时还应满足准则第十条的规定,即只有承租人能够从单独使用该低价值资产或将其与承租人易于获得的其他资源一起使用中获利,且该项资产与其他租赁资产没有高度依赖或高度关联关系时,才能对该资产租赁选择进行简化会计处理。

低价值资产租赁的标准应该是一个绝对金额,即仅与资产全新状态下的绝对价值有关,不受承租人规模、性质等影响,也不考虑该资产对于承租人或相关租赁交易的重要性。常见的低价值资产的例子包括平板电脑、普通办公家具、电话等小型资产。

但是,如果承租人已经或者预期要把相关资产进行转租赁,则不能将原租赁按照低价值资产租赁进行简化会计处理。

【例 5-27】承租人与出租人签订了一份租赁合同,约定的租赁资产包括:①IT 设备,包括供员工个人使用的笔记本电脑、台式电脑、平板电脑、桌面打印机和手机等;②服务器,其中包括增加服务器容量的单独组件,这些组件根据承租人需要陆续添加到大型服务器以增加服务器存储容量;③办公家具,如桌椅和办公隔断等;④饮水机。

通常办公笔记本电脑全新时的单独价格不超过人民币 10 000 元,台式电脑、平板电脑、桌面打印机和手机全新时的单独价格不超过人民币 5 000 元,普通办公家具的单独价格不超过人民币 10 000 元,饮水机的单独价格不超过人民币 1 000 元,服务器单个组件单独价格不超过人民币 10 000 元。

分析:上述租赁资产中,各种 IT 设备、办公家具、饮水机都能够单独使承租人获益,且与其他租赁资产没有高度依赖或高度关联关系。通常情况下,符合低价值资产租赁的资产全新状态下的绝对价值应低于人民币 40 000 元。承租人将 IT 设备、办公家具、饮水机作为低价值租赁资产,选择按照简化方法进行会计处理。对于服务器中的组件,尽管单个组件的单独价格较低,但由于每组件都与服务器中的其他部分高度相关,承租人若不租赁服务器不会租赁这些组件,构成单独的租赁部分,因此不能作为低价值租赁资产进行会计处理。

第三节 出租人的会计处理

一、出租人的租赁分类

1. 融资租赁和经营租赁

出租人应当在租赁开始日将租赁分为融资租赁和经营租赁。

租赁开始日,是指租赁合同签署日与租赁各方就主要租赁条款做出承诺日中的较早者。租赁开始日可能早于租赁期开始日,也可能与租赁期开始日重合。

一项租赁属于融资租赁还是经营租赁取决于交易的实质,而不是合同的形式。如果一

项租赁实质上转移了与租赁资产所有权有关的几乎全部风险和报酬,出租人应当将该项租赁分类为融资租赁。出租人应当将除融资租赁以外的其他租赁分类为经营租赁。

出租人的租赁分类是以租赁转移与租赁资产所有权相关的风险和报酬的程度为依据的。风险包括由于生产能力的闲置或技术陈旧可能造成的损失,以及由于经济状况的改变可能造成的回报变动。报酬可以表现为在租赁资产的预期经济寿命期间经营的盈利以及因增值或残值变现可能产生的利得。

租赁开始日后,除非发生租赁变更,出租人无须对租赁的分类进行重新评估。租赁资产预计使用寿命、预计余值等会计估计变更或发生承租人违约等情况变化的,出租人不对租赁进行重新分类。

2. 融资租赁的分类标准

一项租赁存在下列一种或多种情形的,通常分类为融资租赁。

(1) 在租赁期届满时,租赁资产的所有权转移给承租人。即,如果在租赁协议中已经约定,或者根据其他条件,在租赁开始日就可以合理地判断,租赁期届满时出租人会将资产的所有权转移给承租人,那么该项租赁通常分类为融资租赁。

(2) 承租人有购买租赁资产的选择权,所订立的购买价款预计将远低于行使选择权时租赁资产的公允价值,因而在租赁开始日就可以合理确定承租人将行使该选择权。

(3) 资产的所有权虽然不转移,但租赁期占租赁资产使用寿命的大部分。实务中,这里的"大部分"一般指租赁期占租赁开始日租赁资产使用寿命的75%以上(含75%)。需要说明的是,这里的量化标准只是指导性标准,企业在具体运用时,必须以准则规定的相关条件进行综合判断。这条标准强调的是租赁期占租赁资产使用寿命的比例,而非租赁期占该项资产全部可使用年限的比例。如果租赁资产是旧资产,在租赁前已使用年限超过资产自全新时起算可使用年限的75%时,则这条判断标准不适用,不能使用这条标准确定租赁的分类。

(4) 在租赁开始日,租赁收款额的现值几乎相当于租赁资产的公允价值。实务中,这里的"几乎相当于",通常掌握在90%以上。需要说明的是,这里的量化标准只是指导性标准,企业在具体运用时,必须以准则规定的相关条件进行综合判断。

(5) 租赁资产性质特殊,如果不作较大改造,只有承租人才能使用。租赁资产是由出租人根据承租人对资产型号、规格等方面的特殊要求专门购买或建造的,具有专购、专用性质。这些租赁资产如果不作较大的重新改制,其他企业通常难以使用。这种情况下,通常也分类为融资租赁。

一项租赁存在下列一项或多项迹象的,也可能分类为融资租赁:①若承租人撤销租赁,撤销租赁对出租人造成的损失由承租人承担。②资产余值的公允价值波动所产生的利得或损失归属于承租人。③承租人有能力以远低于市场水平的租金继续租赁至下一期间。

二、出租人对融资租赁的会计处理

1. 初始计量

在租赁期开始日,出租人应当对融资租赁确认应收融资租赁款,并终止确认融资租赁资产。出租人对应收融资租赁款进行初始计量时,应当以租赁投资净额作为应收融资租赁款的入账价值。

租赁投资净额为未担保余值和租赁期开始日尚未收到的租赁收款额按照租赁内含利率折现的现值之和。租赁内含利率，是指使出租人的租赁收款额的现值与未担保余值的现值之和(即租赁投资净额)等于租赁资产公允价值与出租人的初始直接费用之和的利率。因此，出租人发生的初始直接费用包括在租赁投资净额中，也即包括在应收融资租赁款的初始入账价值中。

租赁收款额，是指出租人因让渡在租赁期内使用租赁资产的权利而应向承租人收取的款项，包括：

(1) 承租人需支付的固定付款额及实质固定付款额。存在租赁激励的，应当扣除租赁激励相关金额。

(2) 取决于指数或比率的可变租赁付款额。该款项在初始计量时根据租赁期开始日的指数或比率确定。

(3) 购买选择权的行权价格，前提是合理确定承租人将行使该选择权。

(4) 承租人行使终止租赁选择权需支付的款项，前提是租赁期反映出承租人将行使终止租赁选择权。

(5) 由承租人、与承租人有关的一方以及有经济能力履行担保义务的独立第三方向出租人提供的担保余值。

【例 5-28】2019 年 12 月 1 日，甲公司与乙公司签订了一份租赁合同，从乙公司租入塑钢机一台。租赁合同主要条款如下。

(1) 租赁资产：全新塑钢机。

(2) 租赁期开始日：2020 年 1 月 1 日。

(3) 租赁期：2020 年 1 月 1 日至 2025 年 12 月 31 日，共 72 个月。

(4) 固定租金支付：自 2020 年 1 月 1 日，每年年末支付租金 160 000 元。如果甲公司能够在每年年末的最后一天及时付款，则给予减少租金 10 000 元的奖励。

(5) 取决于指数或比率的可变租赁付款额：租赁期限内，如遇中国人民银行贷款基准利率调整时，出租人将对租赁利率做出同方向、同幅度的调整。基准利率调整日之前各期和调整日当期租金不变，从下一期租金开始按调整后的租金金额收取。

(6) 租赁开始日租赁资产的公允价值：该机器在 2019 年 12 月 31 日的公允价值为 700 000 元，账面价值为 600 000 元。

(7) 初始直接费用：签订租赁合同过程中乙公司发生可归属于租赁项目的手续费、佣金 10 000 元。

(8) 承租人的购买选择权：租赁期届满时，甲公司享有优惠购买该机器的选择权，购买价为 20 000 元，估计该日租赁资产的公允价值为 80 000 元。

(9) 取决于租赁资产绩效的可变租赁付款额：2021 年和 2022 年两年，甲公司每年按该机器所生产产品——塑钢窗户年销售收入的 5%向乙公司支付。

(10) 承租人的终止租赁选择权：甲公司享有终止租赁选择权。在租赁期间，如果甲公司终止租赁，需支付的款项为剩余租赁期间的固定租金支付金额。

(11) 担保余值和未担保余值均为 0。

(12) 全新塑钢机的使用寿命为 7 年。

分析：出租人乙公司的会计处理如下。

第一步，判断租赁类型。

本例存在优惠购买选择权，优惠购买价 20 000 元远低于行使选择权日租赁资产的公允价值 80 000 元，因此在 2019 年 12 月 31 日就可合理确定甲公司将会行使这种选择权。另外，在本例中，租赁期 6 年，占租赁开始日租赁资产使用寿命的 86%(占租赁资产使用寿命的大部分)。同时，乙公司综合考虑其他各种情形和迹象，认为该租赁实质上转移了与该项设备所有权有关的几乎全部风险和报酬，因此将这项租赁认定为融资租赁。

第二步，确定租赁收款额。

(1) 承租人的固定付款额为考虑扣除租赁激励后的金额。

(160 000−10 000) × 6=900 000(元)

(2) 取决于指数或比率的可变租赁付款额。

该款项在初始计量时根据租赁期开始日的指数或比率确定，因此本例题在租赁期开始日不做考虑。

(3) 承租人购买选择权的行权价格。

租赁期届满时，甲公司享有优惠购买该机器的选择权，购买价格为 20 000 元，估计该日租赁资产的公允价值为 80 000 元。优惠价 20 000 元远低于行使选择权日租赁资产的公允价值，因此在 2019 年 12 月 31 日就可合理确定甲公司将会行使这种选择权。

结论：租赁付款额中应包括承租人购买选择权的行权 20 000 元。

(4) 终止租赁的罚款。

虽然甲公司享有终止租赁选择权，但若终止租赁，甲公司付的款项为剩余租赁期间的固定租金支付金额。

结论：根据上述条款，可以合理确定甲公司不会行使终止选择权。

(5) 由承租人向出租人提供的担保余值：甲公司向乙公司提供的担保余值为 0。

综上所述，租赁收款额为

900 000 + 20 000 = 920 000(元)

第三步，确认租赁投资总额。

租赁投资总额=在融资租赁下出租人应收的租赁收款额+未担保余值

本例中租赁投资总额 = 920 000 + 0 = 920 000(元)

第四步，确认租赁投资净额的金额和未实现融资收益

租赁投资净额在金额上等于租赁资产租赁期开始日公允价值 700 000+出租人发生的租赁初始直接费用 10 000 = 710 000(元)

未实现融资收益=租赁投资总额−租赁投资净额 = 920 000 − 710 000 = 210 000(元)

第五步，计算租赁内含利率。

租赁内含利率是使租赁投资总额的现值(即租赁投资净额)等于租赁资产在租赁开始日的公允价值与出租人的初始直接费用之和的利率。

本例中列出公式 150 000 × (P/A, r, 6) + 20 000 × (P/F, r, 6)=710 000(元)，计算得到租赁的内含利率为 7.82%。

第六步，账务处理。

2020 年 1 月 1 日，

借：应收融资租赁款——租赁收款额　　　　　　　920 000
　　贷：银行存款　　　　　　　　　　　　　　　　10 000
　　　　融资租赁资产　　　　　　　　　　　　　600 000
　　　　资产处置损益　　　　　　　　　　　　　100 000
　　　　应收融资租赁款——未实现融资收益　　　210 000

2. 融资租赁的后续计量

出租人应当按照固定的周期性利率计算并确认租赁期内各个期间的利息收入。该周期性利率，是按照准则第三十八条规定所采用的折现率，或者按照准则第四十四条规定所采用的修订后的折现率。

【例 5-29】沿用例 5-28，以下说明出租人如何确认计量租赁期内各期间利息收入。

分析：

第一步，计算租赁期内各期的利息收入(见表 5-2)。

第二步，会计分录：

2020 年 12 月 31 日收到第一期租金时

借：银行存款　　　　　　　　　　　　　　　　150 000
　　贷：应收融资租赁款——租赁收款额　　　　　150 000
借：应收融资租赁款——未实现融资收益　　　　　55 522
　　贷：租赁收入　　　　　　　　　　　　　　　55 522

2021 年 12 月 31 日收到第二期租金时

借：银行存款　　　　　　　　　　　　　　　　150 000
　　贷：应收融资租赁款——租赁收款额　　　　　150 000
借：应收融资租赁款——未实现融资收益　　　　　48 134
　　贷：租赁收入　　　　　　　　　　　　　　　48 134

表 5-2　租赁期内各期的利息收入及投资余额

单位：元

日　期	租　金	确认的利息收入	租赁投资净额余额
①	②	③=期初④×7.82%	期末④=期初④-②+③
2020 年 1 月 1 日			710 000
2020 年 12 月 31 日	150 000	55 522	615 522
2021 年 12 月 31 日	150 000	48 134	513 656
2022 年 12 月 31 日	150 000	40 168	403 824
2023 年 12 月 31 日	150 000	31 579	285 403
2024 年 12 月 31 日	150 000	22 319	157 722
2025 年 12 月 31 日	150 000	12 278*	20 000
2025 年 12 月 31 日	20 000		
合计	920 000	210 000	

注：*作尾数调整 12 278=150 000+20 000-157 722。

2022—2025 年会计分录略。

出租人取得的未纳入租赁投资净额计量的可变租赁付款额，如与资产的未来绩效或使用情况挂钩的可变租赁付款额，应当在实际发生时计入当期损益。

【例5-30】沿用例5-28，假设2021年和2022年，甲公司分别实现塑钢窗户年销售收入1 000 000元和1 500 000元。根据租赁合同，乙公司2021年和2022年应向甲公司收取的与销售收入挂钩的租金分别为50 000元和750 00元。

会计分录如下。

2021年	借：银行存款(或应收账款)	50 000
	贷：租赁收入	50 000
2022年	借：银行存款(或应收账款)	75 000
	贷：租赁收入	75 000

【例5-31】沿用例5-28，租赁期届满时的处理——承租人行使购买权。

会计分录如下。

| 借：银行存款 | 20 000 |
| 贷：应收融资租赁款——租赁收款额 | 20 000 |

3. 融资租赁变更的会计处理

融资租赁发生变更且同时符合下列条件的，出租人应当将该变更作为一项单独租赁进行会计处理。

(1) 该变更通过增加一项或多项租赁资产的使用权而扩大了租赁范围或延长了租赁期限；

(2) 增加的对价与租赁范围扩大部分或租赁期限延长部分的单独价格按该合同情况调整后的金额相当。

【例5-32】承租人就某套机器设备与出租人签订了一项为期5年的租赁，构成融资租赁。在第2年年初，承租人和出租人同意对原租赁进行修改，再增加1套机器设备用于租赁，租赁期也为5年。扩租的设备从第2年第二季度末时可供承租人使用。租赁总对价的增加额与新增的该套机器设备的当前出租市价扣减相关折扣相当。其中，折扣反映了出租人节约的成本，即若将同样设备租赁给新租户出租人会发生的成本，如营销成本等。

分析：此情况下，该变更通过增加一项或多项租赁资产的使用权而扩大了租赁范围，增加的对价与租赁范围扩大部分的单独价格按该合同情况调整后的金额相当，应将该变更作为一项新的租赁。

如果融资租赁的变更未作为一项单独租赁进行会计处理，且满足假如变更在租赁开始日生效，该租赁会被分类为经营租赁条件的，出租人应当自租赁变更生效日开始将其作为一项新租赁进行会计处理，并以租赁变更生效日前的租赁投资净额作为租赁资产的账面价值。

【例5-33】承租人就某套机器设备与出租人签订了一项为期5年的租赁，构成融资租赁。合同规定，每年末承租人向出租人支付租金10 000元，租赁期开始日，出租资产公允价值为37 908元。按照公式10 000×(P/A, r, 5)=37 908(元)，计算得出租赁内含利率10%，租赁收款额为50 000元，未确认融资收益为12 092元。在第2年年初，承租人和出租人同意对原租赁进行修改，缩短租赁期限到第3年年末，每年支付租金时点不变，租金总额从

50 000 元变更到 33 000 元。假设本例中不涉及未担保余值、担保余值、终止租赁罚款等。

分析：如果原租赁期限设定为 3 年，在租赁开始日，租赁类别被分类为经营租赁，那么，在租赁变更生效日，即第 2 年年初，出租人将租赁投资净额余额 31 699 元(即 37 908 + 37 908 × 10% − 10 000)作为该套机器设备的入账价值，并从第 2 年年初开始，作为一项新的经营租赁(2 年租赁期，每年末收取租金 115 00 元)进行会计处理。

第 2 年年初会计分录如下。

借：固定资产　　　　　　　　　　　　　　　　　　31 699
　　应收融资租赁款——未实现融资收益　　　　　　　8 301
　　贷：应收融资租赁款——租赁收款额　　　　　　　　　40 000

如果融资租赁的变更未作为一项单独租赁进行会计处理，且满足假如变更在租赁开始日生效，该租赁会被分类为融资租赁条件的，出租人应当重新计算该应收融资租赁款的账面余额，并将相关利得或损失计入当期损益。

【例 5-34】沿用例 5-33，在第 2 年年初，承租人和出租人因为设备适用性等原因同意对原租赁进行修改，从第 2 年开始，每年支付租金变为 9 500 元，租金总额从 50 000 元变更到 48 000 元。

分析：如果此付款变更在租赁开始日生效，租赁类别仍被分类为融资租赁，那么，在租赁变更生效日——第 2 年年初，按 10% 原租赁内含利率重新计算租赁投资净额为 30 114 元[即 9 500 × (P/A, 10%, 4)]，与原租赁投资总净额账面余额 31 699 元的差额 1 585 元(其中，"应收融资租赁款——租赁收款额"减少 2 000 元，"应收融资租赁款——未实现融资收益"减少 415 元)计入当期损益。

第 2 年年初会计分录如下。

借：租赁收入　　　　　　　　　　　　　　　　　　　1 585
　　应收融资租赁款——未实现融资收益　　　　　　　　415
　　贷：应收融资租赁款——租赁收款额　　　　　　　　　2 000

三、出租人对经营租赁的会计处理

1. 租金的处理

在租赁期内各个期间，出租人应采用直线法或者其他系统合理的方法将经营租赁的租赁收款额确认为租金收入。如果其他系统合理的方法能够更好地反映因使用租赁资产所产生经济利益的消耗模式的，则出租人应采用该方法。

2. 出租人对经营租赁提供激励措施

出租人提供免租期的，整个租赁期内，按直线法或其他合理的方法进行分配，免租期内应当确认租金收入。出租人承担了承租人某些费用的，出租人应将该费用自租金收入总额中扣除，按扣除后的租金收入余额在租赁期内进行分配。

3. 初始直接费用

出租人发生的与经营租赁有关的初始直接费用应当资本化至租赁标的资产的成本，在租赁期内按照与租金收入相同的确认基础分期计入当期损益。

4. 折旧和减值

对于经营租赁资产中的固定资产，出租人应当采用类似资产的折旧政策计提折旧；对于其他经营租赁资产，应当根据该资产适用的企业会计准则，采用系统合理的方法进行摊销。

出租人应当按照《企业会计准则第 8 号——资产减值》的规定，确定经营租赁资产是否发生减值，并对已识别的减值损失进行会计处理。

5. 可变租赁付款额

出租人取得的与经营租赁有关的可变租赁付款额，如果是与指数或比率挂钩的，应在租赁期开始日计入租赁收款额；除此之外的，应当在实际发生时计入当期损益。

6. 经营租赁的变更

经营租赁发生变更的，出租人应自变更生效日开始，将其作为一项新的租赁进行会计处理，与变更前租赁有关的预收或应收租赁收款额视为新租赁的收款额。

第四节　特殊租赁业务的会计处理

一、转租赁

转租情况下，原租赁合同和转租赁合同通常都是单独协商的，交易对手也是不同的企业，转租出租人对原租赁合同和转租赁合同分别根据承租人和出租人会计处理要求，进行会计处理。

承租人在对转租赁进行分类时，转租出租人应基于原租赁中产生的使用权资产，而不是租赁资产(如作为租赁对象的不动产或设备)进行分类。原租赁资产不归转租出租人所有，原租赁资产也未计入其资产负债表。因此，转租出租人应基于其控制的资产(即使用权资产)进行会计处理。

原租赁为短期租赁，且转租出租人作为承租人已按照准则采用简化会计处理方法的，应将转租赁分类为经营租赁。

【例 5-35】甲企业(原租赁承租人)与乙企业(原租赁出租人)就 5 000 平方米办公场所签订了一项为期 5 年的租赁(原租赁)。在第 3 年年初，甲企业将该 5 000 平方米办公场所转租给丙企业，期限为原租赁的剩余 3 年时间(转租赁)。假设不考虑初始直接费用。

分析：甲企业应基于原租赁形成的使用权资产对转租赁进行分类。转租赁的期限覆盖了原租赁的所有剩余期限，综合考虑其他因素，甲企业判断其实质上转移了与该项使用权资产有关的几乎全部风险和报酬，甲企业将该项转租赁分类为融资租赁。

甲企业的会计处理为：①终止确认与原租赁相关且转给丙企业(转租承租人)的使用权资产，并确认转租赁投资净额；②将使用权资产与转租赁投资净额之间的差额确认为损益；③在资产负债表中保留原租赁的租赁负债，该负债代表应付原租赁出租人的租赁付款额。在转租期间，中间出租人既要确认转租赁的租赁收益，也要确认原租赁的利息费用。

二、生产商或经销商出租人的融资租赁会计处理

生产商或经销商通常为客户提供购买或租赁其产品或商品的选择。如果生产商或经销商出租其产品或商品构成融资租赁，则该交易产生的损益应相当于按照考虑适用的交易量或商业折扣后的正常售价直接销售标的资产所产生的损益。构成融资租赁的，生产商或经销商出租人在租赁期开始日应当按照租赁资产公允价值与租赁收款额按市场利率折现的现值两者孰低确认收入，并按照租赁资产账面价值扣除未担保余值的现值后的余额结转销售成本，收入和销售成本的差额作为销售损益。

由于取得融资租赁所发生的成本主要与生产商或经销商赚取的销售利得相关，生产商或经销商出租人应当在租赁期开始日将其计入损益。即，与其他融资租赁出租人不同，生产商或经销商出租人取得融资租赁所发生的成本不属于初始直接费用，不计入租赁投资净额。

【例 5-36】甲公司是一家设备生产商，与乙公司(生产型企业)签订了一份租赁合同，向乙公司出租所生产的设备，合同主要条款如下。①租赁资产：设备 A。②租赁期：2019 年 1 月 1 日至 2021 年 12 月 31 日，共 3 年。③租金支付：自 2019 年起每年年末支付年租金 1 000 000 元。④租赁合同规定的利率：5%(年利率)，与市场利率相同。⑤该设备于 2019 年 1 月 1 日的公允价值为 2 700 000 元，账面价值为 2 000 000 元。⑥甲公司取得该租赁发生的相关成本为 5 000 元。⑦该设备于 2019 年 1 月 1 日交付乙公司，预计使用寿命为 8 年，无残值；租赁期届满时，乙公司可以 100 元购买该设备，预计租赁到期日该设备的公允价值不低于 1 500 000 元，乙公司对此金额提供担保；租赁期内该设备的保险、维修等费用均由乙公司自行承担。假设不考虑其他因素和各项税费影响。

分析：

第一步，判断租赁类型。本例中租赁期满乙公司可以远低于租赁到期日租赁资产公允价值的金额购买租赁资产，甲公司认为其可以合理确定乙公司将行使购买选择权，综合考虑其他因素，与该项资产所有权有关的几乎所有风险和报酬已实质转移给乙公司，因此甲公司将该租赁认定为融资租赁。

第二步，计算租赁期开始日租赁收款额按市场利率折现的现值，确定收入金额。

租赁收款额=租金×期数+购买价格 =1 000 000×3+100=3 000 100(元)

租赁收款额按市场利率折现的现值 =1 000 000×(P/A, 5%, 3)+100×(P/F, 5%, 3)

= 2 723 286(元)

按照租赁资产公允价值与租赁收款额按市场利率折现的现值两者孰低的原则，确认收入为 2 700 000 元。

第三步，计算租赁资产账面价值扣除未担保余值的现值后的余额，确定销售成本金额。

销售成本=账面价值-未担保余值的现值=2 000 000-0=2 000 000(元)

第四步，作出会计分录。

2019 年 1 月 1 日(租赁期开始日)

借：应收融资租赁款——租赁收款额　　　　　　　　　3 000 100

　　贷：营业收入　　　　　　　　　　　　　　　　　　　　　2 700 000

　　　　应收融资租赁款——未实现融资收益　　　　　　　　　　300 100

借：营业成本　　　　　　　　　　　　　　2 000 000
　　贷：存货　　　　　　　　　　　　　　　　　2 000 000
借：销售费用　　　　　　　　　　　　　　　　5 000
　　贷：银行存款　　　　　　　　　　　　　　　　5 000

由于甲公司在确定营业收入和租赁投资净额(即应收融资租赁款)时，是基于租赁资产的公允价值，因此，甲公司需要根据租赁收款额、未担保余值和租赁资产公允价值重新计算租赁内含利率。即

1 000 000 × (P/A, r, 3) + 100 × (P/F, r, 3) = 2 700 000(元)，r = 5.46%，计算租赁期内各期分摊的融资收益如表5-3所示。

表5-3　租赁期内各期融资收益计算

单位：元

日　　期	收取租赁款项	确认的融资收入	应收租赁款减少额	应收租赁款净额
	①	②=期初④×5.46%	③=①-②	期末④=期初④-③
2019 年 1 月 1 日				2 700 000
2019 年 12 月 31 日	1 000 000	147 436	852 564	1 847 436
2020 年 12 月 31 日	1 000 000	100 881	899 119	948 317
2021 年 12 月 31 日	1 000 000	51 783*	948 217*	100
2021 年 12 月 31 日	100		100	
合计	3 000 100	300 100	2 700 000	

注：*作尾数调整：51 783=1 000 000-948 217；948 217=948 317-100。

2019 年 12 月 31 日会计分录如下。

借：应收融资租赁款——未实现融资收益　　　147 436
　　贷：租赁收入　　　　　　　　　　　　　　　147 436
借：银行存款　　　　　　　　　　　　　　1 000 000
　　贷：应收融资租赁款——租赁收款额　　　　1 000 000

2020 年 12 月 31 日和 20×1 年 12 月 31 日会计分录略。

三、售后租回交易

若企业(卖方兼承租人)将资产转让给其他企业(买方兼出租人)，并从买方兼出租人租回该项资产，则卖方兼承租人和买方兼出租人均应按照售后租回交易的规定进行会计处理：企业应当按照《企业会计准则第 14 号——收入》(2017)的规定，评估确定售后租回交易中的资产转让是否属于销售，并区别进行会计处理。

在标的资产的法定所有权转移给出租人并将资产租赁给承租人之前，承租人可能会先获得标的资产的法定所有权。但是，是否具有标的资产的法定所有权本身并非会计处理的决定性因素。如果承租人在资产转移给出租人之前已经取得对标的资产的控制，则该交易属于售后租回交易。然而，如果承租人未能在资产转移给出租人之前取得对标的资产的控制，那么即便承租人在资产转移给出租人之前先获得标的资产的法定所有权，该交易也不

属于售后租回交易。

1. 售后租回交易中的资产转让属于销售

卖方兼承租人应当按原资产账面价值中与租回获得的使用权有关的部分，计量售后租回所形成的使用权资产，并仅就转让至买方兼出租人的权利确认相关利得或损失。买方兼出租人根据其他适用的《企业会计准则》对资产购买进行会计处理，并根据准则对资产出租进行会计处理。

如果销售对价的公允价值与资产的公允价值不同，或者出租人未按市场价格收取租金，企业应当进行以下调整。

(1) 销售对价低于市场价格的款项作为预付租金进行会计处理；

(2) 销售对价高于市场价格的款项作为买方兼出租人向卖方兼承租人提供的额外融资进行会计处理。

同时，承租人按照公允价值调整相关销售利得或损失，出租人按市场价格调整租金收入。

在进行上述调整时，企业应当按以下二者中较易确定者进行。

(1) 销售对价的公允价值与资产的公允价值的差异；

(2) 合同付款额的现值与按市场租金计算的付款额的现值的差异。

2. 售后租回交易中的资产转让不属于销售

卖方兼承租人不终止确认所转让的资产，而应当将收到的现金作为金融负债，并按照《企业会计准则第22号——金融工具确认和计量》进行会计处理。买方兼出租人不确认被转让资产，而应当将支付的现金作为金融资产，并按照《企业会计准则第22号——金融工具确认和计量》进行会计处理。

【例5-37】甲公司(卖方兼承租人)以货币资金40 000 000元的价格向乙公司(买方兼出租人)出售一栋建筑物，交易前该建筑物的账面原值是24 000 000元，累计折旧是4 000 000元。与此同时，甲公司与乙公司签订了合同，取得了该建筑物18年的使用权(全部剩余使用年限为40年)，年租金为2 400 000元，于每年年末支付。根据交易的条款和条件，甲公司转让建筑物符合《企业会计准则第14号——收入》(2017)中关于销售成立的条件。假设不考虑初始直接费用和各项税费的影响。该建筑物在销售当日的公允价值为36 000 000元。

分析：由于该建筑物的销售对价并非公允价值，甲公司和乙公司分别进行了调整，以按照公允价值计量销售收益和租赁应收款。超额售价4 000 000元(40 000 000-36 000 000)作为乙公司向甲公司提供的额外融资进行确认。

甲、乙公司均确定租赁内含年利率为4.5%。年付款额现值为29 183 980元(年付款额2 400 000元，共18期，按每年4.5%进行折现)，其中4 000 000元与额外融资相关，25 183 980元与租赁相关(分别对应年付款额328 948元和2 071 052元)。具体计算过程如下：年付款额现值=2 400 000×(P/A, 4.5%, 18)=29 183 980(元)，额外融资年付款额=4 000 000÷29 183 980×2 400 000=328 948(元)，租赁相关年付款额=2 400 000-328 948=2 071 052(元)。

1. 在租赁期开始日，甲公司对该交易的会计处理如下。

第一步，按与租回获得的使用权部分占该建筑物的原账面金额的比例计算售后租回所形成的使用权资产。

使用权资产=(24 000 000-4 000 000)(注1)×(25 183 980(注2)÷36 000 000(注3))=13 991 100(元)

注1: 该建筑物的账面价值;

注2: 18年使用权资产的租赁付款额现值;

注3: 该建筑物的公允价值。

第二步，计算与转让至乙公司的权利相关的利得。

出售该建筑物的全部利得=36 000 000-20 000 000=16 000 000(元)，其中:

(a)与该建筑物使用权相关的利得=16 000 000×(25 183 980÷36 000 000)= 11 192 880(元);

(b)与转让至乙公司的权利相关的利得=16 000 000-(a)=16 000 000-11 192 880=4 807 120(元)。

第三步，作出会计分录。

(1)与额外融资相关

借: 银行存款　　　　　　　　　　　　　　　　　4 000 000

　　　贷: 长期应付款　　　　　　　　　　　　　　　　4 000 000

(2)与租赁相关

借: 银行存款　　　　　　　　　　　　　　　　　36 000 000

　　使用权资产　　　　　　　　　　　　　　　　13 991 100

　　固定资产——建筑物——累计折旧　　　　　　　4 000 000

　　租赁负债——未确认融资费用　　　　　　　　　12 094 956

　　　贷: 固定资产——建筑物——原值　　　　　　　24 000 000

　　　　租赁负债——租赁付款额(注)　　　　　　　37 278 936

　　　　资产处置损益　　　　　　　　　　　　　　4 807 120

注: 该金额为甲公司年付款2 400 000元中的2 071 052元×18。

后续甲公司支付的年付款额2 400 000元中2 071 052元作为租赁付款额处理; 328 948元作为以下两项进行会计处理: ①结算金融负债4 000 000元而支付的款项和②利息费用。以第1年年末为例。

借: 租赁负债——租赁付款额　　　　　　　　　　2 071 052

　　长期应付款(注)　　　　　　　　　　　　　　148 948

　　利息费用(注)　　　　　　　　　　　　　　　1 313 279

　　　贷: 租赁负债——未确认融资费(注)　　　　　1 133 279

　　　　银行存款　　　　　　　　　　　　　　　2 400 000

注: 利息费用=25 183 980×4.5%+4 000 000×4.5%=1 133 279+180 000=1 313 279(元)

　　长期应付款减少额=328 948-180 000=148 948(元)

2. 综合考虑租期占该建筑物剩余使用年限的比例等因素，乙公司将该建筑物的租赁分类为经营租赁。

在租赁期开始日，乙公司对该交易的会计处理如下。

借: 固定资产——建筑物　　　　　　　　　　　　36 000 000

　　长期应收款　　　　　　　　　　　　　　　　4 000 000

　　　贷: 银行存款　　　　　　　　　　　　　　　40 000 000

租赁期开始日之后，乙公司将从甲公司处年收款额2 400 000元中2 071 052元作为租

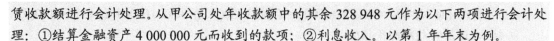
债收款额进行会计处理。从甲公司处年收款额中的其余 328 948 元作为以下两项进行会计处理：①结算金融资产 4 000 000 元而收到的款项；②利息收入。以第 1 年年末为例。

借：银行存款   2 400 000
  贷：租赁收入   2 071 052
    利息收入   180 000
    长期应收款   148 948

第五节 租赁的列报

一、承租人的列报和披露

1. 资产负债表

承租人应当在资产负债表中单独列示使用权资产和租赁负债。其中，租赁负债通常分别非流动负债和一年内到期的非流动负债(即，资产负债表日后 12 个月内租赁负债预期减少的金额)列示。

2. 利润表

承租人应当在利润表中分别列示租赁负债的利息费用与使用权资产的折旧费用。其中，租赁负债的利息费用在财务费用项目列示。

3. 现金流量表

承租人应当在现金流量表中按照如下方式列示。

(1) 偿还租赁负债本金和利息所支付的现金，应当计入筹资活动现金流出；

(2) 按照准则有关规定对短期租赁和低价值资产租赁进行简化处理的，支付的相关付款额，应当计入经营活动现金流出；

(3) 支付的未纳入租赁负债计量的可变租赁付款额，应当计入经营活动现金流出。

4. 承租人的披露

承租人应当在财务报表附注中披露与租赁有关的下列信息。

(1) 各类使用权资产的期初余额、本期增加额、期末余额以及累计折旧额和减值金额。

(2) 租赁负债的利息费用。

(3) 计入当期损益的按相关会计准则的第三十二条简化处理的短期租赁费用和低价值资产租赁费用。

(4) 未纳入租赁负债计量的可变租赁付款额。

(5) 转租使用权资产取得的收入。

(6) 与租赁相关的总现金流出。

(7) 售后租回交易产生的相关损益。

(8) 按照《企业会计准则第 37 号——金融工具列报》应当披露的有关租赁负债的信息。

承租人应用该准则第三十二条对短期租赁和低价值资产租赁进行简化处理的，应当披露这一事实。

此外，承租人应当根据理解财务报表的需要，披露有关租赁活动的其他定性和定量信息。此类信息包括：

(1) 租赁活动的性质。例如，租入资产的类别及数量、租赁期、是否存在续租选择权等租赁基本情况信息。

(2) 未纳入租赁负债计量的未来潜在现金流出。

(3) 租赁导致的限制或承诺。

(4) 售后租回交易除第五十四条第(七)项之外的其他信息。

(5) 其他相关信息。

二、出租人的列报和披露

出租人应当根据资产的性质，在资产负债表中列示经营租赁资产。

出租人应当在财务报表附注中披露有关租赁活动的定性和定量信息，以便财务报表使用者评估租赁活动对出租人的财务状况、经营成果和现金流量的影响。

1. 与融资租赁有关的信息

出租人应当在附注中披露与融资租赁有关的下列信息。

(1) 销售损益(生产商或经销商出租人)、租赁投资净额的融资收益以及与未纳入租赁投资净额的可变租赁付款额相关的收入。

(2) 资产负债表日后连续五个会计年度每年将收到的未折现租赁收款额，以及剩余年度将收到的未折现租赁收款额总额。

(3) 未折现租赁收款额与租赁投资净额的调节表。

2. 与经营租赁有关的信息

出租人应当在附注中披露与经营租赁有关的下列信息：

(1) 租赁收入，并单独披露与未纳入租赁收款额计量的可变租赁付款额相关的收入。

(2) 将经营租赁固定资产与出租人持有自用的固定资产分开，并按经营租赁固定资产的类别提供《企业会计准则第 4 号——固定资产》要求披露的信息。

(3) 资产负债表日后连续五个会计年度每年将收到的未折现租赁收款额，以及剩余年度将收到的未折现租赁收款总额。

3. 其他信息

此外，出租人应当根据理解财务报表的需要，披露有关租赁活动的其他定性和定量信息。此类信息包括：

(1) 租赁活动的性质。例如，租出资产的类别及数量、租赁期、是否存在续租选择权等租赁基本情况信息。

(2) 对其在租赁资产中保留的权利进行风险管理的情况。

(3) 其他相关信息。

思 考 题

1. 如何评估合同是否为租赁或者包含租赁?
2. 租赁付款额和租赁收款额各自包括哪些内容?
3. 承租人如何进行相关资产和负债的初始计量和后续计量?
4. 如何判断一项租赁是经营租赁还是融资租赁?
5. 出租人如何进行融资租赁的初始计量和后续计量?

自 测 题

一、单项选择题

1. 使用权资产应当按照成本进行初始计量。该成本不包括(　　)。
    A. 租赁负债的初始计量金额
    B. 在租赁期开始日或之前支付的租赁付款额,存在租赁激励的,扣除已享受的租赁激励相关金额
    C. 承租人发生的后续费用
    D. 承租人为拆卸及移除租赁资产、复原租赁资产所在场地或将租赁资产恢复至租赁条款约定状态预计将发生的成本
2. 对于承租人而言,租赁负债的利息费用通常列示的项目是(　　)。
    A. 主营业务成本　　　B. 投资收益　　　C. 销售费用　　　D. 财务费用
3. 在计算租赁付款额的现值时,承租人应当采用的折现率是(　　)。
    A. 平均借款利率　　　B. 租赁内含利率　C. 市场利率　　　D. 最高借款利率
4. 取决于指数或比率的可变租赁付款额,该款项在初始计量时的确定依据是(　　)。
    A. 租赁开始日的指数或比率　　　　B. 租赁期平均的指数或比率
    C. 租赁期最高的指数或比率　　　　D. 租赁期最低的指数或比率
5. 租赁付款额是指承租人向出租人支付的与在租赁期内使用租赁资产的权利相关的款项。下列关于租赁付款额包含的内容,表述不正确的是(　　)。
    A. 固定付款额及实质固定付款额,存在租赁激励的,扣除租赁激励相关金额
    B. 取决于指数或比率的可变租赁付款额
    C. 购买选择权的行权价格,前提是承租人合理确定将行使该选择权
    D. 根据承租人提供的担保余值下最大敞口
6. 承租人甲公司就某办公楼与出租人乙公司签订了为期10年的租赁协议。
    (1) 初始租赁期内的不含税租金为每年120万元,所有款项应于每年年初支付;
    (2) 为获得该项租赁,甲公司发生的初始直接费用为48万元,其中,39万元为向该商业办公楼前任租户支付的款项,9万元为向促成此租赁交易的房地产中介支付的佣金;
    (3) 作为对甲公司的激励,乙公司同意补偿甲公司9万元的佣金;
    (4) 甲公司无法确定租赁内含利率,其增量借款利率为每年8%。

不考虑相关税费影响，(P/A, 8%, 10)=6.7101，(P/A, 8%, 9)=6.2469。使用权资产的初始成本应当是( )万元。

    A. 869.63   B. 908.63   C. 917.63   D. 844.21

7. 下列关于出租人的融资租赁会计处理，不正确的是( )。

    A. 应收融资租赁款发生减值的，减值允许转回

    B. 租赁投资净额指租赁收款额现值与未担保余值现值之和，折现率采用增量借款利率

    C. 租赁投资净额金额上等于租赁资产公允价值与出租人的初始直接费用之和

    D. 终止确认的融资租赁资产，公允价值与账面价值的差额计入资产处置损益

8. 甲公司于20×0年1月1日租入一栋办公楼，租赁期为3年，甲公司按年销售额的5%支付租金，租金于次年1月1日支付。合同规定，租金每年最低为100万元，最高为200万元。甲公司估计20×0年销售额的最佳估计数为3 000万元。假定甲公司增量借款年利率为6%，已知(P/A, 6%, 3)=2.166 7。不考虑其他因素，甲公司租赁期开始日应确认的租赁负债为( )万元。

    A. 0   B. 216.67   C. 433.34   D. 325.01

9. 某租赁公司于20×1年1月1日将账面价值为5 000万元的一套大型电子计算机以融资租赁方式租给B企业。双方签订合同，自当日起B企业租赁该设备48个月，每6个月月末支付租金600万元。双方就担保余值的约定如下：如果标的资产在租赁期结束时的公允价值低于2 000万元，则B企业需向租赁公司支付2 000万元与标的资产在租赁期结束时公允价值之间的差额。假定未担保余值为0，租赁公司和B企业均预计该电子计算机在租赁期结束时的公允价值为350万元。租赁资产在当日的账面价值为5 000万元，公允价值为6 000万元。不考虑其他因素，则下列有关出租人在20×1年1月1日的会计处理的表述中，不正确的是( )。

    A. 租赁收款额6 450万元

    B. 应确认资产处置损益1 000万元

    C. 应收融资租赁款账面价值6 450万元

    D. 应收融资租赁款——未实现融资收益450万元

10. 承租人甲公司与出租人乙公司签订了一份为期5年的设备租赁合同，租赁期开始日为20×1年1月1日。每年的租赁付款额固定为1 000万元，于每年年末支付。甲公司无法确定租赁内含利率，其增量借款利率为5%，采用直线法按5年对使用权资产计提折旧。已知(P/A, 5%, 5)=4.33，不考虑其他因素，则对于甲公司来说，20×1年年末有关会计报表列示的表述中正确的是( )。

    A. 使用权资产列示3 464万元   B. 财务费用列示50万元

    C. 租赁负债列示4 546.5万元   D. 一年内到期的非流动负债列示0

二、多项选择题

1. 同时符合下列条件的，使用已识别资产的权利构成合同中的一项单独租赁。(   )

    A. 承租人可从单独使用该资产或将其与易于获得的其他资源一起使用中获利

    B. 该资产与合同中的其他资产不存在高度依赖或高度关联关系

C. 该资产价值很高

  D. 该资产使用寿命很长

2. 存在下列情况之一的,可视为客户有权主导对已识别资产在整个使用期间内的使用。( )

  A. 客户有权在整个使用期间拥有已识别资产

  B. 客户有权在整个使用期间主导已识别资产的使用

  C. 已识别资产的使用在使用期开始前已预先确定,并且客户有权在整个使用期间自行或主导他人按照其确定的方式运营该资产

  D. 客户设计了已识别资产并在设计时已预先确定了该资产在整个使用期间的使用目的和使用方式

3. 为确定合同是否让渡了在一定期间内控制已识别资产使用的权利,企业应当评估合同中( )。

  A. 客户是否有权获得在使用期间内因使用已识别资产所产生的几乎全部经济利益

  B. 客户是否有权在该使用期间主导已识别资产的使用

  C. 客户是否拥有所有权

  D. 资产使用期限是否足够长

4. 对于资产供应方向客户转移对已识别资产使用权的控制,下列表述正确的有( )。

  A. 为确定合同是否转移资产使用权的控制,企业应当评估合同中的客户是否有权获得在使用期间内因使用已识别资产所产生的几乎全部经济利益,并有权在该使用期间主导已识别资产的使用

  B. 客户有权在整个使用期间主导已识别资产的使用目的和使用方式,表明客户有权主导资产使用

  C. 已识别资产的使用目的和使用方式在使用期开始前已预先确定,并且客户有权在整个使用期间自行或主导他人按照其确定方式运营该资产,表明客户有权主导资产使用

  D. 客户设计了已识别资产并在设计时已预先确定了该资产在整个使用期间的使用目的和使用方式,表明客户有权主导资产使用

5. 根据融资租赁的分类标准,应当分类为融资租赁的有( )。

  A. 在租赁期届满时,租赁资产的所有权转移给承租人

  B. 承租人有购买租赁资产的选择权,所订立的购买价款与预计行使选择权时租赁资产的公允价值相比足够低,因而在租赁开始日就可以合理确定承租人将行使该选择权

  C. 资产的所有权虽然不转移,但租赁期占租赁资产使用寿命的大部分(租赁期占租赁开始日使用寿命的50%及以上)

  D. 在租赁开始日,租赁收款额的现值几乎相当于租赁资产的公允价值(90%以上)

6. 下列关于出租人融资租赁后续计量的表述中,正确的有( )。

  A. 纳入出租人租赁投资净额的可变租赁付款额只包含取决于指数或比率的可变租赁付款额

  B. 出租人应定期复核计算租赁投资总额时所使用的未担保余值

C. 若预计未担保余值降低，出租人应修改租赁期内的收益分配，并立即确认预计的减少额

D. 出租人取得的未纳入租赁投资净额计量的可变租赁付款额，比如与资产的未来绩效或使用情况挂钩的可变租赁付款额，应当在实际发生时计入当期损益

7. 关于租赁期，下列项目中正确的有(   )。

A. 某项房屋出租，出租人于20×1年1月1日将房屋钥匙交付承租人，承租人在收到钥匙后，就可以自主安排房屋装修，并安排搬迁。合同约定有3个月的免租期，起租日为20×1年4月1日，承租人自起租日开始支付租金。租赁期开始日为20×1年1月1日

B. 承租人签订了一份设备租赁合同，包括5年不可撤销期限和2年期固定价格续租选择权，续租选择权期间的合同条款和条件与市价接近，没有终止罚款或其他因素表明承租人合理确定将行使续租选择权。此项租赁在租赁期开始日，确定租赁期为5年

C. 承租人签订了一份建筑租赁合同，包括6年不可撤销期限和3年按照市价行使的续租选择权。在搬入该建筑之前，承租人花费了大量资金对租赁建筑进行了改良，预计在6年结束时租赁资产改良仍将具有重大价值，且该价值仅可通过继续使用租赁资产实现，因此在租赁开始时，确定租赁期为6年

D. 承租人与出租人签订了一份租赁合同，约定自租赁期开始日3年内不可撤销，如果撤销，双方将支付重大罚金，3年期满后，经双方同意可再延长1年，如有一方不同意，将不再续期，且没有罚款。假设承租人对于租赁资产并不具有重大依赖。此项租赁不可撤销期间为4年

8. 关于售后租回交易的会计处理，下列表述中正确的有(   )。

A. 售后租回交易中的资产转让属于销售的，卖方兼承租人应当按原资产账面价值中与租回获得的使用权有关的部分，计量售后租回所形成的使用权资产

B. 售后租回交易中的资产转让属于销售的，卖方兼承租人应仅就转让至买方兼出租人的权利确认相关利得或损失

C. 售后租回交易中的资产转让属于销售的，如果销售对价的公允价值与资产的公允价值不同，或者出租人未按市场价格收取租金，则销售对价低于市场价格的款项应作为预付租金处理

D. 售后租回交易中的资产转让不属于销售的，卖方兼承租人应终止确认所转让的资产

9. 甲公司(承租人)与乙公司(出租人)签订了一项为期10年的不动产租赁合同，每年的租赁付款额为50 000元，于每年年初支付。合同规定，租赁付款额在租赁期开始日后每两年基于过去24个月消费者价格指数的上涨进行上调。租赁期开始日的消费者价格指数为125。假设在租赁第3年年初的消费者价格指数为135，假定不考虑其他因素。下列有关甲公司会计处理正确的有(   )。

A. 甲公司租赁期开始日应以每年50 000元的租赁付款额为基础计量租赁负债

B. 甲公司租赁期开始日应以每年54 000元的租赁付款额为基础计量租赁负债

C. 甲公司在第3年年初应以每年50 000元的租赁付款额为基础计量租赁负债

D. 甲公司在第 3 年年初应以每年 54 000 元的租赁付款额为基础计量租赁负债

10. A 公司(原租赁承租人)与 B 公司(原租赁出租人)就 3 000 平方米零售商场签订了一项为期 6 年的租赁(原租赁)。在第 3 年年末,A 公司将该 3 000 平方米零售商场转租给 C 公司,期限为原租赁的剩余 3 年时间(转租赁)。假设不考虑初始直接费用。以下有关 A 公司相关会计处理正确的有( )。

A. 应终止确认与原租赁相关且转给 C 公司的使用权资产,并确认转租赁投资净额

B. 将使用权资产与转租赁投资净额之间的差额确认为损益

C. 在资产负债表中保留原租赁的租赁负债

D. 在转租期间 A 公司不应确认转租赁的融资收益

三、判断题

1. 承租人无须在资产负债表中单独列示使用权资产和租赁负债。 ( )

2. 承租人向出租人支付的固定付款额及实质固定付款额,存在租赁激励的,应当扣除租赁激励相关金额。 ( )

3. 当合同条件为客户可以使用一根光缆的总传输能力中确定的额度(并非几乎所有的传输能力)且由供应商决定数据的传输(即供应商启动光缆,决定使用哪部分光缆连接客户的电子设备及传输客户的数据)时,该合同不包含租赁。 ( )

4. 如果合同让渡了在一定期间内控制一项或多项已识别资产使用的权利以换取对价,则该合同是租赁或者包含租赁。 ( )

5. 初始时基于租赁起始日的指数或比率,需要预测该指数或比率之后的变化情况。
( )

6. 租赁期,是指承租人有权使用租赁资产的期间。 ( )

7. 使用权资产当月计提折旧无困难的,应当从当月开始计提折旧。 ( )

8. 对于短期租赁和低价值资产租赁,承租人可以选择不确认使用权资产和租赁负债。
( )

9. 使用权资产采用成本模式进行后续计量,应当按照扣除减值损失之后的使用权资产的账面价值进行后续折旧。 ( )

10. 甲公司将一闲置机器设备以经营租赁方式租给乙公司使用。租赁合同约定租赁期开始日为 20×1 年 7 月 1 日,租赁期为 4 年,年租金为 120 万元,租金每年 7 月 1 日支付。租赁期开始日起前 3 个月免收租金。20×1 年 7 月 1 日,甲公司收到乙公司支付扣除免租期后的租金 90 万元。甲公司 20×1 年应确认的租金收入是 90 万元。 ( )

业 务 题

1. 出租人将一辆推土机、一辆卡车和一台长臂挖掘机租赁给承租人用于采矿作业,租赁期为 4 年。出租人还同意在整个租赁期内维护每台设备。合同中的总对价为 600 000 元,年分期应付款为 150 000 元。该对价包括针对每台设备的维护服务的成本。承租人能够确定该推土机和卡车的维护服务的可观察的单独售价,分别为 32 000 元和 16 000 元。长臂挖掘

机高度专业化，因此，其他供应商未进行租赁或为类似挖掘机提供维护服务。尽管如此，出租人向从出租人处购买类似长臂挖掘机的客户提供期限为 4 年的维护服务合同。期限为 4 年的维护服务合同的可观察对价指应在 4 年内支付固定金额 56 000 元。因此，承租人估计为长臂挖掘机提供的维护服务的单独价格为 56 000 元。承租人能够确定租赁推土机、卡车和长臂挖掘机的单独价格分别为 180 000 元、110 000 元和 230 000 元。

　　要求：做租赁分拆分析判断，并进行租赁分拆，确认每项租赁资产租赁付款额。

　　2. 承租人甲公司与出租人乙公司签订了一份为期 5 年的设备租赁合同。甲公司计划开发自有设备以替代租赁资产，自有设备计划在 5 年内投入使用。甲公司拥有在租赁期结束时以 5 000 元购买该设备的选择权。每年的租赁付款额固定为 10 000 元，于每年年末支付。甲公司无法确定租赁内含利率，其增量借款利率为 5%。在租赁开始日，甲公司对行使购买选择权的可能性进行评估后认为，不能合理确定将行使购买选择权。这是因为，甲公司计划开发自有设备，继而在租赁期结束时替代租赁资产。在租赁期开始日，甲公司确认的租赁负债为 43 300 元，即 43 300 = 10 000 × (P/A, 5%, 5)。

　　要求：填写下表(数据取整到元)，并写出租赁期开始日和第 1 年年末有关分录。

单位：元

年　度	租赁负债年初余额	利　息	租赁付款额	租赁负债年末金额
1				
2				
3				
4				
5				

　　3. 20×0 年 12 月 1 日，A 租赁公司与 B 公司签订了一份租赁合同。主要条款及资料如下。

　　(1) 租赁标的物：某大型机器生产设备。

　　(2) 租赁期开始日：20×1 年 1 月 1 日。

　　(3) 租赁期：20×1 年 1 月 1 日至 20×3 年 12 月 31 日，共计 36 个月。

　　(4) 固定租金支付：自承租日起每 6 个月于月末支付租金 100 万元。

　　(5) 取决于指数或比率的可变租赁付款额：租赁期限内，如遇中国人民银行贷款基准利率调整时，出租人将对租赁利率做出同方向、同幅度的调整。基准利率调整日之前各期和调整日当期租金不变，从下一期开始按调整后的租金金额收取。

　　(6) 该设备在租赁开始日的公允价值为 495.26 万元，账面价值为 400 万元。

　　(7) 该设备的估计使用年限为 9 年，已使用 4 年。

　　(8) 承租人的购买选择权：租赁期满时，B 公司享有优惠购买选择权，购买价为 5 万元。估计期满时的公允价值为 150 万元。

　　(9) 承租人的终止租赁选择权：B 公司享有终止租赁选择权。在租赁期间，如果 B 公司终止租赁，需支付的款项为剩余租赁期间的固定租金支付金额。

　　(10) 20×2、20×3 两年中，B 公司每年按该设备生产产品年销售收入的 5% 向 A 租赁公司支付经营分享收入。B 公司 20×2 年和 20×3 年销售收入分别为 1 800 万元和 2 000

万元。

(11) 出租人在租赁谈判和签订租赁合同过程中发生直接费用共计 1.5 万元，以银行存款支付。

(12) 担保余值和未担保余值均为 0。

其他资料：不考虑相关税费，(P/A, 5%, 6)=5.075 7; (P/F, 5%, 6)=0.746 2; (P/A, 6%, 6)=4.917 3; (P/F, 6%, 6)=0.705 0。

要求：

(1) 判断 A 公司租赁类型。

(2) 编制 A 公司租赁期间的会计分录(计算结果在万元单位下保留两位小数)。

4. 承租人甲公司与出租人乙公司就 5 000 平方米的办公场所签订了一项为期 10 年的租赁合同。年租赁付款额为 100 000 元，在每年年末支付。甲公司无法确定租赁内含利率。甲公司在租赁期开始日的增量借款利率为 6%。在第 7 年年初，甲公司和乙公司同意对原租赁合同进行变更，即将租赁期延长 4 年。每年的租赁付款额不变(即在第 7～14 年的每年年末支付 100 000 元)。甲公司在第 7 年年初的增量借款利率为 7%。

(P/A, 6%, 4) =3.465 1, (P/A, 7%, 8)=5.971 3。

要求：计算并作出甲公司租赁变更的会计处理(计算过程及结果数据取整到元)。

5. 承租人甲公司于 20×0 年 1 月 1 日与乙公司签订了一项为期 5 年的不动产(供管理部门使用)租赁合同，用银行存款支付佣金和印花税 5.4 万元，为评估是否签订租赁合同而发生的差旅费和法律费用 5 万元，每年的租赁付款额为 100 万元，于每年年初支付。合同规定，租赁付款额在租赁期开始日后每两年基于过去 24 个月消费者价格指数的上涨进行上调。租赁期开始日的消费者价格指数为 100。假设该租赁 20×2 年年初的消费者价格指数为 110。甲公司在租赁期开始日采用的年折现率为 5%，20×2 年年初的年折现率为 6%。已知(P/A, 5%, 4)=3.546 0, (P/A, 5%, 2)=1.859 4, (P/A, 6%, 2)=1.833 4。使用权资产按直线法在 5 年内计提折旧。假定利息费用不符合资本化条件，不考虑其他因素。

要求：(计算结果在万元单位下保留两位小数)

(1) 编制甲公司 20×0 年 1 月 1 日有关会计分录。

(2) 编制甲公司 20×0 年 12 月 31 日使用权资产计提折旧、确认利息费用的会计分录。

(3) 编制甲公司 20×1 年 1 月 1 日支付租金，20×1 年 12 月 31 日使用权资产计提折旧、确认利息费用的会计分录。

(4) 编制甲公司 20×2 年 1 月 1 日有关会计分录。

第六章

会计政策、会计估计及其变更和差错更正

学习目标：了解会计政策、会计估计和会计差错的概念，区分会计政策变更和会计估计变更；熟悉会计政策变更的条件；掌握会计政策变更、会计估计变更和会计差错更正的会计处理。

关键词：会计政策变更　会计估计变更　会计差错更正

第一节　会计政策及其变更

一、会计政策概述

1. 会计政策的概念

会计政策，是指企业在会计确认、计量和报告中所采用的原则、基础和会计处理方法。其中，原则是指按照企业会计准则规定的、适合于企业会计核算所采用的具体会计原则；基础是指为了将会计原则应用于交易或者事项而采用的基础，如计量基础(即计量属性)，包括历史成本、重置成本、可变现净值、现值和公允价值等；会计处理方法是指企业在会计核算中按照法律、行政法规或者国家统一的会计制度等规定采用或者选择的、适合本企业的具体会计处理方法。

2. 会计政策的特点

1) 会计政策的强制性和选择性

随着市场经济的发展，企业的经济业务日趋复杂和多样化，某些经济业务可以有多种会计处理方法，企业应在国家统一的会计制度规定的会计政策范围内选择适用的会计政策。例如，存货准则规定，企业应当采用先进先出法、加权平均法或者个别计价法确定发出存货的实际成本。企业在发生某项经济业务时，必须从允许选用的会计原则、计量基础和会计处理方法中选择适合本企业实际情况的会计政策。

同时，我国的会计准则和会计制度属于行政规章，会计政策所包括的会计原则、计量基础和具体会计处理方法由会计准则或会计制度规定，具有一定的强制性。企业必须在法规所允许的范围内选择适合本企业实际情况的会计政策，即企业在发生某项经济业务时，必须从允许的会计原则、计量基础和会计处理方法中选择出适合本企业特点的会计政策。

2) 会计政策的层次性

会计政策包括会计原则、计量基础和会计处理方法三个层次。其中，会计原则有一般原则和特定原则。会计政策所指的会计原则是指某一类会计业务的核算所应遵循的特定原

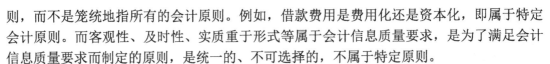

则，而不是笼统地指所有的会计原则。例如，借款费用是费用化还是资本化，即属于特定会计原则。而客观性、及时性、实质重于形式等属于会计信息质量要求，是为了满足会计信息质量要求而制定的原则，是统一的、不可选择的，不属于特定原则。

会计基础包括会计确认基础和会计计量基础。可供选择的会计确认基础包括权责发生制和收付实现制。会计计量基础主要包括历史成本、重置成本、可变现净值、现值和公允价值等。由于我国企业应当采用权责发生制作为会计确认基础，不具备选择性，因此会计政策所指的会计基础，主要是会计计量基础(即计量属性)。

会计处理方法是按照会计原则和计量基础的要求，由企业在会计核算中采用或者选择的、适用于本企业的具体会计处理方法。例如，长期股权投资后续计量核算的成本法或者权益法就属于会计处理方法。

会计原则、计量基础和会计处理方法三者之间是一个具有逻辑性的、密不可分的整体，通过这个整体，会计政策才能得以应用和落实。

3) 会计政策的一致性

会计信息使用者需要比较一个以上期间的会计信息，以判断企业的财务状况、经营成果和现金流量的趋势。因此，会计政策应当保持前后各期的一致性，即企业在进行会计核算时，应当以会计信息质量特征为指导，根据选择的具体会计原则、计量基础和会计处理方法进行确认、计量和报告。企业选用的会计政策一般情况下不能也不应当随意变更，以保持会计信息的可比性。

3. 重要会计政策的披露

企业在会计核算中所采用的会计政策，通常应在报表附注中加以披露。企业应当披露重要的会计政策，不具有重要性的会计政策可以不予披露。判断会计政策是否重要，应当考虑与会计政策相关项目的性质和金额。

企业应当披露的重要会计政策主要包括以下几项。

(1) 发出存货成本的计量，是指企业确定发出存货成本所采用的会计处理。例如，企业发出存货成本的计量是采用先进先出法，还是采用其他计量方法。

(2) 长期股权投资的后续计量，是指企业取得长期股权投资后的会计处理。例如，企业对被投资单位的长期股权投资是采用成本法，还是采用权益法核算。

(3) 投资性房地产的后续计量，是指企业在资产负债表日对投资性房地产进行后续计量所采用的会计处理。例如，企业对投资性房地产的后续计量是采用成本模式，还是公允价值模式。

(4) 固定资产的初始计量，是指对取得的固定资产初始成本的计量。例如，企业取得的固定资产初始成本是以购买价款计量，还是以购买价款的现值为基础进行计量。

(5) 生物资产的初始计量，是指对取得的生物资产初始成本的计量。例如，企业为取得生物资产而产生的借款费用，应当予以资本化，还是计入当期损益。

(6) 无形资产的确认，是指对研发费用的支出是否确认为无形资产。例如，企业内部研究开发项目开发阶段的支出是确认为无形资产，还是在发生时计入当期损益。

(7) 非货币性资产交换的计量，是指非货币性资产交换事项中对换入资产成本的计量。例如，非货币性资产交换是以换出资产的公允价值作为确定换入资产成本的基础，还是以换出资产的账面价值作为确定换入资产成本的基础。

(8) 借款费用的处理，是指借款费用的会计处理方法，即是采用资本化，还是采用费用化。

(9) 合并政策，是指编制合并财务报表所采纳的原则。例如，母公司与子公司的会计年度不一致的处理原则、合并范围的确定原则等。

二、会计政策变更概述

1. 会计政策变更的含义

会计政策变更，是指企业对相同的交易或者事项由原来采用的会计政策改用另一会计政策的行为。为保证会计信息的可比性，使财务报告使用者在比较企业一个以上期间的财务报表时，能够正确判断企业的财务状况、经营成果和现金流量的趋势，一般情况下，企业在不同的会计期间应采用相同的会计政策，不应也不能随意变更会计政策。否则，势必削弱会计信息的可比性，使财务报告使用者在比较企业的经营成果时发生困难。

企业不能随意变更会计政策并不意味着企业的会计政策在任何情况下均不能变更。《企业会计准则——基本准则》规定，企业提供的会计信息应当具有可比性。同一企业不同时期发生的相同或者相似的交易或者事项，应当采用一致的会计政策，不得随意变更。确需变更的，应当在附注中说明。不同企业发生的相同或相似的交易或者事项，应当采用规定的会计政策，确保会计信息口径一致，相互可比。

2. 会计政策变更的条件

会计政策变更，并不意味着以前期间的会计政策是错误的，只是由于情况发生了变化，或者掌握了新的信息、积累了更多的经验，使得变更会计政策能够更好地反映企业的财务状况、经营成果和现金流量。如果以前期间会计政策的选择和运用是错误的，则属于前期差错，应按前期差错更正的会计处理方法进行处理。

企业在符合下列条件之一时，应当变更会计政策。

(1) 法律、行政法规或国家统一的会计制度等要求变更。这种情况是指，按照法律、行政法规以及国家统一的会计准则制度的规定，要求企业采用新的会计政策。在这种情况下，企业应按规定改变原会计政策，采用新的会计政策。如《企业会计准则第16号——政府补助》在2017年修订实施以后，对财政贴息采用新的会计政策进行处理；再如采用2017年修订的《企业会计准则第14号——收入》的企业，应在履行了合同履约义务，即在客户取得相关商品控制权时确认收入。

(2) 会计政策的变更能够提供更可靠、更相关的会计信息。这种情况是指，由于经济环境、客观情况的改变，使企业原来采用的会计政策所提供的会计信息，已不能恰当地反映企业的财务状况、经营成果和现金流量等情况。在这种情况下，应改变原有会计政策，按变更后新的会计政策进行核算，以对外提供更可靠、更相关的会计信息。例如，企业一直采用成本模式对投资性房地产进行后续计量，如果企业能够从房地产交易市场上持续地取得同类或类似房地产的市场价格及其他相关信息，从而能够对投资性房地产的公允价值做出合理的估计，此时，企业可以将投资性房地产的后续计量方法由成本模式变更为公允价值模式。

需要注意的是，除法律、行政法规或者国家统一的会计制度等要求变更的会计政策应当按照规定执行和披露外，企业因满足上述第(2)条的条件变更会计政策时，必须有充分、合理的证据表明其变更的合理性，并说明变更会计政策后，能够提供关于企业财务状况、经营成果和现金流量等更可靠、更相关信息的理由。对会计政策的变更，企业应经股东大会或董事会等类似机构批准。如无充分、合理的证据表明会计政策变更的合理性，或者未重新经股东大会或董事会等类似机构批准擅自变更会计政策的，或者连续、反复地自行变更会计政策的，视为滥用会计政策，按照前期差错更正的方法进行处理。

3. 不属于会计政策变更的情形

对会计政策变更的认定，直接影响着会计处理方法的选择。因此，在会计实务中，企业应分清哪些情况属于会计政策变更，哪些情况不属于会计政策变更。以下两种情况不属于会计政策变更。

(1) 本期发生的交易或事项与以前相比具有本质差别而采用新的会计政策。这是因为，会计政策是针对特定类型的交易或事项，如果发生的交易或事项与其他交易或事项有本质区别，那么，企业实际上是为新的交易或事项选择适当的会计政策，并没有改变原有的会计政策。例如，将自用的办公楼改为出租，原来作为固定资产核算，改为出租后作为投资性房地产核算，不属于会计政策变更，而是采用新的会计政策。

(2) 对初次发生的或不重要的交易或事项采用新的会计政策。对初次发生的某类交易或事项采用适当的会计政策，并未改变原有的会计政策。例如，企业原在生产经营过程中使用少量的低值易耗品，并且价值较低，故企业在领用低值易耗品时一次计入费用；该企业于近期投产新产品，所需低值易耗品比较多，且价值较大，企业对领用的低值易耗品处理方法改为五五摊销法。该企业低值易耗品在企业生产经营中所占的费用比例并不大，改变低值易耗品处理方法后，对损益的影响也不大，属于不重要的事项，会计政策在这种情况下的改变不属于会计政策变更。

三、会计政策变更的会计处理

发生会计政策变更时，有两种会计处理方法，即追溯调整法和未来适用法，两种方法适用于不同情形。

1. 追溯调整法

追溯调整法，是指对某项交易或事项变更会计政策，视同该项交易或事项初次发生时即采用变更后的会计政策，并以此对财务报表相关项目进行调整的方法。采用追溯调整法时，对于比较财务报表期间的会计政策变更，应调整各期间净损益各项目和财务报表其他相关项目，视同该政策在比较财务报表期间一直采用。对于比较财务报表可比期间以前的会计政策变更的累积影响数，应调整比较财务报表最早期间的期初留存收益，财务报表其他相关项目的数字也应一并调整。

追溯调整法的运用通常由以下几步构成：

(1) 计算会计政策变更的累积影响数；

(2) 编制相关项目的调整分录；

(3) 调整列报前期财务报表相关项目及金额;

(4) 报表附注说明。

其中,会计政策变更累积影响数,是指按照变更后的会计政策对以前各期追溯计算的列报前期最早期初留存收益应有金额与现有金额之间的差额。根据该定义的表述,会计政策变更的累积影响数可以分解为以下两个金额之间的差额:

① 在变更会计政策当期,按变更后的会计政策对以前各期追溯计算,所得到列报前期最早期初留存收益金额。

② 在变更会计政策当期,列报前期最早期初留存收益金额。上述留存收益金额,包括盈余公积以及未分配利润等项目,不考虑由于损益的变化而应当分派的利润或股利。例如,某企业由于会计政策变化,增加了以前期间可供分配的利润,该企业通常按净利润的30%分派股利。但在计算调整会计政策变更当期期初的留存收益时,不应当考虑由于以前期间净利润的变化而需要分派的股利。

在财务报表只提供列报项目上一个可比会计期间比较数据的情况下,上述第②项在变更会计政策当期,列报前期最早期初留存收益金额,即为上期资产负债表所反映的期初留存收益,可以从上年资产负债表项目中获得;需要计算确定的是第①项,即按变更后的会计政策对以前各期追溯计算所得到的上期期初留存收益金额。

会计政策变更的累积影响数,通常可以通过以下步骤计算获得:第一步,根据新的会计政策重新计算受影响的前期交易或事项;第二步,计算两种会计政策下的差异;第三步,计算差异的所得税影响金额;第四步,确定前期中每一期的税后差异;第五步,计算会计政策变更的累积影响数。

需要注意的是,对以前年度损益进行追溯调整或追溯重述的,应当重新计算各列报期间的每股收益。

【例 6-1】甲公司 20×5 年、20×6 年分别以 4 000 000 元和 1 300 000 元的价格从股票市场购入 A、B 两只以交易为目的的股票(假设不考虑购入股票发生的交易费用),市价一直高于购入成本。公司采用成本与市价孰低法对购入股票进行计量。公司从 20×7 年起对其以交易为目的购入的股票由成本与市价孰低改为公允价值计量,公司保存的会计资料比较齐备,可以通过会计资料追溯计算。假设所得税税率为 25%,公司按净利润的 10% 提取法定盈余公积,按净利润的 5% 提取任意盈余公积。公司发行股票份额为 4 500 万股,未发行任何稀释性潜在普通股。两种方法计量的交易性金融资产账面价值见表 6-1。

表 6-1　两种方法计量的交易性金融资产账面价值

单位:元

股　票	成本与市价孰低	20×5 年年末公允价值	20×6 年年末公允价值
A 股票	4 000 000	4 600 000	4 600 000
B 股票	1 300 000	—	1 500 000

根据上述资料,甲公司的会计处理如下。

(1) 计算改变交易性金融资产计量方法后的累积影响数,见表 6-2。

表6-2　改变交易性金融资产计量方法后的累积影响数

单位：元

时　间	公允价值	成本与市价孰低	税前差异	所得税影响	税后差异
20×5年年末	4 600 000	4 000 000	600 000	150 000	450 000
20×6年年末	1 500 000	1 300 000	200 000	50 000	150 000
合计	6 100 000	5 300 000	800 000	200 000	600 000

甲公司20×7年12月31日的比较财务报表列报前期最早期初为20×6年1月1日。

甲公司在20×5年年末按公允价值计量的账面价值为4 600 000元，按成本与市价孰低计量的账面价值为4 000 000元，两者的所得税影响合计为150 000元，两者差异的税后净影响额为450 000元，即为该公司20×6年期初由成本与市价孰低改为公允价值的累积影响数。

甲公司在20×6年年末按公允价值计量的账面价值为6 100 000元，按成本与市价孰低计量的账面价值为5 300 000元，两者的所得税影响合计为200 000元，两者差异的税后净影响额为600 000元。其中，450 000元是调整20×6年累积影响数，150 000元是调整20×6年当期金额。

甲公司按照公允价值重新计量20×6年年末B股票账面价值，其结果为公允价值变动收益少计了200 000元，所得税费用少计了50 000元，净利润少计了150 000元。

(2) 编制有关项目的调整分录。

①　对20×5年有关事项的调整分录如下。

a. 调整交易性金融资产。

借：交易性金融资产——公允价值变动　　　　　　　600 000
　　贷：利润分配——未分配利润　　　　　　　　　　　450 000
　　　　递延所得税负债　　　　　　　　　　　　　　　150 000

b. 调整利润分配。

按照净利润的10%提取法定盈余公积，按照净利润的5%提取任意盈余公积，共计提取盈余公积450 000×15%=67 500(元)。

借：利润分配——未分配利润　　　　　　　　　　　　67 500
　　贷：盈余公积　　　　　　　　　　　　　　　　　　67 500

②　对20×6年有关事项的调整分录如下。

a. 调整交易性金融资产。

借：交易性金融资产——公允价值变动　　　　　　　200 000
　　贷：利润分配——未分配利润　　　　　　　　　　　150 000
　　　　递延所得税负债　　　　　　　　　　　　　　　50 000

b. 调整利润分配。

按照净利润的10%提取法定盈余公积，按照净利润的5%提取任意盈余公积，共计提取盈余公积150 000×15%=22 500(元)。

借：利润分配——未分配利润　　　　　　　　　　　　22 500
　　贷：盈余公积　　　　　　　　　　　　　　　　　　22 500

(3) 财务报表调整和重述(财务报表略).

甲公司在列报 20×7 年财务报表时，应调整 20×7 年资产负债表有关项目年初余额、利润表有关项目上年金额及所有者权益变动表有关项目上年金额和本年金额。

① 资产负债表项目的调整。

调增交易性金融资产年初余额 800 000 元，调增递延所得税负债年初余额 200 000 元，调增盈余公积年初余额 90 000 元，调增未分配利润年初余额 510 000 元。

② 利润表项目的调整。

调增公允价值变动收益上年金额 200 000 元，调增所得税费用上年金额 50 000 元，调增净利润上年金额 150 000 元，调增基本每股收益上年金额 0.003 3 元。

③ 所有者权益变动表项目的调整。

调增会计政策变更项目中盈余公积上年金额 67 500 元、未分配利润上年金额 382 500 元、所有者权益合计上年金额 450 000 元。

调增盈余公积上年金额 22 500 元、未分配利润上年金额 127 500 元、所有者权益合计上年金额 150 000 元。

调增盈余公积本年年初金额 90 000 元，未分配利润本年年初金额 51 000 元，所有者权益合计本年年初金额 600 000 元。

2. 未来适用法

未来适用法，是指将变更后的会计政策应用于变更日及以后发生的交易或者事项，或者在会计估计变更当期和未来期间确认会计估计变更影响数的方法。

在未来适用法下，不需要计算会计政策变更产生的累积影响数，也无须调整以前年度会计报表。企业会计账簿记录及会计报表上反映的金额，变更之日仍保留原有金额，不因会计政策变更而改变以前年度的既定结果，而是在现有金额的基础上按新的会计政策核算。

【例 6-2】 A 公司原对发出存货采用后进先出法，由于采用新准则，按其规定，公司从 20×7 年 1 月 1 日起改用先进先出法。20×7 年 1 月 1 日存货的价值为 5 000 000 元，公司当年购入存货的实际成本为 36 000 000 元，20×7 年 12 月 31 日按先进先出法计算确定的存货价值为 9 000 000 元，当年销售额为 50 000 000 元，假设该年度其他费用为 2 400 000 元，所得税税率为 25%。20×7 年 12 月 31 日按后进先出法计算的存货价值为 4 400 000 元。

A 公司由于法律环境变化而改变会计政策，假定对其采用未来适用法进行处理，即对存货采用先进先出法从 20×7 年及以后才适用，不需要计算 20×7 年 1 月 1 日以前按先进先出法计算存货应有的余额，以及对留存收益的影响金额。

计算确定会计政策变更对当期净利润的影响数如表 6-3 所示。

由于会计政策变更使公司当期净利润增加了 3 450 000 元。其中，采用先进先出法的销售成本=期初存货+购入存货实际成本−期末存货=5 000 000+36 000 000−9 000 000=32 000 000(元); 采用后进先出法的销售成本=期初存货+购入存货实际成本−期末存货 = 5 000 000+36 000 000−4 400 000=36 600 000(元)。

财务报表附注说明如下:

本公司对存货原采用后进先出法计价，由于施行新会计准则改用先进先出法计价。按照《企业会计准则第 38 号——首次执行企业会计准则》的规定，对该项会计政策变更应当采用未来适用法。由于该项会计政策变更，当期净利润增加 3 450 000 元。

表6-3　当期净利润的影响数计算表

单位：元

项　目	先进先出法	后进先出法
营业收入	50 000 000	50 000 000
减：营业成本	32 000 000	36 600 000
减：其他费用	2 400 000	2 400 000
利润总额	15 600 000	11 000 000
减：所得税	3 900 000	2 750 000
净利润	11 700 000	8 250 000
差额	3 450 000	

3. 会计政策变更的会计处理方法的选择

对于会计政策变更，企业应当根据具体情况，分别采用不同的会计处理方法。

(1) 法律、行政法规或者国家统一的会计制度等要求变更的情况下，企业应当分以下情况进行处理：①国家发布相关的会计处理办法，按照国家发布的相关会计处理规定进行处理；②国家没有发布相关的会计处理办法，则采用追溯调整法进行会计处理。

(2) 会计政策变更能够提供更可靠、更相关的会计信息的情况下，企业应当采用追溯调整法进行会计处理，将会计政策变更累积影响数调整列报前期最早期初留存收益，其他相关项目的期初余额和列报前期披露的其他比较数据也应当一并调整。

(3) 确定会计政策变更对列报前期影响数不切实可行的，应当从可追溯调整的最早期间期初开始应用变更后的会计政策；在当期期初确定会计政策变更对以前各期累积影响数不切实可行的，应当采用未来适用法处理。

其中，不切实可行，是指企业在采取所有合理的方法后，仍然不能获得采用某项规定所必需的相关信息，而导致无法采用该项规定，则该项规定在此时是不切实可行的。

对于以下特定前期，对某项会计政策变更应用追溯调整法是不切实可行的：①应用追溯调整法的累积影响数不能确定；②应用追溯调整法要求对管理层在该期当时的意图做出假定；③应用追溯调整法要求对有关金额进行重大估计，并且不可能将提供有关交易发生时存在状况的证据(例如，有关金额确认、计量或披露日期存在事实的证据，以及在受变更影响的当期和未来期间确认会计估计变更的影响的证据)和该期间财务报表批准报出时能够取得的信息与其他信息客观地加以区分。

在某些情况下，调整一个或者多个前期比较信息以获得与当期会计信息的可比性是不切实可行的。例如，企业因账簿、凭证超过法定保存期限而销毁，或因不可抗力(如火灾、水灾等)而毁坏、遗失，或因人为因素(如盗窃、故意毁坏等)，可能使当期期初确定会计政策变更对以前各期累积影响数无法计算，即不切实可行，此时，会计政策变更应当采用未来适用法进行处理。

对根据某项交易或者事项确认、披露的财务报表项目应用会计政策时常常需要进行估计。本质上，估计是根据现有状况所做出的最佳判断，而且可能在资产负债表日后才做出。当追溯调整会计政策变更或者追溯重述前期差错更正时，要做出切实可行的估计更加困难，因为有关交易或者事项已经发生较长一段时间，要获得做出切实可行的估计所需的相关信息往往比较困难。

当在前期采用一项新会计政策时，不论是对管理层在某个前期的意图做出假定，还是在前期确认、计量或者披露的金额，都不应当使用"后见之明"。例如，按照《企业会计准则第 22 号——金融工具确认和计量》的规定，企业对原先划归为按摊余成本计量的金融资产计量的前期差错，即便管理层随后决定不将这些投资划归为按摊余成本计量，也不能改变它们在前期的计量基础，即该项金融资产应当仍然按照摊余成本进行计量。

4. 会计政策变更的披露

企业应当在附注中披露与会计政策变更有关的下列信息。

(1) 会计政策变更的性质、内容和原因，包括对会计政策变更的简要阐述、变更的日期、变更前采用的会计政策和变更后所采用的新会计政策以及会计政策变更的原因。

(2) 当期和各个列报前期财务报表中受影响的项目名称和调整金额，包括：采用追溯调整法时，计算出的会计政策变更的累积影响数；当期和各个列报前期财务报表中需要调整的净损益及其影响金额，以及其他需要调整的项目名称和调整金额。

(3) 无法进行追溯调整的，说明该事实和原因以及开始应用变更后的会计政策的时点、具体应用情况，包括：无法进行追溯调整的事实；确定会计政策变更对列报前期影响数不切实可行的原因；在当期期初确定会计政策变更对以前各期累积影响数不切实可行的原因；开始应用新会计政策的时点和具体应用情况。

需要注意的是，在以后期间的财务报表中，不需要重复披露在以前期间的附注中已披露的会计政策变更的信息。

第二节　会计估计及其变更

一、会计估计概述

1. 会计估计的概念

会计估计是指企业对其结果不确定的交易或事项以最近可利用的信息为基础所做的判断。

交易或事项结果的不确定性主要表现在以下三方面：一是交易或事项的内在的不确定性，如应收账款能否收回；二是交易或事项的不确定性大小，如应收账款无法收回的金额；三是交易或事项的发生时间，如坏账损失在什么时候发生等。因此，合理的会计估计，是进行会计核算、编制会计报表的重要环节。

2. 会计估计的特点

会计估计具有以下特点。

(1) 会计估计的存在是由于经济活动中内在的不确定性因素的影响。

在会计核算中，企业总是力求保持会计核算的可靠性，但有些经济业务本身具有不确定性。例如，坏账、固定资产折旧年限、固定资产残余价值、无形资产摊销年限等，因而需要根据经验做出估计。

(2) 会计估计应当以最近可利用的信息或资料为基础。

企业在会计核算中，由于经营活动中内在的不确定性，不得不经常进行估计。一些估计的主要目的是确定资产或负债的账面价值，如坏账准备、担保责任引起的负债；另一些估计的主要目的是确定将在某一期间记录的收益或费用的金额，如某一期间的折旧、摊销的金额。企业在进行会计估计时，通常应根据当时的情况和经验，以一定的信息或资料为基础进行。但是，随着时间的推移、环境的变化，进行会计估计的基础可能会发生变化。因此，进行会计估计所依据的信息或者资料不得不经常发生变化。由于最新的信息是最接近目标的信息，以此为基础所做的估计最接近实际，因此进行会计估计时，应以最近可利用的信息或资料为基础。

(3) 进行会计估计并不会削弱会计确认和计量的可靠性。

企业为了定期、及时地提供有用的会计信息，将延续不断的经营活动人为划分为一定的期间，并在权责发生制的基础上对企业的财务状况和经营成果进行定期确认和计量。例如，在会计分期的情况下，许多企业的交易跨越若干会计年度，以至于需要在一定程度上做出决定：某一年度发生的开支，哪些可以合理地预期能够产生其他年度以收益形式表示的利益，从而全部或部分向后递延；哪些可以合理地预期在当期能够得到补偿，从而确认为费用。由于会计分期和货币计量的前提，在确认和计量过程中，不得不对许多尚在延续中、其结果尚未确定的交易或事项予以估计入账。

3. 常见的需要进行估计的会计项目

企业应当披露重要的会计估计，不具有重要性的会计估计可以不披露。判断会计估计是否重要，应当考虑与会计估计相关项目的性质和金额。企业应当披露的重要会计估计包括：

(1) 存货可变现净值的确定。

(2) 采用公允价值模式下的投资性房地产公允价值的确定。

(3) 固定资产的预计使用寿命与净残值；固定资产的折旧方法。

(4) 生产性生物资产的预计使用寿命与净残值；各类生产性生物资产的折旧方法。

(5) 使用寿命有限的无形资产的预计使用寿命与净残值。

(6) 可收回金额按照资产组的公允价值减去处置费用后的净额确定的，确定公允价值减去处置费用后的净额的方法。

(7) 可收回金额按照资产组的预计未来现金流量的现值确定的，预计未来现金流量的确定。

(8) 建造合同或劳务合同履约进度的确定。

(9) 权益工具公允价值的确定。

(10) 债务人债务重组中转让的非现金资产的公允价值、由债务转成的股份的公允价值和修改其他债务条件后债务的公允价值的确定。

(11) 债权人债务重组中受让的非现金资产的公允价值、由债权转成的股份的公允价值和修改其他债务条件后债权的公允价值的确定。

(12) 预计负债初始计量的最佳估计数的确定。

(13) 金融资产公允价值的确定。

(14) 承租人对未确认融资费用的分摊；出租人对未实现融资收益的分配。

(15) 探明矿区权益、井及相关设施的折耗方法。与油气开采活动相关的辅助设备及设施的折旧方法。

(16) 非同一控制下企业合并成本的公允价值的确定。

(17) 其他重要会计估计。

二、会计估计变更概述

1. 会计估计变更的概念

会计估计变更，是指由于资产和负债的当前状况及预期经济利益和义务发生了变化，从而对资产或负债的账面价值或者资产的定期消耗金额进行调整。

由于企业经营活动中内在不确定因素的影响，某些会计报表项目不能精确计量，而只能加以估计。如果赖以进行估计的基础发生了变化，或者由于取得新的信息、积累更多的经验以及后来的发展变化，可能需要对会计估计进行修订，但会计估计变更的依据应该真实、可靠。

2. 会计估计变更的原因

会计估计变更的原因具体如下。

1) 赖以进行估计的基础发生了变化

企业进行会计估计，总是依赖于一定的基础，如果其所依赖的基础发生了变化，则会计估计也应相应做出改变。例如，企业某项无形资产的摊销年限原定为 10 年，以后发生的情况表明，该资产的受益年限已不足 10 年，则应相应调减摊销年限。

2) 取得了新的信息，积累了更多的经验

企业进行会计估计是就现有资料对未来所做的判断，随着时间的推移，企业有可能取得新的信息，积累更多的经验，在这种情况下，企业可能不得不对会计估计进行修订，即发生会计估计变更。例如，企业原根据当时能够得到的信息，对应收账款每年按其余额的 5% 计提坏账准备。现在掌握了新的信息，判定不能收回的应收账款比例已达 10%，企业改按 10% 的比例计提坏账准备。

会计估计变更，并不意味着以前期间会计估计是错误的，只是由于情况发生变化，或者掌握了新的信息，积累了更多的经验，使得变更会计估计能够更好地反映企业的财务状况和经营成果。如果以前期间的会计估计是错误的，则属于前期差错，按前期差错更正的会计处理方法进行处理。

三、会计估计变更的会计处理

1. 具体会计处理方法

企业对会计估计变更应当采用未来适用法处理。即在会计估计变更当期及以后期间，采用新的会计估计，不改变以前期间的会计估计，也不调整以前期间的报告结果。具体的会计处理方法如下。

(1) 如果会计估计的变更仅影响变更当期，有关估计变更的影响应于当期确认。

【例 6-3】 A 公司应收账款 20×1 年年末余额为 400 000 元,坏账核销采用备抵法,坏账损失按应收账款余额百分比法估计并提取坏账准备,提取比例为 2%。公司通过对连续 5 年的实际发生坏账进行比较分析,发现坏账准备的提取数远远小于其实际发生数。现决定变更会计估计,提高坏账准备提取比例到 5%。年末坏账准备计提前,"坏账准备"账户贷方余额为 10 000 元。A 公司的会计处理如下。

该估计的变更导致变更当年比上年多提坏账准备金额为

400 000×(5%-2%)=12 000(元)

变更当年按新估计进行处理。

借: 信用减值损失   10 000
  贷: 坏账准备   10 000

这类会计估计的变更,只影响变更当期。因此,应于变更当期确认。

(2) 如果会计估计的变更既影响变更当期又影响未来期间,其影响数应当在变更当期和未来期间予以确认。例如,应计提折旧的固定资产,其有效使用年限或预计净残值的估计发生的变更,常常影响变更当期及资产以后使用年限内各个期间的折旧费用。因此,这类会计估计的变更,应于变更当期及以后各期确认。

会计估计变更的影响数应计入变更当期与前期相同的项目中。为了保证不同期间的财务报表具有可比性,会计估计变更的影响如果以前包括在企业日常活动的损益中,则以后也应包括在相应的损益类项目中;如果会计估计变更的影响数以前包括在特殊项目中,则以后也作为特殊项目反映。

【例 6-4】 B 公司 2016 年 12 月 10 日购入的一台管理用设备,原始价值为 99 000 元,原估计使用年限 8 年,预计净残值 3 000 元,按直线法计提折旧。由于新技术的发展等原因,需要对原估计的使用年限和净残值做出修正。2021 年 1 月 1 日将该设备的折旧年限修改为 6 年(即预计尚可使用年限为 2 年),预计净残值为 1 000 元。公司所得税税率为 25%。假定税法允许按变更后的折旧额在税前扣除。

B 公司对上述估计变更的处理方式如下。

(1) 不调整以前各期折旧,也不计算累积影响数。

(2) 变更日以后发生的经济业务改按新估计提取折旧。

按原估计,每年折旧额为 12 000 元,已提折旧 4 年,共计 48 000 元,固定资产净值为 51 000 元。

改变估计使用年限后,2021 年起,改按新的使用年限计提折旧,每年折旧费用=(51 000-1 000)÷(6-4)=25 000(元),每月计提折旧 2 083.33 元。

2021 年不必对以前年度已提折旧进行调整,只需按重新预计的使用年限和净残值计算确定年折旧费用,每月编制计提折旧的会计分录如下。

借: 管理费用   2 083.33
  贷: 累计折旧   2 083.33

(3) 企业难以对某项变更区分为会计政策变更或会计估计变更的,应将其作为会计估计变更处理。在具体实务中,应当正确划分会计政策变更和会计估计变更,并按不同的方法进行相关会计处理。企业通过判断会计政策变更和会计估计变更划分基础仍然难以对某项变更进行区分的,应当将其作为会计估计变更处理。

2. 会计估计变更的披露

在进行会计估计变更会计处理后，应在会计报表附注中对会计估计变更这一事实加以充分披露，披露的内容如下。

(1) 会计估计变更的内容和原因。包括会计估计变更的内容、变更的日期和会计估计变更的原因。

(2) 会计估计变更对当期和未来期间的影响数。包括会计估计变更对当期和未来期间损益的影响金额，以及对其他各项目的影响金额。

(3) 会计估计变更的影响数不能确定的，披露这一事实和原因。

【例6-5】沿用例6-4所述情形，应在财务报表附注中做如下说明。

本公司一台管理用设备，原始价值为99 000元，原预计使用寿命为8年，预计净残值为3 000元，按直线法计提折旧。由于新技术的发展，该设备已不能按原预计使用寿命计提折旧。本公司于2021年年初变更该设备的使用寿命为6年，预计净残值为1 000元，以反映该设备的真实耐用寿命和净残值。此估计变更影响本年度净利润减少数为9 750 [(25 000-12 000)×(1-25%)]元。

第三节　前期差错及其更正

一、前期差错的概念及重要性判断

1. 前期差错的概念

前期差错，是指由于没有运用或错误运用下列两种信息，而对前期财务报表造成省略或错报：①编报前期财务报表时预期能够取得并加以考虑的可靠信息；②前期财务报告批准报出时能够取得的可靠信息。

2. 前期差错的内容

前期差错通常包括计算错误、应用会计政策错误、疏忽或曲解事实以及舞弊产生的影响等。没有运用或错误运用上述两种信息而形成前期差错的情形主要有：

(1) 计算以及账户分类错误。例如，企业购入的5年期国债，打算5年后收取本金和利息，但在记账时计入了交易性金融资产，导致账户分类上的错误，并导致在资产负债表上流动资产和非流动资产的分类也有误。

(2) 采用法律、行政法规或者国家统一的会计制度等不允许的会计政策。例如，按照《企业会计准则第17号——借款费用》的规定，为购建固定资产的专门借款而发生的借款费用，满足一定条件的，在固定资产达到预定可使用状态前发生的，应予资本化，计入所购建固定资产的成本；在固定资产达到预定可使用状态后发生的，计入当期损益。如果企业固定资产已达到预定可使用状态后发生的借款费用，也计入该固定资产的价值，予以资本化，则属于采用法律或会计准则等行政法规、规章所不允许的会计政策。

(3) 对事实的疏忽或曲解以及舞弊。例如，企业销售一批商品，商品的控制权已经发生转移，商品销售收入确认条件均已满足，但企业在期末未将已实现的销售收入入账。

需要注意的是，就会计估计的性质来说，它是个近似值，随着更多信息的获得，估计可能需要进行修正，但是会计估计变更不属于前期差错更正。

3. 前期差错重要性的判断

如果财务报表项目的遗漏或错误表述可能影响财务报表使用者根据财务报表所做出的经济决策，则该项目的遗漏或错误是重要的。重要的前期差错，是指足以影响财务报表使用者对企业财务状况、经营成果和现金流量做出正确判断的前期差错。不重要的前期差错，是指不足以影响财务报表使用者对企业财务状况、经营成果和现金流量做出正确判断的前期差错。

前期差错的重要性取决于在相关环境下对遗漏或错误表述的规模和性质的判断。前期差错所影响财务报表项目的金额或性质，是判断该前期差错是否具有重要性的决定性因素。一般来说，前期差错所影响的财务报表项目的金额越大、性质越严重，其重要性水平越高。

二、前期差错更正的会计处理

企业应当采用追溯重述法更正重要的前期差错，但确定前期差错累积影响数不切实可行的除外。追溯重述法，是指在发现前期差错时，视同该项前期差错从未发生过，从而对财务报表相关项目进行更正的方法。

1. 不重要的前期差错的会计处理

对于不重要的前期差错，企业不需调整财务报表相关项目的期初数，但应调整发现当期与前期相同的相关项目。属于影响损益的，应直接计入本期与上期相同的净损益项目。属于不影响损益的，应调整本期与前期相同的相关项目。

【例6-6】A公司在20×1年12月31日发现，一台价值9 600元、应计入固定资产并于20×0年3月1日开始计提折旧的管理用设备，在20×0年计入了当期费用。该公司固定资产折旧采用直线法，该资产估计使用年限为5年，假设不考虑净残值因素。截至20×1年12月31日该固定资产应计折旧额为9 600÷(5×12)×22=3 520(元)，则在20×0年12月31日更正此差错的会计分录为

借：固定资产　　　　　　　　　　　　　　　9 600
　贷：管理费用　　　　　　　　　　　　　　　　　6 080
　　　累计折旧　　　　　　　　　　　　　　　　　3 520

假设该项差错直到满5年提足折旧后才发现，则不需要做任何分录，因为该项差错已经抵销了。

2. 重要的前期差错的会计处理

对于重要的前期差错，企业应当在发现当期的财务报表中调整前期比较数据，即进行追溯重述。具体来说，企业应当在重要的前期差错发现当期的财务报表中，通过下述处理对其进行追溯更正：

(1) 追溯重述差错发生期间列报的前期比较金额；

(2) 如果前期差错发生在列报的最早前期之前，则追溯重述列报的最早前期的资产、负债和所有者权益相关项目的期初余额。

对于发生的重要的前期差错，如影响损益，应按其对损益的影响数调整当期的期初留存收益，财务报表其他相关项目的期初数也应一并调整；如不影响损益，应调整财务报表相关项目的期初数。

在编制比较财务报表时，对于比较财务报表期间的重要的前期差错，应调整各该期间的净损益和其他相关项目，视同该差错在产生的当期已经更正；对于比较财务报表期间以前的重要的前期差错，应调整比较财务报表最早期间的期初留存收益，财务报表其他相关项目的数字也应一并调整。

确定前期差错影响数不切实可行的，可以从可追溯重述的最早期间开始调整留存收益的期初余额，财务报表其他相关项目的期初余额也应当一并调整，也可以采用未来适用法。当企业确定前期差错对列报的一个或者多个前期比较信息的特定期间的累积影响数不切实可行时，应当追溯重述切实可行的最早期间的资产、负债和所有者权益相关项目的期初余额(可能是当期)；当企业在当期期初确定前期差错对所有前期的累积影响数不切实可行时，应当从确定前期差错影响数切实可行的最早日期开始采用未来适用法追溯重述比较信息。

需要注意的是，为了保证经营活动的正常进行，企业应当建立健全内部稽核制度，保证会计资料的真实、完整。对于年度资产负债表日至财务报告批准报出日之间发现的报告年度的会计差错及报告年度前不重要的前期差错，应按照《企业会计准则第29号——资产负债表日后事项》的规定进行处理。

【例6-7】 B公司在20×1年发现，20×0年公司漏记一项固定资产的折旧费用300 000元，所得税申报表中未扣除该项费用。假设20×0年适用所得税税率为25%，无其他纳税调整事项。该公司按净利润的10%、5%提取法定盈余公积和任意盈余公积。公司发行股票份额为2 000 000股。假定税法允许调整应交所得税。

(1) 分析前期差错的影响数。

20×0年少计折旧费用300 000元，多计所得税费用(300 000×25%)75 000元，多计净利润225 000元，多计应交税费75 000元，多提法定盈余公积和任意盈余公积分别为22 500(即225 000×10%)元、11 250(即225 000×5%)元。

(2) 编制有关项目的调整分录。

① 补提折旧。

借：以前年度损益调整   300 000
  贷：累计折旧   300 000

② 调整应交所得税。

借：应交税费——应交所得税   75 000
  贷：以前年度损益调整   75 000

③ 将"以前年度损益调整"科目余额转入"利润分配——未分配利润"科目。

借：利润分配——未分配利润   225 000
  贷：以前年度损益调整   225 000

④ 因净利润变动，调整盈余公积。

借：盈余公积   33 750
  贷：利润分配——未分配利润   33 750

(3) 财务报表调整和重述(财务报表略)。

B公司在列报20×1年财务报表时，应调整20×1年资产负债表有关项目的年初余额，利润表有关项目及所有者权益变动表的上年金额也应进行调整。

① 资产负债表项目的调整：调减固定资产300 000元，调减应交税费75 000元，调减盈余公积33 750元，调减未分配利润191 250元。

② 利润表项目的调整：调增营业成本上年金额300 000元，调减所得税费用上年金额75 000元，调减净利润上年金额225 000元，调减基本每股收益上年金额0.112 5元。

③ 所有者权益变动表项目的调整：调减前期差错更正项目中盈余公积上年金额33 750元、未分配利润上年金额191 250元、所有者权益合计上年金额225 000元。

3. 前期差错更正的披露

企业应当在附注中披露与前期差错更正有关的下列信息：①前期差错的性质；②各个列报前期财务报表中受影响的项目名称和更正金额；③无法进行追溯重述的，说明该事实和原因，以及对前期差错开始进行更正的时点、具体更正情况。

在以后期间的财务报表中，不需要重复披露在以前期间的附注中已披露的前期差错更正的信息。

【例6-8】沿用例6-7，应在财务报表附注中做如下说明。

本年度发现20×0年漏记固定资产折旧300 000元，在编制20×1年与20×0年比较财务报表时，已对该项差错进行了更正。更正后，调减20×0年净利润及留存收益225 000元，调减固定资产300 000元。

思　考　题

1. 什么是会计政策？常见的会计政策变更有哪些？

2. 会计政策变更的会计处理方法有哪些？其运用条件如何？不同的会计处理方法对财务报表有何不同的影响？

3. 什么是会计估计？常见的会计估计变更有哪些？

4. 什么是前期差错？如何判断前期差错的重要性？

5. 会计政策变更在会计报表附注中要披露哪些内容？

自　测　题

一、单项选择题

1. 下列各项中，不属于会计政策变更的有(　　)。

    A. 缩短固定资产预计使用年限

    B. 所得税核算由应付税款法改为资产负债表债务法

    C. 长期股权投资的成本法改为权益法

    D. 投资性房地产后续计量由成本计量模式改为公允价值计量模式

2. 采用追溯调整法计算出会计政策变更的累积影响数后，应当(　　)。

A. 重新编制以前年度会计报表

　　B. 调整变更当期期初留存收益，以及会计报表其他相关项目期初数

　　C. 调整和反映为变更当期及未来各期会计报表相关项目的数字

　　D. 在报表附注中说明其累积影响

3. 在采用追溯调整法时，下列不应考虑的因素是(　　)。

　　A. 会计政策变更后的法定盈余公积金

　　B. 会计政策变更后资产、负债的变化

　　C. 会计政策变更导致损益变化而带来的所得税的变动

　　D. 会计政策变更导致损益变化而应补分的利润或股利

4. 以下项目属于会计政策的有(　　)。

　　A. 存货期末计价方法　　　　　B. 无形资产的收益期限

　　C. 坏账计提比例　　　　　　　D. 固定资产预计使用年限

5. 某项固定资产，原估计使用年限尚存为 15 年，采用直线法计提折旧。因环境改变，重新估计的使用年限为 8 年，折旧方法改为加速折旧法。对此事项，应纳入(　　)。

　　A. 会计政策变更　　　　　　　B. 会计估计变更

　　C. 会计差错　　　　　　　　　D. 重大的会计差错

6. 某上市公司发生的下列交易或事项中，属于会计政策变更的是(　　)。

　　A. 固定资产预计使用年限由 5 年延长至 8 年

　　B. 期末对原按业务发生时的汇率折算的外币长期借款余额按期末市场汇率进行调整

　　C. 发出存货的计价方法由先进先出法改为加权平均法

　　D. 对不重要的交易或事项采用新的会计政策

7. 甲公司适用的所得税税率为 25%，采用资产负债表债务法核算所得税。20×0 年 10 月甲公司以 4 000 万元购入乙上市公司的股票，作为短期投资，期末按成本计价。甲公司从 20×1 年 1 月 1 日起，执行新准则的规定，将上述短期投资划分为以公允价值计量且其变动计入当期损益的金融资产，20×0 年年末该股票公允价值为 3 200 万元，该会计政策变更对甲公司 20×1 年的期初留存收益的影响金额为(　　)万元。

　　A. -1200　　　　　B. -200　　　　　C. -600　　　　　D. -800

8. 下列根据准则规定发生的变更中，属于会计估计变更的是(　　)。

　　A. 企业发出存货成本的计量由月末一次加权平均法改为先进先出法

　　B. 商品流通企业采购费用由计入费用改为计入成本

　　C. 将内部研发项目开发阶段的支出由计入当期损益改为符合规定条件的确认为无形资产

　　D. 无形资产预计摊销年限由 10 年改为 5 年

9. 甲公司 20×1 年 5 月在上年财务报告对外报出后，发现 20×0 年管理用固定资产少计提了折旧，折旧金额为 400 万元，假定属于重大事项。甲公司对此重大差错采用追溯重述法进行会计处理，适用所得税税率为 25%，按净利润的 10% 提取法定盈余公积。甲公司 20×1 年年初未分配利润应调减金额为(　　)万元。

　　A. 270　　　　　B. 300　　　　　C. 400　　　　　D. 360

10. 甲公司为某集团母公司,其与控股子公司(乙公司)会计处理存在差异的下列事项中,在编制合并财务报表时,应当作为会计政策予以统一的是(   )。

  A. 甲公司产品保修费用的计提比例为售价的2%,乙公司为售价的3%

  B. 甲公司对机器设备的折旧年限按不少于8年确定,乙公司为不少于10年

  C. 甲公司对投资性房地产采用公允价值模式进行后续计量,乙公司采用成本模式进行后续计量

  D. 甲公司对1年内应收款项计提坏账准备比例为期末余额的5%,乙公司为期末余额的8%

二、多项选择题

1. 企业对于发生的会计政策变更,应披露的内容有(   )。

  A. 会计政策变更的原因、内容

  B. 当期和各个列报前期财务报表中受影响的项目名称和调整金额

  C. 会计政策变更的性质

  D. 无法进行追溯调整的,说明该事实和原因以及开始应用变更后的会计政策的时点、具体应用情况

2. 下列各事项中,属于会计政策变更的有(   )。

  A. 按规定,存货期末计价的方法由成本法改为成本与可变现净值孰低法

  B. 分期付款取得的固定资产由购买价款计价改为购买价款现值计价

  C. 无形资产摊销年限从10年改为6年

  D. 所得税的核算由应付税款法改为资产负债表债务法

3. 下列各项中,属于会计估计变更的有(   )。

  A. 固定资产净残值率由5%改为3%

  B. 存货期末计价由成本法改为成本与市价孰低法

  C. 坏账准备提取比例由5%提高为15%

  D. 无形资产摊销方法由加速摊销法改为直线法

4. 下列关于会计估计变更的说法中,正确的有(   )。

  A. 会计估计变更应采用未来适用法

  B. 如果以前期间的会计估计变更影响数包括在特殊项目中,则以后期间也应作为特殊项目处理

  C. 会计估计变更不改变以前期间的会计估计

  D. 会计估计变更的累积影响数无法确定时,应采用未来适用法

5. 下列说法中,正确的有(   )。

  A. 如果会计估计变更仅影响变更当期,则有关估计变更的影响只需在当期确认

  B. 会计估计变更应采用追溯调整法进行会计处理

  C. 如果会计估计变更既影响变更当期又影响未来期间,有关估计变更的影响应在当期及以后期间确认

  D. 对于会计政策变更,无法进行追溯调整的,应说明该事实和原因以及开始应用变更后的会计政策的时点、具体应用情况

6. 关于前期差错，下列说法中正确的有(　　)。

    A. 企业应当采用追溯重述法更正重要的前期差错，但确定前期差错累积影响数不切实可行的除外

    B. 企业应当采用追溯重述法更正所有的前期差错

    C. 追溯重述法，是指在发现前期差错时，视同该项前期差错从未发生过，从而对财务报表相关项目进行更正的方法

    D. 确定前期差错影响数不切实可行的，可以从可追溯重述的最早期间开始调整留存收益的期初余额，财务报表其他相关项目的期初余额也应当一并调整，也可以采用未来适用法

7. 会计政策变更一般应当采用追溯调整法，但是对于特殊情况，可以采用未来适用法，下列属于采用未来适用法的情况有(　　)。

    A. 会计账簿、凭证因不可抗力而毁坏

    B. 企业账簿因不可抗力而遗失

    C. 企业因账簿超过法定保存期限而销毁，导致会计政策变更累积影响数无法确定

    D. 企业管理人员不想采用追溯调整法

8. 下列属于前期差错包含的内容有(　　)。

    A. 会计记录错误　　　　　　　　　　　B. 应用会计政策错误

    C. 疏忽或曲解事实产生的影响　　　　　D. 舞弊产生的影响

9. 下列关于会计估计的表述中，不正确的有(　　)。

    A. 会计估计的存在是由经济活动中内在的不确定性所决定的

    B. 进行会计估计时，往往以未来预期可获得的信息或资料为基础

    C. 会计估计不应当建立在可靠的基础上

    D. 企业应当披露重要的会计估计，不具有重要性的会计估计可以不披露

10. 下列各项中属于会计估计变更的有(　　)。

    A. 对子公司投资由权益法改为成本法核算　　B. 公允价值金额的变更

    C. 坏账准备计提比例的变更　　　　　　　　D. 合同履约进度的变更

三、判断题

1. 未来适用法，是指将变更后的会计政策应用于变更日及以后发生的交易或者事项，或者在会计估计变更当期和未来期间确认会计估计变更影响数的方法。　　　　(　　)

2. 对于初次发生的事项和交易采用新的会计政策，不属于会计政策变更。　　(　　)

3. 会计政策变更的处理方法包括追溯调整法和未来适用法，企业可任选其中之一。

(　　)

4. 进行会计估计是根据当前所掌握的可靠证据并据以做出的最佳估计，故并不会对会计核算的可靠性产生影响。　　　　　　　　　　　　　　　　　　　　　　　(　　)

5. 企业发现重要差错，无论是本期还是以前期间的差错，均应调整期初留存收益和其他相关项目。　　　　　　　　　　　　　　　　　　　　　　　　　　　　　　(　　)

6. 企业对于本期发现的，属于以前年度影响损益的重大会计差错，应调整本年利润表相关项目的金额。　　　　　　　　　　　　　　　　　　　　　　　　　　　(　　)

7. 企业没有运用编报前期财务报表时预期能够取得并加以考虑的可靠信息,不属于前期差错。 ( )

8. 如果确定前期差错累积影响数不切实可行,可以从可追溯重述的最早期间开始调整留存收益的期初余额,财务报表其他相关项目的期初余额也应当一并调整,也可以采用未来适用法。 ( )

9. 会计政策变更涉及损益调整的事项通过"利润分配——未分配利润"科目核算。 ( )

10. 会计估计变更应采用未来适用法处理,在会计估计变更当期及以后期间,采用的会计估计,不改变以前期间的会计估计,但需要调整以前期间的报告结果。 ( )

业 务 题

1. A房地产公司(以下简称A公司)于2019年12月31日将一建筑物对外出租,租期为3年,每年12月31日收取租金180万元。出租时,该建筑物的成本为2800万元,已计提折旧700万元(已经使用5年,每年计提折旧140万元,与税法规定一致)。该公司对投资性房地产采用成本模式进行后续计量,原预计使用年限为20年,A公司对该建筑物采用年限平均法计提折旧,预计无残值。

2020年12月31日,该建筑物的公允价值为2400万元。

2021年1月1日,A公司所在地的房地产交易市场逐渐活跃和成熟,具备了采用公允价值模式计量的条件,决定对该项出租的建筑物从成本模式转换为公允价值模式计量。2021年1月1日,该建筑物的公允价值为2400万元。A公司适用的所得税税率为25%,按净利润的10%提取盈余公积。

要求:

(1) 编制A公司2019年将固定资产转为出租时的会计分录。

(2) 编制A公司2020年收取租金和计提折旧的会计分录。

(3) 编制A公司2021年1月1日建筑物从成本模式转换为公允价值模式计量的账务处理。

2. A公司系上市公司,从20×1年1月1日首次执行企业会计准则,该公司20×1年1月1日将对B公司的一项短期股票投资重新分类为交易性金融资产,假设A公司已按照新的会计科目进行了新旧科目的转换。20×1年1月1日,该短期投资的账面余额为200万元,公允价值为160万元。该公司按净利润的10%提取盈余公积,A公司适用的所得税税率为25%。20×1年12月31日,该交易性金融资产的公允价值为150万元。

要求:

(1) 编制A公司20×1年1月1日首次执行企业会计准则的会计分录。

(2) 编制20×1年12月31日交易性金融资产公允价值变动及确认递延所得税的会计分录。

3. A股份有限公司为一般工业企业,所得税税率为25%,按净利润的10%提取法定盈余公积。A公司2020年度的汇算清缴在2021年3月20日完成。A公司于2018年1月1日起计提折旧的管理用机器设备一台,原价为200 000元,预计使用年限为10年(不考虑净残值因素),按直线法计提折旧。由于技术进步的原因,从 2021 年 1 月 1 日起,决定将原估计的使用年限改为 8 年,同时改按年数总和法计提折旧。

要求:

(1) 判断该事项各属于何种会计变更或差错。

(2) 写出 A 公司 2021 年度的有关会计处理。如果属于会计估计变更,要求计算对本年度的影响数。(计算结果不是整数的,可保留两位小数,单位以元列示)

4. A 公司 20×1 年 12 月 31 日发现 20×0 年有一项行政管理部门使用的固定资产漏提了折旧,数额为 100 万元,所得税申报中也未包括这项费用。A 公司所得税税率为 25%,按净利润的 10% 提取法定盈余公积,假定税法允许 20×0 年少计提的折旧可调整应交所得税。

要求:编制更正上述会计差错的会计分录。

5. 甲公司经董事会和股东大会批准,于 20×1 年 1 月 1 日开始对有关会计政策和会计估计做如下变更。

资料一:将一项使用寿命不确定的无形资产改为使用寿命有限的无形资产。该无形资产的账面价值为 600 万元。

资料二:对某栋租出办公楼的后续计量由成本模式变更为公允价值模式。该办公楼 20×0 年年末账面价值为 7 000 万元,未发生减值,变更日的公允价值为 10 000 万元。该办公楼在变更日的计税基础与其原账面价值相同。

资料三:将产品质量保证费用由按销售收入 2% 计提改按 4% 计提,20×1 年销售收入为 30 000 万元。

资料四:将一项管理用固定资产的预计使用年限由 10 年改为 8 年,折旧方法由年限平均法改为双倍余额递减法。甲公司该管理用固定资产原每年计提折旧额为 230 万元(与税法规定相同),按 8 年及双倍余额递减法计提折旧时 20×1 年应计提的折旧额为 350 万元。变更日该管理用固定资产的计税基础与其账面价值相同。

资料五:发出存货成本的计量由先进先出法改为移动加权平均法。甲公司存货 20×1 年年初账面余额为 2 000 万元,未计提存货跌价准备。

资料六:用于生产产品的无形资产的摊销方法由直线法改为产量法。甲公司该生产用无形资产 20×1 年年初账面余额为 7 000 万元,原每年摊销 700 万元(与税法规定相同),累计摊销额为 2 100 万元,未发生减值;按产量法计提摊销,20×1 年应摊销 800 万元。变更日该无形资产的计税基础与其账面价值相同。

资料七:内部研发项目开发费用的处理由直接计入当期损益改为符合条件的应予以资本化。20×1 年发生符合资本化条件的开发费用为 1 200 万元。税法规定,符合资本化条件的开发费用的计税基础为其资本化金额的 175%。

资料八:所得税的核算由应付税款法改为资产负债表债务法。

上述变更均符合现行企业会计准则规定,涉及会计政策变更的(除资料五)均采用追溯调整法,不存在追溯调整不切实可行的情况;甲公司预计未来期间有足够的应纳税所得额用以抵扣可抵扣暂时性差异,适用的所得税税率为 15%,预计未来期间不会发生变化。

要求:

(1) 上述事项中,哪些属于会计政策变更?哪些属于会计估计变更?

(2) 根据资料二，计算该栋租出办公楼的后续计量由成本模式变更为公允价值模式，20×1年年初调整的递延所得税负债金额和留存收益金额。

(3) 根据资料三，计算此项变更对20×1年净利润的影响数。

(4) 根据资料四，计算管理用固定资产会计变更对20×1年净利润的影响。

(5) 根据资料六，计算无形资产摊销方法变更在20×1年应确认递延所得税资产的发生额。

(6) 根据资料七，判断内部研发项目符合资本化条件的开发费用是否确认递延所得税资产并说明理由，若确认递延所得税资产，计算其发生额。

第七章

资产负债表日后事项

学习目标：掌握资产负债表日后事项的概念，能够正确区分资产负债表日后调整事项和非调整事项；重点掌握资产负债表日后调整事项的会计处理；了解资产负债表日后非调整事项的披露。

关键词：资产负债表日后调整事项　资产负债表日后非调整事项

第一节　资产负债表日后事项概述

一、资产负债表日后事项的定义

资产负债表日后事项，指自资产负债表日至财务报告批准报出日之间发生的需要调整或说明的有利或不利事项。

1. 资产负债表日

资产负债表日是指会计年度末和会计中期期末。中期是指短于一个完整年度的报告期间，包括月度、季度和半年度。按照《会计法》的规定，我国的会计年度采用公历年度，即 1 月 1 日至 12 月 31 日。因此，年度资产负债表日是指每年的 12 月 31 日，中期资产负债表日是指各会计中期期末。例如，提供第一季度财务报告时，资产负债表日是该年度的 3 月 31 日；提供半年度财务报告时，资产负债表日是该年度的 6 月 30 日。

如果母公司或子公司在国外，无论该母公司或子公司如何确定会计年度和会计中期，其向国内提供的财务报告都应根据我国《会计法》和会计准则的要求确定资产负债表日。

2. 财务报告批准报出日

财务报告批准报出日是指董事会或类似机构批准财务报告报出的日期，通常是指对财务报告的内容负有法律责任的单位或个人批准财务报告对外公布的日期。

财务报告的批准者包括所有者、所有者中的多数、董事会或类似的管理单位、部门和个人。根据《公司法》规定，董事会有权制定公司的年度财务预算方案、决算方案、利润分配方案和弥补亏损方案。因此，对于设置董事会的公司制企业，财务报告批准报出日是指董事会批准财务报告报出的日期。对于其他企业，财务报告批准报出日一般是指经理(厂长)会议或类似机构批准财务报告报出的日期。

3. 有利事项和不利事项

资产负债表日后事项包括有利事项和不利事项。"有利或不利事项"的含义是指，资产负债表日后事项肯定对企业财务状况和经营成果具有一定影响(既包括有利影响也包括不利影响)。如果某些事项的发生对企业并无任何影响，那么，这些事项既不是有利事项，也不是不利事项，也就不属于这里所说的资产负债表日后事项。

二、资产负债表日后事项涵盖的期间

资产负债表日后事项涵盖的期间是自资产负债表日次日起至财务报告批准报出日止的一段时间。对于上市公司而言，这一期间涉及几个日期，包括完成财务报告编制日、注册会计师出具审计报告日、董事会批准财务报告可以对外公布日、实际对外公布日等。具体而言，资产负债表日后事项涵盖的期间应当包括以下日期：

(1) 报告期间下一期间的第一天至董事会或类似机构批准财务报告对外公布的日期。

(2) 财务报告批准报出以后、实际报出之前又发生与资产负债表日或其后事项有关的事项，并由此影响财务报告对外公布日期的，应以董事会或类似机构再次批准财务报告对外公布的日期为截止日期。

【例7-1】某上市公司20×0年的年度财务报告于20×1年2月25日编制完成，注册会计师完成年度财务报表审计工作并签署审计报告的日期为20×1年4月18日，董事会批准财务报告对外公布的日期为20×1年4月20日，财务报告实际对外公布的日期为20×1年4月23日，股东大会召开日期为20×1年5月8日。

根据资产负债表日后事项涵盖期间的规定，该公司20×0年资产负债表日后事项涵盖的期间为20×1年1月1日至20×1年4月20日。如果在4月20日至23日之间发生了重大事项，需要调整财务报表相关项目的数字或需要在财务报表附注中披露，经调整或说明后的财务报告再经董事会批准报出的日期为20×1年4月28日，实际报出的日期为20×1年4月30日，则资产负债表日后事项涵盖的期间为20×1年1月1日至20×1年4月28日。

三、资产负债表日后事项的内容

资产负债表日后事项包括资产负债表日后调整事项和资产负债表日后非调整事项。

1. 资产负债表日后调整事项

资产负债表日后调整事项，是指对资产负债表日已经存在的情况提供了新的或进一步证据的事项。

如果资产负债表日及所属会计期间已经存在某种情况，但当时并不知道其存在或者不能知道确切结果，资产负债表日后发生的事项能够证实该情况的存在或者确切结果，则该事项属于资产负债表日后事项中的调整事项。如果资产负债表日后事项对资产负债表日的情况提供了进一步证据，证据表明的情况与原来的估计和判断不完全一致，则需要对原来的会计处理进行调整。

企业发生的资产负债表日后调整事项，通常包括下列各项：①资产负债表日后诉讼案件结案，法院判决证实了企业在资产负债表日已经存在现时义务，需要调整原先确认的与该诉讼案件相关的预计负债，或确认一项新负债；②资产负债表日后取得确凿证据，表明某项资产在资产负债表日发生了减值或者需要调整该项资产原先确认的减值金额；③资产负债表日后进一步确定了资产负债表日前购入资产的成本或售出资产的收入；④资产负债表日后发现了财务报表舞弊或差错。

【例 7-2】甲公司因产品质量问题被消费者起诉。20×0 年 12 月 31 日法院尚未判决，考虑到消费者胜诉要求甲公司赔偿的可能性较大，甲公司为此确认了 300 万元的预计负债。20×1 年 2 月 10 日，在甲公司 20×0 年度财务报告对外报出之前，法院判决消费者胜诉，要求甲公司支付赔偿款 400 万元。

本例中，甲公司在 20×0 年 12 月 31 日结账时已经知道消费者胜诉的可能性较大，但不能知道法院判决的确切结果，因此确认了 300 万元的预计负债。20×1 年 2 月 10 日法院判决结果为甲公司预计负债的存在提供了进一步的证据。此时，按照 20×0 年 12 月 31 日存在状况编制的财务报表所提供的信息已不能真实反映企业的实际情况，应据此对财务报表相关项目的数字进行调整。

2. 资产负债表日后非调整事项

资产负债表日后非调整事项，是指表明资产负债表日后发生的情况的事项。非调整事项的发生不影响资产负债表日企业的财务报表数字，只说明资产负债表日后发生了某些情况。对于财务报告使用者而言，非调整事项说明的情况有的重要，有的不重要。其中重要的非调整事项虽然不影响资产负债表日的财务报表数字，但可能影响资产负债表以后的财务状况和经营成果，不加以说明将会影响财务报告使用者做出正确估计和决策，因此需要适当披露。企业发生的非调整事项，通常包括资产负债表日后发生重大诉讼、仲裁、承诺，资产负债表日后资产价格、税收政策、外汇汇率发生重大变化等。

3. 调整事项与非调整事项的区别

资产负债表日后发生的某一事项究竟是调整事项还是非调整事项，取决于该事项表明的情况在资产负债表日或资产负债表日以前是否已经存在。若该情况在资产负债表日或之前已经存在，则属于调整事项；反之，则属于非调整事项。

【例 7-3】A 公司 20×0 年 9 月向 B 公司出售原材料 3 500 万元，根据销售合同，B 公司应在收到原材料后 3 个月内付款。至 20×0 年 12 月 31 日，B 公司尚未付款。假定 A 公司在编制 20×0 年度财务报告时有两种情况。

(1) 20×0 年 12 月 31 日，A 公司根据掌握的资料判断，B 公司有可能破产清算，估计该应收账款将有 30%无法收回，故按 30%的比例计提坏账准备；20×1 年 2 月 5 日，A 公司收到通知，B 公司已被宣告破产清算，A 公司估计有 75%的债权无法收回。

(2) 20×0 年 12 月 31 日，B 公司的财务状况良好，A 公司预计应收账款可按时收回；20×1 年 2 月 20 日，B 公司发生重大火灾，导致 A 公司 60%的应收账款无法收回。

20×1 年 3 月 15 日，A 公司的财务报告经批准对外公布。

根据资料(1)可知，导致 A 公司应收账款无法收回的事实是 B 公司财务状况恶化，该事实在资产负债表日已经存在，B 公司被宣告破产只是证实了资产负债表日 B 公司财务状况恶化的情况，因此，B 公司破产导致 A 公司应收款项无法收回的事项属于调整事项。

根据资料(2)可知，导致 A 公司应收账款损失的因素是火灾，火灾是不可预计的，应收账款发生损失这一事实在资产负债表日以后才发生，因此 B 公司发生火灾导致 A 公司应收款项发生坏账的事项属于非调整事项。

第二节　调整事项的会计处理

一、资产负债表日后调整事项的处理原则

企业发生的资产负债表日后调整事项，应当调整资产负债表日已编制的财务报表。对于年度财务报表而言，由于资产负债表日后事项发生在报告年度的次年，报告年度的有关账目已经结转，特别是损益类科目在结账后已无余额。因此，年度资产负债表日后发生的调整事项，应具体分以下情况进行处理。

(1) 涉及损益的事项，通过"以前年度损益调整"科目核算。调整增加以前年度利润或调整减少以前年度亏损的事项，计入"以前年度损益调整"科目的贷方；调整减少以前年度利润或调整增加以前年度亏损的事项，计入"以前年度损益调整"科目的借方。

涉及损益的调整事项，如果发生在资产负债表日所属年度(即报告年度)所得税汇算清缴前的，应调整报告年度应纳税所得额、应纳所得税税额；发生在报告年度所得税汇算清缴后的，应调整本年度(即报告年度的次年)应纳所得税税额。

由于以前年度损益调整增加的所得税费用，计入"以前年度损益调整"科目的借方，同时贷记"应交税费——应交所得税"等科目；由于以前年度损益调整减少的所得税费用，计入"以前年度损益调整"科目的贷方，同时借记"应交税费——应交所得税"等科目。

调整完成后，将"以前年度损益调整"科目的贷方或借方余额，转入"利润分配——未分配利润"科目。

(2) 涉及利润分配调整的事项，直接在"利润分配——未分配利润"科目核算。

(3) 不涉及损益及利润分配的事项，调整相关科目。

(4) 通过上述账务处理后，还应同时调整财务报表相关项目的数字，包括：①资产负债表日编制的财务报表相关项目的期末数或本年发生数；②当期编制的财务报表相关项目的期初数或上年数；③经过上述调整后，如果涉及报表附注内容的，还应当做出相应调整。

二、资产负债表日后调整事项的具体会计处理方法

为简化处理，如无特殊说明，本章所有的例子均假定如下：财务报告批准报出日是次年3月31日，所得税税率为25%，按净利润的10%提取法定盈余公积，提取法定盈余公积后不再做其他分配；调整事项按税法规定均可调整应交纳的所得税；涉及递延所得税资产的，均假定未来期间很可能取得用来抵扣暂时性差异的应纳税所得额；不考虑报表附注中有关现金流量表项目的数字。下面针对四类事项进行讨论。

1. 第一类事项及其处理

这类事项是资产负债表日后诉讼案件结案，法院判决证实了企业在资产负债表日已经存在现时义务，需要调整原先确认的与该诉讼案件相关的预计负债，或确认一项新负债。

这类事项是指导致诉讼的事项在资产负债表日已经发生，但尚不具备确认负债的条件而未确认，资产负债表日后至财务报告批准报出日之间获得了新的或进一步的证据(法院判

决结果），表明符合负债的确认条件，因此应在财务报告中确认为一项新负债；或者在资产负债表日虽已确认，但需要根据判决结果调整已确认负债的金额。

【例7-4】A公司与B公司签订一项销售合同，合同中规定A公司应在20×0年9月销售给B公司一批产品。由于A公司未能按照合同发货，致使B公司发生重大经济损失。20×0年12月，B公司将A公司告上法庭，要求A公司赔偿530万元。20×0年12月31日法院尚未判决，A公司按或有事项准则对该诉讼事项确认预计负债400万元。20×1年2月10日，经法院判决，A公司应赔偿B公司500万元，A、B两公司均服从判决。判决当日，A公司向B公司支付赔偿款500万元。A、B两公司20×0年所得税汇算清缴均在20×1年3月25日完成(假定该项预计负债产生的损失不允许在预计时税前抵扣，只有在损失实际发生时，才允许税前抵扣)。公司适用的所得税税率为25%。

本例中，20×1年2月10日的判决证实了A、B两公司在资产负债表日(即20×0年12月31日)分别存在现实赔偿义务和获赔权利，因此两公司都应将"法院判决"这一事项作为调整事项进行处理。A公司和B公司20×0年所得税汇算清缴均在20×1年3月25日完成，因此，应根据法院判决结果调整报告年度应纳税所得额和应纳所得税税额。

(1) A公司的账务处理如下。

① 20×1年2月10日，记录支付的赔款，并调整递延所得税资产。

借：预计负债　　　　　　　　　　　　　　　　4 000 000
　　贷：其他应付款　　　　　　　　　　　　　　　　4 000 000
借：以前年度损益调整　　　　　　　　　　　　1 000 000
　　贷：其他应付款　　　　　　　　　　　　　　　　1 000 000
借：其他应付款　　　　　　　　　　　　　　　5 000 000
　　贷：银行存款　　　　　　　　　　　　　　　　　5 000 000
借：应交税费——应交所得税　　　1 250 000(5 000 000×25%)
　　贷：以前年度损益调整　　　　　　　　　　　　　1 250 000

20×0年年末因确认预计负债400万元时已确认相应的递延所得税资产，资产负债表日后事项发生后递延所得税资产不复存在，故应冲销相应记录。

借：以前年度损益调整　　　　　1 000 000(4 000 000×25%)
　　贷：递延所得税资产　　　　　　　　　　　　　　1 000 000

② 将"以前年度损益调整"科目余额转入"利润分配——未分配利润"科目。

借：利润分配——未分配利润　　　　　　　　　750 000
　　贷：以前年度损益调整　　　　　　　　　　　　　750 000

③ 因净利润变动，调整盈余公积。

借：盈余公积　　　　　　　　　　75 000(750 000×10%)
　　贷：利润分配——未分配利润　　　　　　　　　　75 000

④ 调整报告年度财务报表(财务报表略)。

a. 资产负债表项目的年末数调整：调减递延所得税资产100万元，调增其他应付款500万元，调减应交税费125万元，调减预计负债400万元，调减盈余公积7.5万元，调减未分配利润67.5万元。

b. 利润表项目的调整：调增营业外支出100万元，调减所得税费用25万元，调减净利润 75 万元。

c. 所有者权益变动表项目的调整：调减净利润 75 万元，提取盈余公积项目中盈余公积一栏调减 7.5 万元，未分配利润一栏调增 7.5 万元，未分配利润合计数调减 67.5 万元。

需要注意的是，资产负债表日后事项如涉及现金收支项目，均不调整报告年度资产负债表的货币资金项目和现金流量表各项目数字。

(2) B 公司的账务处理如下。

① 20×1 年 2 月 10 日，记录收到的赔款，并调整应交所得税。

借：其他应收款   5 000 000
    贷：以前年度损益调整   5 000 000

借：银行存款   5 000 000
    贷：其他应收款   5 000 000

借：以前年度损益调整   1 250 000(5 000 000×25%)
    贷：应交税费——应交所得税   1 250 000

② 将"以前年度损益调整"科目余额转入"利润分配——未分配利润"科目。

借：以前年度损益调整   3 750 000
    贷：利润分配——未分配利润   3 750 000

③ 因净利润增加，补提盈余公积。

借：利润分配——未分配利润   375 000(3 750 000×10%)
    贷：盈余公积   375 000

④ 调整报告年度财务报表相关项目的数字(财务报表略)。

a. 资产负债表项目的年末数调整：调增其他应收款 500 万元，调增应交税费 125 万元，调增盈余公积 37.5 万元，调增未分配利润 337.5 万元。

b. 利润表项目的调整：调增营业外收入 500 万元，调增所得税费用 125 万元，调增净利润 375 万元。

c. 所有者权益变动表项目的调整：调增净利润 375 万元，提取盈余公积项目中盈余公积一栏调增 37.5 万元，未分配利润一栏调减 37.5 万元，未分配利润合计数调增 337.5 万元。

2. 第二类事项及其处理

这类事项是资产负债表日后取得确凿证据，表明某项资产在资产负债表日发生了减值或者需要调整该项资产原先确认的减值金额。

这类事项是指在资产负债表日，根据当时的资料判断某项资产可能发生了损失或减值，但没有最后确定是否会发生，因而按照当时的最佳估计金额反映在财务报表中；但在资产负债表日至财务报告批准报出日之间，所取得的确凿证据能证明该事实成立，即某项资产已经发生了损失或减值，则应对资产负债表日所做的估计予以修正。

【例 7-5】A 公司 20×0 年 9 月 18 日销售给 B 公司一批产品，货款为 200 万元(含增值税)。B 公司收到所购物资并验收入库。按合同规定，B 公司应于收到所购物资后两个月内付款。由于 B 公司财务状况不佳，到 20×0 年 12 月 31 日仍未付款。A 公司于 12 月 31 日编制 20×0 年财务报表时，已为该项应收账款提取坏账准备 40 万元。12 月 31 日资产负债表上"应收账款"项目的金额为 500 万元，其中，160 万元为该项应收账款。A 公司于 20×1

年 2 月 15 日(所得税汇算清缴前)收到法院通知，B 公司已宣告破产清算，无力偿还所欠部分货款。A 公司预计可收回应收账款的 40%。适用的所得税税率为 25%。

本例中，根据资产负债表日后事项的判断原则，A 公司在收到法院通知后，首先可判断该事项属于资产负债表日后调整事项。A 公司原对应收 B 公司账款提取了 40 万元的坏账准备，按照新的证据应提取的坏账准备为 120(200×60%)万元，差额 80 万元应当调整 20×0 年度财务报表相关项目的数字。A 公司的账务处理如下。

(1) 补提坏账准备。

应补提的坏账准备=2 000 000×60%-400 000=800 000(元)

借：以前年度损益调整　　　　　　　　　　　　　800 000

　　贷：坏账准备　　　　　　　　　　　　　　　　　　　800 000

(2) 调整递延所得税资产。

借：递延所得税资产　　　　　　　　　　200 000(800 000×25%)

　　贷：以前年度损益调整　　　　　　　　　　　　　　200 000

(3) 将"以前年度损益调整"科目的余额转入"利润分配——未分配利润"科目。

借：利润分配——未分配利润　　　　　　　　　　600 000

　　贷：以前年度损益调整　　　　　　　　　　　　　　600 000

(4) 因净利润变动，调整盈余公积。

借：盈余公积　　　　　　　　　　　　　60 000(600 000×10%)

　　贷：利润分配——未分配利润　　　　　　　　　　　60 000

(5) 调整报告年度财务报表相关项目的数字(财务报表略)。

① 资产负债表项目的调整：调减应收账款 800 000 元，调增递延所得税资产 200 000 元，调减盈余公积 60 000 元，调减未分配利润 540 000 元。

② 利润表项目的调整：调增信用减值损失 800 000 元，调减所得税费用 200 000 元，调减净利润 600 000 元。

③ 所有者权益变动表项目的调整：调减净利润 600 000 元，提取盈余公积项目中盈余公积一栏调减 60 000 元，未分配利润一栏调增 60 000 元，未分配利润合计数调减 540 000 元。

3. 第三类事项及其处理

这类事项是资产负债表日后进一步确定了资产负债表日前购入资产的成本或售出资产的收入。

这类调整事项包括两方面的内容：①若资产负债表日前购入的资产已经按暂估金额等入账，资产负债表日后获得证据，可以进一步确定该资产的成本，则应对已入账的资产成本进行调整；②企业在资产负债表日已根据收入确认条件确认资产销售收入，但资产负债表日后获得关于资产收入的进一步证据，如发生销售退回等，此时也应调整财务报表相关项目的金额。

需要说明的是，资产负债表日后发生的销售退回，既包括报告年度或报告中期销售的商品在资产负债表日后发生的销售退回，也包括以前期间销售的商品在资产负债表日后发生的销售退回。

资产负债表所属期间或以前期间所售商品在资产负债表日后退回的，应作为资产负债表日后调整事项处理。发生于资产负债表日后至财务报告批准报出日之间的销售退回事项，可能发生于年度所得税汇算清缴之前，也可能发生于年度所得税汇算清缴之后，其会计处理如下。

(1) 涉及报告年度所属期间的销售退回发生于报告年度所得税汇算清缴之前的，应调整报告年度利润表的收入、成本等，并相应调整报告年度的应纳税所得额以及报告年度应缴的所得税等。

【例 7-6】 A 公司 20×0 年 10 月 25 日销售一批商品给 B 公司，取得收入 260 万元(不含税，增值税税率为 13%)。A 公司发出商品后，按照正常情况已确认收入，并结转成本 220 万元。20×0 年 12 月 31 日，该笔货款尚未收到，A 公司未对应收账款计提坏账准备。20×1 年 2 月 18 日，由于产品质量问题，本批货物被退回。A 公司于 20×1 年 3 月 15 日完成 20×0 年所得税汇算清缴。公司适用的所得税税率为 25%。

本例中，销售退回业务发生在资产负债表日后事项涵盖期间内，属于资产负债表日后调整事项。由于销售退回发生在 A 公司报告年度所得税汇算清缴之前，因此在所得税汇算清缴时，应扣除该部分销售退回所实现的应纳税所得额。

A 公司的账务处理如下。

(1) 20×1 年 2 月 18 日，调整销售收入。

借: 以前年度损益调整　　　　　　　　　　　2 600 000
　　应交税费——应交增值税(销项税额)　　　　338 000
　　　贷: 应收账款　　　　　　　　　　　　　　　　2 938 000

(2) 调整销售成本。

借: 库存商品　　　　　　　　　　　　　　　2 200 000
　　　贷: 以前年度损益调整　　　　　　　　　　　　2 200 000

(3) 调整应交纳的所得税。

借: 应交税费——应交所得税　　　　　　　　100 000
　　　贷: 以前年度损益调整　　　　　　　　　　　　100 000

(4) 将"以前年度损益调整"科目的余额转入"利润分配——未分配利润"科目。

借: 利润分配——未分配利润　　　　　　　　300 000
　　　贷: 以前年度损益调整　　　　　　　　　　　　300 000

(5) 因净利润变动，调整盈余公积。

借: 盈余公积　　　　　　　　　　　　　　　30 000
　　　贷: 利润分配——未分配利润　　　　　　　　　30 000

(6) 调整相关财务报表(略)。

(2) 资产负债表日后事项中涉及报告年度所属期间的销售退回发生于报告年度所得税汇算清缴之后，应调整报告年度会计报表的收入、成本等，但按照税法规定，在此期间的销售退回所涉及的应缴所得税，应作为本年的纳税调整事项。

【例 7-7】 沿用例 7-6，假定销售退回的日期改为 20×1 年 3 月 18 日。

A 公司的账务处理如下。

(1) 20×1 年 3 月 18 日，调整销售收入。

借: 以前年度损益调整　　　　　　　　　　　2 600 000

    应交税费——应交增值税(销项税额)   338 000

     贷：应收账款   2 938 000

 (2) 调整销售成本。

借：库存商品   2 200 000

  贷：以前年度损益调整   2 200 000

 (3) 将"以前年度损益调整"科目的余额转入"利润分配——未分配利润"科目。

借：利润分配——未分配利润   400 000

  贷：以前年度损益调整   400 000

 (4) 因净利润变动，调整盈余公积。

借：盈余公积   40 000

  贷：利润分配——未分配利润   40 000

 (5) 调整相关财务报表(略)。

4. 第四类事项及其处理

  这类事项是指资产负债表日后发现报告期或以前期间存在的财务报表舞弊或差错。企业发生这类事项后，应当将其作为资产负债表日后调整事项，调整报告期间的财务报告相关项目的数字。具体会计处理参照第六章第三节的相关内容。

第三节　非调整事项的会计处理

一、资产负债表日后非调整事项的处理原则

  资产负债表日后发生的非调整事项，是表明资产负债表日后发生情况的事项，与资产负债表日存在状况无关，不应当调整资产负债表日的财务报表。但有的非调整事项对财务报告使用者具有重大影响，如不加以说明，将不利于财务报告使用者做出正确估计和决策，因此，应在附注中加以披露。

  资产负债表日后发生的非调整事项，应当在报表附注中披露每项重要的资产负债表日后非调整事项的性质、内容，及其对财务状况和经营成果的影响。无法做出估计的，应当说明原因。

二、资产负债表日后非调整事项的具体会计处理方法

1. 资产负债表日后发生重大诉讼、仲裁、承诺

  资产负债表日后发生的重大诉讼等事项，对企业影响较大，为防止误导投资者及其他财务报告使用者，应当在报表附注中披露。

2. 资产负债表日后资产价格、税收政策、外汇汇率发生重大变化

  资产负债表日后发生的资产价格、税收政策和外汇汇率的重大变化，虽然不会影响资产负债表日财务报表相关项目的数据，但对企业资产负债表日后期间的财务状况和经营成

果有重大影响，应当在报表附注中予以披露。如发电企业资产负债表日后发生的上网电价的调整。

3. 资产负债表日后因自然灾害导致资产发生重大损失

自然灾害导致资产重大损失对企业资产负债表日后财务状况的影响较大，如果不加以披露，有可能使财务报告使用者做出错误的决策，因此应作为非调整事项在报表附注中进行披露。

4. 资产负债表日后发行股票和债券以及其他巨额举债

企业发行股票、债券以及向银行或非银行金融机构举借巨额债务都是比较重大的事项，虽然这一事项与企业资产负债表日的存在状况无关，但这一事项的披露能使财务报告使用者了解与此有关的情况及可能带来的影响，因此应当在报表附注中进行披露。

5. 资产负债表日后资本公积转增资本

企业以资本公积转增资本将会改变企业的资本(或股本)结构，影响较大，应当在报表附注中进行披露。

6. 资产负债表日后发生巨额亏损

企业资产负债表日后发生巨额亏损将会对企业报告期以后的财务状况和经营成果产生重大影响，应当在报表附注中及时披露该事项，以便为投资者或其他财务报告使用者做出正确决策提供信息。

7. 资产负债表日后发生企业合并或处置子公司

企业合并或者处置子公司的行为可以影响股权结构、经营范围等方面，对企业未来的生产经营活动能产生重大影响，应当在报表附注中进行披露。

8. 资产负债表日后，企业利润分配方案中拟分配的以及经审议批准宣告发放的股利或利润

资产负债表日后，企业制定利润分配方案，拟分配或经审议批准宣告发放股利或利润的行为，并不会导致企业在资产负债表日形成现时义务，虽然该事项的发生可导致企业负有支付股利或利润的义务，但支付义务在资产负债表日尚不存在，不应该调整资产负债表日的财务报告，因此，该事项为非调整事项。不过，该事项对企业资产负债表日后的财务状况有较大影响，可能导致现金大规模流出、企业股权结构变动等，为便于财务报告使用者更充分了解相关信息，企业需要在财务报告中适当披露该信息。

【例 7-8】甲公司 20×0 年度财务报告附注中对资产负债表日后利润分配情况的说明：根据 20×1 年 3 月 16 日董事会决议，本公司拟以 20×0 年 12 月 31 日的股份为基准向全体股东每 10 股分配股利 0.5 元(含税)，共计分配股利 12 亿元。该股利分配预案尚待本公司股东大会批准。

另外，对于在报告期资产负债表日已经存在的债务，在其资产负债表日后期间与债权人达成的债务重组交易不属于资产负债表日后调整事项，不能据以调整报告期资产、负债项目的确认和计量。在报告期资产负债表中，债务重组中涉及的相关负债仍应按照达成债

务重组协议前具有法律效力的有关协议等约定进行确认和计量。

思 考 题

1. 什么是资产负债表日后事项?
2. 资产负债表日后事项的涵盖期间如何确定?
3. 如何区分资产负债表日后事项中的调整事项与非调整事项?
4. 对资产负债表日后事项中的调整事项如何进行会计处理?为什么?
5. 对资产负债表日后事项中的非调整事项如何进行会计处理?为什么?

自 测 题

一、单项选择题

1. 某上市公司 20×1 年度财务报告于 20×2 年 2 月 10 日编制完成,注册会计师完成审计并签署审计报告日是 20×2 年 4 月 10 日,经董事会批准报告于 4 月 20 日对外公布,股东大会召开日为 4 月 25 日。按照准则规定,该公司 20×1 年资产负债表日后事项的涵盖期间为( )。

    A. 20×2 年 1 月 1 日至 20×2 年 4 月 20 日

    B. 20×2 年 2 月 10 日至 20×2 年 4 月 10 日

    C. 20×2 年 1 月 1 日至 20×2 年 2 月 10 日

    D. 20×2 年 2 月 10 日至 20×2 年 4 月 25 日

2. 下列不属于资产负债表日后事项中调整事项的是( )。

    A. 已证实某项资产发生了减损   B. 已确认销售的货物被退回

    C. 外汇汇率发生较大变动   D. 日后期间发现会计差错

3. 下列不属于资产负债表日后事项中非调整事项的是( )。

    A. 董事会提出现金股利分配方案   B. 对某一企业进行巨额投资

    C. 上年售出的商品发生退回   D. 自然灾害导致资产损失

4. 某上市公司 20×1 年度财务会计报告批准报出日为 20×2 年 4 月 10 日。公司在 20×2 年 1 月 1 日至 4 月 10 日发生的下列事项中,属于资产负债表日后调整事项的是( )。

    A. 公司在一起历时半年的诉讼中败诉,支付赔偿金 50 万元,公司在上年末已确认预计负债 30 万元

    B. 因遭受水灾,上年购入的存货发生毁损 100 万元

    C. 公司董事会提出 20×1 年度利润分配方案为每 10 股送 3 股股票股利

    D. 公司支付 20×1 年度财务会计报告审计费 40 万元

5. 某企业 20×1 年度的财务会计报告于 20×2 年 4 月 10 日批准报出,20×2 年 1 月 10 日,因产品质量原因,客户将 20×1 年 11 月 15 日购入的一批大额商品(达到重要性要求)退回,因产品退回,下列说法中正确的是( )。

    A. 冲减 20×2 年度会计报表主营业务收入等相关项目

B. 冲减20×1年度会计报表主营业务收入等相关项目

C. 不做会计处理

D. 在20×2年度财务会计报告报出时，冲减利润表中主营业务收入项目上年数等相关项目

6. 关于资产负债表日后事项，下列说法正确的是(　　)。

  A. 资产负债表日后事项中的调整事项，涉及损益调整的事项，直接在"利润分配——未分配利润"科目核算

  B. 20×1年度财务报告批准报出前，公司董事会于20×2年3月25日提出现金股利分派方案，该公司调整了报告年度财务报表相关项目的金额

  C. 资产负债表日后事项的调整事项，虽然已经调整了报表项目的相关数字，但是也要在财务报告附注中进行披露

  D. 当或有事项确定下来成为资产负债表日后事项时，依据资产负债表日后事项准则做出相应处理

7. 资产负债表日至财务报告批准报出日之间发生的调整事项在进行调整处理时，不能调整的是(　　)。

  A. 资产负债表　　B. 现金流量表正表　　C. 利润表　　D. 所有者权益变动表

8. 甲公司20×1年度财务报告批准报出日为20×2年3月20日，下列属于资产负债表日后调整事项的是(　　)。

  A.20×2年3月9日公布资本公积转增资本

  B.20×2年2月10日外汇汇率发生重大变化

  C.20×2年1月5日地震造成重大财产损失

  D.20×2年2月20日发现上年度重大会计差错

9. 下列关于资产负债表日后事项的表述错误的是(　　)。

  A. 资产负债表日后事项包括资产负债日至财务报告批准报出日之间发生的全部事项

  B. 对资产负债表日后调整事项应当调整资产负债表日财务报表的有关项目

  C. 影响重大的资产负债表日后非调整事项应在附注中披露

  D. 某一事项究竟是调整事项还是非调整事项，主要取决于该事项表明的情况在资产负债表日或资产负债表日以前是否已经存在

10. 甲公司适用的所得税税率为25%，按照净利润的10%提取法定盈余公积。20×1年度财务报告批准报出日为20×2年3月31日，预计未来期间能够取得足够的应纳税所得额用以抵扣可抵扣暂时性差异。20×1年12月31日，甲公司对一起未决诉讼确认的预计负债为1 000万元。20×2年3月6日，法院对该起诉讼做出判决，甲公司应赔偿乙公司600万元，甲公司和乙公司均不再上诉。不考虑其他因素，该资产负债表日后事项导致甲公司20×1年度未分配利润增加(　　)万元。

  A. 30　　　　　　B. 270　　　　　　C. 400　　　　　　D. 360

二、多项选择题

1. 资产负债表日后发生的调整事项，应当如同报告期间发生的事项一样，做出相关账务处理，并对资产负债表日已编制的会计报表做相应的调整。这里的会计报表包括(   )。

    A. 资产负债表   B. 利润表   C. 现金流量表正表   D. 所有者权益变动表

2. 某股份有限公司 20×1 年度财务会计报告于 20×2 年 3 月 20 日批准报出。公司发生的下列事项中，必须在其 20×1 年度会计报表附注中披露的有(   )。

    A. 20×2 年 11 月 1 日，该公司为其子公司提供 5 000 万元、3 年期银行贷款担保

    B. 20×2 年 2 月 15 日，公司遭受水灾造成存货重大损失 500 万元

    C. 20×2 年 1 月 25 日，发现上年应计入财务费用的借款利息 0.05 万元误计入在建工程

    D. 20×2 年 3 月 10 日，公司对外发行 5 年期、面值总额为 1 000 000 元的债券，发行价格是 1 030 000 元

3. 依据企业会计准则的规定，下列有关利润分配的表述中，正确的有(   )。

    A. 将董事会(或类似机构)通过的拟分配的现金股利或利润确认为资产负债表日的负债

    B. 董事会(或类似机构)通过的拟分配的现金股利或利润不确认为资产负债表日的负债，而是在附注中单独披露

    C. 将股东大会(或类似机构)审议批准宣告发放的现金股利或利润确认为资产负债表日的负债

    D. 股东大会(或类似机构)审议批准宣告发放的现金股利或利润不确认为资产负债表日的负债，而作为宣告当期的负债处理

4. 资产负债表日后非调整事项的特点包括(   )。

    A. 在资产负债表日或以前已经存在

    B. 在资产负债表日并未发生或存在

    C. 期后发生的事项

    D. 对理解和分析报告年度的财务报告产生重大影响

5. 在资产负债表日后至财务报告批准报出日前发生的下列事项中，属于资产负债表日后调整事项的有(   )。

    A. 因汇率发生重大变化导致企业持有的外币资金出现重大汇兑损失

    B. 企业报告年度销售给某主要客户的一批产品因存在质量缺陷被退回

    C. 报告年度未决诉讼经人民法院判决败诉，企业需要赔偿的金额大幅超过报告年度已确认的预计负债

    D. 企业获悉某主要客户在报告年度发生重大火灾，需要大额补提报告年度应收该客户账款的坏账准备

6. 在资产负债表日后至财务报告批准报出日之间发生的下列事项中，属于资产负债表日后调整事项的有(   )。

    A. 实际支付的诉讼费赔偿额与原资产负债表日预计金额有较大差异

    B. 发现了财务报表舞弊

C. 支付报告年度审计费

D. 发布重大资产重组公告，发行股份收购一家下游企业 80%股权

7. 在资产负债表日后至财务报告批准报出日之间发生的下列事项中，属于调整事项的有(　　)。

A. 发现财务报表存在舞弊

B. 因自然灾害导致资产发生重大损失

C. 有证据表明资产负债表日对在建工程计提的减值准备严重不足

D. 董事会会议通过报告年度利润分配预案，拟分配现金股利 6 000 万元，以资本公积转增股本，每 10 股转增 2 股

8. 关于资产负债表日后事项，下列说法中正确的有(　　)。

A. 资产负债表日后期间发生的调整事项如涉及现金收支项目的，不调整报告年度资产负债表的货币资金项目数字

B. 对资产负债表日后事项中的调整事项，涉及损益的事项，通过"以前年度损益调整"科目核算，然后将"以前年度损益调整"科目的余额转入"利润分配——未分配利润"科目

C. 资产负债表日后事项期间发生的"已证实资产发生减损"，可能是调整事项，也可能是非调整事项

D. 资产负债表日后事项中的调整事项，按谨慎性会计信息质量要求，对不利事项，应当调整报告年度财务报表相关项目数字，对有利事项，则不做调整

9. 下列各项中，属于资产负债表日后调整事项的有(　　)。

A. 资产负债表日后期间发生重大火灾损失

B. 报告年度已售商品在资产负债表日后事项期间发生退回

C. 报告年度按暂估价值入账固定资产在资产负债表日后事项期间办理完成竣工决算手续

D. 资产负债表日后事项期间发现报告年度不重要的会计差错

10. 甲公司 20×0 年度财务报告于 20×1 年 3 月 31 日批准报出，甲公司因违约于 20×0 年 10 月被乙公司起诉，该项诉讼在 20×0 年 12 月 31 日尚未判决，甲公司认为很可能败诉，赔偿的金额为 300 万元，将其确认为预计负债。20×1 年 3 月 12 日，法院判决甲公司需要赔偿乙公司的经济损失为 320 万元，甲公司和乙公司均服从法院判决，同时甲公司向乙公司支付 320 万元。甲公司关于上述事项会计处理的表述中正确的有(　　)。

A. 与乙公司的诉讼案件结案属于资产负债表日后调整事项

B. 对于诉讼事项，应在 20×0 年资产负债表中调减预计负债 300 万元

C. 该事项使 20×0 年利润总额减少 300 万元

D. 该事项应调减 20×0 年资产负债表中货币资金项目 320 万元

三、判断题

1. 对资产负债表日后事项中的调整事项，涉及损益的事项，通过"以前年度损益调整"科目核算，然后将"以前年度损益调整"的余额转入"本年利润"科目。　　(　　)

2. 资产负债表日后发生的调整事项如涉及现金收支项目，不需要调整报告年度现金流

量表正表，但需调整报告年度资产负债表的货币资金项目。　　　　　　　（　　）

3. 企业在资产负债表日至财务会计报告批准报出日之间发生的对外巨额投资，应在会计报表附注中披露，但不需要对报告期的会计报表进行调整。　　　　（　　）

4. 企业在年度资产负债表日至财务报告批准报出日之间发生的涉及资产减值准备的调整事项，如发生于报告年度所得税汇算清缴之后，应将与资产减值准备有关的事项产生的纳税调整金额，作为本年度的纳税调整事项，相应调整本年度应交所得税。　　　（　　）

5. 企业在报告年度资产负债表日后至财务报告批准报出日之间因自然灾害导致资产发生重大损失，应作为非调整事项进行处理。　　　　　　　　　　　（　　）

6. 董事会通过利润分配预案属于资产负债表日后非调整事项。　　　　（　　）

7. 在估计存货可变现净值时，如果涉及资产负债表日后事项，则一定是非调整事项。
　　　　　　　　　　　　　　　　　　　　　　　　　　　　　　　（　　）

8. 20×0 年财务报告于 20×1 年 3 月 31 日批准报出，20×1 年 1 月销售的商品，20×1 年 2 月 10 日退货，应按调整事项处理。　　　　　　　　　　　　　　（　　）

9. 涉及报告年度所属期间的销售退回发生于报告年度所得税汇算清缴之前，应调整报告年度利润表的收入、成本等，并相应调整报告年度的应纳税所得额及报告年度应缴纳的所得税等。　　　　　　　　　　　　　　　　　　　　　　　　　（　　）

10. 对于资产负债表日后发生的所有非调整事项，应当在报表附注中披露非调整事项的性质、内容，及其对财务状况和经营成果的影响。　　　　　　　　　　（　　）

业　务　题

1. 甲公司适用的所得税税率为 15%，且预计在未来期间保持不变，20×1 年度所得税汇算清缴于 20×2 年 3 月 20 日完成；20×1 年度财务报告批准报出日为 20×2 年 4 月 5 日。20×1 年 10 月 16 日，甲公司与丙公司签订了一项购货合同，约定甲公司于 20×1 年 11 月 20 日之前向丙公司支付首期购货款 200 万元。20×1 年 11 月 8 日，甲公司已从丙公司收到所购货物。20×1 年 11 月 25 日，甲公司因资金周转困难未能按期支付首期购货款而被丙公司起诉，至 20×1 年 12 月 31 日该案件尚未判决。甲公司按或有事项准则确认预计负债 40 万元。20×2 年 1 月 26 日，人民法院对上述丙公司起诉甲公司的案件做出判决，甲公司应赔偿丙公司 50 万元，甲公司和丙公司均表示不再上诉。当日，甲公司向丙公司支付了 50 万元的赔偿款。

要求：针对上述事项进行会计处理。

2. 甲公司适用的所得税税率为 25%，且预计在未来期间保持不变，20×1 年度所得税汇算清缴于 20×2 年 3 月 20 日完成；20×1 年度财务报告批准报出日为 20×2 年 4 月 5 日。20×1 年 12 月 26 日，甲公司与丁公司签订了一项售价总额为 1 000 万元的销售合同，约定甲公司于 20×2 年 2 月 10 日向丁公司发货。甲公司因 20×2 年 1 月 23 日遭受严重自然灾害无法按时交货，与丁公司协商未果。20×2 年 2 月 15 日，甲公司被丁公司起诉，20×2 年 2 月 20 日，甲公司同意向丁公司赔偿 100 万元。丁公司撤回了该诉讼。该赔偿金额对甲公司具有较大影响。

要求：判断该事项是否属于 20×1 年资产负债表日后事项，并简要说明理由。如为调整事项，编制相关会计分录；如为非调整事项，简要说明具体的会计处理方法。

3. A公司 20×1 年 11 月销售给 B 企业一批产品，销售价格为 2 000 万元(不含应向购买方收取的增值税税额)，销售成本为 1 600 万元，货款于当年 12 月 31 日尚未收到。20×1 年 12 月 25 日接到 B 企业通知，B 企业在验收物资时，发现该批产品存在严重的质量问题需要退货。A公司希望通过协商解决问题，并与 B 企业协商解决办法。A公司在编制 20×1 年度资产负债表时，将该应收账款 2 260 万元(包括向购买方收取的增值税税额)列示于资产负债表的"应收账款"项目内，公司按应收账款年末余额的 5%计提坏账准备。20×2 年 2 月 8 日双方协商未成，A公司收到 B 企业通知，该批产品已经全部退回。A公司于 20×2 年 2 月 10 日收到退回的产品，以及购货方退回的增值税专用的发票联和税款抵扣联(假设该商品增值税税率为 13%，A公司为增值税一般纳税人。不考虑其他税费因素)。假定计提的坏账准备税务机关均不允许税前扣除，除应收 B 企业账款应计提的坏账准备外，无其他纳税调整事项。A公司所得税采用资产负债表债务法核算，适用所得税税率为 25%，20×2 年 2 月 15 日完成了 20×1 年所得税汇算清缴。A公司按净利润的 10%提取法定盈余公积。假定在退货发生前，A公司已计提 20×1 年的应交所得税和递延所得税。

要求：对上述事项进行账务处理，并说明对 20×1 年度会计报表相应项目的调整数(不考虑现金流量表)。

4. 甲公司于 20×1 年 8 月销售给乙公司一批产品，价款为 80 000 元(含应向乙公司收取的增值税)，乙公司已于 9 月收到所购物资并验收入库。按合同规定，乙公司应于收到所购物资后 1 个月内付款。但由于乙公司财务状况不佳，直到 20×1 年 12 月 31 日仍未付款。甲公司于 12 月 31 日为该项应收账款提取坏账准备 4 000 元(假定坏账准备提取比例为 5%)，12 月 31 日甲公司"应收账款"科目的余额为 100 000 元，"坏账准备"科目的余额为 5 000 元。甲公司于 20×2 年 2 月 15 日收到乙公司通知，乙公司已进行破产清算，无力偿还所欠部分货款，预计甲公司可收回应收乙公司账款的 30%。此时甲公司的年度财务报告尚未批准报出。甲公司所得税税率为 25%，按净利润的 10%提取盈余公积，除此之外不作其他分配。

要求：对上述事项进行账务处理，并说明对 20×1 年度会计报表相应项目的调整数(不考虑现金流量表)。

5. A公司系上市公司，适用的所得税税率为 25%，所得税采用资产负债表债务法核算。A公司按当年实现净利润的 10%提取法定盈余公积。A公司 20×1 年度所得税汇算清缴于 20×2 年 2 月 28 日完成，在此之前发生的 20×1 年度纳税调整事项，均可进行纳税调整。A公司 20×1 年度财务报告于 20×2 年 3 月 31 日经董事会批准对外报出。

20×2 年 1 月 1 日至 3 月 31 日，A公司发生如下交易或事项。

(1) 2 月 25 日，A公司办公楼因电线短路引发火灾，造成办公楼严重损坏，直接经济损失 230 万元。

(2) 2 月 26 日，A公司获知 C 公司被法院依法宣告破产，预计应收 C 公司账款 250 万元(含增值税)收回的可能性极小，应按全额计提坏账准备。A公司在 20×1 年 12 月 31 日已被告知 C 公司资金周转困难无法按期偿还债务，因而按应收 C 公司账款余额的 50%计提了坏账准备。

(3) 3月5日，A公司发现20×1年度漏记某项生产设备折旧费用200万元，金额较大。至20×1年12月31日，该生产设备生产的已完工产品尚未对外销售。(假定不考虑所得税影响)

(4) 3月15日，A公司决定以2 400万元收购F上市公司股权。该项股权收购完成后，A公司将拥有F上市公司有表决权股份的10%。

(5) 3月28日，A公司董事会提议的利润分配方案为：分配现金股利210万元。

要求：

(1) 指出A公司发生的上述事项中的调整事项和非调整事项。

(2) 对于A公司的调整事项，编制有关调整会计分录。

第八章

企 业 合 并

学习目标：了解企业合并的概念及分类；掌握同一控制和非同一控制下控股合并、吸收合并的会计核算内容和具体会计处理方法。

关键词：同一控制下的企业合并 非同一控制下的企业合并 控股合并 吸收合并

第一节 企业合并概述

一、企业合并的概念

1. 企业合并的界定

企业合并是指将两个或两个以上单独的企业(主体)合并形成一个报告主体的交易或事项。从会计角度，交易是否构成企业合并，进而是否能够按照企业合并准则进行会计处理，主要应关注以下两个方面。

1) 被购买方是否构成业务

企业合并本质上是一种购买行为，但其不同于单项资产的购买，而是一组有内在联系、为了某一既定的生产经营目的存在的多项资产组合或是多项资产、负债构成的净资产的购买。企业合并的结果通常是一个企业取得了对一个或多个业务的控制权。即，要形成会计意义上的"企业合并"，前提是被购买的资产或资产负债组合要形成"业务"。如果一个企业取得了对另一个或多个企业的控制权，而被购买方(或被合并方)并不构成业务，则该交易或事项不形成企业合并。

业务是指企业内部某些生产经营活动或资产、负债的组合，该组合具有投入、加工处理过程和产出能力，能够独立计算其成本费用或所产生的收入。要构成业务不需要有关资产、负债的组合一定构成一个企业，或是具有某一具体法律形式。实务中，虽然也有企业只经营单一业务，但一般情况下企业的分公司、独立的生产车间、不具有独立法人资格的分部等也会构成业务。值得注意的是，有关的资产组合或资产、负债组合是否构成业务，不是看其在出售方手中如何经营，也不是看购买方在购入该部分资产或资产、负债组合后准备如何使用。为保持业务判断的客观性，对一组资产或资产、负债的组合是否构成业务，要看在正常的市场条件下，从一定的商业常识和行业惯例等出发，有关的资产或资产、负债的组合能否被作为具有内在关联度的生产经营目的整合起来使用。

2) 交易发生前后是否涉及对标的业务的控制权的转移

从企业合并的定义看，是否形成企业合并，除要看取得的资产或资产、负债组合是否构成业务之外，还要看有关交易或事项发生前后，是否引起报告主体的变化。报告主体的变化产生于控制权的变化。在交易事项发生以后，投资方拥有对被投资方的权力，通过参与被投资方的相关活动享有可变回报，且有能力运用对被投资方的权力影响其回报金额的，投资方对被投资方具有控制，形成母子公司关系，则涉及控制权的转移，该交易或事项发生以后，子公司需要纳入母公司合并财务报表的范围中，从合并财务报告角度形成报告主体的变化；交易事项发生以后，一方能够控制另一方的全部净资产，被合并的企业在合并后失去其法人资格，也涉及控制权及报告主体的变化，形成企业合并。

假定在企业合并前甲、乙两家公司为各自独立的法律主体，且均构成业务，企业合并准则中所界定的企业合并，包括但不限于以下情形：①甲公司通过增发自身的普通股自乙公司原股东处取得乙公司的全部股权，该交易事项发生后，乙公司仍持续经营。②甲公司支付对价取得乙公司的全部净资产，该交易事项发生后，乙公司的法人资格被撤销。③甲公司以自身持有的资产作为出资投入乙公司，取得对乙公司的控制权，该交易发生后，乙公司仍维持其独立法人资格继续经营。

2. 业务的判断

业务是指企业内部某些生产经营活动或资产负债的组合，该组合具有投入、加工处理过程和产出能力，能够独立计算其成本费用或所产生的收入等，目的在于为投资者提供股利、降低成本或带来其他经济利益。有关资产或资产、负债的组合具备了投入和加工处理过程两个要素即可认为构成一项业务。对于取得的资产、负债组合是否构成业务，应当由企业结合实际情况进行判断。

1) 构成业务的要素

合并方在合并中取得的生产经营活动或资产的组合(以下简称组合)构成业务，通常应具有下列三个要素。

(1) 投入，指原材料、人工、必要的生产技术等无形资产以及构成产出能力的机器设备等其他长期资产的投入。

(2) 加工处理过程，指具有一定的管理能力、运营过程，能够组织投入形成产出能力的系统、标准、协议、惯例或规则。

(3) 产出，包括为客户提供的产品或服务、为投资者或债权人提供的股利或利息等投资收益，以及企业日常活动产生的其他的收益。

2) 构成业务的判断条件

合并方在合并中取得的组合应当至少同时具有一项投入和一项实质性加工处理过程，且二者相结合对产出能力有显著贡献，该组合才构成业务。合并方在合并中取得的组合是否有实际产出并不是判断其构成业务的必要条件。企业应当考虑产出的下列情况分别判断加工处理过程是否是实质性的。

该组合在合并日无产出的，同时满足下列条件的加工处理过程应判断为是实质性的：第一，该加工处理过程对投入转化为产出至关重要；第二，具备执行该过程所需技能、知识或经验的有组织的员工，且具备必要的材料、权利、其他经济资源等投入，例如技术、研究和开发项目、房地产或矿区权益等。

该组合在合并日有产出的，满足下列条件之一的加工处理过程应判断为是实质性的：第一，该加工处理过程对持续产出至关重要，且具备执行该过程所需技能、知识或经验的有组织的员工；第二，该加工处理过程对产出能力有显著贡献，且该过程是独有、稀缺或难以取代的。

企业在判断组合是否构成业务时，应当从市场参与者角度考虑可以将其作为业务进行管理和经营，而不是根据合并方的管理意图或被合并方的经营历史来判断。

3) 判断非同一控制下企业合并中取得的组合是否构成业务，也可选择采用集中度测试

集中度测试是非同一控制下企业合并的购买方在判断取得的组合是否构成一项业务时，可以选择采用的一种简化判断方式。在进行集中度测试时，如果购买方取得的总资产的公允价值几乎相当于其中某一单独可辨认资产或一组类似可辨认资产的公允价值的，则该组合通过集中度测试，应判断为不构成业务，且购买方无须按照上述构成业务的判断条件进行判断；如果该组合未通过集中度测试，购买方仍应按照上述构成业务的判断条件的规定进行判断。购买方应当按照下列规定进行集中度测试。

(1) 计算确定取得的总资产的公允价值。取得的总资产不包括现金及现金等价物、递延所得税资产以及由递延所得税负债影响形成的商誉。购买方通常可以通过下列公式之一计算确定取得的总资产的公允价值。

公式一：总资产的公允价值=合并中取得的非现金资产的公允价值+(购买方支付的对价+购买日被购买方少数股东权益的公允价值+购买日前持有被购买方权益的公允价值-合并中所取得的被购买方可辨认净资产的公允价值)-递延所得税资产-由递延所得税负债影响形成的商誉

公式二：总资产的公允价值=购买方支付的对价+购买日被购买方少数股东权益的公允价值+购买日前持有被购买方权益的公允价值+取得负债的公允价值(不包括递延所得税负债)-取得的现金及现金等价物-递延所得税资产-由递延所得税负债影响形成的商誉

(2) 关于单独可辨认资产。单独可辨认资产是企业合并中作为一项单独可辨认资产予以确认和计量的一项资产或资产组。如果资产(包括租赁资产)及其附着物分拆成本重大，应当将其一并作为一项单独可辨认资产，例如土地和建筑物。

(3) 关于一组类似资产。企业在评估一组类似资产时，应当考虑其中每项单独可辨认资产的性质及其与管理产出相关的风险等。下列情形通常不能作为一组类似资产：一是有形资产和无形资产；二是不同类别的有形资产，例如存货和机器设备；三是不同类别的可辨认无形资产，例如商标权和特许权；四是金融资产和非金融资产；五是不同类别的金融资产，例如应收款项和权益工具投资；六是同一类别但风险特征存在重大差别的可辨认资产等。

4) 是否为业务的购买的会计处理差异

构成企业合并的交易与不构成企业合并的资产或资产、负债组合的购买，意义在于其会计处理存在实质上的差异。

(1) 企业取得了不形成业务的一组资产或资产、负债的组合时，应识别并确认所取得的单独可辨认资产及承担的负债，并将购买成本基于购买日所取得各项可辨认资产、负债的相对公允价值，在各单独可辨认资产和负债间进行分配，不按照企业合并准则进行处理。分配的结果是取得的有关资产、负债的初始入账价值有可能不同于购买时点的公允价值(但若资产的初始确认金额高于其公允价值，需考虑是否存在资产减值)，资产或资产、负债打

包购买中多付或少付的部分均需要分解到取得的资产、负债项目中，从而不会产生商誉或购买利得。在被购买资产构成业务，需要作为企业合并处理时，购买日(合并日)的确定，合并中取得资产、负债的计量，合并差额的处理等均需要按照企业合并准则的有关规定进行处理。如在构成非同一控制下企业合并的情况下，合并中自被购买方取得的各项可辨认资产、负债应当按照其在购买日的公允价值计量，合并成本与取得的可辨认净资产公允价值份额的差额应当确认为单独的一项资产——商誉，或是在企业成本小于合并中取得可辨认净资产公允价值份额的情况下(廉价购买)，将该差额确认计入当期损益。

(2) 交易费用在购买资产交易中通常作为转让对价的一部分，并根据适用的准则资本化为所购买的资产成本的一部分；而在企业合并中，交易费用应被费用化。

(3) 企业会计准则禁止对在以下交易所记录的资产和负债初始确认时产生的暂时性差异确认递延所得税：非业务合并，且既不影响会计利润也不影响应纳税所得额或可抵扣亏损。相应地，资产购买中因账面价值与税务基础不同形成的暂时性差异不应确认递延所得税资产或负债；而业务合并中购买的资产和承担的债务因账面价值与税务基础不同形成的暂时性差异应确认递延所得税影响。

二、企业合并的分类

1. 按法律形式分类

按照法律形式分类，企业合并可分为吸收合并、新设合并和控股合并三种。

1) 吸收合并

合并方在企业合并中取得被合并方的全部净资产，并将有关资产、负债并入合并方自身生产经营活动中。企业合并完成后，注销被合并方的法人资格，由合并方持有合并中取得的被合并方的资产、负债，在新的基础上继续经营，该类合并为吸收合并。

吸收合并中，因被合并方在合并发生以后被注销，从合并方的角度需要解决的问题是，其在合并日取得的被合并方有关资产、负债入账价值的确定，以及为了进行企业合并支付的对价与所取得被合并方资产、负债的入账价值之间差额的处理。

企业合并继后期间，合并方应将合并中取得的资产、负债作为本企业的资产、负债核算。

2) 新设合并

参与合并的各方在企业合并后法人资格均被注销，重新注册成立一家新的企业，由新注册成立的企业持有参与合并各企业的资产、负债在新的基础上经营，为新设合并。新设合并中，各参与合并企业投入到新设企业的资产、负债价值以及相关构成新设企业的资本等，一般应按照有关法律法规及各参与合并方的合同、协议执行。

3) 控股合并

合并方通过企业合并交易或事项取得对被合并方的控制权，企业合并后能够通过所取得的股权等主导被合并方的生产经营决策并自被合并方的生产经营活动中获益，被合并方在企业合并后仍维持其独立法人资格继续经营的，为控股合并。

该类企业合并中，因合并方通过企业合并交易或事项取得了对被合并方的控制权，被合并方成为其子公司，在企业合并发生后，被合并方应当纳入合并方合并财务报表编制范

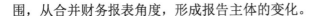

围,从合并财务报表角度,形成报告主体的变化。

2. 按照是否受同一方控制分类

按照参与合并的企业是否受同一方控制,企业合并分为同一控制下的企业合并和非同一控制下的企业合并。

1) 同一控制下的企业合并

同一控制下的企业合并,是指在同一方控制下,一个企业获得另一个或多个企业的股权或净资产的行为,其主要特征是参与合并的各方在合并前后均受同一方或相同的多方最终控制,并且该控制并非暂时性的。例如,集团内一子公司自母公司处取得对集团内另一子公司的控制权;集团内一子公司自另一子公司处获得对孙公司的控制权等。该类企业合并从最终能够实施控制的母公司角度看,其对合并前参与合并的企业及合并后所形成的企业均能够实施控制。

判断某一企业合并是否属于同一控制下的企业合并,应注意以下几点。

(1) 能够对参与合并各方在合并前后均实施最终控制的一方通常指企业集团的母公司。通常情况下,同一企业集团内部各子公司之间、母子公司之间的合并属于同一控制下的企业合并。

(2) 能够对参与合并的企业在合并前后均实施最终控制的相同多方,是指根据合同或协议的约定,拥有最终决定参与合并企业的财务和经营政策,并从中获取利益的投资者群体。

(3) 控制并非暂时性,是指参与合并各方在合并前后较长时间内为最终控制方所控制,具体是指在企业合并之前(即合并日之前),参与合并各方在最终控制方的控制时间一般在1年以上(含1年),企业合并后所形成的报告主体在最终控制方的控制时间也应达到1年以上(含1年)。

(4) 企业之间的合并是否属于同一控制下的企业合并,应综合考虑企业合并交易的各方面情况,按照实质重于形式的原则进行判断。通常情况下,同一控制下的企业合并是指发生在同一企业集团内部企业之间的合并。同受国家控制的企业之间发生的合并,不应仅仅因为参与合并各方在合并前后均受国家控制而将其作为同一控制下的企业合并。

同一控制下的企业合并具有以下特点:①从最终实施控制方的角度来看,其所能够实施控制的净资产,没有发生变化,原则上应保持其账面价值不变;②由于该类合并发生于关联方之间,交易作价往往不公允,很难以双方议定的价格作为核算基础,容易产生利润操纵。

2) 非同一控制下的企业合并

非同一控制下的企业合并,是指参与合并各方在合并前后不受同一方或相同的多方最终控制的合并交易,即同一控制下企业合并以外的其他企业。相对于同一控制下的企业合并而言,非同一控制下的企业合并是合并各方自愿进行的交易行为,作为一种公平的交易,应当以公允价值为基础进行计量。

非同一控制下企业合并具有以下特点:①参与合并的各方不受同一方或相同的多方控制,企业合并大多数是出于企业自愿的行为;②交易过程中各方出于自身利益的考虑会进行激烈的讨价还价,交易以公允价值为基础,作价相对公平合理。

【例8-1】甲公司为某省国资委控制的国有企业,20×0年10月,因该省国资系统出于整合同类业务的需要，由甲公司通过定向发行其普通股的方式给乙公司部分股东，取得对乙公司控制权。该项交易前，乙公司的股权由该省国资委下属丙投资公司持有并控制。双方签订的协议约定：

(1) 以20×0年9月30日为评估基准日，以独立的评估机构评估确定的乙公司全部股权的公允价值4.02亿元为基础确定甲公司应支付的对价。

(2) 甲公司普通股作价5元/股，该项交易中甲公司向丙投资公司发行3 700万公司普通股取得乙公司46%股权。

(3) 甲公司在本次交易中定向发行的3 700万股向丙投资公司发行后，即有权力调整和更换乙公司董事会成员，该事项不受本次交易中股东名册变更及乙公司有关工商注册变更的影响。

20×0年12月10日，甲公司向丙投资公司定向发行了3 700万股并于当日对乙公司董事会进行改选。

问题：甲公司对乙公司的合并应当属于哪一种类型？

分析：合并方甲公司与被合并方乙公司在合并前均为独立的市场主体，其特殊性在于甲公司在合并前直接被当地国资委控制，乙公司是当地国资委通过下属投资公司间接控制。判断本项交易的合并类型关键在于找到是否存在于合并交易发生前后对参与合并各方均能够实施控制的一个最终控制方，本案例中，即当地国资委。虽然该项交易是国资委出于整合同类业务的需要，安排甲公司、乙公司的原控股股东丙投资公司进行的，但交易中作价是完全按照市场价格确定的，同时企业合并准则中明确，同受国家控制的两个企业进行合并，不能仅因为其为国有企业即作为同一控制下企业合并。

该项合并应当作为非同一控制下企业合并处理。

三、合并方(或购买方)、合并日(或购买日)的确定

在企业合并过程中，正确确认合并方(或购买方)、合并日(或购买日)对合并的会计处理有着重大影响。

1. 确定合并方或购买方

根据我国企业合并会计准则的规定，合并方(或购买方)是指企业合并中取得对被合并方(或被购买方)控制权或净资产的一方。同一控制下的企业合并，在合并日取得对其他参与合并企业控制权的一方为合并方，参与合并的其他企业为被合并方；非同一控制下的企业合并中，在购买日取得对其他参与合并企业控制权的一方为购买方，参与合并的其他企业为被购买方。在判断企业合并中的合并方(或购买方)时，应考虑所有相关的事实和情况，特别是企业合并后参与合并各方的相对投票权、合并后主体管理机构及高层管理人员的构成、权益互换的条款等。

(1) 合并中一方取得了另一方半数以上有表决权股份的，除非有明确的证据表明不能形成控制，一般认为取得另一方半数以上表决权股份的一方为购买方。

(2) 某些情况下，即使一方没有取得另一方半数以上有表决权股份，但具有实质控制权的，一般也可认为其获得了对另一方的控制权。关于实质控制权的获得，将在第九章中

详述。

(3) 某些情况下可能难以确定企业合并中的购买方,如参与合并的两家或多家企业规模相当,这种情况下,往往可以结合一些迹象表明购买方的存在。在具体判断时,可以考虑下列相关因素。

① 以支付现金、转让非现金资产或承担负债的方式进行的企业合并,一般支付现金、转让非现金资产或是承担负债的一方为购买方。

② 考虑参与合并各方的股东在合并后主体的相对投票权,其中股东在合并后主体具有相对较高投票比例的一方一般为购买方。

③ 考虑参与合并各方的管理层对合并后主体生产经营决策的主导能力,如果合并导致参与合并一方的管理层能够主导合并后主体生产经营政策的制定,其管理层能够实施主导作用的一方一般为购买方。

④ 参与合并一方的公允价值远远大于另一方的,公允价值较大的一方很可能为购买方。

⑤ 企业合并是通过以有表决权的股份换取另一方的现金及其他资产的,则付出现金或其他资产的一方很可能为购买方。

⑥ 通过权益互换实现的企业合并,发行权益性证券的一方通常为购买方。但如果有证据表明发行权益性证券的一方的生产经营决策在合并后被参与合并的另一方控制,则其应为被购买方,参与合并的另一方为购买方。该类合并通常称为反向购买。

2. 确定合并日或购买日

按照我国企业合并会计准则的规定,合并日(或购买日)是指合并方(或购买方)实际取得对被合并方(或被购买方)控制权的日期,即被合并方(或被购买方)的净资产或生产经营决策的控制权转移给合并方(或购买方)的日期。可见,合并日和购买日的确定原则是一致的。以购买日为例,根据企业合并方式的不同,在控股合并的情况下,购买方应在购买日确认因企业合并形成的对被购买方的长期股权投资;在吸收合并的情况下,购买方应在购买日确认合并中取得的被购买方各项可辨认资产、负债等。

确定购买日的基本原则是控制权转移的时点。企业在实务操作中,应当结合合并合同或协议的约定及其他有关的影响因素,按照实质重于形式的原则进行判断。同时满足以下条件时,一般可认为实现了控制权的转移,形成购买日。

(1) 企业合并合同或协议已获股东大会等内部权力机构通过。企业合并一般涉及的交易规模较大,无论是合并当期还是合并以后期间,均会对企业的生产经营产生重大影响,在能够对企业合并进行确认、形成实质性的交易前,该交易或事项应经过企业的内部权力机构批准,如股份有限公司,其内部权力机构一般指股东大会。

(2) 按照规定,合并事项需要经过国家有关主管部门审批的,已获得相关部门的批准。按照国家有关规定,企业购并需要经过国家有关部门批准的,取得相关批准文件是确定购买日的重要因素。

(3) 参与合并各方已办理了必要的财产权交接手续。作为购买方,其通过企业合并无论是取得对被购买方的股权还是取得被购买方的全部净资产,能够形成与取得股权或净资产相关的风险和报酬的转移,一般需办理相关的财产权交接手续,从而在法律上保障有关风险和报酬的转移。

(4) 购买方已支付了购买价款的大部分(一般应超过 50%),并且有能力、有计划支付剩余款项。购买方要取得与被购买方净资产相关的风险和报酬,其前提是必须支付一定的对价。一般在形成购买日之前,购买方应当已经支付了购买价款的大部分,并且从其目前财务状况判断,有能力支付剩余款项。

(5) 购买方实际上已经控制了被购买方的财务和经营政策,享有相应的收益并承担相应的风险。

企业合并涉及一次以上交易的(如通过分阶段取得股份最终实现合并),企业应于每个交易日确认对被投资企业的各单项投资。"交易日"是指合并方或购买方在自身的账簿和报表中确认对被投资单位投资的日期。分步实现的企业合并中,购买日是指按照有关标准判断购买方最终取得对被购买企业控制权的日期。

例如,A 企业于 20×0 年 5 月 20 日取得 B 公司 28%的股权(假定能够对被投资单位施加重大影响),在与取得股权相关的风险和报酬发生转移的情况下,A 企业应确认对 B 公司的长期股权投资。在已经拥有 B 公司 28%股权的基础上,A 企业又于 20×1 年 12 月 18 日取得 B 公司 30%的股权,在其持股比例达到 58%的情况下,假定于当日开始能够对 B 公司实施控制,则 20×1 年 12 月 18 日为第二次购买股权的交易日,同时因在当日能够对 B 公司实施控制,形成企业合并的购买日。

第二节　同一控制下企业合并的会计处理原则及方法

企业合并的会计处理方法有两种:购买法和权益结合法。购买法合并是一个公司购买另一个公司的合并,权益结合法合并是两个或两个以上公司的权益联合起来的合并。

一、会计核算方法

我国同一控制下企业合并类似于权益结合法。该方法下,将企业合并看作是两个或多个参与合并企业权益的重新整合,从最终控制方的角度,该类企业合并一定程度上并不会构成企业集团整体的经济利益流入和流出,最终控制方在合并前后实际控制的经济资源并没有发生变化,有关交易事项不作为出售或购买。一般来讲,权益结合法是以现存账面金额确认各参与合并企业的资产、负债和权益,使各个企业尽管现在已被共同拥有和管理,但好像仍同过去一样继续经营;同时,还对各参与合并企业所披露的任何可比期间的财务报表进行合并,犹如从列报的最早期间起就已合并在一起。由于权益结合法不将企业合并视为购买行为,也就不存在购买成本与净资产公允价值差额的确认。

权益结合法是将企业合并视为各参与合并企业的所有者权益结合。因此,这种方法一般具有如下特点。

(1) 既然将参与合并的各企业视同合并日前就已经结合在一起,所以合并业务发生时,不应该改变会计核算的基础,即仍以账面价值为基础来记录企业合并所取得的资产和负债。

(2) 既然企业合并不是购买行为,也就谈不上购买价格问题,也就不存在购买成本与净资产公允价值之间的差额,即没有因合并产生的商誉或营业外收入的问题。

(3) 企业合并时发生的全部相关费用,无论是直接的还是间接的,均确认为当期费用,计入当期损益。

(4) 不论合并发生在会计年度的哪一个时点,参与合并企业的整个年度损益都要包括在合并后企业的利润表中。参与合并企业的整个留存收益均应转入合并后的企业。

(5) 若参与合并的企业的会计期间或会计政策不一致,应予以追溯调整,以确保合并时会计数据加总有意义和合并后会计政策的统一。此外,还应编制经追溯调整的视同合并的合并前比较财务报表。

(6) 账面换出股本的金额加上现金或其他资产形式的额外出价与账面换入股本的金额之间的差额,应调整股东权益。因为当企业采用权益结合法的形式进行合并时,所发生的仅仅是股权的交换,并非现实的资产交换,其升值部分不应视为商誉,而应作为所有者权益的增加,即资产的度量是以原始成本表述的,其公允价值超过原始成本的部分都应体现在股东权益中。

二、同一控制下企业合并的会计处理原则

同一控制下企业合并的会计处理主要包括确定合并方、合并日、企业合并成本、合并中取得有关资产和负债的入账价值以及合并差额的处理。其中同一控制下企业合并的合并方及合并日的确定,前面已经讲解。

1. 确定企业合并成本

(1) 合并方在合并中确认取得的被合并方的资产、负债仅限于被合并方账面上原已确认的资产和负债,合并中不产生新的资产和负债。

同一控制下的企业合并,从最终控制方的角度,其在企业合并发生前后能够控制的净资产价值量并没有发生变化,因此即便是在合并过程中,取得的净资产入账价值与支付的合并对价账面价值之间存在差额,同一控制下的企业合并中一般也不产生新的商誉因素,即不确认新的资产,但被合并方在企业合并前账面上原已确认的商誉应作为合并中取得的资产确认。

(2) 合并方在合并中取得的被合并方各项资产、负债应维持其在被合并方的原账面价值不变。

被合并方在企业合并前采用的会计政策与合并方不一致的,应基于重要性原则,首先统一会计政策,即合并方应当按照本企业会计政策对被合并方资产、负债的账面价值进行调整,并以调整后的账面价值作为有关资产、负债的入账价值。进行上述调整的一个基本原因是将该项合并中涉及的合并方及被合并方作为一个整体对待,对于一个完整的会计主体,其对相关交易、事项应当采用相对统一的会计政策,在此基础上反映其财务状况和经营成果。

(3) 形成同一控制下控股合并的长期股权投资,如果子公司按照改制时确定的资产、负债经评估确认的价值调整资产、负债账面价值的,合并方应当按照取得子公司经评估确认的净资产的份额,作为长期股权投资的初始投资成本。

2. 合并差额的处理

合并方在同一控制下的企业合并，本质上不作为购买，而是两个或多个会计主体权益的整合。合并方在企业合并中取得的价值量相对于所放弃价值量之间存在差额的，应当调整所有者权益。在根据合并差额调整合并方的所有者权益时，应首先调整资本公积(资本溢价或股本溢价)，资本公积(资本溢价或股本溢价)的余额不足冲减的，应冲减留存收益。

3. 合并费用的处理

合并方为进行企业合并发生的有关费用，指合并方为进行企业合并发生的各项直接相关费用，如为进行企业合并支付的审计费用、资产评估费用以及有关的法律咨询费用等增量费用。同一控制下企业合并进行过程中发生的各项直接相关费用，应于发生时费用化计入当期损益，借记"管理费用"等科目，贷记"银行存款"等科目。

【例8-2】20×1年12月1日，A公司为进行企业合并发生的审计费用、评估费用等相关费用共计430 000元，均以银行存款支付。

A公司的会计处理如下。

借：管理费用　　　　　　　　　　　　　　　　430 000
　　贷：银行存款　　　　　　　　　　　　　　　　430 000

如果出现以下两种情况，不作为合并费用列支。

(1) 以发行债券方式进行的企业合并，与发行债券相关的佣金、手续费等应按照《企业会计准则第22号——金融工具确认和计量》的规定进行会计处理。该部分费用虽然与筹集用于企业合并的对价直接相关，但其会计处理应遵照金融工具准则的原则，有关的费用应计入负债的初始计量金额。

【例8-3】20×1年10月1日，A公司为进行企业合并而发行一批债券，面值为56 700 000元，票面年利率为4%，扣除发生的手续费、佣金外，实际收到款项56 400 000元。

A公司在发行日的会计处理如下。

借：银行存款　　　　　　　　　　　　　　　56 400 000
　　应付债券——利息调整　　　　　　　　　　　300 000
　　贷：应付债券——债券面值　　　　　　　　　56 700 000

(2) 发行权益性证券作为合并对价的，与所发行权益性证券相关的佣金、手续费等应按照《企业会计准则第37号——金融工具列报》的规定处理。即与发行权益性证券相关的费用，不管其是否与企业合并直接相关，均应自所发行权益性证券的发行收入中扣减。在权益性工具发行有溢价的情况下，自溢价收入中扣除；在权益性证券发行无溢价或溢价金额不足以扣减的情况下，应当冲减盈余公积和未分配利润。

【例8-4】20×1年7月1日，B公司经批准发行一批普通股股票，以进行企业合并，股票面值总额为32 000 000元，实际发行价格为64 000 000元，发生手续费、佣金等费用共计4 000 000元。B公司在发行日的会计处理如下。

借：银行存款　　　　　　　　　　　　　　　60 000 000
　　贷：股本　　　　　　　　　　　　　　　　32 000 000
　　　　资本公积——股本溢价　　　　　　　　28 000 000

4. 企业合并涉及的或有对价

同一控制下企业合并形成的控股合并,在确认长期股权投资初始投资成本时,应按照《企业会计准则第 13 号——或有事项》的规定,判断是否应就或有对价确认预计负债或者确认资产,以及应确认的金额;确认预计负债或资产的,该预计负债或资产金额与后续或有对价结算金额的差额不影响当期损益,而应当调整资本公积(资本溢价或股本溢价),资本公积(资本溢价或股本溢价)不足冲减的,调整留存收益。

三、同一控制下企业合并的会计处理方法

1. 同一控制下控股合并的会计处理

同一控制下的控股合并中,合并方在合并日涉及两个方面的问题:一是对于因该项企业合并形成的对被合并方的长期股权投资的确认和计量;二是合并日合并财务报表的编制。

1) 长期股权投资成本的确认与计量

(1) 合并方以发行权益性证券作为合并对价的,应按合并日取得被合并方所有者权益在最终控制方合并财务报表中的账面价值的份额确认长期股权投资,以发行权益性证券的面值总额作为股本,长期股权投资初始投资成本与所发行权益性证券面值总额之间的差额,应当调整资本公积(资本溢价或股本溢价);资本公积(资本溢价或股本溢价)不足冲减的,调整留存收益。

应注意的是,在计算确定同一控制下企业合并形成对子公司长期股权投资成本时,应当合理确定被合并方所有者权益在最终控制方合并财务报表中的账面价值。

【例 8-5】甲公司为某一集团母公司,分别控制乙公司和丙公司。20×0 年 1 月 1 日,甲公司从本集团外部以现金对价 4 000 万元购入丁公司 80% 股权(属于非同一控制下企业合并)并能够控制丁公司。购买日,丁公司可辨认净资产的公允价值为 5 000 万元,账面价值为 3 500 万元。20×2 年 1 月 1 日,乙公司购入甲公司所持丁公司的 80% 股权,形成同一控制下的企业合并。20×0 年 1 月至 20×1 年 12 月 31 日,丁公司按照购买日净资产的公允价值计算实现的净利润为 1 200 万元;按照购买日净资产的账面价值计算实现的净利润为 1 500 万元,无其他所有者权益变动。20×2 年 1 月 1 日合并日,丁公司的所有者权益相对于甲公司而言的账面价值为:自 20×0 年 1 月 1 日丁公司净资产公允价值 5 000 万元持续计算至 20×1 年 12 月 31 日的账面价值 6 200 万元(5 000+1 200)。乙公司购入丁公司的初始投资成本为 4 960 万元[(5 000+1 200)×80%]。如果被合并方本身编制合并财务报表的,被合并方的账面所有者权益应当以其在最终控制方合并财务报表中的账面价值为基础确定。

【例 8-6】A、B 公司分别为 P 公司控制下的两家子公司。A 公司于 20×1 年 3 月 10 日自母公司 P 处取得 B 公司 80% 的股权,合并后 B 公司仍维持其独立法人资格继续经营。为进行该项企业合并,A 公司发行了 300 万股本公司普通股(每股面值 1 元)作为对价。假定 A、B 公司采用的会计政策相同。合并日,A 公司及 B 公司的所有者权益构成如表 8-1 所示。

A 公司在合并日应进行的账务处理如下。

借: 长期股权投资——B 公司   8 000 000
 贷: 股本——P 公司   3 000 000
   资本公积——股本溢价   5 000 000

表8-1 A、B公司所有者权益构成

单位：元

A公司		B公司	
项　目	金　额	项　目	金　额
股本	18 000 000	股本	3 000 000
资本公积	5 000 000	资本公积	1 000 000
盈余公积	4 000 000	盈余公积	2 000 000
未分配利润	10 000 000	未分配利润	4 000 000
合计	37 000 000	合计	10 000 000

(2) 同一控制下的控股合并，合并方以支付现金、转让非现金资产或承担债务方式作为合并对价的，应当在合并日以取得被合并方所有者权益在最终控制方合并财务报表中的账面价值的份额作为长期股权投资的初始投资成本。长期股权投资的初始投资成本与支付的现金、转让的非现金资产及所承担债务账面价值之间的差额，应当调整资本公积(资本溢价或股本溢价)；资本公积(资本溢价或股本溢价)的余额不足冲减的，调整留存收益。

【例8-7】A公司以一项账面价值为280万元的固定资产(原价400万元，累计折旧120万元)和一项账面价值为320万元的无形资产(原价500万元，累计摊销180万元)为对价取得同一集团内另一家全资企业B公司100%的股权。合并日，A公司和B公司所有者权益构成如表8-2所示。

表8-2 A、B公司所有者权益构成

单位：元

A公司		B公司	
项　目	金　额	项　目	金　额
股本	36 000 000	股本	2 000 000
资本公积	1 000 000	资本公积	2 000 000
盈余公积	8 000 000	盈余公积	3 000 000
未分配利润	20 000 000	未分配利润	3 000 000
合计	65 000 000	合计	10 000 000

A公司在合并日应确认对B公司的长期股权投资，进行以下账务处理。

借：固定资产清理　　　　　　　　　　　　2 800 000
　　累计折旧　　　　　　　　　　　　　　1 200 000
　　　贷：固定资产　　　　　　　　　　　　　　4 000 000
借：长期股权投资　　　　　　　　　　　　10 000 000
　　累计摊销　　　　　　　　　　　　　　1 800 000
　　　贷：固定资产清理　　　　　　　　　　　　2 800 000
　　　　　无形资产　　　　　　　　　　　　　　5 000 000
　　　　　资本公积——资本溢价　　　　　　　　4 000 000

(3) 企业通过多次交易分步取得同一控制下被投资单位的股权，最终形成企业合并的，应当判断多次交易是否属于"一揽子"交易。多次交易的条款、条件以及经济影响符合以下一种或多种情况，通常表明应将多次交易事项作为"一揽子"交易进行会计处理：①这些交易是同时或者在考虑了彼此影响的情况下订立的；②这些交易整体才能达成一项完整的商业结果；③一项交易的发生取决于其他至少一项交易的发生；④一项交易单独看是不经济的，但和其他交易一并考虑时是经济的。

属于"一揽子"交易的，合并方应当将各项交易作为一项取得控制权的交易进行会计处理。不属于"一揽子"交易的，取得控制权日，应按照以下步骤进行会计处理。

①　确定同一控制下企业合并形成的长期股权投资的初始投资成本。在合并日，根据合并后应享有被合并方净资产在最终控制方合并财务报表中的账面价值的份额，确定长期股权投资的初始投资成本。

②　长期股权投资初始投资成本与合并对价账面价值之间的差额的处理。合并日长期股权投资的初始投资成本，与达到合并前的长期股权投资账面价值加上合并日进一步取得股份新支付对价的账面价值之和的差额，调整资本公积(资本溢价或股本溢价)，资本公积不足冲减的，冲减留存收益。

③　合并日之前持有的股权投资，因采用权益法核算或按照金融工具准则的相关内容核算而确认的其他综合收益，暂不进行会计处理，直至处置该项投资时采用与被投资单位直接处置相关资产或负债相同的基础进行会计处理；因采用权益法核算而确认的被投资单位净资产中除净损益、其他综合收益和利润分配以外的所有者权益其他变动，暂不进行会计处理，直至处置该项投资时转入当期损益。其中，处置后的剩余股权采用成本法或权益法核算的，其他综合收益和其他所有者权益应按比例结转，处置后的剩余股权不再属于长期股权投资核算范围的，按照金融工具准则的相关内容进行会计处理。

【例 8-8】20×0 年 1 月 1 日，甲公司取得同一控制下的乙公司 25%的股份，实际支付款项 90 000 000 元，能够对乙公司施加重大影响。相关手续于当日办理完毕。当日，乙公司可辨认净资产账面价值为 330 000 000 元。20×0 年度及 20×1 年度，乙公司共实现净利润 15 000 000 元，无其他所有者权益变动。20×2 年 1 月 1 日，甲公司以定向增发 30 000 000 股普通股(每股面值为 1 元)的方式取得同一控制下另一企业所持有的乙公司 35%股权，相关手续于当日完成。进一步取得股权后，甲公司能够对乙公司实施控制。当日，乙公司在最终控制方合并财务报表中的净资产的账面价值为 345 000 000 元。

假定甲公司和乙公司采用的会计政策和会计期间相同，均按照 10%的比例提取法定盈余公积。甲公司和乙公司一直受同一最终控制方控制。上述交易不属于"一揽子"交易。不考虑相关税费等其他因素影响。假定甲公司初次取得乙公司 25%的股权，已按规定进行了会计处理。

(1)　确定合并日长期股权投资的初始投资成本。

合并日追加投资后甲公司持有乙公司股权比例为(25% + 35%)60%。合并日甲公司享有乙公司在最终控制方合并财务报表中净资产的账面价值份额为 207 000 000 元(即 345 000 000 × 60%)。

(2)　长期股权投资初始投资成本与合并对价账面价值之间的差额的处理。

原 25%的股权投资采用权益法核算，在合并日的原账面价值为 93 750 000 元(即 90 000 000+ 15 000 000 × 25%)。追加投资(35%)所支付对价的账面价值为 30 000 000 元。合并对价账面价值为 123 750 000 元(即 93 750 000+30 000 000)。长期股权投资初始投资成本与合并对价账面价值之间的差额为 83 250 000 元(即 207 000 000－123 750 000)。

合并日，甲公司应进行的账务处理如下。

借：长期股权投资——乙公司　　　　　　　　207 000 000
　　贷：长期股权投资——乙公司——投资成本　　　90 000 000
　　　　　　　　　　　　　　　——损益调整　　　　3 750 000
　　　　股本　　　　　　　　　　　　　　　　　30 000 000
　　　　资本公积——股本溢价　　　　　　　　　83 250 000

2) 合并当期期末比较报表的提供

对于同一控制下的控股合并，应视同合并后形成的报告主体自最终控制方开始实施控制时一直是一体化存续下来的，体现在其合并财务报表上，即由合并后形成的母子公司构成的报告主体，无论是其资产规模还是其经营成果都应持续计算。

编制合并财务报表时，无论该项合并发生在报告期的任一时点，合并利润表、合并现金流量表均反映的是由母子公司构成的报告主体自合并当期期初至合并日实现的损益及现金流量情况。相应地，合并资产负债表的留存收益项目，应当反映母子公司如果一直作为一个整体运行至合并日应实现的盈余公积和未分配利润的情况。

对于同一控制下的控股合并，在合并当期编制合并财务报表时，应当对合并资产负债表的期初数进行调整，同时应当对比较报表的相关项目进行调整，视同合并后的报告主体在以前期间一直存在。合并财务报表的具体编制将在本书第九章讲解。

2. 同一控制下吸收合并的会计处理

1) 资产、负债的确认与计量

同一控制下的吸收合并中，合并方主要涉及合并日取得被合并方资产、负债入账价值的确定，以及合并中取得有关净资产的入账价值与支付的合并对价账面价值之间差额的处理。

(1) 合并方对同一控制下吸收合并中取得的资产、负债应当按照相关资产、负债在被合并方的原账面价值入账。

(2) 合并方在确认了合并中取得的被合并方的资产和负债后，以发行权益性证券方式进行的该类合并，所确认的净资产入账价值与发行股份面值总额的差额，应计入资本公积(资本溢价或股本溢价)，资本公积(资本溢价或股本溢价)的余额不足冲减的，相应冲减盈余公积和未分配利润；以支付现金、非现金资产方式进行的该类合并，所确认的净资产入账价值与支付的现金、非现金资产账面价值的差额，相应调整资本公积(资本溢价或股本溢价)，资本公积(资本溢价或股本溢价)的余额不足冲减的，应冲减盈余公积和未分配利润。

【例8-9】20×0年6月30日，P公司向S公司的股东定向增发1 000万股普通股(每股面值为1元，市价为4.34元)对S公司进行吸收合并，并于当日取得S公司净资产。参与合并企业在20×0年6月30日企业合并前，有关资产、负债情况如表8-3所示。

表8-3　资产负债表(简表)

20×0年6月30日　　　　　　　　　　　单位：元

项　　目	P公司	S公司	
	账面价值	账面价值	公允价值
资产：			
货币资金	17 250 000	1 800 000	1 800 000

项 目	P公司	S公司	
	账面价值	账面价值	公允价值
应收账款	12 000 000	8 000 000	8 000 000
存货	24 800 000	1 020 000	1 800 000
长期股权投资	20 000 000	8 600 000	15 200 000
固定资产	28 000 000	12 000 000	22 000 000
无形资产	18 000 000	2 000 000	6 000 000
商誉			
资产总额	120 050 000	33 420 000	54 800 000
负债和所有者权益:			
短期借款	10 000 000	9 000 000	9 000 000
应付账款	15 000 000	1 200 000	1 200 000
其他负债	1 500 000	1 200 000	1 200 000
负债合计	26 500 000	11 400 000	11 400 000
实收资本	30 000 000	10 000 000	
资本公积	20 000 000	6 000 000	
盈余公积	20 000 000	2 000 000	
未分配利润	23 550 000	4 020 000	
所有者权益合计	93 550 000	22 020 000	43 400 000
负债和所有者权益合计	120 050 000	33 420 000	

假定P公司和S公司为同一集团内两家全资子公司,合并前其共同的母公司为A公司。该项合并中参与合并的企业在合并前及合并后均为A公司最终控制,即为同一控制下的企业合并。自20×0年6月30日开始,P公司能够对S公司的净资产实施控制,该日即为合并日。

因合并后S公司失去其法人资格,P公司应确认合并中取得的S公司的各项资产和负债,假定P公司与S公司在合并前采用的会计政策相同。P公司对该项合并应进行的会计处理如下。

```
借: 库存现金、银行存款等            1 800 000
    应收账款                        8 000 000
    原材料、库存商品、周转材料等     1 020 000
    长期股权投资                    8 600 000
    固定资产                       12 000 000
    无形资产                        2 000 000
  贷: 短期借款                       9 000 000
      应付账款                      1 200 000
      其他应付款等                  1 200 000
      股本                         10 000 000
      资本公积——股本溢价           12 020 000
```

2) 合并当期期末比较报表的提供

因被合并方在合并后失去法人资格,其所有的资产、负债均并入合并方的账簿和报表进行核算。合并方在合并当期期末编制的是包括了被合并方的个别财务报表。对于同一控制下的吸收合并,在编制比较报表时,无须对以前期间已经编制的比较报表进行调整。

四、同一控制下企业合并的信息披露

企业合并发生当期的期末,合并方应当在附注中披露与同一控制下企业合并有关的下列信息:

(1) 参与合并企业的基本情况。

(2) 属于同一控制下企业合并的判断依据。

(3) 合并日的确定依据。

(4) 以支付现金、转让非现金资产以及承担债务作为合并对价的,所支付对价在合并日的账面价值;以发行权益性证券作为合并对价的,合并中发行权益性证券的数量及定价原则,以及参与合并各方交换有表决权股份的比例。

(5) 被合并方的资产、负债在上一会计期间资产负债表日及合并日的账面价值;被合并方自合并当期期初至合并日的收入、净利润、现金流量等情况。

(6) 合并合同或协议约定将承担被合并方或有负债的情况。

(7) 被合并方采用的会计政策与合并方不一致所做调整情况的说明。

(8) 合并后已处置或拟处置被合并方资产、负债的账面价值、处置价格等。

第三节　非同一控制下企业合并的会计处理原则及方法

一、会计核算方法

我国非同一控制下企业合并类似于购买法。该方法下,将企业合并视为一家企业购买另一家或几家企业的行为。它要求重新估价被购买方的资产负债表项目,并按重估后的公允价值在购买方的账户或合并财务报表上反映,所取得的净资产的公允价值与购买成本的差额表现为购买方购买时发生的商誉,或直接计入损益。也就是说,在购买法下,购买净资产与购买一般资产一样,购买方应按购买成本确认所购资产(包括商誉)及负债的公允价值。

购买法假定,企业合并是一家企业取得另一家企业净资产的一项交易,与企业直接从外界购买设备、存货等资产并无区别。因此,购买法一般具有如下特点。

(1) 购买方按公允价值记录所取得的被购买方的资产和负债。

(2) 购买成本超过被购买方可辨认资产和负债公允价值的部分,记为商誉,并每年对其实施减值测试。

(3) 合并时的相关费用分为如下几种情况:若以发行股票或债券的方式支付,发行成本直接冲减股票溢价(无溢价或溢价不足扣减的情况下,冲减盈余公积和未分配利润)或债券的初始计量金额;法律费、咨询费和佣金等直接费用计入购买成本;合并的间接费用则计为当期费用。

(4) 购买方当年利润既包括合并当年购买方自身实现的利润,还包括购买日后被购买方实现的利润。

(5) 由于被购买方的资产、负债已按公允价值反映,因此不需要按购买方的会计政策调整被购买方的会计记录。

由此可见,在购买法下,购买方于购买日只需按公允价值合并被购买方的资产负债表项目(仅是资产、负债,不包括所有者权益),而不需要合并被购买方合并前累积的本会计期间的利润表项目。同样,母公司也不需要编制合并日的合并现金流量表。

二、非同一控制下企业合并的会计处理原则

非同一控制下企业合并的会计处理主要包括确定购买方、购买日、企业合并成本、合并中取得有关资产和负债的入账价值以及合并差额的处理。其中,非同一控制下企业合并的购买方及购买日的确定,前面已经讲解。

1. 确定企业合并成本

企业合并成本包括购买方为进行企业合并支付的现金或非现金资产、发行或承担的债务、发行的权益性证券等在购买日的公允价值。

2. 合并差额的处理

购买方对于企业合并成本与确认的被购买方可辨认净资产公允价值份额的差额,应视情况分别处理。

(1) 企业合并成本大于合并中取得的被购买方可辨认净资产公允价值份额的差额,应确认为商誉。不同的企业合并方式下,商誉的列示也是不同的。在控股合并情况下,该差额是指合并财务报表中应列示的商誉;在吸收合并情况下,该差额是购买方在其账簿及个别财务报表中应确认的商誉。

商誉在确认以后,持有期间不要求摊销,企业应当按照《企业会计准则第 8 号——资产减值》的规定对其进行减值测试,对于可收回金额低于账面价值的部分,计提减值准备。

(2) 企业合并成本小于合并中取得的被购买方可辨认净资产公允价值份额的差额,应计入合并当期损益。企业合并准则要求,在该种情况下,要对合并中取得的资产和负债的公允价值、作为合并对价的非现金资产或发行的权益性证券等的公允价值进行复核,复核结果表明所确定的各项可辨认资产和负债的公允价值确实是恰当的,应将企业合并成本低于取得的被购买方可辨认净资产公允价值份额之间的差额,计入合并当期的营业外收入,并在会计报表附注中予以说明。

在吸收合并的情况下,上述企业合并成本小于合并中取得的被购买方可辨认净资产公允价值的差额,应计入合并当期购买方的个别利润表;在控股合并的情况下,上述差额应体现在合并当期的合并利润表中。

3. 合并费用的处理

我国非同一控制下的企业合并和同一控制下的企业合并对于合并中发生的各项直接相关费用的处理原则一致。购买方为企业合并发生的审计、法律服务、评估咨询等中介费用以及其他相关管理费用,应当于发生时计入当期损益;购买方作为合并对价发行的权益性

证券或债务性证券的交易费用，应当计入权益性证券或债务性证券的初始确认金额。

4. 企业合并成本在取得的可辨认资产和负债之间的分配

非同一控制下企业合并中，购买方取得了对被购买方净资产的控制权，视合并方式的不同，应分别在合并财务报表或个别财务报表中确认合并中取得的各项可辨认资产和负债。

1）可辨认资产、负债的确定原则

购买方在企业合并中取得的被购买方各项可辨认资产和负债，要作为本企业的资产、负债(或合并财务报表中的资产、负债)进行确认。在购买日，应当满足资产、负债的确认条件。有关的确认条件包括如下内容。

(1) 合并中取得的被购买方的各项资产(无形资产除外)，其所带来的未来经济利益预期能够流入企业且公允价值能够可靠计量的，应单独作为资产确认。

(2) 合并中取得的被购买方的各项负债(或有负债除外)，履行有关的义务预期会导致经济利益流出企业且公允价值能够可靠计量的，应单独作为负债确认。

2）企业合并中取得无形资产的确认

购买方在企业合并中取得的无形资产如果符合无形资产的界定且其在购买日的公允价值能够可靠计量，应单独予以确认。按照无形资产准则的规定，没有实物形态的非货币性资产要符合无形资产的定义，关键要看其是否满足可辨认性标准，即是否能够从企业中分离或者划分出来，并能单独或者与相关合同、资产、负债一起，用于出售、转移、授予许可、租赁或者交换；或者应源自合同性权利或其他法定权利。

在公允价值能够可靠计量的情况下，区别于商誉单独确认的无形资产一般包括：商标、版权及与其相关的许可协议、特许权、分销权等类似权利、专利技术、专有技术等。

3）可辨认资产、负债的计量

企业合并中取得的资产、负债在满足确认条件后，应以其公允价值计量。

对于被购买方在企业合并之前已经确认的商誉和递延所得税项目，购买方在对企业合并成本进行分配、确认合并中取得可辨认资产和负债时不应予以考虑。在按照规定确定了合并中应予确认的各项可辨认资产、负债的公允价值后，其计税基础与账面价值不同形成暂时性差异的，应当按照所得税会计准则规定确认相应递延所得税资产或递延所得税负债。

在非同一控制下的企业合并中，购买方确认的在合并中取得的被购买方各项可辨认资产和负债不仅局限于被购买方在合并前已经确认的资产和负债，还可能包括企业合并前被购买方在其资产负债表中未予确认的资产和负债，该类资产和负债在企业合并前可能由于不符合确认条件未确认为被购买方的资产和负债，但在企业合并发生后，因符合了有关的确认条件则需要作为合并中取得的可辨认资产和负债进行确认。例如，被购买方在企业合并前存在的未弥补亏损，在企业合并前因无法取得足够的应纳税所得额用于抵扣该亏损而未确认相关的递延所得税资产，如按照税法规定能够抵扣购买方未来期间实现的应纳税所得额而且购买方在未来期间预计很可能取得足够的应纳税所得额的情况下，有关的递延所得税资产应作为合并中取得的可辨认资产予以确认。

5. 企业合并涉及的或有对价

在某些情况下，企业合并各方可能在合并协议中约定，根据未来一项或多项或有事项的发生，购买方通过发行额外证券、支付额外现金或其他资产等方式追加合并对价，或者要求返还之前已经支付的对价，这将导致产生企业合并的或有对价问题。会计准则规定，购买方应当将合并协议约定的或有对价作为企业合并转移对价的一部分，按照其在购买日的公允价值计入企业合并成本。或有对价符合权益工具和金融负债定义的，购买方应当将支付或有对价的义务确认为一项权益或负债；符合资产定义并满足资产确认条件的，购买方应当将符合合并协议约定条件的、可收回的部分已支付合并对价的权利确认为一项资产。同时规定，购买日12个月内出现对购买日已存在情况的新的或进一步证据需要调整或有对价的，应当予以确认并对原计入合并商誉的金额进行调整；其他情况下发生的或有对价变化或调整，应当区分情况进行会计处理：或有对价为权益性质的，不进行会计处理；或有对价为资产或负债性质的，如果属于会计准则规定的金融工具，应当按照以公允价值计量且其变动计入当期损益进行会计处理，不得指定为以公允价值计量且其变动计入其他综合收益的金融资产。

上述关于或有对价的规定，主要侧重于两个方面：一是在购买日应当合理估计或有对价并将其计入企业合并成本，购买日后12个月内取得新的或进一步证据表明购买日已存在状况，从而需要对企业合并成本进行调整的，可以据以调整企业合并成本；二是无论是购买日后12个月内还是其他时点，如果是由于出现新的情况导致对原估计或有对价进行调整的，则不能再对企业合并成本进行调整，相关或有对价属于金融工具的，应以公允价值计量，公允价值变动计入当期损益。上述会计处理的出发点在于，对企业合并交易原则上确认和计量时点应限定为购买日。购买日以后视新的情况对原购买成本进行调整的，不能视为购买日的状况，因此也就不能据以对企业合并成本进行调整。非同一控制下企业合并中的或有对价构成金融资产或金融负债的，应当以公允价值计量并将其变动计入当期损益；或有对价属于权益性质的，应作为权益性交易进行会计处理。

【例8-10】A上市公司20×0年1月2日以现金3亿元自B公司购买其持有的C公司100%股权，并于当日向C公司董事会派出成员，主导其财务和生产经营决策。股权转让协议约定，B公司就C公司在收购完成后的经营业绩向A公司做出承诺：C公司20×0年、20×1年、20×2年经审计扣除非经常性损益后归属于母公司股东的净利润分别不低于2 000万元、3 000万元和4 000万元。如果C公司未达到承诺业绩，B公司将在C公司每一相应年度的审计报告出具后30日内，按C公司实际实现的净利润与承诺利润的差额，以现金方式对A公司进行补偿。

购买日，A公司根据C公司所处市场状况及行业竞争力等情况判断，预计C公司能够完成承诺期利润。20×0年，C公司实现净利润2 200万元。20×1年，由于整体宏观经济形势变化，C公司实现净利润2 400万元，且预期20×2年该趋势将持续，预计能够实现净利润约2 600万元。

分析：A公司与B公司在交易前不存在关联关系，该项企业合并应为非同一控制下企业合并。购买日为20×0年1月2日，A公司支付了价款3亿元，同时估计C公司能够实现承诺利润，或有对价估计为0。A公司应当确认对C公司长期股权投资成本为3亿元。

借：长期股权投资　　　　　　　　　　　　　300 000 000
　　贷：银行存款　　　　　　　　　　　　　　　　　　300 000 000

20×1年C公司未实现预期利润，且预计20×2年也无法实现，则A上市公司需要估计该或有对价的公允价值并予以确认。因该预期利润未实现的情况是在购买日后新发生的，在购买日后超过 12 个月且不属于对购买日已存在状况的进一步证据，应于资产负债表日将该或有对价公允价值的变动计入当期损益。B 公司对有关利润差额的补偿将以现金支付，该或有对价属于金融工具，应当按照金融工具的原则进行处理。20×1 年年末 A 上市公司估计该或有对价的公允价值为 2 000 万元，并进行如下会计处理。

借：交易性金融资产   20 000 000
　　贷：公允价值变动损益   20 000 000

有关或有对价的公允价值调整在个别财务报表中不作为对长期股权投资成本的调整，在合并财务报表中亦不能调整购买日原已确认商誉金额。但 C 公司未实现预期利润，可能表明购买日原已确认商誉已发生减值，A 公司应当对商誉及相关长期资产进行减值测试。

三、非同一控制下企业合并的会计处理方法

非同一控制下的控股合并中，购买方在购买日同样涉及两个方面的问题：一是对于因该项企业合并形成的对被购买方的长期股权投资的确定；二是购买日合并财务报表的编制。

1. 非同一控制下控股合并的会计处理

1) 长期股权投资初始投资成本的确定

(1) 非同一控制下的控股合并中，购买方应当确定企业合并成本作为长期股权投资的初始投资成本。企业合并成本包括购买方付出的资产、发生或承担的负债、发生的权益性证券的公允价值之和。

购买方应在购买日按企业合并成本(不含应自被投资单位收取的现金股利或利润)，借记"长期股权投资"科目，按享有被投资单位已宣告但尚未发放的现金股利或利润，借记"应收股利"科目，按支付合并对价的账面价值，贷记有关资产或负债科目，按其差额，贷记或者借记"资产处置损益"或"投资收益"等科目。购买方以发行权益性证券作为合并对价的，应在购买日按照发行的权益性证券的公允价值，借记"长期股权投资"科目，按照发行的权益性证券的面值总额，贷记"股本"科目，按其差额，贷记"资本公积——资本溢价或股本溢价"科目。企业发生的直接相关费用，应借记"管理费用"科目，贷记"银行存款"等科目。

非同一控制下控股合并涉及以库存商品等作为合并对价的，应按库存商品的公允价值，贷记"主营业务收入"或"其他业务收入"科目，并同时结转相关的成本。以公允价值计量且其变动计入其他综合收益的债权性金融资产作为合并对价的，原持有期间公允价值变动形成的其他综合收益应一并转入投资收益，借记"其他综合收益"科目，贷记"投资收益"科目。

【例 8-11】20×1 年 3 月 31 日，甲公司取得乙公司 70%的股权，并于当日起能够对乙公司实施控制。合并中，甲公司支付的有关资产在购买日的账面价值与公允价值如表 8-4 所示。合并中，甲公司为核实乙公司的资产价值，聘请专业资产评估机构对乙公司的资产进行评估，支付评估费用 1 000 000 元。假定合并前甲公司与乙公司不存在任何关联方关系。不考虑相关税费等其他因素的影响。

表8-4   甲公司支付的有关资产购买日的账面价值与公允价值

20×1年3月31日   单位：元

项　　目	账面价值	公允价值
土地使用权(自用)	20 000 000(成本为 30 000 000，累计摊销 10 000 000)	32 000 000
专利技术	8 000 000(成本为 10 000 000，累计摊销 2 000 000)	10 000 000
银行存款	8 000 000	8 000 000
合计	36 000 000	50 000 000

因甲公司与乙公司在合并前不存在任何关联方关系，应作为非同一控制下的企业合并处理。甲公司对于合并形成的对乙公司的长期股权投资，应按支付对价的公允价值确定其初始投资成本。甲公司应进行的账务处理如下。

借：长期股权投资——乙公司　　　　　　　　50 000 000
　　累计摊销　　　　　　　　　　　　　　　12 000 000
　　管理费用　　　　　　　　　　　　　　　 1 000 000
　　贷：无形资产　　　　　　　　　　　　　　　40 000 000
　　　　银行存款　　　　　　　　　　　　　　　 9 000 000
　　　　资产处置损益　　　　　　　　　　　　　14 000 000

(2) 企业通过多次交易分步实现非同一控制下企业合并的，应当区分个别财务报表和合并财务报表进行会计处理。在编制个别财务报表时，应当以原持有的股权投资的账面价值加上新增投资成本之和，作为改按成本法核算的初始投资成本。

购买日之前持有的股权采用权益法核算的，相关其他综合收益应当在处置该项投资时采用与被投资单位直接处置相关资产或负债相同的基础进行会计处理，因被投资方除净损益、其他综合收益和利润分配以外的其他所有者权益变动而确认的所有者权益，应当在处置该项投资时相应转入处置期间的当期损益。其中，处置后的剩余股权采用成本法或权益法核算的，其他综合收益和其他所有者权益应按比例结转，处置后的剩余股权不再属于长期股权投资核算范围的，按照金融工具准则的相关内容进行会计处理。

购买日之前持有的股权投资，按照金融工具准则的相关内容进行会计处理的，应当将按其确定的股权投资的公允价值加上新增投资成本之和，作为改按成本法核算的初始投资成本。对于购买日前持有的股权投资分类为以公允价值计量且其变动计入当期损益的金融资产的，其公允价值与账面价值之间的差额转入改按成本法核算的当期投资收益。对于购买日前持有的股权投资指定为以公允价值计量且其变动计入其他综合收益的非交易性权益工具的，其公允价值与账面价值之间的差额以及原计入其他综合收益的累积公允价值变动应当直接转入留存收益。

【例8-12】20×0 年1月1日，甲公司以现金 45 000 000 元自非关联方处取得了乙公司 20%股权，并能够对其施加重大影响。当日，乙公司可辨认净资产公允价值为 210 000 000 元。20×2 年7月1日，甲公司另支付现金 120 000 000 元，自另一非关联方处取得乙公司 40%股权，并取得对乙公司的控制权。购买日，甲公司原持有的对乙公司的 20%股权的公允价值为 60 000 000 元，账面价值为 52 500 000 元，甲公司确认与乙公司权益法核算相关的累计投资收益为 3 000 000 元，其他综合收益为 3 000 000 元，其他所有者权益变动为 1 500 000 元；乙公司可辨认净资产公允价值为 270 000 000 元。假设甲公司购买乙公司 20%股权和后续购买 40%的股权的交易不构成"一揽子"交易。以上交易的相关手续均于当日完成。不考虑相关税费等其他因素影响。

购买日前，甲公司持有乙公司的投资作为对联营企业的投资进行会计核算，购买日前甲公司原持有股权的账面价值为 52 500 000(即 45 000 000+3 000 000+3 000 000+1 500 000)元。

本次投资支付对价的公允价值为 120 000 000 元。购买日对乙公司按成本法核算的初始投资成本为 172 500 000(即 52 500 000+120 000 000)元。

购买日前甲公司原持有股权相关的其他综合收益 3 000 000 元以及其他所有者权益变动 1 500 000 元在购买日均不进行会计处理。

购买日的会计处理如下。

借：长期股权投资——乙公司　　　　　　　　　120 000 000

　　贷：银行存款　　　　　　　　　　　　　　　　12 000 000

【例 8-13】20×0 年 1 月 1 日，甲公司以每股 6 元的价格购入乙上市公司的股票 2 000 000 股，并由此持有乙公司 5%的股权。甲公司与乙公司不存在关联方关系。甲公司将对乙公司的投资指定为以公允价值计量且其变动计入其他综合收益的非交易性权益工具投资，并进行会计处理。20×2 年 1 月 1 日，甲公司以现金 150 000 000 元为对价，向乙公司大股东收购乙公司 50%的股权，相关手续于当日完成。假设甲公司购买乙公司 5%的股权和后续购买 50%的股权不构成"一揽子"交易，甲公司取得乙公司控制权之日为 20×2 年 1 月 1 日，乙公司当日股价为每股 6.5 元，乙公司可辨认净资产的公允价值为 240 000 000 元，不考虑相关税费等其他因素的影响。

购买日前，甲公司持有的对乙公司的股权投资作为其他权益工具投资进行会计处理，购买日前甲公司原持有其他权益工具投资的账面价值为 13 000 000(即 6.5×2 000 000)元。

本次追加投资支付对价的公允价值为 150 000 000 元。购买日对子公司按成本法核算的初始投资成本为 163 000 000(即 150 000 000+13 000 000)元。

购买日前甲公司原持有其他权益工具投资相关的累积公允价值变动已计入其他综合收益的金额为 1 000 000[即(6.5-6)×2 000 000]元，购买日该其他综合收益转入留存收益。

借：长期股权投资——乙公司　　　　　　　　　163 000 000

　　贷：其他权益工具投资——乙公司股票——成本　12 000 000

　　　　　　　　　　　　——公允价值变动　　　　1 000 000

　　　银行存款　　　　　　　　　　　　　　　　150 000 000

借：其他综合收益　　　　　　　　　　　　　　1 000 000

　　贷：留存收益　　　　　　　　　　　　　　　　1 000 000

(3) 备查登记。非同一控制下的企业合并中，作为购买方的母公司在进行有关会计处理后，应单独设置备查簿，记录其在购买日取得的被购买方各项可辨认资产、负债的公允价值以及因企业合并成本大于合并中取得的被购买方可辨认净资产公允价值的份额应确认的商誉金额，或因企业合并成本小于合并中取得的被购买方可辨认净资产公允价值的份额计入当期损益的金额，作为企业合并当期以及以后期间编制合并财务报表的基础。企业合并当期期末以及合并以后期间，应当纳入到合并财务报表中的被购买方资产、负债等，是以购买日确定的公允价值为基础持续计算的结果。

2) 购买日合并财务报表的编制

非同一控制下的控股合并中，由于购买方当年利润只包括合并当年购买方自身实现的利润和购买日后被购买方实现的利润，不需要合并被购买方合并前积累的本会计期间的利润表项目，因此，购买日无须编制合并利润表，同理，也无须编制合并现金流量表。购买方一般只应于购买日编制合并资产负债表，反映其于购买日开始能够控制的经济资源情况。

2. 非同一控制下吸收合并的会计处理

非同一控制下的吸收合并，购买方在购买日应当将合并中取得的符合确认条件的各项可辨认资产、负债，按其公允价值确认为本企业的资产和负债；作为合并对价的有关非货币性资产在购买日的公允价值与其账面价值的差额，应作为资产处置损益计入合并当期的利润表；确定的企业合并成本与所取得的被购买方可辨认净资产公允价值之间的差额，视情况分别确认为商誉或是计入企业合并当期的损益。

【例 8-14】沿用例 8-9 中有关资料，20×0 年 6 月 30 日，P 公司向 S 公司的股东定向增发 1 000 万股普通股(每股面值 1 元)，市场价格为每股 4.5 元，对 S 公司进行吸收合并，并于当日取得 S 公司净资产。

因合并后 S 公司失去其法人资格，P 公司应按公允价值确认合并中取得的 S 公司的各项资产和负债。P 公司的合并成本 45 000 000 元大于 S 公司可辨认净资产公允价值 43 400 000 元，差额应计入合并后 P 公司个别资产负债表的商誉项目。

借:	库存现金、银行存款等	1 800 000
	应收账款	8 000 000
	原材料、库存商品、周转材料等	1 800 000
	长期股权投资	15 200 000
	固定资产	22 000 000
	无形资产	6 000 000
	商誉	1 600 000
贷:	短期借款	9 000 000
	应付账款	1 200 000
	其他应付款	1 200 000
	股本	10 000 000
	资本公积——股本溢价	35 000 000

【例 8-15】沿用例 8-9 中有关资料，如果股票发行价格为每股 4 元，其他资料相同。这时因 P 公司的合并成本 40 000 000 元小于 S 公司可辨认净资产公允价值 43 400 000 元，差额应计入合并当期损益。

借:	库存现金、银行存款等	1 800 000
	应收账款	8 000 000
	原材料、库存商品、周转材料等	1 800 000
	长期股权投资	15 200 000
	固定资产	22 000 000
	无形资产	6 000 000

	贷：短期借款	9 000 000
	应付账款	1 200 000
	其他应付款	1 200 000
	股本	10 000 000
	资本公积——股本溢价	30 000 000
	营业外收入	3 400 000

四、非同一控制下企业合并的信息披露

企业合并发生当期的期末，购买方应当在附注中披露与非同一控制下企业合并有关的下列信息：

(1) 参与合并企业的基本情况；

(2) 购买日的确定依据；

(3) 合并成本的构成及其账面价值、公允价值及公允价值的确定方法；

(4) 被购买方各项可辨认资产、负债在上一会计期间资产负债表日及购买日的账面价值和公允价值；

(5) 合并合同或协议约定将承担被购买方或有负债的情况；

(6) 被购买方自购买日起至报告期末的收入、净利润和现金流量等情况；

(7) 商誉的金额及其确定方法；

(8) 因合并成本小于合并中取得的被购买方可辨认净资产公允价值的份额而计入当期损益的金额；

(9) 合并后已处置或拟处置被购买方资产、负债的账面价值、处置价格等。

思　考　题

1. 交易是否构成企业合并，主要应关注哪两个方面？

2. 什么是同一控制下企业合并？同一控制下的企业合并会计处理的特点是什么？

3. 什么是非同一控制下企业合并？非同一控制下企业合并会计处理的特点是什么？

4. 在同一控制下的企业合并中，如何确定合并日？

5. 通过多次交易分步实现的非同一控制下的企业合并，原按投资权益法核算形成的其他综合收益和资本公积如何进行会计处理？

自　测　题

一、单项选择题

1. 下列事项中不属于企业合并准则中界定的企业合并的是(　　)。

　　A. A公司通过发行债券自B公司原股东处取得B公司的全部股权，交易事项发生后B公司仍持续经营

B. A公司支付对价取得B公司的净资产,交易事项发生后B公司失去法人资格

C. A公司以其资产作为出资投入B公司,取得对B公司的控制权,交易事项发生后B公司仍维持其独立法人资格继续经营

D. A公司购买B公司30%的股权

2. 参与合并的各方在企业合并后法人资格均被注销,重新注册成立一家新的企业,由新注册成立的企业持有参与合并各方的资产、负债,并在新的基础上经营的合并形式为( )。

A. 控股合并　　　B. 吸收合并　　　C. 新设合并　　　D. 同一控制下企业合并

3. 同一控制下的控股合并,合并方以发行权益性证券作为合并对价的,应按合并日取得被合并方所有者权益在最终控制方合并财务报表中的账面价值的份额作为长期股权投资的初始投资成本,其与所发行股份面值总额之间的差额,应当调整( )。

A. 营业外收入　　B. 营业外支出　　C. 商誉　　　　D. 资本公积

4. 以下有关同一控制下的企业合并的叙述不正确的是( )。

A. 参与合并的各方,在合并前后均受同一方或相同的多方最终控制,并且是非暂时性的

B. 同一企业集团内部各子公司之间的合并属于同一控制下的企业合并

C. 合并各方自愿进行的交易行为,作为一种公平的交易,应当以公允价值为基础进行计量

D. 从最终实施控制方的角度来看,其所能够实施控制的净资产,应保持其账面价值不变

5. 20×1年6月30日,甲公司以银行存款1 000万元及一项土地使用权取得其母公司控制的乙公司80%的股权,并于当日起能够对乙公司实施控制。合并日,该土地使用权的账面价值为3 200万元,公允价值为4 000万元;20×1年6月30日,母公司合并财务报表中的调整后乙公司净资产账面价值为6 250万元。乙公司个别报表净资产的账面价值为6 000万元。假定甲公司与乙公司的会计年度和采用的会计政策相同,不考虑其他因素,甲公司的下列会计处理中,正确的是( )。

A. 确认长期股权投资5 000万元,不确认资本公积

B. 确认长期股权投资5 000万元,确认资本公积800万元

C. 确认长期股权投资4 800万元,确认资本公积600万元

D. 确认长期股权投资4 800万元,冲减资本公积200万元

6. 20×1年5月1日,甲公司以一项专利权和银行存款300万元向丙公司投资(甲公司和丙公司不属于同一控制下的两个公司),占丙公司注册资本的70%,该专利权的账面原价为5 000万元,已计提累计摊销600万元,已计提无形资产减值准备200万元,公允价值为4 000万元。不考虑其他相关税费。同日,丙公司可辨认净资产公允价值为6 000万元,账面所有者权益为5 800万元。甲公司的20×1年5月1日应确认的合并成本为( )万元。

A. 4 000　　　　B. 4 300　　　　C. 4 200　　　　D. 4 060

7. 20×0年1月1日,甲公司取得乙公司5%的股权,将其划分为以公允价值计量且其变动计入当期损益的金融资产,取得成本为1 000万元,20×0年12月31日,其公允价值为1 200万元。20×1年3月1日,甲公司支付12 000万元又取得乙公司48%的股权,能够

对乙公司实施控制(属于非同一控制下企业合并),当日原 5%股权投资的公允价值为 1 300 万元。不考虑其他因素,20×1 年 3 月 1 日,甲公司该项长期股权投资的初始投资成本为(   )万元。

  A. 12 000   B. 13 300   C. 13 200   D. 13 000

  8. 20×0 年 2 月 26 日,甲公司以账面价值 3 000 万元、公允价值 3 600 万元的无形资产为对价自乙公司股东丙公司处取得对乙公司 60%的股权,相关手续已办理完成;当日乙公司账面所有者权益总额为 5 200 万元,可辨认净资产公允价值为 6 200 万元。20×0 年 12 月 29 日,乙公司宣告发放 20×0 年度现金股利 500 万元。甲公司与丙公司在甲公司对乙公司投资前不存在关联方关系。不考虑增值税等其他因素,上述交易或事项对甲公司 20×0 年营业利润的影响金额为(   )万元。

  A. 300   B. 500   C. 600   D. 900

  9. 甲公司是上市公司。20×0 年 9 月,甲公司董事会审议同意以 3 000 万元价格收购乙公司 70%股权的议案。20×0 年 9 月 15 日,甲公司与乙公司原股东签订《股权转让协议》,约定以 20×0 年 8 月 31 日为股权收购基准日,上市公司有权享有乙公司于基准日之后的利润,并承担相应的亏损,同时约定如果乙公司 20×0 年 8 月 31 日至 9 月 30 日的实际净损益与股权收购基准日双方均认可的预计净损益严重不符(波动大于 20%),双方将相应调整购买对价。9 月 30 日,上市公司股东大会审议通过该议案并已获得相关部门审批,股权转让款项于同日以银行存款支付。乙公司董事会也于 9 月 30 日进行改选,改选后,甲公司派驻的董事占乙公司董事会多数席位,取得对乙公司的控制权。此外,由于乙公司 20×0 年 8 月 31 日至 9 月 30 日的实际净损益与预计净损益无重大差异,无须调整对价。甲、乙公司合并前无关联关系,不考虑其他因素的影响。甲公司收购乙公司的购买日为 20×0 年(   )。

  A. 9 月 15 日   B. 9 月 30 日   C. 8 月 31 日   D. 12 月 31 日

  10. 20×0 年 1 月 1 日,甲公司通过向乙公司股东定向增发 2 000 万股普通股(每股面值为 1 元,市价为 5 元),取得乙公司 70%股权,并控制乙公司,另以银行存款支付业务咨询费 120 万元。双方约定,如果乙公司未来 3 年平均净利润增长率超过 10%,甲公司需要另外向乙公司原股东支付 500 万元的合并对价;当日,甲公司预计乙公司未来 3 年平均净利润增长率很可能超过 10%。该项交易前,甲公司与乙公司及其控股股东不存在关联方关系。不考虑其他因素,甲公司该项企业合并的合并成本为(   )万元。

  A. 10 120   B. 10 620   C. 10 500   D. 10 000

二、多项选择题

1. 下列有关同一控制下的企业合并,表述正确的有(   )。

  A. 合并方在合并中确认取得的被合并方的资产、负债仅限于被合并方账面上原已确认的资产和负债,合并中不产生新的资产和负债

  B. 合并方在合并中确认取得的被合并方的资产时,不包括被合并方在企业合并前账面上原已确认的商誉

  C. 合并方在合并中确认取得的被合并方的资产、负债时,不确认新的商誉

  D. 合并方在合并中确认取得的被合并方的资产时,不包括被合并方在企业合并前账面上原已确认的递延所得税资产和递延所得税负债

2. 下列关于同一控制下企业合并形成的长期股权投资会计处理表述中，正确的有( )。

    A. 合并方发生的评估咨询费用，应计入当期损益

    B. 与发行债务工具作为合并对价直接相关的交易费用，应计入债务工具的初始确认金额

    C. 与发行权益工具作为合并对价直接相关的交易费用，应计入当期损益

    D. 合并成本与合并对价账面价值之间的差额，应计入其他综合收益

3. 甲、乙两家公司同属丙公司的子公司。甲公司于20×1年3月1日以发行股票的方式从乙公司的股东手中取得乙公司60%的股份。甲公司为此发行了1 500万股普通股股票，该股票每股面值为1元。乙公司20×1年3月1日在丙公司合并财务报表中的所有者权益账面价值为2 000万元。甲公司在20×1年3月1日的资本公积(股本溢价)为180万元，盈余公积为100万元，未分配利润为200万元。以下正确的是( )。

    A. 借记资本公积300万元   B. 借记资本公积180万元

    C. 借记盈余公积100万元   D. 借记盈余公积120万元

4. 关于同一控制下的企业合并，下列说法中正确的有( )。

    A. 合并方在企业合并中取得资产和负债，应当按照合并日在被合并方的账面价值计量

    B. 合并方在企业合并中取得资产和负债，应当按照合并日在被合并方的公允价值计量

    C. 合并方取得的净资产账面价值与支付的合并对价账面价值的差额，应当调整资本公积；资本公积不足冲减的，调整留存收益

    D. 合并方取得的净资产公允价值与支付的合并对价账面价值的差额，应当调整资本公积；资本公积不足冲减的，调整留存收益

5. 下列关于非同一控制下企业合并购买日的说法中，正确的有( )。

    A. 购买日是购买方获得对被购买方控制权的日期

    B. 确定为购买日应满足购买方已支付了购买价款的大部分(一般应超过50%)，并且有能力支付剩余款项的条件

    C. 确定为购买日应满足参与合并各方已办理了必要的财产权交接手续的条件

    D. 确定为购买日应满足按照规定，合并事项需要经过国家有关主管部门审批的，已获得相关部门的批准的条件

6. 下列关于企业合并或企业合并会计处理的表述中，正确的有( )。

    A. 企业合并中购买的资产和承担的债务因账面价值与计税基础不同形成的暂时性差异应确认递延所得税影响

    B. 购买子公司的少数股权属于企业合并

    C. 仅同受国家控制的企业之间发生的合并，因参与合并各方在合并前后均受国家控制而应作为同一控制下的企业合并

    D. 如果一个企业取得另一个企业的控制权，当被购买方不构成业务时，该交易不形成企业合并

7. A公司是上市公司，出于扩张业务目的，A公司于20×0年1月1日收购非关联方 B

公司100%股权，收购对价为人民币1亿元，以银行存款支付。B公司原本由自然人甲某创立并持股，甲某在B公司担任首席执行官。A公司与甲某约定，如果20×0年B公司收入总额达到2亿元，并且甲某在20×0年12月31日之前一直在B公司任职，则除了上述1亿元价款之外，甲某将进一步按照20×0年B公司收入总额的0.5%获得现金。如果甲某在20×0年12月31日之前离职，则甲某无权获得上述款项。为了B公司平稳过渡并持续发展，A公司希望收购完成后甲某继续在B公司任职，同时，甲某拥有丰富的行业经验及广泛的关系网络，A公司希望甲某能够带领B公司进一步扩大收入规模。A公司以B公司20×0年收入总额2亿元为最佳估计，并预计甲某在20×0年12月31日之前不会离职。不考虑其他因素，下列会计处理中正确的有(　　)。

  A. A公司或有应付金额不应计入合并成本

  B. A公司或有应付金额属于职工薪酬

  C. A公司合并成本为10 000万元

  D. A公司合并成本为10 100万元

8. 关于交易费用的会计处理，下列项目中正确的有(　　)。

  A. 为进行非同一控制下企业合并发生的审计、法律咨询费等计入长期股权投资成本

  B. 为进行同一控制下企业合并发生的审计、法律咨询费等计入管理费用

  C. 合并以外采用其他方式取得长期股权投资发生的审计、法律咨询费计入管理费用

  D. 以发行股票方式取得长期股权投资支付的股票发行费用等应冲减溢价发行收入，不足冲减的，依次冲减盈余公积和未分配利润

9. 20×0年5月1日，甲公司以一项以公允价值计量且其变动计入其他综合收益的债权性金融资产向丙公司投资(甲公司和丙公司不属于同一控制下的两家公司)，取得丙公司70%有表决权股份，能够控制其生产经营决策。购买日，该金融资产的账面价值为3 000万元(其中成本为3 200万元，公允价值变动为-200万元)，公允价值为3 100万元。不考虑其他相关税费等因素。以下处理正确的是(　　)。

  A. 长期股权投资的入账价值是3 000万元

  B. 该笔业务的损益影响金额是100万元收益

  C. 该笔业务的损益影响金额是100万元损失

  D. 长期股权投资的入账价值是3 100万元

10. 20×0年1月1日，甲公司取得A公司25%的股权，实际支付款项6 000万元，能够对A公司施加重大影响。当日，A公司可辨认净资产公允价值为22 000万元(与账面价值相等)。20×0年度，A公司实现净利润1 000万元，无其他所有者权益变动。20×1年1月1日，甲公司以定向增发股票的方式购买同一集团内另一企业持有的A公司40%股权。为取得该股权，甲公司增发2 000万股普通股，每股面值为1元，每股公允价值为3.5元；另支付承销商佣金50万元。取得该股权时，相对于最终控制方而言的A公司可辨认净资产账面价值为23 000万元。进一步取得投资后，甲公司能够对A公司实施控制。假定甲公司和A公司采用的会计政策、会计期间相同，不考虑其他因素。以下处理正确的是(　　)。

  A. 甲公司20×0年末长期股权投资的账面余额为6 000万元

B. 甲公司 20×0 年损益影响金额为 250 万元

C. 甲公司 20×1 年 1 月 1 日进一步取得股权投资时确认资本公积 6 700 万元

D. 甲公司合并日长期股权投资的初始投资成本为 14 950 万元

三、判断题

1. 按照企业合并的法律形式，企业合并分为同一控制下的企业合并和非同一控制下的企业合并。　　　　　　　　　　　　　　　　　　　　　　　　　　　　　　　　　　　　(　　)

2. 只有在控股合并的情况下，才需要编制合并会计报表；在吸收合并和新设合并的情况下，则不涉及合并会计报表的编制问题。　　　　　　　　　　　　　　　　　　　　(　　)

3. 同一控制下企业合并发生时，参与合并的企业资产、负债和所有者权益按账面价值确认计价，与历史成本一致。　　　　　　　　　　　　　　　　　　　　　　　　　　(　　)

4. 同一控制下企业合并发生的直接费用计入合并成本资本化处理。　　　　(　　)

5. 非同一控制下的企业合并，合并方取得的净资产账面价值与支付的合并对价账面价值(或发行股份面值总额)的差额，应当调整资本公积；资本公积不足冲减的，调整留存收益。　　　　　　　　　　　　　　　　　　　　　　　　　　　　　　　　　　　　　(　　)

6. 企业合并中发行权益性证券发生的手续费、佣金等费用，同一控制下的企业合并借记资本公积，非同一控制下的企业合并借记管理费用。　　　　　　　　　　　　(　　)

7. 对于被购买方在企业合并之前已经确认的商誉和递延所得税项目，购买方在对企业合并成本进行分配、确认合并中取得可辨认资产和负债时不应予以考虑。　　　　(　　)

8. 非同一控制下的企业合并，购买方应当将合并协议约定的或有对价作为企业合并转移对价的一部分，按照其在购买日的公允价值计入企业合并成本。　　　　　　　(　　)

9. 甲、乙公司为同属 A 集团控制的两家子公司。20×0 年 2 月 26 日，甲公司以账面价值 3 000 万元、公允价值 3 600 万元的无形资产为对价，自集团公司处取得对乙公司 60%的股权，相关手续已办理完成；当日乙公司相对于最终控制方而言的账面所有者权益总额为 5 200 万元，可辨认净资产公允价值为 6 200 万元。20×1 年 3 月 29 日，乙公司宣告发放 20×0 年度现金股利 500 万元。不考虑增值税等其他因素，上述交易或事项对甲公司 20×1 年营业利润的影响金额为 500 万元。　　　　　　　　　　　　　　　　　　　　　　　　(　　)

10. 20×1 年 7 月 1 日，甲公司发行 1 000 万股普通股股票，每股面值 1 元，每股公允价值为 5 元，作为合并对价取得乙公司 80%的股权，支付券商费用 20 万元，合并各方在交易前均无关联方关系。购买日乙公司可辨认资产公允价值为 5 000 万元，账面价值为 4 500 万元，可辨认负债公允价值为 2 000 万元，账面价值为 1 800 万元。因该项交易甲公司个别财务报表中确认资本公积 4 000 万元。　　　　　　　　　　　　　　　　　　　　　　(　　)

业　务　题

1. A 公司和 B 公司均为 C 公司的子公司，20×1 年 7 月 1 日 A 公司按面值发行每股面值 10 元的普通股 100 000 股以获得 B 公司 60%的股权，用银行存款支付普通股的发行费用 30 000 元，审计费用、评估费用、法律服务费用 30 000 元。20×1 年 B 公司在 C 公司合并报表中的净资产账面价值为 1 500 000 元，A 公司的资本公积余额为 90 000 元，盈余公积余额为 80 000 元。请问合并时 A 公司应如何进行会计处理？

2. A 公司和 B 公司均受 C 公司控制，20×1 年 12 月 1 日，A 公司以 16 元的价格发行普通股 50 000 股以换取 B 公司的净资产而完成吸收合并计划，普通股每股面值 10 元。普通股的发行费用为 20 000 元，企业合并的其他直接费用为 40 000 元，这些费用均由 A 公司用现金支付。

B 公司 20×1 年 12 月 1 日的资产与负债情况见下表。

单位：元

资　产	金　额	负　债	金　额
库存现金	125 000	应付账款	180 000
银行存款	200 000	短期借款	120 000
应收账款	300 000	长期借款	125 000
库存商品	200 000		
固定资产	400 000		
合计	1 225 000	合计	425 000

要求：写出合并时 A 公司的会计处理。

3. A 公司与 B 公司属于不同的企业集团，两者之间不存在关联关系。20×1 年 12 月 31 日，A 公司发行 2 500 万股股票(每股面值 1 元)作为对价取得 B 公司的全部股权，该股票的公允价值为 10 000 万元。购买日，B 公司有关资产、负债情况如下表所示。

单位：万元

项　目	账面价值	公允价值
银行存款	2 500	2 500
固定资产	7 500	8 250
长期应付款	1 250	1 250
净资产	8 750	9 500

要求：

(1) 假设该合并为吸收合并，对 A 公司进行会计处理。

(2) 假设该合并为控股合并，对 A 公司进行会计处理。

4. 20×0 年 1 月 1 日，A 公司以每股 5 元的价格购入 B 公司(上市公司)100 万股股票，取得 B 公司 2%的股权。A 公司将对 B 公司的投资指定为以公允价值计量且其变动计入其他综合收益的金融资产核算。

20×0 年 12 月 31 日，B 公司股价为每股 6 元。

20×1 年 1 月 10 日，A 公司以银行存款 1.75 亿元为对价，向 B 公司大股东收购 B 公司 50%的股权，相关手续于当日办理完成，形成非同一控制下企业合并。假设 A 公司购买 B 公司 2%的股权和后续购买 50%的股权不构成"一揽子"交易，A 公司取得 B 公司控制权之日为 20×1 年 1 月 10 日，当日 B 公司股价为每股 7 元，A 公司按照净利润的 10%计提法定盈余公积，不考虑相关税费等其他因素影响。

要求：写出购买日 A 公司个别报表的会计处理。

5. 甲公司为一上市的集团公司，原持有乙公司 30% 股权，能够对乙公司施加重大影响。甲公司 20×0 年及 20×1 年发生的相关交易事项如下。

(1) 20×0 年 1 月 1 日，甲公司从乙公司的控股股东丙公司处受让乙公司 50% 股权，受让价格为 13 000 万元，款项已用银行存款支付，并办理了股东变更登记手续。甲公司受让乙公司 50% 股权后，共计持有乙公司 80% 股权，能够对乙公司实施控制。甲公司受让乙公司 50% 股权时，所持乙公司 30% 股权的账面价值为 5 400 万元，其中投资成本为 4 500 万元，损益调整为 870 万元，其他权益变动为 30 万元，公允价值为 6 200 万元。

(2) 20×1 年 1 月 1 日，甲公司向丁公司转让所持乙公司股权 70%，转让价格为 20 000 万元，款项已经收到，并办理了股东变更登记手续。出售日，甲公司所持乙公司剩余 10% 股权的公允价值为 2 500 万元。转让乙公司 70% 股权后，甲公司不能对乙公司实施控制、共同控制和重大影响，改为交易性金融资产核算。其他相关资料：

甲公司与丙公司、丁公司于交易发生前无任何关联方关系。甲公司受让乙公司 50% 股权后，甲公司与乙公司无任何关联方交易。不考虑相关税费及其他因素。

要求：

(1) 计算甲公司 20×0 年度个别报表中受让乙公司 50% 股权后长期股权投资的初始投资成本，并编制与取得该股权相关的会计分录。

(2) 根据上述资料，编制甲公司 20×1 年度个别财务报表中因处置 70% 股权相关会计分录。

第九章

合并财务报表

学习目标：熟悉合并财务报表的特点，了解合并理论；熟悉合并财务报表的编制原则、编制的前期准备工作和编制程序；理解合并财务报表的合并范围；重点掌握同一控制下企业合并和非同一控制下企业合并控制权取得日、控制权取得日后合并财务报表的编制；掌握控制权取得日后连续合并财务报表的编制；掌握集团内部交易事项的抵销。

关键词：控制　抵销分录　集团内部交易　合并工作底稿

第一节　合并财务报表概述

一、合并财务报表的概念及作用

合并财务报表是将母公司和子公司组成的企业集团视为一个会计主体，以母公司和子公司单独编制的个别财务报表为基础，由母公司编制的综合反映企业集团整体财务状况、经营成果和现金流量的财务报表。

合并财务报表的作用主要表现在以下两个方面。

(1) 合并财务报表能够对外提供反映由母子公司组成的企业集团整体经营情况的会计信息。在控股合并下，母公司和子公司都是独立的法人实体，分别编报自身的财务报表，分别反映企业本身的生产经营情况，这些财务报表并不能有效地提供反映整个企业集团的会计信息。为此，要了解控股公司整体经营情况，就需要将控股母公司与被控股子公司的财务报表进行合并，编制合并财务报表。

(2) 合并财务报表有利于避免利用集团内部关联方交易粉饰报表的现象发生。控股合并，最主要的特点就是母公司能够在一定程度上控制子公司。也正因为这种控制和被控制关系的存在，使得集团内交易有时可能不够公允、客观，而是以一种微妙的定价方式转移盈亏，继而达到粉饰财务报表的目的。而通过编制合并财务报表，可将集团内部交易及其盈亏予以抵销，从而使会计信息能够客观真实地反映企业集团的整体情况，以有效防止或避免人为操纵利润、粉饰财务报表现象的发生。

二、合并财务报表的合并理论

编制合并财务报表要以一定的合并理论为依据。所谓合并理论，实际上是指认识合并财务报表的观点或角度，即如何看待由母、子公司组成的企业集团及其内部联系。目前，国际上编制合并财务报表的合并理论主要有母公司理论、实体理论和所有权理论三种。

1. 母公司理论

所谓母公司理论，是将合并财务报表视为母公司本身的财务报表反映的范围扩大来看待，从母公司角度来考虑合并财务报表的合并范围、选择合并处理方法。母公司理论认为合并财务报表主要是为母公司的股东和债权人服务的，为母公司现实的和潜在的投资者服务的，强调的是母公司股东的利益。

在采用母公司理论的情况下，在确定合并范围时，通常更多的是以法定控制为基础，以持有多数股权或表决权作为是否将某一被投资企业纳入合并范围的依据，或者通过一家公司处于另一家公司法定支配下的控制协议来确定合并财务报表的合并范围。在母公司理论编制合并财务报表的情况下，所采用的合并处理方法都是从母公司本身的股东利益来考虑的，如对于子公司少数股东的权益，在合并资产负债表中通常视为一项负债来处理；对于企业集团内部销售收入的抵销，需要考虑销售的顺销(母公司将商品销售给子公司)和逆销(子公司将商品销售给母公司)两种情况。对于顺销，编制合并财务报表时只抵销子公司中母公司持有股权相对的份额，即多数股东股权的份额，而对于少数股东股权相对应的份额，则视为实现销售处理，不需要进行抵销处理。这一理论忽视了母公司股东以外的少数股东的利润和信息需要。

2. 实体理论

实体理论认为合并财务报表是企业集团各成员企业构成的经济联合体的财务报表。编制合并财务报表是为整个经济体服务的，它强调的是企业集团中所有成员企业所构成的经济实体，它对构成企业集团的持有多数股权的股东和拥有少数股权的股东同等对待，认为只要是企业集团成员股东，无论是拥有多数股权的，还是拥有少数股权的，都是共同组成的经济实体的股东。

在运用实体理论的情况下，对于少数股东权益，通常视为股东权益的一部分，在合并资产负债表中股东权益部分列示和反映。由于对构成企业集团的成员企业的所有股东均视为企业集团的股东，对于企业集团内部各成员企业相互之间发生的销售行为，其内部销售商品或提供劳务过程中所实现的销售损益，均属于未实现内部销售损益，应当予以抵销。无论是顺销还是逆销，其实现的内部销售损益，对于由成员企业全体股东构成的企业集团来说都是未实现内部销售损益，均属于抵销范围。

采用实体理论编制的合并财务报表，有利于企业集团内部管理人员从整体上把握企业集团经营活动的情况，相对来说更能够满足企业集团内部管理人员对财务信息的需要。因此，目前《国际财务报告准则》及我国《企业会计准则》主要采用的就是实体理论。

3. 所有权理论

所有权理论运用于合并财务报表编制时，既不强调企业集团中存在的法定控制关系，也不强调企业集团各成员企业所构成的经济实体，而是强调编制合并财务报表的企业对另一企业的经济活动和财务决策具有重大影响的所有权。所有权理论认为，母公司理论和实体理论都不能解决隶属于两个或两个以上企业集团的企业的合并财务报表编制问题。如某一企业的全部股权由两个投资企业投资形成，各拥有其50%的股权，即共同控制企业。在这种情况下，其中任何一个投资企业都不能对该投资实施控制，根据母公司理论和实体理论都很难确定该企业的财务报表由哪一个投资企业合并。因为在这种情况下，既没有单一的母公司，也没有少数股权的股东；既不存在法定支配权，也不存在单一的经济主体。为了弥补母公司理论和实体理论的不足，有的国家在编制合并财务报表时，就提出了所有权理论，以期解决共同控制下的合并财务报表的编制问题。

在采用所有权理论的情况下，对于其拥有所有权的企业的资产、负债和当期实现的净损益，均按照一定的比例合并计入合并财务报表。这也是一些国家合并财务报表相关准则规定比例合并法的理论基础。

三、合并财务报表的编制原则

合并财务报表的编制除应遵循财务报表编制的一般原则和要求，如真实可靠、内容完整之外，还应当遵循以下原则和要求。

1. 以个别财务报表为基础编制

合并财务报表并不是直接根据母公司和子公司账簿编制，而是利用母公司和子公司编制的反映各自财务状况和经营成果的财务报表提供的数据，通过合并财务报表的特有方法进行编制。以纳入合并范围的个别财务报表为基础，可以说是客观性原则在合并财务报表编制时的具体体现。

2. 一体性原则

合并财务报表反映的是企业集团的财务状况和经营成果，反映的是由多个法人企业组成的一个会计主体的财务状况和经营成果，在编制合并财务报表时应当将母公司和所有子公司作为整体来看待，视为一个会计主体，母公司和子公司发生的经营活动都应当从企业集团这一整体的角度进行考虑。因此，在编制合并财务报表时，对于母公司与子公司、子公司相互之间发生的经济业务，应当视同同一会计主体内部业务处理，视同同一会计主体之下的不同核算单位的内部业务。

3. 重要性原则

与个别财务报表相比，合并财务报表涉及多个法人主体，涉及的经营活动的范围很广，母公司与子公司经营活动往往跨越不同行业界限，有时母公司与子公司经营活动甚至相差很大。这样，合并财务报表要综合反映这样的会计主体的财务状况和经营成果，必然要涉及重要性的判断问题，特别是在拥有众多子公司的情况下更是如此。在编制合并财务报表时，必须特别强调重要性原则的运用。如一些项目在企业集团中的某一企业具有重要性，但对于整个企业集团则不一定具有重要性，在这种情况下根据重要性的要求对财务报表项目进行取舍，则具有重要的意义。此外，母公司与子公司、子公司相互之间发生的经济业务，对整个企业集团财务状况和经营成果影响不大时，为简化合并手续也应根据重要性原则进行取舍，可以不编制抵销分录，而直接编制合并财务报表。

四、合并财务报表编制的前期准备

合并财务报表的编制涉及多个子公司，有的合并财务报表的合并范围甚至包括数百个子公司。为了使编制的合并财务报表准确、全面地反映企业集团的真实情况，必须做好一系列的前期准备事项。这些前期准备事项主要有以下几组。

1. 统一母子公司的会计政策

会计政策是指企业进行会计核算和编制财务报表时所采用的会计原则、会计程序和会计处理方法，是编制财务报表的基础，统一母公司和子公司的会计政策是保证母子公司财务报表各项目反映内容一致的基础。为此，在编制财务报表前，应当尽可能统一母公司和子公司的会计政策，统一要求子公司所采用的会计政策与母公司保持一致。对一些境外子公司，由于所在国或地区法律、会计准则等方面的原因，确实无法使其采用的会计政策与母公司所采用的会计政策保持一致，则应当要求其按照母公司所采用的会计政策重新编报财务报表，也可以由母公司根据自身所采用的会计政策对境外子公司报送的财务报表进行调整，以重编或调整编制的境外子公司财务报表，作为编制合并财务报表的基础。

2. 统一母子公司的资产负债表日及会计期间

财务报表是反映一定日期的财务状况和一定会计期间经营成果的，母公司和子公司的个别财务报表只有在反映财务状况的日期和反映经营成果的会计期间一致的情况下，才能进行合并。为了编制合并财务报表，必须统一企业集团内所有的子公司的资产负债表日和会计期间，使子公司的资产负债表日和会计期间与母公司的资产负债表日和会计期间保持一致，以便于子公司提供相同资产负债表日和会计期间的财务报表。

对于境外子公司，由于当地法律限制确实不能与母公司财务报表决算日和会计期间一致的，母公司应当按照自身的资产负债表日和会计期间对子公司的财务报表进行调整，以调整后的子公司财务报表为基础编制合并财务报表，也可以要求子公司按照母公司的资产负债表日和会计期间另行编制报送其个别财务报表。

3. 对子公司以外币表示的财务报表进行折算

对母公司和子公司的财务报表进行合并，其前提必须是母子公司个别财务报表所采用的货币计量单位一致。我国允许外币业务比较多的企业采用某一外币作为记账本位币，境外企业一般也是采用其所在国或地区的货币作为其记账本位币。在将这些企业的财务报表纳入合并时，则必须将其折算为母公司所采用的记账本位币表示的财务报表。我国外币财务报表基本上采用的是现行汇率法。

4. 收集编制合并财务报表的相关资料

合并财务报表以母公司和其子公司的财务报表以及其他有关资料为依据，由母公司合并有关项目的数额编制。为编制合并财务报表，母公司应当要求子公司及时提供下列有关资料：

(1) 子公司相应期间的财务报表；

(2) 与母公司及与其他子公司之间发生的内部购销交易、债权债务、投资及其产生的现金流量和未实现内部销售损益的期初、期末余额及变动情况等资料；

(3) 子公司所有者权益变动和利润分配的有关资料；

(4) 编制合并财务报表所需要的其他资料，如非同一控制下企业合并购买日的公允价值资料。

五、合并财务报表的编制程序

合并财务报表的编制是一项极为复杂的工作，不仅涉及本企业会计业务和财务报表，而且还涉及纳入合并范围的子公司的会计业务和财务报表。为了使合并财务报表的编制工作有条不紊，必须按照一定的程序有步骤地进行。合并财务报表编制程序大致如下。

(1) 设置合并工作底稿。合并工作底稿的作用是为合并财务报表的编制提供基础。在合并工作底稿中，对母公司和纳入合并范围的子公司的个别财务报表各项目的数额进行汇总和抵销处理，最终计算得出合并财务报表各项目的合并数。

(2) 将母公司、纳入合并范围的子公司个别资产负债表、利润表及所有者权益变动表各项目的数据过入合并工作底稿，并在合并工作底稿中对母公司和子公司个别财务报表各项目的数据进行加总，计算得出个别资产负债表、个别利润表及个别所有者权益变动表各项目合计数额。

(3) 编制调整分录与抵销分录，将母公司与子公司、子公司相互之间发生的经济业务对个别财务报表有关项目的影响进行调整抵销处理。编制调整分录与抵销分录，进行调整抵销处理是合并财务报表编制的关键和主要内容，其目的在于将因会计政策及计量基础的差异而对个别财务报表的影响进行调整，以及将个别财务报表各项目的加总数据中重复的因素等予以抵销。

(4) 计算合并财务报表各项目的合并数额，即在母公司和纳入合并范围的子公司个别财务报表各项目加总数额的基础上，分别计算财务报表中的资产项目、负债项目、所有者权益项目、收入项目和费用项目的合并数。其计算方法如下。

① 资产类项目，其合并数根据该项目加总的数额，加上该项目调整分录与抵销分录的借方发生额，减去该项目调整分录与抵销分录的贷方发生额计算确定。

② 负债类项目和所有者权益类项目，其合并数根据该项目加总的数额，减去该项目调整分录与抵销分录的借方发生额，加上该项目调整分录与抵销分录的贷方发生额计算确定。

③ 有关收益类项目，其合并数根据该项目加总的数额，减去该项目调整分录与抵销分录的借方发生额，加上该项目调整分录与抵销分录的贷方发生额计算确定。

④ 有关成本费用类项目和有关利润分配的项目，其合并数根据该项目加总的数额，加上该项目调整分录与抵销分录的借方发生额，减去该项目调整分录与抵销分录的贷方发生额计算确定。

(5) 填列合并财务报表，即根据合并工作底稿中计算出的资产、负债、所有者权益、收入、成本费用类各项目的合并数，填列正式的合并财务报表。

六、合并财务报表的格式

合并财务报表格式通常在个别财务报表基础上，增加下列项目。

1. 合并资产负债表

合并资产负债表是以母公司本身资产负债表和属于合并范围内的子公司资产负债表为基础编制的，反映母公司和子公司所形成的企业集团某一特定日期财务状况的财务报表。

(1) 在所有者权益项目下增加"归属于母公司所有者权益合计"项目，用于反映企业集团的所有者权益中归属于母公司所有者权益的部分，包括实收资本(或股本)、其他权益工具、资本公积、库存股、其他综合收益、盈余公积、未分配利润、其他等项目的金额。

(2) 在所有者权益项目下增加"少数股东权益"项目，用于反映非全资子公司的所有者权益中不属于母公司的份额。

2. 合并利润表

(1) 在"净利润"项目下增加"归属于母公司所有者的净利润"和"少数股东损益"两个项目，分别反映净利润中由母公司所有者享有的份额和非全资子公司当期实现的净利润中归属于少数股东的份额。同一控制下企业合并增加子公司的，当期合并利润表中还应在"净利润"项目下增加"其中：被合并方在合并前实现的净利润"项目，用于反映同一控制下企业合并中取得的被合并方在合并日前实现的净利润。

(2) 在"综合收益总额"项目下增加"归属于母公司所有者的综合收益总额"和"归属于少数股东的综合收益总额"两个项目，分别反映综合收益总额中由母公司所有者享有的份额和非全资子公司当期综合收益总额中归属于少数股东的份额。

3. 合并现金流量表

合并现金流量表格式与个别现金流量表的格式基本相同。具体格式可参见表9-1。

表9-1　合并现金流量表

编制单位：_____	_____年度	单位：元
项　目	本年金额	上年金额
一、经营活动产生的现金流量		
销售商品、提供劳务收到的现金		
客户存款和同业存放款项净增加额		
向中央银行借款净增加额		
向其他金融机构拆入资金净增加额		
收到原保险合同保费取得的现金		
收到再保险业务现金净额		
保户储金及投资款净增加额		
收取利息、手续费及佣金净增加额		
拆入资金净增加额		

续表

项　目	本年金额	上年金额
回购业务资金净增加额		
代理买卖证券收到的现金净额		
收到的税费返还		
收到其他与经营活动有关的现金		
经营活动现金流入小计		
购买商品、接受劳务支付的现金		
客户贷款及垫款净增加额		
存入中央银行和同业款项净增加额		
支付原保险合同赔付款项的现金		
拆出资金净增加额		
支付利息、手续费及佣金的现金		
支付保单红利的现金		
支付给职工以及为职工支付的现金		
支付的各项税费		
支付其他与经营活动有关的现金		
经营活动现金流出小计		
经营活动产生的现金流量净额		
二、投资活动产生的现金流量		
收回投资收到的现金		
取得投资收益收到的现金		
处置固定资产、无形资产和其他长期资产收回的现金净额		
处置子公司及其他营业单位收到的现金净额		
收到其他与投资活动有关的现金		
投资活动现金流入小计		
购建固定资产、无形资产和其他长期资产支付的现金		
投资支付的现金		
质押贷款净增加额		
取得子公司及其他营业单位支付的现金净额		
支付其他与投资活动有关的现金		
投资活动现金流出小计		
投资活动产生的现金流量净额		
三、筹资活动产生的现金流量		
吸收投资收到的现金		
其中：子公司吸收少数股东投资收到的现金		
取得借款收到的现金		
发行债券收到的现金		

项 目	本年金额	上年金额
收到其他与筹资活动有关的现金		
筹资活动现金流入小计		
偿还债务支付的现金		
分配股利、利润或偿付利息支付的现金		
其中：子公司支付给少数股东的股利、利润		
支付其他与筹资活动有关的现金		
筹资活动现金流出小计		
筹资活动产生的现金流量净额		
四、汇率变动对现金的影响		
五、现金及现金等价物净增加额		
加：年初现金及现金等价物余额		
六、年末现金及现金等价物余额		

4. 合并所有者权益变动表

合并所有者权益变动表应增加"少数股东权益"栏目，反映少数股东权益变动的情况。另外，参照合并资产负债表中的"资本公积""其他权益工具""其他综合收益"等项目的列示，合并所有者权益变动表中应单列上述各栏目反映。

第二节　合并范围的确定

合并财务报表的合并范围是指纳入合并财务报表编报的子公司的范围。合并财务报表的合并范围应当以控制为基础予以确定。

一、以"控制"为基础确定合并范围

控制，是指投资方拥有对被投资方的权力，通过参与被投资方的相关活动而享有可变回报，并且有能力运用对被投资方的权力影响其回报金额。当投资方因参与被投资方的相关活动而享有可变回报，且有能力运用对被投资方的权力来影响上述回报时，投资方即控制被投资方。

因此，投资方要实现控制，必须具备以下基本要素：一是因涉入被投资方而享有可变回报；二是拥有对被投资方的权力，并且有能力运用对被投资方的权力影响其回报金额。投资方只有同时具备上述两个要素时，才能控制被投资方。

实际工作中，投资方在判断其能否控制被投资方时，应综合考虑所有相关事实和情况，以判断是否同时满足控制的这两个要素。相关事实和情况主要包括：被投资方的设立目的和设计；被投资方的相关活动以及如何对相关活动做出决策；投资方享有的权利是否使其目前有能力主导被投资方的相关活动；投资方是否通过参与被投资方的相关活动而享有可变回报；投资方是否有能力运用对被投资方的权力影响其回报金额；投资方与其他方的关系。其中，对被投资方的设立目的和设计的分析，贯穿于判断控制的始终，也是分析上述其他事实和情况的基础。如果事实和情况表明上述控制要素中的一个或多个发生变化，投资方应当重新判断其还能否控制被投资方。

投资方在判断能否控制被投资方时，具体判断如下。

1. 被投资方的设立目的和设计

当判断对被投资方的控制时，投资方应考虑被投资方的设立目的及设计，以明确哪些是相关活动、相关活动的决策机制、谁拥有现时能力主导这些活动，以及谁从这些活动中获得可变回报。

了解被投资方的设立目的和设计有助于了解每个投资方的目的，即：投资方为何参与被投资方的相关活动，参与了哪些活动。因此，在识别哪个投资方控制被投资方时，了解被投资方的设立目的和设计非常关键。被投资方的设立目的和设计在控制判断的很多环节都需要考虑。具体来说，了解被投资方的设立目的和设计有助于确定以下方面：①被投资方存在哪些风险？投资方参与被投资方相关活动可能产生哪些风险？②相关活动是指哪些活动？③被投资方相关活动的决策机制是怎样的？④哪个投资方有能力主导被投资方的相关活动？⑤哪些投资方能够通过参与被投资方相关活动而享有其可变回报？⑥被投资方相关活动如何影响投资方的回报？⑦如果投资方拥有对被投资方的权力、享有其可变回报，那么它是否有能力运用其对被投资方的权力影响其回报金额？

如果对被投资方的控制是通过持有被投资方权益工具而获得一定比例表决权或是潜在表决权的方式来实现，在不存在其他改变决策机制的安排时，控制的判断主要着重于判断哪一方能够通过行使表决权来决定被投资方的财务和经营政策。例如，在最简单的情况下，在不存在其他因素时，通常持有半数以上表决权的投资方控制被投资方，但是如果章程或者其他协议有某些特殊约定，如被投资方相关活动的决策需要 2/3 以上表决权比例通过，在这种情况下，拥有半数以上表决权并不意味着必然能够对被投资方实施控制。

如果在被投资方的设计中，表决权不是判断能否控制被投资方的决定性因素，其仅与被投资方的日常行政管理活动有关，而被投资方的相关活动可能是由其他合同安排规定的，则在这种情况下，投资方在考虑被投资方的设立目的和设计时，还应考虑被投资方的设立带来了哪些风险和收益；被投资方将哪些风险和收益转移给了参与其活动的各方；投资方是否面临这些风险和收益。所考虑的风险不仅包括下行风险，也包括可能的上行收益。

【例 9-1】A 企业为有限合伙企业，经营期限为 3 年。A 企业将全部资金用于对非关联方 B 公司的全资子公司 C 增资，增资完成后，A 企业持有 C 公司 60%有表决权的股份，B 公司持有 C 公司 40%有表决权的股份。根据协议，B 公司将在 3 年后以固定价格回购 A 企业持有的 C 公司股份。C 公司是专门建造某大型资产并用于租赁的项目公司，建造期为 5 年，A 企业增资时，该资产已经建造了两年。

分析：被投资方 C 公司的相关活动是用 5 年的时间建造某大型资产，之后以租金的方式取得回报。A 企业增资时，C 公司的资产建造已经开始，大多与建造事项有关的决策很可能已完成，当 A 企业的经营期限结束并将持有的 C 公司股份以固定价格出售给 B 公司时，C 公司刚刚完成建造活动，尚未开始产生回报。因此，A 企业并不能主导 C 公司的相关活动，而且 A 企业也无法通过参与 C 公司的相关活动取得可变回报，A 企业是通过 B 公司回购股份的方式收回其投资成本并取得收益的，因此，即使 A 企业拥有半数以上的表决权，也不能控制被投资方 C 公司。

2. 判断通过涉入被投资方的活动享有的是否为可变回报

1) 可变回报的定义

享有控制权的投资方，通过参与被投资方相关活动，享有的是可变回报。可变回报，是不固定且可能随着被投资方业绩而变化的回报，可以仅是正回报，或仅是负回报，或同时包括正回报和负回报。

2) 可变回报的形式

投资方在评价其享有被投资方的回报是否可变以及可变的程度时，需基于合同安排的实质，而不是法律形式。例如，投资方持有固定利息的债券投资时，由于债券存在违约风险，投资方需承担被投资方不履约而产生的信用风险，因此，投资方享有的固定利息回报也可能是一种可变回报。又如，投资方管理被投资方资产而获得的固定管理费也是一种变动回报，因为投资方是否能获得此回报依赖于被投资方能否获得足够的收益以支付该固定管理费。

可变回报的形式主要包括以下几种。

(1) 股利、被投资方经济利益的其他分配(例如，被投资方发行的债务工具产生的利息)、投资方对被投资方的投资的价值变动。从被投资方获取股利是投资方的可变回报的通常表现形式。但是，某些情况下，受限于法律法规的相关规定，投资方无法通过分配被投资方利润或结余的形式获得回报，例如，当被投资方的法律形式为信托机构时，其盈利可能不是以股利形式分配给投资者。这种情况下，需要根据具体情况，以投资方的投资目的为出发点，综合分析投资方是否获得除股利以外的其他可变回报，即被投资方不能进行利润分配并不必然代表投资方不能获取可变回报。

(2) 因向被投资方的资产或负债提供服务而得到的报酬、因提供信用支持或流动性支持收取的费用或承担的损失、被投资方清算时在其剩余净资产中所享有的权益、税务利益、因参与被投资方而获得的未来流动性。

(3) 其他利益持有方无法得到的回报。例如，投资方将自身资产与被投资方的资产整合以实现规模经济，达到节约成本的目的；投资方通过涉入被投资方，从而保证稀缺资源的供应、获得专有技术或者限制被投资方某些运营或资产，从而达到提高投资方其他资产价值的目的。

此外，尽管只有一个投资方能够控制被投资方，但可能存在多个投资方分享被投资方的回报。例如，少数股东权益的持有者可以分享被投资方的利润。

3. 判断投资方是否对被投资方拥有权力，并能够运用此权力影响回报金额

1) 权力的定义

控制的另一个要素是权力。投资方能够主导被投资方的相关活动时，称投资方对被投资方拥有"权力"。在判断投资方是否对被投资方拥有权力时，应注意以下几点：①权力只表明投资方主导被投资方相关活动的现时能力，并不要求投资方实际行使其权力。即如果投资方拥有主导被投资方相关活动的现时能力，即使这种能力尚未被实际行使，也视为

该投资方拥有对被投资方的权力。②权力是一种实质性权利，而不是保护性权利。③权力是为自己行使的，而不是代其他方行使。④权力通常表现为表决权，但有时也可能表现为其他合同安排。

2) 相关活动

(1) 识别相关活动。从上述权力的定义中可以看出，要判断投资方是否拥有对被投资方的权力，首先需要识别被投资方的相关活动。相关活动是指对被投资方的回报产生重大影响的活动。可见，判断相关活动时，应关注的是那些对被投资方的回报具有重大影响的活动，而不是对被投资方回报影响甚微或没有影响的行政活动。

对许多企业而言，经营和财务活动通常对其回报产生重大影响。但是，不同企业的相关活动可能是不同的，应当根据企业的行业特征、业务特点、发展阶段、市场环境等具体情况来进行判断，这些活动可能包括但不限于：商品或劳务的销售和购买；金融资产的管理；资产的购买和处置；研究与开发活动；确定资本结构和获取融资。同一企业在不同环境和情况下，相关活动也可能有所不同。

(2) 分析相关活动的决策机制。在大多数情况下，当投资方通过持有表决权或类似权利主导被投资方时，其权力往往是通过统驭被投资方的战略性经营和财务政策而获得的，但对于并非由表决权或类似权利主导的被投资方，以及当多个利益方对被投资方的不同活动同时拥有决策权的时候，识别相关活动尤其重要。判断被投资方的相关活动后，了解谁拥有对被投资方的权力的下一个重要步骤是分析此类活动的决策机制。就相关活动作出的决策包括但不限于：①对被投资方的经营、融资等活动作出决策，包括编制预算；②任命被投资方的关键管理人员或服务提供商，并决定其报酬，以及终止该关键管理人员的劳务关系或终止与服务提供商的业务关系。投资方在分析相关活动的决策机制时，应当重点关注被投资方设立的目的和设计以及如何作出有关下列活动的决策，例如，变更战略方向，包括收购和处置子公司；购买或处置主要资本性资产；委任董事及其他关键管理人员并确定其酬劳；批准年度计划、预算和股利政策。

另外，清晰了解被投资方的治理结构对识别相关活动的决策方式至关重要。在实务中，相关的监管要求和股东间的协议不同，企业的治理结构也可能各不相同。在某些情况下，相关活动一般由企业章程及协议中约定的权力机构(例如股东会、董事会)来决策。特殊情况下，相关活动的决策也可能基于合同协议约定等原因由其他机构来主导，如专门设置的管理委员会等。有限合伙企业的相关活动可能由合伙人大会决策，也可能由普通合伙人或者投资管理公司等机构或人员决策。

(3) 两个或两个以上投资方能够分别单方面主导被投资方的不同相关活动时，如何判断哪方拥有权力。被投资方的相关活动通常有多个，并且可能不是同时进行。当两个或两个以上投资方能够分别单方面主导被投资方的不同相关活动时，能够主导对被投资方回报产生最重大影响活动的一方拥有对被投资方的权力。在具体判断哪个投资方对被投资方拥有权力时，投资方通常需要考虑的因素包括：①被投资方的设立目的；②影响被投资方利润率、收入和企业价值的决定因素；③各投资方拥有的与上述决定因素相关的决策职权的范围，以及这些职权分别对被投资方回报的影响程度；④投资方对于可变回报的风险敞口的大小。

【例9-2】A公司和B公司共同投资C公司，C公司的主营业务活动为药品研发和销售。根据C公司章程和合资协议的约定，在所研发药品获得相关监管部门的生产批准前，A公司可以单方面主导C公司药品研发活动，而在获得相关监管部门的生产批准后，则由B公司单方面主导该药品的生产和营销决策。

分析：C公司的研发、生产和营销活动均是会对C公司的回报产生重大影响的活动。投资方除须结合上述四点进行综合分析以外，还需要考虑以下具体因素：获得监管部门批准的不确定性和难易程度、考虑投资方成功开发药品并获取生产批准的历史记录、产品定位、目前药品所处的开发阶段、预测所需开发时间、同类药品开发的难易程度、取得同类药品营销渠道的难易程度、开发完成后哪一方投资者可实际控制该药品相关的经营活动（如取得同类药品营销渠道和实现销售业绩的难易程度）等。

当药品研发属于最相关活动时，能够主导研发的投资方A公司拥有对被投资方的权力；当药品生产和销售属于最相关活动时，能够主导产品生产和销售的投资方B公司拥有对被投资方的权力。

3）"权力"是一种实质性权利

权力源于权利。但是，这并不意味着在判断权力时需要考虑投资方及其他方对被投资方的所有权利。在判断投资方是否拥有对被投资方的权力时，应区分投资方及其他方享有的权利是实质性权利还是保护性权利，仅实质性权利才应当被加以考虑。

（1）实质性权利，是指持有人在对相关活动进行决策时，有实际能力行使的可执行权利。"有实际能力行使"，意味着对于投资方拥有的实质性权利，即便投资方并未实际行使，也应在判断投资方是否对被投资方拥有权力时予以考虑。为了使一项权利成为实质性权利，在作出可主导被投资方相关活动的决策时，该项权利应当是可行使的。通常情况下，实质性权利应当是当前可执行的权利，但某些情况下，目前不可行使的权利也可能是实质性权利，如某些潜在表决权。

【例9-3】投资方持有一份将于25天后结算的远期股权购买合同，该合同结算后，投资方能够持有其多数表决权股份；30天后才能召开的特别股东大会是能够对相关活动进行决策的最早决策日；除此之外，其他投资方不能对被投资方相关活动的现行政策作出任何改变。

分析：虽然投资方持有的25天后才能结算的远期股权购买合同不是当前可执行的权利，但是由于最早可能召开的股东大会必须在30天之后，晚于此远期合同的可行权日（25天后），在投资方执行远期合同之前的时间段内，也没有其他任何一方可以改变与被投资方相关活动有关的决策，所以该权利虽然当前不可执行，但仍然为一项实质性权利，使该投资方当前有能力主导被投资方的相关活动。

（2）保护性权利旨在保护持有这些权利的当事方的权益，而不赋予当事方对这些权利所涉及的主体的权力。仅持有保护性权利的投资方不能对被投资方实施控制，也不能阻止其他方对被投资方实施控制。例如，贷款方限制借款方进行会对借款方信用风险产生不利影响从而损害贷款方利益的活动的权利；少数股东批准超过正常经营范围的资本性支出或发行权益工具、债务工具的权利；贷款方在借款方发生违约行为时扣押其资产的权利。

4）权力的持有人应为主要责任人

权力是能够"主导"被投资方相关活动的现时能力，可见权力是为自己行使的（行使人为主要责任人），而不是代其他方行使权力（行使人为代理人）。

决策者在确定其是否为代理人时，应总体考虑自身、被投资方以及其他方之间的关系，尤其需综合考虑决策者对被投资方的决策权范围、其他方享有的实质性权利、决策者的薪酬水平、决策者因持有被投资方的其他权益而承担可变回报的风险这四项因素。除非某一方拥有罢免该决策者的实质性权利，且能够实现无理由罢免，否则应当全面分析评价这四项因素的影响。

5) 权力的一般来源——表决权

投资方对被投资方的权力可能源自各种权利，例如表决权、委派或罢免有能力主导被投资方相关活动的该被投资方关键管理人员或其他主体的权利、决定被投资方进行某项交易或否决某项交易的权利、由管理合同授予的决策权利。这些权利单独或者结合在一起，可能赋予对被投资方的权力。

通常情况下，当被投资方具有一系列对回报产生重要影响的经营及财务活动，且需要就这些活动连续地进行实质性决策时，表决权或类似权利本身或结合其他安排，将赋予投资者权力。

表决权是对被投资方经营计划、投资方案、年度财务预算方案和决算方案、利润分配方案和弥补亏损方案、内部管理机构的设置、聘任或解聘公司经理及确定其报酬、公司的基本管理制度等事项进行表决而持有的权利。表决权比例通常与其出资比例或持股比例是一致的，但公司章程另有规定的除外。

(1) 通过直接或间接拥有半数以上表决权而拥有权力。当被投资方的相关活动由持有半数以上表决权的投资方表决决定，或者主导相关活动的权力机构的多数成员由持有半数以上表决权的投资方指派，而且权力机构的决策由多数成员主导时，持有半数以上表决权的投资方拥有对被投资方的权力。

【例9-4】A企业和B企业分别持有C企业60%和40%的普通股，C企业的相关活动通过股东会议上多数表决权主导。在股东会议上，每股普通股享有一票投票权。假设不存在其他因素，C企业的相关活动由持有C企业大多数投票权的一方主导。因此，如果不存在其他相关因素，A企业拥有对C企业的权力，因其是C企业大多数投票权的持有者。

【例9-5】A企业和B企业分别持有C企业60%和40%的普通股，C企业的相关活动以董事会会议上多数表决权主导。A企业和B企业根据其享有C企业所有者权益的比例，各自有权任命6名和4名董事。因此，如果不存在其他相关因素，A企业拥有对C企业的权力，因其有权任命主导C企业相关活动的董事会的大多数成员。

值得注意的是，在进行控制分析时，投资方不仅需要考虑直接表决权，还需要考虑其持有的潜在表决权以及其他方持有的潜在表决权的影响，需进行综合考量，以确定其对被投资方是否拥有权力。

潜在表决权是获得被投资方表决权的权利，例如可转换工具、认股权证、远期股权购买合同或期权所产生的权利。确定潜在表决权是否给予其持有者权力时，需要考虑的因素包括：①在分析控制时，仅考虑满足实质性权利要求的潜在表决权；②投资方是否持有其他表决权或其他与被投资方相关的决策权，这些权利与投资方持有的潜在表决权结合后是否赋予投资方拥有对被投资方的权力；③潜在表决权工具的设立目的和设计，以及投资方参与被投资方的其他方式的目的和设计，包括分析相关工具和安排的条款和条件，以及投资方接受这些条款和条件的可能性、动机和原因。

【例9-6】A公司与B公司分别持有被投资方70%及30%的表决权。除此之外，根据A公司与B公司签订的期权合同，B公司可以在目前及未来两年内以固定价格购买A公司持有的被投资方50%的表决权。根据该价格，上述期权在目前及预计未来两年内都是深度价外期权(即依据期权合约的条款设计，使得买方B公司到期行权的可能性极小)。历史上，A公司一直通过表决权主导被投资方的相关活动。

这种情况下，B公司目前拥有购买A公司表决权的可行使期权，一旦行使将使B公司拥有被投资方80%表决权。但由于这些期权在目前及预计未来两年内都为深度价外期权，B公司无法从该期权的行使中获利，因此这些期权并不构成实质性权利，在评估B公司对于被投资方是否拥有权力时不应予以考虑。

【例9-7】A公司与其他两个投资方各自持有被投资方1/3的表决权。除了权益工具外，A公司同时持有被投资方发行的可转换债券，这些可转换债券可以在目前及未来两年内的任何时间以固定价格转换为被投资方的普通股。按照该价格，目前该期权为价外期权，但非深度价外。被投资方的经营活动与A公司密切相关。如果可转换债券转换为普通股，A公司将持有被投资方60%的表决权，可以据此主导被投资方的相关活动，从而实现协同效应并从中获益(如降低A公司的运营成本，确保稀缺产品的供应等)。这种情况下，A公司持有的潜在表决权为实质性权利。A公司持有的表决权与实质性潜在表决权相结合，使得A公司拥有了对于被投资方的权力。

(2) 持有被投资方半数以上表决权但并无权力。确定持有半数以上表决权的投资方是否拥有权力，关键在于该投资方是否拥有主导被投资方相关活动的现时能力。在被投资方相关活动被政府、法院、管理人、接管人、清算人或监管人等其他方主导时，投资方无法凭借其拥有的表决权主导被投资方的相关活动，因此，投资方此时即使持有被投资方过半数的表决权，也不拥有对被投资方的权力。

如果投资方虽然持有被投资方半数以上表决权，但这些表决权并不是实质性权利时，则投资方并不拥有对被投资方的权力：①当其他方拥有现时权利使其可以主导被投资方的相关活动，且该其他方不是投资方的代理人时，则投资方不拥有对被投资方的权力；②当投资方所拥有的表决权并非实质性权利时，即使持有多数表决权，投资方也不拥有对被投资方的权力。例如，由于无法获得必要的信息或法律法规方面的障碍，投资方虽持有半数以上表决权但无法行使，则该投资方不拥有对被投资方的权力。

半数以上表决权通过，只是作出决策的通常做法，有些情况下，根据相关章程、协议或其他法律文件，主导相关活动的决策所要求的表决权比例高于持有半数以上表决权的一方持有的表决权比例。例如，被投资方的公司章程规定，与相关活动有关的决策必须由出席会议的投资方所持2/3以上的表决权通过。这种情况下，持有半数以上但不足2/3表决权的投资方，虽然表决权比例超过半数，但该表决权本身不足以赋予投资方权力，应结合其他因素进行进一步的分析与判断。

(3) 直接或间接结合，也只拥有半数或半数以下表决权，但仍然可以通过表决权判断是否拥有权力。持有半数或半数以下表决权的投资方(或者虽持有半数以上表决权，但仅凭自身表决权比例仍不足以主导被投资方相关活动的投资方)，应综合考虑下列事实和情况，以判断其持有的表决权与相关事实和情况相结合是否可以赋予投资方对被投资方的权力。

第一，考虑投资方持有的表决权相对于其他投资方持有的表决权份额的大小，以及其他投资方持有表决权的分散程度。与其他方持有的表决权比例相比，投资方持有的表决权比例越高，越有可能有现时能力主导被投资方相关活动。为否决投资方而需要联合一致的行动方越多，投资方越有可能有现时能力主导被投资方相关活动。

【例9-8】A公司持有B公司48%的有表决权股份，剩余股份由分散的小股东持有，所有小股东单独持有的有表决权股份均未超过1%，且他们之间或其中一部分股东均未达成进行集体决策的协议。

分析：在判断A公司是否拥有对B公司的权力时，由于A公司虽然持有的B公司有表决权的股份(48%)不足50%，但是其他股东持有股份的相对规模较小、分散程度较高，且其他股东之间未达成集体决策协议，在这种情况下，A投资者无须考虑权利的任何其他证据，即可以其持有股权的绝对规模和其他股东持有股权的相对规模为基础，确定其拥有充分决定性的投票权以满足权力的标准，因此可以判断A公司拥有对B公司的权力。

第二，考虑与其他表决权持有人的协议。投资方自己拥有的表决权不足，但通过与其他表决权持有人的协议使其可以控制足以主导被投资方相关活动的表决权，从而拥有被投资方的权力。

【例9-9】E企业拥有4名股东，分别为A、B、C和D4个企业，A持有E企业40%的普通股，其他3位股东各持有20%。E企业的相关活动由其董事会主导，董事会由6名董事组成，其中3名董事由A企业任命，剩余3名分别由B企业、C企业和D企业任命。A企业和B企业单独签订合同安排，规定B企业任命的董事必须与A企业任命的董事以相同方式进行表决。

分析：若不存在其他因素，该合同安排赋予A企业在董事会议上获得涉及相关活动的大多数投票权，从而使得A企业拥有对E企业的权力，即使A企业并未持有E企业的大多数投票权。

第三，考虑其他合同安排产生的权利。投资方可能通过持有的表决权和其他决策权相结合的方式使其当前能够主导被投资方的相关活动。例如，合同安排赋予投资方能够聘任被投资方董事会或类似权力机构多数成员，这些成员能够主导董事会或类似权力机构对相关活动的决策。但是，在不存在其他权利时，仅仅是被投资方对投资方的经济依赖(如供应商和其主要客户的关系)不会导致投资方对被投资方拥有权力。

【例9-10】A公司持有B公司40%的有表决权股份，其他12个投资方各持有B公司5%的有表决权股份，且他们之间或其中一部分股东之间不存在进行集体决策的协议。根据全体股东协议，A公司有权聘任或解聘董事会多数成员，董事会主导被投资者的相关活动。

分析：A公司持有的B公司有表决权股份(40%)不足50%，且其他12个投资方各持有B公司5%的有表决权股份，根据A公司自身持有股份的绝对规模和其他股东的相对规模，难以得出A公司对B公司拥有权力。但是，综合考虑全体股东协议，规定A公司有权聘任或解聘董事会多数成员，以及其他股东之间不存在集体决策的协议，可以判断A公司对B公司拥有权力。

第四，如果结合表决权和上述所列因素，仍不足以判断投资者能否控制被投资方，则还需要考虑是否存在其他事实或情况，能够证明投资方拥有主导被投资方相关活动的现时能力。例如，投资方能够任命或批准被投资方的关键管理人员，这些关键管理人员能够主导被投资方的相关活动；投资方能够出于自身利益决定或者否决被投资方的重大交易；投资方能够控制被投资方董事会等类似权力机构成员的任命程序，或者从其他表决权持有人手中获得代理投票权；投资方与被投资方的关键管理人员或董事会等类似权力机构中的多数成员存在关联关系；投资方与被投资方之间存在特殊关系，如被投资方的关键管理人员是投资方的现任或前任职工，被投资方的经营活动依赖于投资方，被投资方活动的重大部分有投资方参与其中或者是以投资方的名义进行，投资方自被投资方承担可变回报的风险或享有可变回报的收益的程度远超过其持有的表决权或其他类似权利的比例等。

【例 9-11】B 公司为 A 公司的第一大股东，其对 A 公司的持股比例为 40%，A 公司剩余股东的持股比例高度分散。除 B 公司外，A 公司的其他前十大股东的单家持股比例均小于 3%，合计不超过 10%。剩余股东持股比例均小于 0.1%。A 公司的各股东之间不存在关联关系。A 公司的各股东均未持有潜在表决权。

A 公司董事会由 9 名董事组成，其中 3 名为独立董事。B 公司有权向 A 公司提名 4 名非独立董事，其中一名任 A 公司董事长，另一名任 A 公司副董事长。A 公司董事长同时兼任 B 公司的董事长，A 公司的一名董事同时兼任 B 公司的总经理。A 公司最高权力机构为股东大会，与 A 公司相关活动有关的重大决议应由出席股东大会的股东所持表决权的 1/2 以上表决通过。A 公司董事会在股东大会授权范围内，负责拟定与 A 公司相关活动有关的议案并报股东大会批准，执行股东大会的决议。在历年来的股东大会中，出席股东大会的股东所持的表决权总数未超过 47%。

分析：A 公司的相关活动通过股东大会半数以上的表决权所主导，然而，B 公司所持表决权仅为 40%，未超过半数。因此，B 公司在确定其是否有主导 A 公司相关活动的权力时，应综合考虑如下因素。

(1) 各方持有的潜在表决权。本例中，A 公司的各股东均未持有潜在表决权。

(2) 投资方持有的表决权比例与其他方持有的表决权比例和分散程度的比较。B 公司持股比例虽然不足半数，但是其他前十大股东的单家持股比例均小于 3%，合计小于 10%，剩余股东持股比例均小于 0.1%。因此，B 公司的持股比例相对其他股东而言较大，并且其他股东持股比例的分散程度较高。

(3) 来源于其他合同安排的权利。本例中，除公司章程规定外，A 公司的各股东均未持有其他合同安排的权利。

(4) 其他事实或情况。A 公司的 9 名董事当中有 4 名非独立董事由 B 公司提名，且一名董事任 A 公司董事长，另一名任副董事长。由此可见，B 公司除直接持有表决权外，还可以通过任命对 B 公司相关活动有重大影响力的关键人员来获取权利。此外，A 公司董事长还同时兼任 B 公司的董事长，A 公司的一名董事还同时兼任 B 公司的总经理。由此可见，A、B 公司之间除股权关系外，还存在核心管理层交叉的情况。另外，与 A 公司相关活动有关的重大决议应由出席股东大会的股东所持表决权的 1/2 以上表决通过。A 公司历年来的股东大会中，出席股东大会的股东所持的表决权总数未超过 47%。B 公司所持 40% 的表决权已经超过了出席股东大会的股东所持过半数的表决权。

综上考虑，B 公司认定其具有对 A 公司的权力。

【例 9-12】A 公司的第二、第三及第四大股东的持股比例分别为 12%、10% 及 8%，其他股东持股比例均小于 1%。在历年来的股东大会中，出席股东大会的股东所持的表决权总数约 88%。除此以外，其他事实与例 9-11 一致。

分析：B公司对A公司的持股比例相对其他股东而言，并不显著高于其他股东。B公司虽然为第一大股东，但第二、第三及第四大股东持股比例合计达到30%，已经接近第一大股东40%的持股比例。此外，A公司历年来的股东大会中，出席股东大会的股东所持的表决权总数约为88%。B公司所持40%的表决权也未能超过出席股东大会的股东所持过半数的表决权。

综合考虑，B公司并不具有对A公司的权力。

6）权力来自表决权以外的其他权利——来自合同安排

在某些情况下，某些主体的投资方对被投资方的权力并非源自表决权(如表决权可能仅与日常行政活动工作有关)，被投资方的相关活动由一项或多项合同安排决定，如证券化产品、资产支持融资工具、部分投资基金等结构化主体。

结构化主体，是指在确定其控制方时没有将表决权或类似权利作为决定因素而设计的主体。通常情况下，结构化主体在合同约定的范围内开展业务活动，表决权或类似权利仅与行政性管理事务相关。投资方在判断能够控制结构化主体时，还需要结合在设立被投资方时所作出的决策及投资方对其设立活动的参与度、其他相关合同安排、仅在特定情况或事项发生时开展的活动、投资方对被投资方作出的承诺等因素进行进一步的分析。

【例9-13】甲公司为一家小额贷款公司，其发起设立主体乙，甲公司向主体乙转让一个资产池，其中包含众多笔甲公司向不同的第三方发放的期限在12个月内的小额贷款。主体乙向众多第三方投资者发行一项资产管理计划，计划存续期为3年，存续期内分期发行，每期期限为1年。计划的基础资产为主体乙向甲公司购买的资产池。第三方投资者共认购该计划75%的份额(每个单一投资者认购的比例都小于0.5%)，甲公司认购剩余25%的份额。

根据主体乙初始设立时订立的章程和协议安排，主体乙唯一的经营活动是按照既定的还款计划向贷款人收取本金和利息，并在收到款项后，在既定时间内扣除按与市场水平相当的费率计算的固定比例手续费后，将款项按份额比例支付给各个投资方。主体乙日常活动的事务，例如人事、财务、行政等管理事务等均由与甲公司和主体乙不存在关联公司的第三方资产管理公司丙负责管理并按市价收取管理费。计划存续期间的所有相关资金流均由独立于各方的第三方银行丁托管并按市价收取资金托管费。

如果在既定还款时间收取既定的款项，主体乙则按照投资者的投资比例将收取的款项分配给投资者。如果未能在既定的还款时间内收取既定的款项，主体乙则先将已收取的款项按等比例分配后支付给除甲公司以外的投资者，剩余部分再支付给甲公司。当应收款出现违约时，甲公司有权根据违约时间、抵押品情况、违约方信用等级来调整主体乙下一步的收款计划。当已收取的款项已经无法向除甲公司以外的投资方进行足额支付时，主体乙将会按照某个事先约定的价格将应收款项全部出售给甲公司，由甲公司开展进一步的收款或者债务重组安排。

分析：第一，应先识别出被投资方为主体乙，甲公司参与了主体乙的初始设立。主体乙设立的目的是管理和回收甲公司发放的小额贷款。甲公司在创设主体乙时的安排，例如，认购计划的相对较大部分的份额(25%)、承担劣后偿付的风险(如果未能在既定的还款时间内收取既定的款项，主体乙先将已收取的款项按等比例分配后支付给除甲公司以外的投资者，剩余部分再支付给甲公司)以及甲公司向主体乙签出以固定价格行权的看跌期权统统显示出甲公司承担了重大的可变性，其有足够的动机要获取对主体乙的权力。

第二，主体乙的相关活动是对违约应收款的管理活动，理由一是主体乙在应收款违约之前的活动仅仅是按照固定的还款计划向贷款人收取预先确定的款项并过手转交给投资方，收取固定比例的收款手续费，在款项违约前，主体乙的回报不存在重大不确定性；理由二是在应收款出现违约时，如何根据实际情况管理违约应收款并调整收款计划，以及按照固定价格将应收款出售给甲公司会对主体乙的回报产生重大影响。因此，主体乙的相关活动是对违约应收款的管理活动，应收款出售给甲公司后，进一步管理违约资产的活动由甲公司开展，而并非在主体乙的法律框架下开展。

第三，在识别出主体乙的相关活动后，在评估投资方对主体乙的权力时，只应考虑与管理违约应收款相关的权利，尽管该权力只会在应收款发生违约的特定情况下才会被运用。很明显，当应收款出现违约时，甲公司有权根据违约时间、抵押品情况、违约方信用等级来调整主体乙下一步的收款计划或者债务重组安排，因此，甲公司享有对主体乙的权力。

第四，由于甲公司认购了主体乙发行资产计划 25%的份额，由此承担了由于主体乙应收款无法收回时的损失本金和利息的重大风险。此外，甲公司认购的份额还属于劣后偿付级别且向主体乙签出按照固定价格回购应收款的看跌期权，与其他的投资方相比，甲公司承担了更加重大的可变性。

第五，甲公司承担的可变回报与其对主体乙所拥有的权力密切相关。甲公司通过行使其对主体乙所拥有的权力主导主体乙的相关活动(主要是对违约应收款的管理活动)，这一权力的实际行使情况将直接影响甲公司从主体乙可获得的可变回报。

综上，甲公司享有对主体乙的控制权，应将主体乙纳入合并范围。

7) 权力与回报之间的联系

投资方不仅必须拥有对被投资方的权力和因涉入被投资者而有权获得的可变回报，而且要有能力使用权力来影响因涉入被投资者而获得的投资方回报。只有当投资方不仅拥有对被投资方的权力、通过参与被投资方的相关活动而享有可变回报，并且有能力运用对被投资方的权力来影响其回报的金额时，投资方才能控制被投资方。

二、纳入合并范围的特殊情况——对被投资方可分割部分的控制

投资方通常应当对是否控制被投资方整体进行判断。但在少数情况下，如果有确凿证据表明同时满足下列条件并且符合相关法律法规规定的，投资方应当将被投资方的一部分视为被投资方可分割的部分，进而判断是否控制该部分(可分割部分)。

(1) 该部分的资产是偿付该部分负债或该部分其他利益方的唯一来源，不能用于偿还该部分以外的被投资方的其他负债；

(2) 除与该部分相关的各方外，其他方不享有与该部分资产相关的权利，也不享有与该部分资产剩余现金流量相关的权利。

实质上该部分的所有资产、负债及其他相关权益均与被投资方的剩余部分相隔离，即该部分的资产产生的回报不能由该部分以外的被投资方其他部分享有，该部分的负债也不能用该部分以外的被投资方资产偿还。

如果被投资方的一部分资产和负债及其他相关权益满足上述条件，构成可分割部分，则投资方应当基于控制的判断标准确定其是否能控制该可分割部分，考虑该可分割部分的

相关活动及其决策机制，投资方目前是否有能力主导可分割部分的相关活动并据以从中取得可变回报。如果投资方控制可分割部分，则应将其进行合并。在此情况下，其他方在考虑是否合并被投资方时，应仅对被投资方的剩余部分进行控制及合并的评估，而将可分割部分排除在外。

【例9-14】A公司为有限责任公司，专门从事房地产开发项目，其主要经营活动为在B地块上开发住宅和商业地产项目。B地块的开发分三期执行，各期地块的开发成本和销售收入分设三个独立子账套进行单独核算管理，但与各期开发相关的开发支出均由A公司作为同一法人主体进行清偿，各期项目相关的增值税、土地增值税及所得税等相关税收也均由A公司作为同一纳税主体进行统一申报和清算。各地块的相关经营决策互相独立，其经营损益分别归属于不同的权利人。

分析：虽然各期开发项目区分了三个账套进行独立核算管理，然而，这并不足以说明其中一期开发项目的有关资产、负债和权益均与其余各期的剩余部分相隔离。各期开发支出和相应税赋仍以A公司作为单一主体进行清偿就表明某期资产并非仅承担与该期资产相关的负债，某期资产也并非是与该期开发相关的负债的唯一支付来源。因此，本例中的各期开发项目并非可分割的部分，不应被认定为可分割部分。

三、合并范围的豁免——投资性主体

母公司应当将其全部子公司(包括母公司所控制的被投资单位可分割部分、结构化主体)纳入合并范围。但是，如果母公司是投资性主体，则只应将那些为投资性主体的投资活动提供相关服务的子公司纳入合并范围，其他子公司不应予以合并，母公司对其他子公司的投资应当按照公允价值计量且其变动计入当期损益。

一个投资性主体的母公司如果其本身不是投资性主体，则应当将其控制的全部主体，包括投资性主体以及通过投资性主体间接控制的主体，纳入合并财务报表范围。

当母公司同时满足以下三个条件时，该母公司属于投资性主体：①该公司以向投资方提供投资管理服务为目的，从一个或多个投资者获取资金；②该公司的唯一经营目的，是通过资本增值、投资收益或两者兼有而让投资者获得回报；③该公司按照公允价值对几乎所有投资的业绩进行计量和评价。

投资性主体通常应当符合下列四个特征：①拥有一个以上投资；②拥有一个以上投资者；③投资者不是该主体关联方；④该主体所有者权益以股权或类似权益存在。上述特征仅仅是投资性主体的常见特征。当主体不完全具备上述四个特征时，需要审慎评估，判断是否有确凿证据证明虽然缺少其中一个或几个特征，但该主体仍然符合投资性主体的定义。

【例9-15】甲技术公司设立乙高新技术基金，该基金专门投资于高新技术创业公司从而获取资本增值。甲技术公司持有乙高新技术基金80%的权益并且控制该基金，该基金其余20%的权益由其他10个不相关投资者持有。甲技术公司同时持有以公允价值购买乙基金所持有投资的选择权，如果行使该选择权，甲技术公司从乙基金所持被投资方开发的技术中受益。乙基金没有明确的退出投资的计划，且乙基金由该基金投资者代理人作为投资顾问管理。

分析：即使乙基金的经营目的是为资本增值而进行投资，并向其投资者提供投资管理服务，乙基金也不是投资性主体，主要原因如下：①甲公司持有购买乙基金持有投资的选择权，乙基金被投资方开发的资产将使甲技术公司受益，这样，除资本增值外，乙基金还提供了其他利益；②乙基金的投资计划不包括作为权益投资的投资退出战略，甲技术公司持有的选择权并非由乙基金控制，也不构成退出战略。

当母公司由非投资性主体转变为投资性主体时，除仅将为其投资活动提供相关服务的子公司纳入合并财务报表范围编制合并财务报表外，企业自转变日起对其他子公司不应予以合并。

当母公司由投资性主体转变为非投资性主体时，应将原未纳入合并财务报表范围的子公司于转变日纳入合并财务报表范围，将转变日视为购买日，原未纳入合并财务报表范围的子公司于转变日的公允价值视为购买的交易对价，按照非同一控制下企业合并的会计处理方法进行会计处理。

四、控制的持续评估

控制的评估是持续的，当环境或情况发生变化时，投资方需要评估控制的基本要素中的一个或多个是否发生了变化。如果有任何事实或情况表明控制的基本要素中的一个或多个发生了变化，投资方应重新评估对被投资方是否具有控制权。

第三节　内部股权投资的合并处理(同一控制下企业合并)

合并财务报表的编制包括企业合并控制权取得日、控制权取得日后首期以及控制权取得日后连续合并财务报表的编制。企业合并控制权取得日合并财务报表的编制，对于同一控制下的控股合并，包括全部合并财务报表；非同一控制下的控股合并，仅包括合并资产负债表。而控制权取得日后首期及控制权取得日后连续合并财务报表的编制，无论是同一控制还是非同一控制下的控股合并，一般都包括合并资产负债表、合并利润表、合并现金流量表和合并所有者权益变动表。

一、同一控制下企业合并控制权取得日合并财务报表的编制

同一控制下企业合并形成母子公司关系的，合并方一般应在合并日编制合并财务报表。编制合并日的合并财务报表时，一般包括合并资产负债表、合并利润表及合并现金流量表。

1. 合并资产负债表

被合并方有关资产、负债应以其账面价值并入合并财务报表。合并方与被合并方在合并日及以前期间发生的交易，应作为内部交易，按照合并财务报表的有关原则进行抵销。

在合并资产负债表中，对于被合并方在企业合并前实现的留存收益(盈余公积和未分配利润之和)中归属于合并方的部分，应按以下原则，自合并方的资本公积转入留存收益和未分配利润。

(1) 确认企业合并形成的长期股权投资后，合并方账面资本公积(资本溢价或股本溢价)

贷方余额大于被合并方在合并前实现的留存收益中归属于合并方的部分，在合并资产负债表中，应将被合并方在合并前实现的留存收益中归属于合并方的部分自"资本公积"转入"盈余公积"和"未分配利润"。在合并工作底稿中，借记"资本公积"项目，贷记"盈余公积"和"未分配利润"项目。

【例 9-16】 A、B 公司分别为 P 公司控制下的两家子公司。A 公司于 20×1 年 3 月 10 日自母公司 P 处取得 B 公司 80%的股权，合并后 B 公司仍维持其独立法人资格继续经营。为进行该项企业合并，A 公司发行了 300 万股本公司普通股(每股面值 1 元)作为对价。假定 A、B 采用的会计政策相同。合并日，A 公司及 B 公司的所有者权益构成如表 9-2 所示。

表 9-2 A、B 公司所有者权益构成

单位：元

A公司		B公司	
项　目	金　额	项　目	金　额
股本	18 000 000	股本	3 000 000
资本公积	5 000 000	资本公积	1 000 000
盈余公积	4 000 000	盈余公积	2 000 000
未分配利润	10 000 000	未分配利润	4 000 000
合计	37 000 000	合计	10 000 000

A 公司在合并日应进行的账务处理如下。

借：长期股权投资　　　　　　　　　　　8 000 000
　　贷：股本　　　　　　　　　　　　　　3 000 000
　　　　资本公积——股本溢价　　　　　　5 000 000

A 公司在合并日编制合并资产负债表时，对于企业合并前 B 公司实现的留存收益中归属于合并方的 480 万元(即 600 万元×80%)应自资本公积(资本溢价或股本溢价)转入留存收益。A 公司在确认对 B 公司的长期股权投资以后，其资本公积的账面余额为 1 000 万元(即 500 万元+500 万元)，假定其中资本溢价或股本溢价的金额为 900 万元。在合并工作底稿中，应编制以下调整分录。

借：资本公积　　　　　　　　　　　　　4 800 000
　　贷：盈余公积　　　　　　　　　　　　1 600 000
　　　　未分配利润　　　　　　　　　　　3 200 000

(2) 确认企业合并形成的长期股权投资后，合并方账面资本公积(资本溢价或股本溢价)贷方余额小于被合并方在合并前实现的留存收益中归属于合并方的部分，在合并资产负债表中，应以合并方资本公积(资本溢价或股本溢价)贷方余额为限，将被合并方在企业合并前实现的留存收益中归属于合并方部分自"资本公积"转入"盈余公积"和"未分配利润"。在合并工作底稿中，借记"资本公积"项目，贷记"盈余公积"和"未分配利润"项目。

因合并方的资本公积(资本溢价或股本溢价)余额不足，被合并方在合并前实现的留存收益中归属于合并方的部分在合并资产负债表中未予全额恢复的，合并方应当在会计报表附注中对这一情况进行说明。

【例9-17】沿用例9-16，如果A公司资本公积账面余额为420万元(120万元+300万元)，假定全部属于资本溢价或股本溢价，小于B公司在合并前实现的留存收益中归属于A公司的部分，A公司编制合并财务报表时，应以账面资本公积(资本溢价或股本溢价)的余额为限，将B公司在合并前实现的留存收益中归属于A公司的部分相应转入盈余公积和未分配利润。合并工作底稿中的调整分录如下。

借：资本公积　　　　　　　　　　　　　　4 200 000
　　贷：盈余公积　　　　　　　　　　　　1 400 000
　　　　未分配利润　　　　　　　　　　　2 800 000

2. 合并利润表

合并方在编制合并日的合并利润表时，应包含合并方及被合并方自合并当期期初至合并日实现的净利润。例如，同一控制下的企业合并发生于20×1年3月31日，合并方当日编制合并利润表时，应包括合并方及被合并方自20×1年1月1日至20×1年3月31日实现的净利润。双方在当期发生的交易，应当按照合并财务报表的有关原则进行抵销。

为了帮助企业的会计信息使用者了解合并利润表中净利润的构成，发生同一控制下企业合并的当期，合并方在合并利润表中的"净利润"项下应单列"其中：被合并方在合并前实现的净利润"项目，反映合并当期期初至合并日自被合并方带入的损益。

3. 合并现金流量表

合并方在编制合并日的合并现金流量表时，应包含合并方及被合并方自合并当期期初至合并日产生的现金流量。涉及双方当期发生内部交易产生的现金流量，应按照合并财务报表准则规定的有关原则进行抵销。

下面举例说明合并日合并资产负债表、合并利润表的编制。

【例9-18】20×1年6月30日，P公司向S公司的股东定向增发1 000万股普通股(每股面值为1元)对S公司进行合并，并于当日取得对S公司100%的股权。参与合并企业在20×1年6月30日企业合并前，有关资产、负债情况如表9-3所示。

表9-3　资产负债表(简表)

20×1年6月30日　　　　　　　　　　　　　　单位：元

项　目	P公司		S公司	
	账面价值		账面价值	公允价值
资产：				
货币资金	17 250 000		1 800 000	1 800 000
应收账款	12 000 000		8 000 000	8 000 000
存货	24 800 000		1 020 000	1 800 000
长期股权投资	20 000 000		8 600 000	15 200 000
固定资产	28 000 000		12 000 000	22 000 000
无形资产	18 000 000		2 000 000	6 000 000
商誉				
资产合计	120 050 000		33 420 000	54 800 000

续表

项　目	P公司		S公司	
	账面价值		账面价值	公允价值
负债和所有者权益：				
短期借款	10 000 000		9 000 000	9 000 000
应付账款	15 000 000		1 200 000	1 200 000
其他负债	1 500 000		1 200 000	1 200 000
负债合计	26 500 000		11 400 000	11 400 000
实收资本	30 000 000		10 000 000	
资本公积	20 000 000		6 000 000	
盈余公积	20 000 000		2 000 000	
未分配利润	23 550 000		4 020 000	
所有者权益合计	93 550 000		22 020 000	43 400 000
负债和所有者权益合计	120 050 000		33 420 000	

P公司及S公司20×1年1月1日至6月30日的利润表如表9-4所示。

表9-4　利润表(简表)

20×1年1月1日至6月30日　　　　　　　　　　　　　　　　　单位：元

项　目	P公司	S公司
一、营业收入	42 500 000	12 000 000
减：营业成本	33 800 000	9 550 000
税金及附加	200 000	50 000
销售费用	600 000	200 000
管理费用	1 500 000	500 000
财务费用	400 000	350 000
加：投资收益	300 000	100 000
二、营业利润	6 300 000	1 450 000
加：营业外收入	500 000	450 000
减：营业外支出	450 000	550 000
三、利润总额	6 350 000	1 350 000
减：所得税费用	2 100 000	400 000
四、净利润	4 250 000	950 000

假定P公司和S公司为同一集团内两个全资子公司，合并前其共同的母公司为A公司。该项合并中参与合并的企业在合并前及合并后均为A公司最终控制，为同一控制下企业合并。自20×1年6月30日开始，P公司能够对S公司的净资产实施控制，该日即为合并日。

(1) P公司对该项合并进行账务处理时，其会计分录如下。

借：长期股权投资　　　　　　　　　　　　　　22 020 000
　　贷：股本　　　　　　　　　　　　　　　　　10 000 000
　　　　资本公积——股本溢价　　　　　　　　　12 020 000

P公司"长期股权投资"的账面价值为 20 000 000+22 020 000= 42 020 000 元。

(2) 假定 P 公司与 S 公司在合并前未发生任何交易，则 P 公司在编制合并日合并财务报表时的抵销分录如下。

① 借：实收资本　　　　　　　　　　　　　　　　　　10 000 000
　　　　资本公积　　　　　　　　　　　　　　　　　　 6 000 000
　　　　盈余公积　　　　　　　　　　　　　　　　　　 2 000 000
　　　　未分配利润　　　　　　　　　　　　　　　　　 4 020 000
　　　　贷：长期股权投资　　　　　　　　　　　　　　　　22 020 000

将被合并方在企业合并前实现的留存收益中归属于合并方的部分，自资本公积(假定资本公积中"资本溢价或股本溢价"的金额为 3 000 万元)转入留存收益，合并调整分录如下。

② 借：资本公积　　　　　　　　　　　　　　　　　　 6 020 000
　　　　贷：盈余公积　　　　　　　　　　　　　　　　　　 2 000 000
　　　　　　未分配利润　　　　　　　　　　　　　　　　　 4 020 000

(3) 编制合并资产负债表，如表 9-5 所示。

表 9-5　合并资产负债表(简表)

20×1 年 6 月 30 日　　　　　　　　　　　　　　　　　　　单位：元

项　目	P公司	S公司	抵销分录		合并金额
			借　方	贷　方	
资产：					
货币资金	17 250 000	1 800 000			19 050 000
应收账款	12 000 000	8 000 000			20 000 000
存货	24 800 000	1 020 000			25 820 000
长期股权投资	42 020 000	8 600 000		①22 020 000	28 600 000
固定资产	28 000 000	12 000 000			40 000 000
无形资产	18 000 000	2 000 000			20 000 000
商誉					
资产合计	142 070 000	33 420 000		22 020 000	153 470 000
负债和所有者权益：					
短期借款	10 000 000	9 000 000			19 000 000
应付账款	15 000 000	1 200 000			16 200 000
其他负债	1 500 000	1 200 000			2 700 000
负债合计	26 500 000	11 400 000			37 900 000
实收资本	40 000 000	10 000 000	①10 000 000		40 000 000
资本公积	32 020 000	6 000 000	①6 000 000 ②6 020 000		26 000 000
盈余公积	20 000 000	2 000 000	①2 000 000	②2 000 000	22 000 000
未分配利润	23 550 000	4 020 000	①4 020 000	②4 020 000	27 570 000
所有者权益合计	115 570 000	22 020 000	28 040 000	6 020 000	115 570 000
负债和所有者权益合计	142 070 000	33 420 000			153 470 000

(4) 编制合并利润表，如表9-6所示。

表9-6 合并利润表(简表)

20×1年1月1日至6月30日　　　　　　　　　　　　　　　　　　　　　　单位：元

项　　目	P公司	S公司	抵销分录 借　方	贷　方	合并金额
一、营业收入	42 500 000	12 000 000			54 500 000
减：营业成本	33 800 000	9 550 000			43 350 000
税金及附加	200 000	50 000			250 000
销售费用	600 000	200 000			800 000
管理费用	1 500 000	500 000			2 000 000
财务费用	400 000	350 000			750 000
加：投资收益	300 000	100 000			400 000
二、营业利润	6 300 000	1 450 000			7 750 000
加：营业外收入	500 000	450 000			950 000
减：营业外支出	450 000	550 000			1 000 000
三、利润总额	6 350 000	1 350 000			7 700 000
减：所得税费用	2 100 000	400 000			2 500 000
四、净利润	4 250 000	950 000			5 200 000
其中：被合并方在合并前实现利润					950 000

4. 比较报表的编制

同一控制下的企业合并，在编制合并当期期末的比较报表时，应视同参与合并各方在最终控制方开始实施控制时即以目前的状态存在。提供比较报表时，应对前期比较报表进行调整。因企业合并实际发生在当期，以前期间合并方账面上并不存在对被合并方的长期股权投资，在编制比较报表时，将被合并方的有关资产、负债并入后，因合并而增加的净资产在比较报表中调整所有者权益项下的资本公积(资本溢价或股本溢价)。

二、同一控制下企业合并控制权取得日后首期合并财务报表的编制

1. 对子公司的个别财务报表进行调整

对属于同一控制下企业合并中取得的子公司的个别财务报表，如果不存在与母公司会计政策和会计期间不一致的情况，则不需要对该子公司的个别财务报表调整为公允价值反映的财务报表，只需要抵销内部交易对合并财务报表的影响即可。

2. 按权益法调整对子公司的长期股权投资

母公司对于子公司的长期股权投资在编制合并报表时要由成本法调整为权益法。在采用权益法核算长期股权投资的情况下，长期股权投资的账面价值反映其在被投资企业权益

的变动情况，即长期股权投资的账面余额等于其在子公司所有者权益中所拥有的份额。在编制合并财务报表时，需要进行抵销的项目之一，就是母公司对子公司的长期股权投资与子公司所有者权益各项目的相互抵销。在采用权益法的情况下，有利于合并财务报表的编制。

合并财务报表准则也允许企业直接在对子公司的长期股权投资采用成本法核算的基础上编制合并财务报表，但是所生成的合并财务报表应当符合合并财务报表准则的相关规定。

在成本法下，母公司个别财务报表中"长期股权投资"科目反映的是母公司对子公司长期股权投资的投资成本，"投资收益"科目反映的是当期子公司分配的现金股利。在合并工作底稿中需按权益法调整母公司个别财务报表中相关科目，以此为基础编制抵销分录。

【例 9-19】 假设 A、B 公司是同一控制下的企业，20×1 年 1 月 1 日 A 公司以现金 2 500 万元购买了 B 公司 80%的股权。20×1 年 1 月 1 日，B 公司股东权益总额为 2 500 万元，其中股本为 1 000 万元，资本公积为 400 万元，盈余公积为 100 万元，未分配利润为 1 000 万元。20×1 年 B 公司实现净利润 600 万元，提取盈余公积金 100 万元，分配现金股利 300 万元。A 公司和 B 公司 20×1 年资产负债表和利润表见表 9-7、表 9-8。假定 B 公司的会计政策和会计期间与 A 公司一致，不考虑 A 公司和 B 公司合并资产、负债的所得税影响。

表 9-7　资产负债表

20×1 年 12 月 31 日　　　　　　　　　　　　　　　　　　单位：元

项　目	A 公司	B 公司
货币资金	10 000 000	10 000 000
存货	28 000 000	15 000 000
长期股权投资	20 000 000	0
固定资产	72 000 000	32 000 000
资产合计	130 000 000	57 000 000
短期借款	20 000 000	19 000 000
应付账款	29 000 000	10 000 000
负债合计	49 000 000	29 000 000
股本	50 000 000	10 000 000
资本公积	15 000 000	4 000 000
盈余公积	5 000 000	2 000 000
未分配利润	11 000 000	12 000 000
所有者权益合计	81 000 000	28 000 000
负债和所有者权益合计	130 000 000	57 000 000

表 9-8　利润表

20×1 年　　　　　　　　　　　　　　　　　　　　　　　单位：元

项　目	A 公司	B 公司
一、营业收入	80 000 000	40 000 000
减：营业成本	50 000 000	25 000 000

续表

项　目	A 公司	B 公司
税金及附加	1 000 000	1 000 000
销售费用	3 000 000	3 000 000
管理费用	5 000 000	3 000 000
财务费用	1 000 000	1 000 000
加：投资收益	2 400 000	0
二、营业利润	22 400 000	7 000 000
加：营业外收入	0	2 000 000
减：营业外支出	2 400 000	1 000 000
三、利润总额	20 000 000	8 000 000
减：所得税费用	5 000 000	2 000 000
四、净利润	15 000 000	6 000 000
加：期初未分配利润	8 000 000	10 000 000
减：提取盈余公积	3 000 000	1 000 000
对所有者的分配	9 000 000	3 000 000
期末未分配利润	11 000 000	12 000 000

20×1 年 12 月 31 日，A 公司对 B 公司的长期股权投资的账面余额为 200 万元(250 万×80%)。根据合并财务报表准则的规定，在合并工作底稿中将对 B 公司的长期股权投资由成本法改为权益法核算。有关调整分录如下。

① 确认 A 公司在 B 公司 20×1 年净利润 600 万元中所享有份额 480 万元(600 万元×80%)。

借：长期股权投资　　　　　　　　　　　　　4 800 000
　　贷：投资收益　　　　　　　　　　　　　　　　4 800 000

② 抵销原按成本法确认的投资收益 2 400 000 元。

借：投资收益　　　　　　　　　　　　　　　2 400 000
　　贷：长期股权投资　　　　　　　　　　　　　　400 000

3. 权益性投资的抵销处理

母公司对子公司的权益性投资，在母公司的资产负债表上表现为"长期股权投资"项目，而在子公司的资产负债表上则表现为"实收资本"等所有者权益项目。但是，从企业集团的整体角度来看，母公司对子公司的权益性资本投资，实际上相当于母公司将资金拨付给子公司使用，并不会由此引起整个企业集团的资产、负债和所有者权益项目的增减变动。因此在编制合并财务报表时，首先应在合并工作底稿中将成本法下的长期股权投资按权益法进行调整，然后将母公司对子公司的"长期股权投资"项目与母公司在子公司的所有者权益中所享有的份额相互抵销，同时抵销对该项长期股权投资提取的长期股权投资减值准备。如果母公司对子公司只拥有部分股权，则子公司所有者权益中不属于母公司的份额，应当作为"少数股东权益"项目处理。相应地，如果存在各子公司之间的长期股权投资及子公司对母公司的长期股权投资，应比照上述处理程序，将长期股权投资的余额与其对应的子公司或母公司所有者权益中所享有的份额相互抵销。

1) 母公司长期股权投资与子公司所有者权益的抵销

【例9-20】沿用例9-19的有关资料，20×1年12月31日，A公司在合并工作底稿中编制的抵销分录如下。

③ 借：股本   10 000 000
   资本公积   4 000 000
   盈余公积   2 000 000
   未分配利润——期末 12 000 000
  贷：长期股权投资   22 400 000
    少数股东权益   5 600 000

2) 母公司对子公司长期股权投资的投资收益与子公司利润分配项目的抵销处理

母公司对子公司的长期股权投资在合并工作底稿中按权益法调整的投资收益，实际上就是子公司的净利润与其持股比例相乘的结果。在子公司为全资子公司的情况下，母公司对某一子公司在合并工作底稿中按权益法调整的投资收益，实际上就是该子公司当期实现的净利润。编制合并利润表时，实际上是将子公司的营业收入、营业成本和期间费用视为母公司本身的营业收入、营业成本和期间费用同等看待，与母公司相应的项目进行合并，是将子公司的净利润还原为营业收入、营业成本和期间费用，也就是将投资收益还原为合并利润表中的营业收入、营业成本和期间费用处理。因此，在编制合并利润表时，必须将对子公司长期股权投资的收益予以抵销。

由于合并所有者权益变动表中的"本年利润分配"项目是站在整个企业集团角度，反映对母公司股东和子公司的少数股东的利润分配情况，因此，子公司的个别所有者权益变动表中本年利润分配各项目的金额(包括提取盈余公积、对所有者(或股东)的分配和期末未分配利润的金额)都必须予以抵销。在子公司为全资子公司的情况下，子公司本期净利润就是母公司本期对子公司长期股权投资按权益法调整的投资收益。假定子公司期初未分配利润为零，子公司本期净利润就是子公司本期可供分配的利润，是本期子公司利润分配的来源，而子公司本期利润分配(包括提取盈余公积、对所有者(或股东)的分配等)的金额与期末未分配利润的金额则是本期利润分配的结果。母公司对子公司长期股权投资按权益法调整的投资收益正好与子公司的本年利润分配和期末未分配利润之和相抵销。在子公司为非全资子公司的情况下，母公司对子公司长期股权投资按权益法调整的投资收益与本期少数股东损益之和就是子公司本期净利润，同样假定子公司期初未分配利润为零，母公司本期对子公司长期股权投资按权益法调整的投资收益与本期少数股东损益之和，正好与子公司本期利润分配项目和期末未分配利润之和相抵销。

至于子公司个别所有者权益变动表中"本年利润分配"项目中的"未分配利润——期初"科目，作为子公司以前会计期间净利润的一部分，在全资子公司的情况下已全额包括在母公司以前会计期间按权益法调整的投资收益中，从而包括在母公司按权益法调整的本期期初未分配利润中，为此，也应将其予以抵销。从子公司个别所有者权益变动表来看，其期初未分配利润加上本期净利润就是其本期利润分配的来源，而本期利润分配和期末未分配利润则是利润分配的结果。母公司本期对子公司长期股权投资按权益法调整的投资收益和子公司期初未分配利润与子公司本年利润分配及期末未分配利润之和也正好相抵销。在子公司为非全资子公司的情况下，母公司本期对子公司长期股权投资按权益法调整的投资收益、本期少数股东损益和期初未分配利润与子公司本年利润分配项目也正好相抵销。

【例 9-21】沿用例 9-19 的有关资料，假设 20×1 年度 B 公司实现净利润 600 万元，提取盈余公积金 100 万元，分配现金股利 300 万元。在合并工作底稿中，编制的 A 公司投资收益与 B 公司利润分配科目的抵销分录如下。

④ 借: 投资收益   4 800 000
   未分配利润——期初   10 000 000
   少数股东损益   1 200 000
  贷: 提取盈余公积   1 000 000
    对所有者(或股东)的分配   3 000 000
    未分配利润——期末   12 000 000

4. 根据合并工作底稿编制合并财务报表

【例 9-22】根据例 9-19、例 9-20 和例 9-21，编制 A 公司 20×1 年 12 月 31 日的合并工作底稿，见表 9-9。

表 9-9   合并工作底稿

20×1 年 12 月 31 日   单位: 元

项　目	A 公司	B 公司	合计数	抵销分录 借　方	抵销分录 贷　方	合并数
利润表项目						
营业收入	80 000 000	40 000 000	120 000 000			120 000 000
营业成本	50 000 000	25 000 000	75 000 000			75 000 000
税金及附加	1 000 000	1 000 000	2 000 000			2 000 000
销售费用	3 000 000	3 000 000	6 000 000			6 000 000
管理费用	5 000 000	3 000 000	8 000 000			8 000 000
财务费用	1 000 000	1 000 000	2 000 000			2 000 000
投资收益	2 400 000	0	2 400 000	②2 400 000 ④4 800 000	①4 800 000	0
营业利润	22 400 000	7 000 000	29 400 000	7 200 000	4 800 000	27 000 000
营业外收入	0	2 000 000	2 000 000			2 000 000
营业外支出	2 400 000	1 000 000	3 400 000			3 400 000
利润总额	20 000 000	8 000 000	28 000 000	7 200 000	4 800 000	25 600 000
所得税费用	5 000 000	2 000 000	7 000 000			7 000 000
净利润	15 000 000	6 000 000	21 000 000	7 200 000	4 800 000	18 600 000
少数股东损益				④1 200 000		1 200 000
归属于母公司所有者的净利润						17 400 000

续表

项 目	A公司	B公司	合计数	抵销分录		合并数
				借 方	贷 方	
未分配利润——年初	8 000 000	10 000 000	18 000 000	④10 000 000		8 000 000
提取盈余公积	3 000 000	1 000 000	4 000 000		④1 000 000	3 000 000
对所有者的分配	9 000 000	3 000 000	12 000 000		④3 000 000	9 000 000
未分配利润——年末	11 000 000	12 000 000	23 000 000	③12 000 000 30 400 000	④12 000 000 20 800 000	13 400 000
资产负债表项目						
货币资金	10 000 000	10 000 000	20 000 000			15 000 000
存货	28 000 000	15 000 000	43 000 000			43 000 000
长期股权投资	20 000 000	0	20 000 000	①4 800 000	②2 400 000 ③22 400 000	0
固定资产	72 000 000	32 000 000	104 000 000			104 000 000
资产合计	130 000 000	57 000 000	187 000 000	4 800 000	24 800 000	167 000 000
短期借款	20 000 000	19 000 000	39 000 000			39 000 000
应付账款	29 000 000	10 000 000	39 000 000			39 000 000
负债合计	49 000 000	29 000 000	78 000 000			78 000 000
股本	50 000 000	10 000 000	60 000 000	③10 000 000		50 000 000
资本公积	15 000 000	4 000 000	19 000 000	④4 000 000		15 000 000
盈余公积	5 000 000	2 000 000	7 000 000	③2 000 000		5 000 000
未分配利润	11 000 000	12 000 000	23 000 000	30 400 000	20 800 000	13 400 000
少数股东权益					③5 600 000	5 600 000
所有者权益合计	81 000 000	28 000 000	109 000 000	46 400 000	26 400 000	89 000 000
负债和所有者权益合计	130 000 000	57 000 000	187 000 000	46 400 000	26 400 000	167 000 000

注：表中①②③④项数字与分录中①②③④项相对应。

三、同一控制下企业合并控制权取得日后连续合并财务报表的编制

在首期编制合并财务报表时，已经将企业集团内部由于股权投资产生的母公司长期股权投资与子公司所有者权益、母公司投资收益与子公司利润分配项目等进行了抵销。但是，这种抵销仅仅是在合并工作底稿中进行的，并没有相应记入企业集团母公司及各子公司的账簿中。因此，这些企业在以后年度仍然是以没有反映抵销情况的账簿记录为依据编制个

别财务报表的，而合并财务报表还是要以这些个别财务报表为基础编制。在第二期及以后各期连续编制合并财务报表时，就不仅要考虑本年度企业集团内部新发生的内部交易事项，还要考虑以前年度企业集团内部交易事项对个别财务报表所产生的影响。因此，连续各期编制合并财务报表，在编制抵销分录时需要处理两个主要问题：一个是对当期事项的抵销，另一个是对以前年度事项的抵销。

【例9-23】沿用例9-21的有关资料，假设20×2年度B公司仍然实现净利润600万元，提取盈余公积金100万元，分配现金股利300万元。

20×1年、20×2年B公司实现的净利润均为600万元，两年共分配600万元利润，因此，按权益法核算的长期股权投资本年末余额应比投资时净增480万元。

20×2年将长期股权投资调整为权益法反映，合并调整分录如下。

借：长期股权投资   4 800 000

    贷：投资收益   2 400 000

        未分配利润——期初   2 400 000

连续编制合并财务报表其他需要抵销的项目与首期编制合并财务报表类似。

第四节　内部股权投资的合并处理(非同一控制下企业合并)

一、非同一控制下企业合并控制权取得日合并财务报表的编制

非同一控制下控股合并中，由于购买方当年利润只包括合并当年购买方自身实现的利润和购买日后被购买方实现的利润，不需要合并被购买方合并前积累的本会计期间的利润表项目，因此，购买日无须编制合并利润表，同理也无须编制合并现金流量表。购买方一般只应于购买日编制合并资产负债表，反映其于购买日开始能够控制的经济资源情况。在合并资产负债表中，合并中取得被购买方各项可辨认资产、负债应以其在购买日的公允价值计量，长期股权投资的成本大于合并中取得被购买方可辨认净资产公允价值份额的差额，体现为合并财务报表中的商誉；长期股权投资的成本小于合并中取得被购买方可辨认净资产公允价值份额的差额，应计入合并当期损益，因购买日不需要编制合并利润表，该差额体现在合并资产负债表上，应调整合并资产负债表的盈余公积和未分配利润。

【例9-24】沿用例9-18，P公司在该项合并中发行1 000万股普通股(每股面值1元)，市场价格为每股3.5元，取得了S公司70%的股权。假定该项合并为非同一控制下的企业合并，编制购买方于购买日的合并资产负债表。

P公司发行股票进行控股合并的会计处理如下。

借：长期股权投资   35 000 000

    贷：股本   10 000 000

        资本公积——股本溢价   25 000 000

P公司长期股权投资账面价值为20 000 000+35 000 000=55 000 000(元)，股本为30 000 000+10 000 000=40 000 000(元)，资本公积为20 000 000+25 000 000=45 000 000(元)。

(1) 计算确定商誉。

假定 S 公司除已确认资产外，不存在其他需要确认的资产及负债，P 公司首先计算合并中应确认的合并商誉。

合并商誉=企业合并成本-合并中取得被购买方可辨认净资产公允价值份额

=35 000 000-43 400 000×70%=4 620 000(元)

(2) 编制调整分录和抵销分录。

① 借：存货　　　　　　　　　　　　　　　780 000

　　长期股权投资　　　　　　　　　　6 600 000

　　固定资产　　　　　　　　　　　10 000 000

　　无形资产　　　　　　　　　　　4 000 000

　　贷：资本公积　　　　　　　　　　　　21 380 000

② 借：实收资本　　　　　　　　　　　　10 000 000

　　资本公积　　　　　　　　　　　27 380 000

　　盈余公积　　　　　　　　　　　2 000 000

　　未分配利润　　　　　　　　　　4 020 000

　　商誉　　　　　　　　　　　　　4 620 000

　　贷：长期股权投资　　　　　　　　　　35 000 000

　　　少数股东权益　　　　　　　　　13 020 000

(3) 编制购买日合并资产负债表，见表 9-10。

表 9-10　合并资产负债表(简表)

20×1 年 6 月 30 日　　　　　　　　　　　　　　　　　　单位：元

项　目	P 公司	S 公司	抵销分录 借　方	抵销分录 贷　方	合并金额
资产：					
货币资金	17 250 000	1 800 000			19 050 000
应收账款	12 000 000	8 000 000			20 000 000
存货	24 800 000	1 020 000	①780 000		26 600 000
长期股权投资	55 000 000	8 600 000	①6 600 000	②35 000 000	35 200 000
固定资产	28 000 000	12 000 000	①10 000 000		50 000 000
无形资产	18 000 000	2 000 000	①4 000 000		24 000 000
商誉			②4 620 000		4 620 000
资产合计	155 050 000	33 420 000			179 470 000
负债和所有者权益：					
短期借款	10 000 000	9 000 000			19 000 000
应付账款	15 000 000	1 200 000			16 200 000
其他负债	1 500 000	1 200 000			2 700 000
负债合计	26 500 000	11 400 000			37 900 000
实收资本	40 000 000	10 000 000	②10 000 000		40 000 000
资本公积	45 000 000	6 000 000	②27 380 000	①21 380 000	45 000 000

续表

项 目	P公司	S公司	抵销分录 借 方	抵销分录 贷 方	合并金额
盈余公积	20 000 000	2 000 000	②2 000 000		20 000 000
未分配利润	23 550 000	4 020 000	④4 020 000		23 550 000
少数股东权益				②13 020 000	13 020 000
所有者权益合计	128 550 000	22 020 000			141 570 000
负债和所有者权益合计	155 050 000	33 420 000			179 470 000

二、非同一控制下企业合并控制权取得日后首期合并财务报表的编制

1. 对子公司的个别财务报表进行调整

对于属于非同一控制下企业合并中取得的子公司，除了存在与母公司会计政策和会计期间不一致，需要对该子公司的个别财务报表进行调整外，还应当根据母公司为该子公司设置的备查簿记录，以记录的该子公司各项可辨认资产、负债及或有负债等在购买日公允价值为基础，通过编制调整分录，对该子公司的个别财务报表进行调整，反映在购买日公允价值基础上确定的可辨认资产、负债及或有负债在本期资产负债表日的金额。

2. 按权益法调整对子公司的长期股权投资

在合并工作底稿中，应按权益法调整对子公司的长期股权投资，在确认应享有子公司净损益的份额时，对于属于非同一控制下企业合并形成的长期股权投资，应当以在备查簿中记录的子公司各项可辨认资产、负债及或有负债等在购买日的公允价值为基础，对该子公司的净利润进行调整后确认。如果存在未实现内部交易损益，在采用权益法进行调整时还应对该未实现内部交易损益进行调整。

【例9-25】假设A、B公司是非同一控制下的企业，20×0年1月1日A公司以现金2 500万元购买了B公司80%的股权，A公司备查簿中记录的B公司20×0年1月1日固定资产账面价值为3 000万元，公允价值为3 500万元，除表9-13中所列项目外，B公司其他资产和负债的公允价值与账面价值相同。20×0年1月1日，B公司股东权益总额为2 500万元，其中，股本1 000万元，资本公积400万元，盈余公积100万元，未分配利润1 000万元。20×0年B公司实现净利润600万元(未按公允价值调整前的净利润)，提取盈余公积金100万元，分配现金股利300万元。A公司和B公司20×0年末资产负债表和20×0年度利润表如表9-11、表9-12所示，A公司备查簿如表9-13所示。假定B公司会计政策和会计期间与A公司一致，不考虑A公司和B公司及合并资产、负债的所得税影响。

表9-11 资产负债表(简表)

20×0年12月31日 单位：元

项 目	A公司	B公司
货币资金	10 000 000	10 000 000
存货	28 000 000	15 000 000
长期股权投资	25 000 000	0

续表

项　目	A 公司	B 公司
固定资产	72 000 000	32 000 000
资产合计	135 000 000	57 000 000
短期借款	20 000 000	19 000 000
应付账款	29 000 000	10 000 000
负债合计	49 000 000	29 000 000
股本	50 000 000	10 000 000
资本公积	20 000 000	4 000 000
盈余公积	5 000 000	2 000 000
未分配利润	11 000 000	12 000 000
所有者权益合计	86 000 000	28 000 000
负债和所有者权益合计	135 000 000	57 000 000

表 9-12　利润表(简表)

20×0 年

单位：元

项　目	A 公司	B 公司
一、营业收入	80 000 000	40 000 000
减：营业成本	50 000 000	25 000 000
税金及附加	1 000 000	1 000 000
销售费用	3 000 000	3 000 000
管理费用	5 000 000	3 000 000
财务费用	1 000 000	1 000 000
加：投资收益	2 400 000	0
二、营业利润	22 400 000	7 000 000
加：营业外收入	0	2 000 000
减：营业外支出	2 400 000	1 000 000
三、利润总额	20 000 000	8 000 000
减：所得税费用	5 000 000	2 000 000
四、净利润	15 000 000	6 000 000
加：期初未分配利润	8 000 000	10 000 000
减：提取盈余公积	3 000 000	1 000 000
对所有者的分配	9 000 000	3 000 000
期末未分配利润	11 000 000	12 000 000

表 9-13　A 公司备查簿

单位：万元

项　目	账面价值	公允价值	差　额	每年调整额	调整后余额	备　注
B 公司：						
固定资产	3 000	3 500	500	100	400	该固定资产为管理用固定资产，剩余摊销年限 5 年，采用平均年限法计提折旧
资本公积	400	900	500			

将子公司报表调整为按公允价值反映,在合并工作底稿中应编制的调整分录如下。

① 借:固定资产　　　　　　　　　　　　　　　　　5 000 000
　　　贷:资本公积　　　　　　　　　　　　　　　　　　　　5 000 000

补提固定资产折旧,会计分录如下。

② 借:管理费用　　　　　　　　　　　　　　　　　1 000 000
　　　贷:固定资产——累计折旧　　　　　　　　　　　　　　1 000 000

将长期股权投资调整为按权益法反映。按公允价值调整后的 B 公司 20×0 年的净利润为 500(600-100)万元,确认 A 公司在 B 公司 20×0 年实现净利润 500 万元中所享有的份额为 400(500×80%)万元,调整分录如下。

③ 借:长期股权投资　　　　　　　　　　　　　　　4 000 000
　　　贷:投资收益　　　　　　　　　　　　　　　　　　　　4 000 000

当年 B 公司分配利润 300 万元,A 公司收到 B 公司 20×0 年分派的现金股利 240(300×80%)万元,抵销按成本法确认的投资收益 240 万元,调整分录如下。

④ 借:投资收益　　　　　　　　　　　　　　　　　2 400 000
　　　贷:长期股权投资　　　　　　　　　　　　　　　　　　2 400 000

因此,按权益法核算的长期股权投资余额净增加 160 万元。

3. 权益性投资的抵销处理

1) 母公司长期股权投资与子公司所有者权益的抵销

非同一控制下企业合并形成的长期股权投资,其入账价值是按合并日合并方确定的合并成本计量的,所以,编制合并财务报表时的抵销分录比较复杂。按合并成本计量的长期股权投资价值,在与母公司享有的子公司股东权益份额账面价值相抵销之后的差额,可以分解为两个部分:一部分是子公司可辨认净资产的公允价值与账面价值之差,另一部分是母公司合并成本与子公司可辨认净资产公允价值之差。前者在对公司个别报表调整时已做处理,已调整至"资本公积"项目,在此直接抵销资本公积即可;后者则应在抵销分录中确认为商誉,以便在合并资产负债表中反映合并商誉。

商誉在确认以后,持有期间内不要求摊销,应按照《企业会计准则第 8 号——资产减值》的规定对其价值进行测试,按照账面价值与可收回金额孰低的原则计量,对于可收回金额低于账面价值的部分计提减值准备,其会计处理为,借记"资产减值损失"科目,贷记"商誉减值准备"科目,有关减值准备在提取以后,不能够转回。

【例 9-26】沿用例 9-25 的有关资料,20×0 年 12 月 31 日,抵销母公司的长期股权投资与子公司所有者权益中母公司的部分,并确认商誉 100[2 500-(2 500+500)×80%]万元,同时按公允价值调整的所有者权益结转少数股东权益。其中,调整后的资本公积为 900(400+500)万元,调整后的未分配利润为 1 100(1 200-100)万元。A 公司在合并工作底稿中编制的抵销分录如下。

⑤ 借:股本　　　　　　　　　　　　　　　　　　10 000 000
　　　资本公积　　　　　　　　　　　　　　　　　9 000 000
　　　盈余公积　　　　　　　　　　　　　　　　　2 000 000
　　　未分配利润——期末　　　　　　　　　　　　11 000 000

商誉		1 000 000
贷：长期股权投资		26 600 000
少数股东权益		6 400 000

2) 母公司对子公司长期股权投资的投资收益与子公司利润分配项目的抵销处理

非同一控制下母公司长期股权投资的投资收益与子公司利润分配项目的抵销与同一控制下抵销基本相同。如果子公司为全资子公司，母公司对子公司长期股权投资按权益法调整的投资收益正好与子公司的本年利润分配项目相抵销。如果子公司为非全资子公司，则母公司本期对子公司长期股权投资按权益法调整的投资收益与本期少数股东损益之和就是子公司本年净利润，是子公司本期利润分配的来源，应与子公司本年利润分配项目相抵销。

【例 9-27】沿用例 9-25 的有关资料，20×0 年 12 月 31 日，抵销母公司投资收益与子公司利润分配对应母公司的部分，同时按公允价值调整净利润结转少数股东损益，在合并工作底稿中编制如下抵销分录。

⑥ 借：投资收益 4 000 000

未分配利润——期初 10 000 000

少数股东损益 1 000 000

贷：提取盈余公积 1 000 000

对所有者(或股东)的分配 3 000 000

未分配利润——期末 11 000 000

4. 根据合并工作底稿编制合并财务报表

【例 9-28】根据例 9-25、例 9-26 和例 9-27 编制 A 公司 20×0 年 12 月 31 日合并工作底稿，见表 9-14。

表 9-14 合并工作底稿

20×0 年 12 月 31 日 单位：元

项　目	A公司	B公司	合计数	抵销分录		合并数
				借　方	贷　方	
利润表项目						
营业收入	80 000 000	40 000 000	120 000 000			120 000 000
营业成本	50 000 000	25 000 000	75 000 000			75 000 000
税金及附加	1 000 000	1 000 000	2 000 000			2 000 000
销售费用	3 000 000	3 000 000	6 000 000			6 000 000
管理费用	5 000 000	3 000 000	8 000 000	②1 000 000		9 000 000
财务费用	1 000 000	1 000 000	2 000 000			2 000 000
投资收益	2 400 000	0	2 400 000	④2 400 000 ⑥4 000 000	③4 000 000	0
营业利润	22 400 000	7 000 000	29 400 000	7 400 000	4 000 000	26 000 000
营业外收入	0	2 000 000	2 000 000			2 000 000
营业外支出	2 400 000	1 000 000	3 400 000			3 400 000
利润总额	20 000 000	8 000 000	28 000 000	7 400 000	4 000 000	24 600 000

续表

项　目	A公司	B公司	合计数	抵销分录 借　方	抵销分录 贷　方	合并数
所得税费用	5 000 000	2 000 000	7 000 000			7 000 000
净利润	15 000 000	6 000 000	21 000 000	7 400 000	4 000 000	17 600 000
少数股东损益				⑥1 000 000		1 000 000
归属于母公司所有者的净利润						16 600 000
未分配利润——年初	8 000 000	10 000 000	18 000 000	⑥10 000 000		8 000 000
提取盈余公积	3 000 000	1 000 000	4 000 000		⑥1 000 000	3 000 000
对所有者的分配	9 000 000	3 000 000	12 000 000		⑥3 000 000	9 000 000
未分配利润——年末	11 000 000	12 000 000	23 000 000	⑤11 000 000 29 400 000	⑥11 000 000 19 000 000	126 000 000
资产负债表项目						
货币资金	10 000 000	10 000 000	20 000 000			20 000 000
存货	28 000 000	15 000 000	43 000 000			43 000 000
长期股权投资	25 000 000	0	25 000 000	③4 000 000	④2 400 000 ⑤26 600 000	0
固定资产	72 000 000	32 000 000	104 000 000	①5 000 000	②1 000 000	108 000 000
商誉				⑤1 000 000		1 000 000
资产合计	135 000 000	57 000 000	192 000 000	10 000 000	30 000 000	172 000 000
短期借款	20 000 000	19 000 000	39 000 000			39 000 000
应付账款	29 000 000	10 000 000	39 000 000			39 000 000
负债合计	49 000 000	29 000 000	78 000 000			78 000 000
股本	50 000 000	10 000 000	60 000 000	⑤10 000 000		50 000 000
资本公积	20 000 000	4 000 000	24 000 000	⑤9 000 000	①5 000 000	20 000 000
盈余公积	5 000 000	2 000 000	7 000 000	⑤2 000 000		5 000 000
未分配利润	11 000 000	12 000 000	23 000 000	29 400 000	19 000 000	12 600 000
少数股东权益					⑤6 400 000	6 400 000
所有者权益合计	86 000 000	28 000 000	114 000 000	50 400 000	30 400 000	94 000 000
负债和所有者权益合计	135 000 000	57 000 000	192 000 000	50 400 000	30 400 000	172 000 000

注：表中①～⑥项数字与例9-25、例9-26和例9-27中分录编号相对应。

三、非同一控制下企业合并控制权取得日后连续合并财务报表的编制

控制权取得日后连续各期合并财务报表的编制与首期合并财务报表的编制类似。由于合并财务报表是以个别财务报表为基础编制的,因此,连续各期编制财务报表,在编制抵销分录时需要处理两个主要问题:一个是对当期事项的抵销,另一个是对以前事项的抵销。

【例 9-29】 沿用例 9-25 的有关资料,假设 20×1 年度 B 公司仍然实现净利润 600 万元(未按公允价值调整前的净利润),提取盈余公积金 100 万元,分派现金股利 300 万元。

20×1 年 12 月 31 日编制合并财务报表工作底稿时的处理如下。

(1) 将子公司报表调整为按公允价值反映,在合并工作底稿中应编制的调整分录如下:

借:固定资产   5 000 000
    贷:资本公积   5 000 000

补提固定资产折旧,

借:管理费用   1 000 000
    未分配利润——期初   1 000 000
    贷:固定资产——累计折旧   2 000 000

(2) 将长期股权投资调整为按权益法核算。20×1 年、20×0 年 B 公司按公允价值调整后的净利润均为 500(600-100)万元,确认 A 公司在 B 公司实现净利润 500 万元中所享有的份额 400(即 500×80%)万元。两年分配利润均为 300 万元,A 公司收到 B 公司分派的现金股利 240(即 300×80%)万元,抵销按成本法确认的投资收益 240 万元,按权益法核算的长期股权投资本年末余额应比投资时净增 320 万元。

借:长期股权投资   3 200 000
    贷:投资收益   1 600 000
       未分配利润——期初   1 600 000

连续编制合并财务报表其他需要抵销的项目与首期编制合并财务报表类似。

四、合并财务报表的格式

按照合并财务报表的编制程序,根据合并工作底稿计算得出的各项目的合并数填列合并财务报表。

1. 合并资产负债表的格式

【例 9-30】 根据例 9-28 工作底稿中的数据资料,编制合并资产负债。合并资产负债表的具体格式如表 9-15 所示。

表 9-15 合并资产负债表

编制单位:A 公司   20×0 年 12 月 31 日   单位:元

资　产	期末余额	年初余额	负债和所有者权益(或股东权益)	期末余额	年初余额
流动资产:			流动负债:		
货币资金	20 000 000		短期借款	39 000 000	
结算备付金			向中央银行借款		
拆出资金			拆入资金		
交易性金融资产			交易性金融负债		

续表

资　产	期末余额	年初余额	负债和所有者权益(或股东权益)	期末余额	年初余额
衍生金融资产			衍生金融负债		
应收票据			应付票据		
应收账款			应付账款	39 000 000	
应收款项融资			预收款项		
预付款项			合同负债		
应收保费			卖出回购金融资产款		
应收分保账款			吸收存款及同业存放		
应收分保合同准备金			代理买卖证券款		
其他应收款			代理承销证券款		
其中：应收利息			应付职工薪酬		
应收股利			应交税费		
买入返售金融资产			其他应付款		
存货	43 000 000		其中：应付利息		
合同资产			应付股利		
持有待售资产			应付手续费及佣金		
一年内到期的非流动资产			应付分保账款		
其他流动资产			持有待售负债		
流动资产合计			一年内到期的非流动负债		
非流动资产：			其他流动负债		
发放贷款和垫款			流动负债合计	78 000 000	
债权投资			非流动负债：		
其他债权投资			保险合同准备金		
长期应收款			长期借款		
长期股权投资			应付债券		
其他权益工具投资			其中：优先股		
其他非流动金融资产			永续债		
投资性房地产			租赁负债		
固定资产	108 000 000		长期应付款		
在建工程			长期应付职工薪酬		
生产性生物资产			预计负债		
油气资产			递延收益		
使用权资产			递延所得税负债		
无形资产			其他非流动负债		
开发支出			非流动负债合计		
商誉	1 000 000		负债合计	78 000 000	
长期待摊费用			所有者权益(或股东权益)：		
递延所得税资产			实收资本(或股本)	50 000 000	
其他非流动资产			其他权益工具		
非流动资产合计	108 000 000		其中：优先股		
			永续债		
			资本公积	20 000 000	
			减：库存股		
			其他综合收益		

资　产	期末余额	年初余额	负债和所有者权益(或股东权益)	期末余额	年初余额
			专项储备		
			盈余公积	5 000 000	
			一般风险准备		
			未分配利润	126 000 000	
			归属于母公司所有者权益(或股东权益)合计	87 600 000	
			少数股东权益	6 400 000	
			所有者权益(或股东权益)合计	94 000 000	
资产总计	172 000 000		负债和所有者权益总计	172 000 000	

2. 合并利润表的格式

【例 9-31】根据例 9-28 工作底稿中的数据资料,编制合并利润表。合并利润表的具体格式如表 9-16 所示。

表 9-16　合并利润表

编制单位:A 公司　　　　　　　　　　20×0 年　　　　　　　　　　单位:元

项　目	本年金额	上年金额
一、营业总收入	120 000 000	
其中:营业收入	120 000 000	
利息收入		
已赚保费		
手续费及佣金收入		
二、营业总成本	75 000 000	
其中:营业成本	75 000 000	
利息支出		
手续费及佣金支出		
退保金		
赔付支出净额		
提取保险责任准备金净额		
保单红利支出		
分保费用		
税金及附加	2 000 000	
销售费用	6 000 000	
管理费用	9 000 000	
研发费用		
财务费用	2 000 000	
其中:利息费用		
利息收入		
加:其他收益		
投资收益(损失以"-"号填列)		
其中:对联营企业和合营企业的投资收益		
以摊余成本计量的金融资产终止确认收益(损失以"-"号填列)		
汇兑收益(损失以"-"号填列)		

续表

项　目	本年金额	上年金额
净敞口套期收益(损失以"-"号填列)		
公允价值变动收益(损失以"-"号填列)		
信用减值损失(损失以"-"号填列)		
资产减值损失(损失以"-"号填列)		
资产处置收益(损失以"-"号填列)		
三、营业利润(亏损以"-"号填列)	26 000 000	
加：营业外收入	2 000 000	
减：营业外支出	3 400 000	
四、利润总额(亏损总额以"-"号填列)	24 600 000	
减：所得税费用	7 000 000	
五、净利润(净亏损以"-"号填列)		
(一)按经营持续性分类		
1.持续经营净利润(净亏损以"-"号填列)	17 600 000	
2.终止经营净利润(净亏损以"-"号填列)		
(二)按所有权归属分类		
1.归属于母公司股东的净利润(净亏损以"-"号填列)	16 600 000	
2.少数股东损益(净亏损以"-"号填列)	1 000 000	
六、其他综合收益的税后净额		
(一)归属于母公司所有者的其他综合收益的税后净额		
1.不能重分类进损益的其他综合收益		
(1)重新计量设定受益计划变动额		
(2)权益法下不能转损益的其他综合收益		
(3)其他权益工具投资公允价值变动		
(4)企业自身信用风险公允价值变动		
……		
2.将重分类进损益的其他综合收益		
(1)权益法下可转损益的其他综合收益		
(2)其他债权投资公允价值变动		
(3)金融资产重分类计入其他综合收益的金额		
(4)其他债权投资信用减值准备		
(5)现金流量套期储备		
(6)外币财务报表折算差额		
……		
(二)归属于少数股东的其他综合收益的税后净额		
七、综合收益总额	17 600 000	
(一)归属于母公司所有者的综合收益总额	16 600 000	
(二)归属于少数股东的综合收益总额	1 000 000	
八、每股收益		
(一)基本每股收益		
(二)稀释每股收益		

3. 合并所有者权益变动表的格式

合并所有者权益变动表的基本格式如表 9-17 所示。

表 9-17　合并所有者权益变动表

编制单位：A 公司　　　　　　20×0 年　　　　　　　　　　　　　　　　单位：元

项　目	本年余额											上年余额
	归属于母公司的所有者权益									少数股东权益	所有者权益合计	
	股本	其他权益工具	资本公积	减：库存股	其他综合收益	专项储备	盈余公积	未分配利润				
一、上年期末余额												略
加：会计政策变更												
前期差错更正												
其他												
二、本年期初余额												
三、本期增减变动金额(减少以"-"号填列)												
（一）综合收益总额												
（二）所有者投入和减少资本												
1. 所有者投入的普通股												
2. 其他权益工具持有者投入资本												
3. 股份支付计入所有者权益的金额												
4. 其他												

续表

项 目	本年余额										上年余额
	归属于母公司的所有者权益								少数股东权益	所有者权益合计	
	股本	其他权益工具	资本公积	减:库存股	其他综合收益	专项储备	盈余公积	未分配利润			
(三)利润分配											
1. 提取盈余公积											
2. 对股东的分配											
3. 其他											
(四)股东权益内部结转											
1. 资本公积转增股本											
2. 盈余公积转增股本											
3. 盈余公积弥补亏损											
4. 设定受益计划变动额结转留存收益											
5. 其他综合收益结转留存收益											
6. 其他											
四、本年末余额											

第五节　集团内部交易的合并处理

一、集团内部交易事项概述

集团内部交易事项，是指集团内部母公司与其所属的子公司之间以及各子公司之间发生的除长期股权投资以外的各种交易事项。

在第三、四节的学习中，我们假定母公司与子公司以及子公司之间除了股权投资及其引起的内部事项以外，没有其他事项发生。但实际上，它们之间很可能发生各种涉及损益或不涉及损益的内部交易事项，这种内部交易发生以后，已经分别以母公司及各子公司为报告主体反映在其个别财务报表中了。从企业集团的角度看，其合并财务报表中不应包括这类内部交易事项，而应予以抵销，以避免虚列资产、负债和虚计利润。

根据具体内容的不同，可以将内部交易分为内部存货交易、内部债权债务交易、内部固定资产交易、内部无形资产交易以及其他内部交易。

二、集团内部存货交易的抵销

集团公司的内部交易事项应从集团这一整体的角度进行考虑，即将它们视为同一会计主体的内部业务处理，在母公司及子公司个别财务报表的基础上予以抵销，以消除它们对个别财务报表的影响，保证以个别财务报表为基础编制的合并财务报表能够正确反映企业集团的财务状况和经营成果。需要抵销的内部存货交易包括当期和以后各期两种情况。

1. 当期内部存货交易的抵销

母公司与子公司、子公司相互之间发生的内部存货交易，主要是指商品或产品的销售业务。对于发生在企业集团内部的这些销售业务，购销双方均以独立的会计主体进行了核算。销售企业已将其销售收入和销售成本计入当期损益，列示在利润表中。对于购买企业来说，将购进过程中支付的商品价款作为存货的入账价值，本期内未实现对外销售的部分形成了期末存货。其存货成本包含了两方面的内容：其一，从集团角度看真正的存货成本，即销售企业的存货购进成本；其二，销售企业的销售毛利，这部分包含在购买企业存货价值中的销售企业的销售毛利，称为未实现内部销售损益。

购买企业从销售企业购进的存货用于对外销售存在三种情况：①内部购进的商品全部实现对外销售；②内部购进的商品全部未实现对外销售，形成期末存货；③内部购进的商品部分实现对外销售，部分形成期末存货。

1)　内部销售商品全部实现对外销售的抵销

内部销售商品全部实现对外销售的情况下，内部销售的销售方将按照销售价格在本期确认营业收入、结转营业成本并将其反映在个别利润表中；内部销售的购进方则一方面在购进时反映了商品购进，另一方面随着对外销售的实现，按照对外销售价格在本期确认营业收入、结转成本并将其反映在个别利润表中。这样实现了对企业集团外部销售的这些商品，在企业集团内部的销售企业和购买企业的利润表中都作了反映。但是，从企业集团整体的角度出发，企业集团内部的商品购销业务只是属于商品调拨活动，是商品的存放地点发生了变动，既不能实现营业收入，也不能发生营业成本，因而并不能形成利润。所以，凡是实现了对企业集团外部销售的商品，只是实现了一次销售，其营业收入只是集团内购进方对集团外销售的营业收入，其营业成本只是集团内销售方的营业成本，其利润则是这两者之间的差额。因此，在将母公司与子公司、子公司相互之间发生的内部销售业务的项目相抵销时，应将销售企业的营业收入与购买企业的营业成本相抵销，编制的抵销分录为：按照内部销售收入借记"营业收入"项目，贷记"营业成本"项目。

【例 9-32】 A 公司 20×1 年 1 月 1 日以控股合并方式取得 B 公司 80%的股权(非同一控制下的企业合并)。假设 20×1 年 3 月 A 公司销售给 B 公司甲商品 60 000 元，成本为 48 000 元，款项已存入银行。该产品在 B 公司已全部实现对外销售，销售价格为 72 000 元。

对于 A 公司销售给 B 公司的商品，在合并工作底稿中编制的抵销分录如下。

借：营业收入   60 000
 贷：营业成本   60 000

2) 内部销售商品全部未实现对外销售的抵销

在内部销售商品全部未实现对外销售的情况下，内部销售的销售方将按照销售价格在本期确认营业收入、结转营业成本，并将其反映在个别利润表中；内部销售的购进方则在购进时反映了商品购进，由于未实现对外销售，将其反映在个别资产负债表的存货中。从企业集团整体的角度看，凡是未实现对企业集团外部销售的产品，其成本只能是销售企业原来的成本，不能因为产品的存放地点发生了变动就产生增值(销售企业的毛利)，它只有在产品对企业集团外部销售时才能实现。在将母公司与子公司、子公司相互之间发生的内部销售业务的项目相抵销时，既要将销售企业的营业收入与购买企业的营业成本相抵销；也要抵销存货中包含的未实现内部销售利润，将存货的成本还原为销售企业销售该存货的原始成本，以消除虚增的存货成本。进行抵销处理时，有两种抵销方法：①按照销售方内部销售收入借记"营业收入"项目，贷记"营业成本"项目，同时将存货中包含的未实现内部利润予以抵销，借记"营业成本"项目，贷记"存货"项目；②按照销售方内部销售收入借记"营业收入"项目，按照销售方结转的销售成本贷记"营业成本"项目，按内部销售收入与成本之间的差额贷记"存货"项目。

【例 9-33】 A 公司 20×1 年 1 月 1 日以控股合并方式取得 B 公司 80%的股权(非同一控制下的企业合并)。假设 20×1 年 3 月 A 公司销售给 B 公司甲商品 60 000 元，成本为 48 000 元，款项已存入银行。该产品在 B 公司全部未实现对外销售。

在合并工作底稿中编制的抵销分录如下。

借：营业收入 60 000   借：营业收入 60 000
 贷：营业成本 60 000 或   贷：营业成本 48 000
借：营业成本 12 000   存货   12 000
 贷：存货   12 000

3) 内部销售商品部分实现对外销售、部分未实现对外销售的抵销

在内部销售商品部分实现对外销售、部分未实现对外销售的情况下，可以将内部销售的商品分为两部分：一部分为当期购进并全部实现对外销售，另一部分为当期购进但未实现对外销售。

【例9-34】A公司20×1年1月1日以控股合并方式取得B公司80%的股权(非同一控制下的企业合并)。假设20×1年3月A公司销售给B公司甲商品60 000元,成本为48 000元,款项已存入银行。B公司对外销售了60%,剩余40%尚未实现对外销售。

在合并工作底稿中编制的抵销分录如下。

借: 营业收入	36 000		借: 营业收入	60 000
贷: 营业成本	36 000	或	贷: 营业成本	60 000
借: 营业收入	24 000		借: 营业成本	4 800
贷: 营业成本	19 200		贷: 存货	4 800
存货	4 800			

4) 存货跌价准备的抵销

母公司与子公司、子公司相互之间内部存货交易抵销后,交易当期还应消除内部交易形成存货计提跌价准备的影响。资产负债表日企业按照成本与可变现净值孰低计量,存货成本高于其可变现净值的,应计提存货跌价准备。在个别财务报表中,如果内部交易取得存货期末尚未出售,就将该存货可变现净值与包含内部销售利润的存货进行成本比较。当前者低于后者时,计提存货跌价准备,计入当期损益,所计提存货跌价准备反映在存货项目中;但从合并财务报表角度看,应将存货可变现净值与不包含内部销售利润的存货原取得成本进行比较,只有当前者低于后者时,才需要计提存货跌价准备。因此,编制合并财务报表时,如果个别财务报表中计提存货跌价准备数额小于内部销售利润额,意味着从集团角度看该存货没有发生减值,应将计提的存货跌价准备全额抵销;如果个别财务报表中计提存货跌价准备数额大于内部销售利润额,意味着从集团角度看该存货发生了减值,应将计提的存货跌价准备部分抵销(按内部销售利润额)。编制抵销分录时,按应抵销的存货跌价准备数额,借记"存货——存货跌价准备"项目,贷记"资产减值损失"项目。

【例9-35】A公司20×1年1月1日以控股合并方式取得B公司80%的股权(非同一控制下的企业合并)。假设20×1年3月A公司销售给B公司甲商品60 000元,成本为48 000元,款项已存入银行。该产品在B公司全部未实现对外销售。期末,甲产品的可变现净值为57 000元。

分析:B公司购入产品的内部销售利润为12 000元。当该产品的期末可变现净值为57 000元时,意味着从B公司的角度看存货发生了减值,减值额为3 000元;由于计提的存货跌价准备3 000元小于内部销售利润(即从集团角度看存货没有发生减值),应将计提的存货跌价准备全额抵销,编制的抵销分录如下。

| 借: 存货——存货跌价准备 | 3 000 |
| 贷: 资产减值损失 | 3 000 |

如果甲产品期末可变现净值为39 000元,B公司计提的存货跌价准备为21 000元,大于内部销售利润9 000元,说明从集团角度看该存货减值了9 000元,应将计提的存货跌价准备部分抵销,抵销额为内部销售利润额,编制的抵销分录如下。

| 借: 存货——存货跌价准备 | 12 000 |
| 贷: 资产减值损失 | 12 000 |

2. 以后各期内部存货交易的抵销

内部存货销售业务既关系到重复计算的销售收入和销售成本问题，还关系到未实现内部销售利润问题。在第二期及连续各期编制合并财务报表时，本期的这些问题和上期的未实现内部销售利润都对合并财务报表产生影响。

1) 上期抵销的未实现内部销售利润在本期的抵销

编制首期合并财务报表时，已经将期末存货中包含的未实现内部销售利润予以抵销，并因此减少了合并后净利润。当第二期编制合并财务报表时，合并所有者权益变动表中的期初未分配利润就应该是首期合并所有者权益变动表中的期末未分配利润。但是，第二期编制合并财务报表时，仍然以母公司和子公司的个别财务报表为基础，而这些个别财务报表并没有反映首期抵销业务的影响。所以，在首期存在期末存货中包含有未实现内部销售利润的情况下，对于第二期以个别财务报表为基础编制的合并所有者权益变动表，其中的期初未分配利润必然与首期合并所有者权益变动表中的期末未分配利润之间产生差额。为了使二者数额一致，就必须将首期抵销的未实现内部销售利润对第二期期初未分配利润合并数额的影响予以抵销，调整第二期期初未分配利润的合并数额。为此而编制的抵销分录为：借记"期初未分配利润"项目，贷记"营业成本"项目。第三期及以后各期均是如此。

2) 本期的内部存货交易的抵销

对于本期发生的企业集团内部销售业务，均采用上述介绍的方法进行抵销。首先将内部销售业务的销售收入和销售成本予以抵销，然后将期末存货中包含的内部未实现销售利润予以抵销。如果上期内部销售业务形成的存货结转到了本期，则本期期末存货中包含的未实现内部销售利润就还包括上期未实现的内部销售利润。

(1) 上期内部销售业务形成的存货在本期全部实现对外销售，本期未发生内部销售业务。在这种情况下，只要将上期存货中包含的未实现内部销售利润对期初未分配利润的影响予以抵销即可。

【例9-36】假设例9-33中B公司上期从A公司购入的60 000元存货，在本期全部实现对外销售，母公司和子公司之间本期未发生内部销售业务。A公司的销售毛利率为20%。

将上期未实现内部销售利润予以抵销并调整期初未分配利润，会计分录如下。

借：未分配利润——年初   12 000

    贷：营业成本   12 000

(2) 上期内部销售业务形成的存货在本期全部未实现对外销售，本期未发生内部销售业务。在这种情况下，首先将上期存货中包含的未实现内部销售利润对期初未分配利润的影响予以抵销，然后再将期末存货中包含的未实现内部销售利润予以抵销。

【例9-37】假设例9-33中B公司上期从A公司购入的60 000元存货在本期仍未实现对外销售。

将上期未实现内部销售利润予以抵销并调整期初未分配利润，会计分录如下。

借：未分配利润——年初   12 000

    贷：营业成本   12 000

将期末存货中包含的未实现内部销售利润予以抵销，会计分录如下。

借：营业成本   12 000

    贷：存货   12 000

(3) 上期内部销售业务形成的存货在本期全部未实现对外销售，本期又发生了新的内部销售业务。在这种情况下，首先将上期存货中包含的未实现内部销售利润对期初未分配利润的影响予以抵销，然后将本期内部销售收入与销售成本予以抵销，最后将期末存货中包含的未实现内部销售利润予以抵销。

【例9-38】沿用例9-33中有关资料，B公司上期从A公司购入60 000元存货在本期仍未实现对外销售。本年B公司又从A公司购入了24 000元的存货，A公司毛利率为20%。B公司将本期从A公司购入存货中的75%(即18 000元)对外销售，取得收入28 800元。

将上期未实现内部销售利润予以抵销并调整期初未分配利润，会计分录如下。

借：未分配利润——年初   12 000
  贷：营业成本   12 000

将本期内部销售业务予以抵销时，会计分录如下。

借：营业收入   24 000
  贷：营业成本   24 000

将期末存货中包含的未实现内部销售利润13 200 [(60 000+24 000 − 18 000)×20%]元予以抵销时，会计分录如下。

借：营业成本   13 200
  贷：存货   13 200

(4) 存货跌价准备的抵销。以后各期存货跌价准备的抵销主要包括两方面的内容。

① 首期编制合并财务报表时，内部存货交易形成存货相应计提的跌价准备已经予以抵销，减少了资产减值损失。当第二期编制合并财务报表时，仍然以母公司和子公司的个别财务报表为基础，这些个别财务报表并没有反映首期抵销业务的影响，其中的期初未分配利润必然与首期合并所有者权益变动表中期末未分配利润之间产生差额。因此，必须将首期抵销的存货跌价准备对第二期期初未分配利润合并数额的影响予以抵销，编制的抵销分录为：借记"存货——存货跌价准备"项目，贷记"未分配利润——年初"项目。

② 以前各期及本期内部存货交易形成的存货，期末仍应将其账面价值与其可变现净值进行比较，以确定是否计提存货跌价准备及计提多少。因此，还应就本期计提或冲销的存货跌价准备进行调整，编制的抵销分录为：借记"存货——存货跌价准备"项目，贷记"资产减值损失"项目，或作相反会计处理。

【例9-39】沿用例9-35资料，上期A公司销售给B公司甲产品60 000元，其成本为48 000元，上期期末B公司计提的"存货跌价准备"为3 000元；同时，本期B公司又从A公司购入甲产品24 000元，款项尚未支付。A公司的毛利率为20%，本期实现对外销售存货18 000元，取得销售收入28 800元；期末，甲产品的期末可变现净值为57 000元。

(1) 将上期计提的存货跌价准备予以抵销。

借：存货——存货跌价准备   3 000
  贷：未分配利润——年初   3 000

(2) 将本期计提的存货跌价准备予以抵销。

由于本期甲产品的可变现净值为57 000元，账面价值为63 000元，因此B公司期末计提的存货跌价准备为6 000元，该数额小于内部销售利润13 200元[即(60 000+24 000-18 000)元×20%]，应全额予以抵销。

借：存货——存货跌价准备　　　　　　　　　　　6 000
　　贷：资产减值损失　　　　　　　　　　　　　　　　　6 000

如果甲产品期末可变现价值为 48 000 元，B 公司应补提存货跌价准备 15 000 元；编制合并财务报表时，应部分抵销存货跌价准备，抵销额为 10 200 元(内部销售利润 13 200 元与上期抵销的数额之差或补提额 15 000 元与集团实际减值额 4 800 元之差)。

借：存货——存货跌价准备　　　　　　　　　　10 200
　　贷：资产减值损失　　　　　　　　　　　　　　　　10 200

三、集团内部固定资产交易的抵销

集团内部固定资产交易是指企业集团内部交易一方的企业发生了与固定资产有关的购销业务。内部固定资产交易的抵销分为首期抵销和以后各期抵销两种情况。

1. 首期固定资产交易的抵销

企业集团内部的固定资产交易可以划分为三种类型：一是企业集团内部企业将自身使用的固定资产变卖给企业集团内其他企业作为固定资产使用；二是企业集团内部企业将自身生产的产品销售给企业集团内其他企业作为固定资产使用；三是企业集团内部企业将自身使用的固定资产变卖给企业集团内其他企业作为普通商品销售。第三种交易在企业集团内部极少发生，下面对与前两种内部固定资产交易有关的抵销事项分别加以说明。

1) 购买方内部购进的固定资产作为固定资产的抵销

发生此交易时，对于销售固定资产的企业，其资产负债表中固定资产项目已按减少后的数额列示，处理固定资产的净收益或净损失，作为资产处置损益列示在利润表中；对于购入固定资产的企业，则按购入价格(包含销售企业固定资产交易的未实现内部销售利润)作为固定资产的价值列示在资产负债表中。但是，从企业集团整体的角度出发，企业集团内部的固定资产交易业务只是属于固定资产的内部调拨活动，仅仅是固定资产的使用地点发生了变化，既不能实现损益，也不会使得固定资产的净值发生变化。因此，必须将内部固定资产交易的未实现内部销售利润，与固定资产价值的增加金额相抵销，借记"资产处置损益"项目，贷记"固定资产"项目。

【例 9-40】A 公司 20×1 年 1 月 1 日以控股合并方式取得 B 公司 80%的股权。20×1 年年初，A 公司将自身使用的一台机器设备出售给 B 公司，B 公司继续作为固定资产使用。该机器设备的原价为 60 000 元，累计折旧为 18 000 元，A 公司取得销售价款 48 000 元。

B 公司增加的固定资产价值中则包含了 6 000 元的未实现内部销售利润。在固定资产交易的当期，编制合并财务报表时应编制的抵销分录如下。

借：资产处置收益　　　　　　　　　　　　　　6 000
　　贷：固定资产——原价　　　　　　　　　　　　　　6 000

2) 购买方内部购进的商品作为固定资产的抵销

企业集团内部某企业将自身生产的产品销售给企业集团内的其他企业作为固定资产使用时，内部固定资产交易的抵销包括固定资产交易本身的抵销、固定资产折旧的抵销和固定资产减值准备的抵销。

(1) 发生此交易时，销售固定资产的企业将其销售产品的收入与成本计入损益，列示在利润表中；购买固定资产的企业则是按销售企业的售价(即销售企业的成本与毛利之和)作为固定资产的原价列示在资产负债表中。但是，从整个企业集团的角度看，这种内部固定资产交易活动只不过相当于通过在建工程自建固定资产并交付使用。它既不能实现销售收入，也不能发生销售成本，因而并不能形成利润。在合并财务报表时，必须将内部销售收入与内部销售成本和未实现内部销售利润相互抵销，即按销售企业的销售收入借记"营业收入"项目，按销售企业的销售成本贷记"营业成本"项目，按未实现内部销售利润贷记"固定资产——原价"项目。

【例9-41】A公司20×1年1月1日以控股合并方式取得B公司80%的股权。20×1年年初，A公司将其生产的机器设备出售给B公司，B公司将该机器作为固定资产使用。A公司该机器的售价为120 000元，成本为90 000元，款项以银行存款支付。

在固定资产交易的当期，编制合并财务报表时应编制的抵销分录如下。

借：营业收入   120 000

  贷：营业成本   90 000

      固定资产——原价   30 000

(2) 此交易相当于通过在建工程自建固定资产，然后交付使用，该固定资产的建造成本就是它的原价，是计提折旧的基数。但是，购买固定资产的企业是按销售企业的售价(即销售企业的建造成本与未实现内部销售利润之和)作为固定资产的原价入账，据此计提折旧。这样，购买固定资产的企业将未实现内部销售利润也计提了折旧，每期计提的折旧额必然大于按建造成本计提的折旧额。因此，每期都必须将未实现内部销售利润计提的折旧，从该固定资产当期已计提的折旧费用中予以抵销，借记"固定资产——累计折旧"项目，贷记"管理费用"等项目。

【例9-42】假设B公司例9-41中购入的固定资产用于管理活动，使用期限为5年，B公司采用使用年限法计提折旧。为了简化计算，按12个月计提折旧。

本年就未实现内部销售利润计提的折旧编制抵销分录如下。

借：固定资产——累计折旧   6 000

  贷：管理费用   6 000

(3) 根据准则规定，企业应当在资产负债表日判断固定资产是否存在可能发生减值的迹象。如果其可收回金额低于其账面价值，应当按其差额计提固定资产减值准备。应采用以下方法予以确定调整的金额：在个别财务报表中，企业通过内部交易形成的固定资产中包含一部分内部销售利润，首期计提固定资产减值准备时，决定计提数额的主要是固定资产账面价值(包含内部销售利润的固定资产原价减去以此为基础计算的累计折旧)和可收回金额。其中，固定资产可收回金额是指固定资产期末公允价值减去处置费用后的净额与预计未来现金流量现值的较高者，固定资产可收回金额低于账面价值的差额为实际计提的固定资产减值准备；计提的减值准备一方面反映在资产负债表中，另一方面已计入了当期利润表。但从集团合并财务报表编制的角度看，决定计提数额的是不包含内部销售利润的固定资产账面价值和可收回金额。可收回金额低于账面价值的差额为应计提的固定资产减值准备，而当期应计提的固定资产减值准备与个别财务报表中当期实际计提的固定资产减值准备的差额即为合并当期应予以调整的数额。具体可以分为三种情况。

① 当期末固定资产可收回金额大于扣除未实现内部销售利润前个别财务报表中的固定资产账面价值时，意味着固定资产未发生减值，合并财务报表编制中不涉及固定资产减值准备的调整；

② 当期末固定资产可收回金额小于扣除未实现内部销售利润前个别财务报表中的固定资产账面价值，但大于扣除未实现内部销售利润后合并财务报表中的固定资产的账面价值时，意味着个别财务报表中固定资产发生了减值，而从合并财务报表编制的角度看则没有发生减值，所以应将个别财务报表中所提取的固定资产减值准备全部予以抵销；

③ 当期末固定资产可收回金额小于扣除未实现内部销售利润后合并财务报表中的固定资产账面价值时，意味着无论从个别财务报表的角度，还是从合并财务报表的角度看，固定资产均发生了减值，应将个别财务报表中计提的固定资产减值准备部分(个别财务报表中实际计提的固定资产减值准备与合并财务报表中应计提的减值准备的差额部分)予以抵销。

【例 9-43】根据例 9-41、例 9-42 有关资料，假定该固定资产期末可收回金额为 102 000 元。

分析：B 公司内部购入的固定资产期末账面价值=120 000−24 000=96 000(元)。

由于固定资产期末可收回金额高于其账面价值，表明未发生减值，个别财务报表中不计提固定资产减值准备，合并财务报表编制中亦不需调整。

如果上例中固定资产期末可收回金额为 90 000 元，则：

B 公司内部购入的固定资产期末账面价值=120 000 − 24 000=96 000(元)

B 公司期末实际计提的固定资产减值准备=96 000 − 90 000=6 000(元)

从集团角度计算该固定资产期末账面价值=90 000 − 18 000=72 000(元)

由于从集团角度计算期末固定资产可收回金额大于其账面价值，故不应计提固定资产减值准备，应将 B 公司多计提的固定资产减值准备 6 000 元予以冲回。编制的抵销分录如下。

借：固定资产——减值准备 6 000

　　贷：资产减值损失 6 000

如果本例中固定资产期末可收回金额为 69 000 元，则：

B 公司期末实际计提的固定资产减值准备=96 000−69 000=27 000(元)

从集团角度计算该固定资产期末应计提的固定资产减值准备=72 000−69 000=3 000(元)

集团期末应冲销的固定资产减值准备=27 000 − 3 000=24 000(元)

编制的抵销分录如下。

借：固定资产——减值准备 24 000

　　贷：资产减值损失 24 000

2. 以后各期内部固定资产交易的抵销

由于固定资产的使用期限长，因此内部固定资产交易不仅影响交易当期的合并财务报表，而且影响以后各期的合并财务报表。对于内部交易的固定资产，既要抵销购入企业固定资产原价中包含的未实现内部销售利润，还要抵销就未实现内部销售利润所计提的折旧以及相应的固定资产减值准备。因此，这两个问题对固定资产整个使用期间内的各期合并财务报表都会产生影响。

1) 内部固定资产交易的抵销

编制首期合并财务报表时，已经将期末固定资产原价中包含的未实现内部销售利润予以抵销，减少了合并后的净利润；将就未实现内部销售利润计提的折旧予以抵销，减少了管理费用，增加了合并未分配利润；同时，将内部交易固定资产多计提的减值准备予以抵销，增加了合并未分配利润。当第二期编制合并财务报表时，合并所有者权益变动表中的期初未分配利润就应该是首期合并所有者权益变动表中的期末未分配利润。但是，第二期编制合并财务报表时，仍然以母公司和子公司的个别财务报表为基础，而这些个别财务报表并没有反映首期抵销业务的影响。所以，在首期存在期末固定资产原价中包含未实现内部销售利润，以及首期对未实现内部销售利润计提折旧和内部交易固定资产计提减值准备的情况下，对于第二期以个别财务报表为基础编制的合并所有者权益变动表，其中的期初未分配利润必然与首期合并所有者权益变动表中的期末未分配利润之间产生差额。因此，必须将首期抵销的未实现内部销售利润，以及抵销的就未实现内部销售利润计提的折旧、就内部交易固定资产计提的减值准备对第二期期初未分配利润合并数额的影响予以抵销，调整第二期期初未分配利润的合并数额。

在第二期及以后编制的抵销分录中应调整四个方面的内容：①抵销固定资产原价中包含的未实现内部销售利润，抵销分录借记"未分配利润——年初"项目，贷记"固定资产——原价"项目；②抵销以前各期就未实现内部销售利润计提的折旧之和，编制的抵销分录借记"固定资产——累计折旧"项目，贷记"未分配利润——年初"项目；③抵销当期就未实现内部销售利润计提的折旧，抵销分录借记"固定资产——累计折旧"项目，贷记"管理费用"等项目；④抵销内部交易固定资产上期期末"固定资产——减值准备"的余额，即以前各期多计提及冲销的固定资产减值准备之和，编制的抵销分录借记"固定资产——减值准备"项目，贷记"未分配利润——年初"项目。

【例9-44】20×1年A公司将其生产的机器出售给其子公司B公司，B公司将该机器作为管理用固定资产使用，折旧年限为5年，采用直线法计提折旧。A公司该机器的售价为120 000元，成本为90 000元。假设第1～4年年末该机器的可收回金额分别为90 000元、64 500元、39 000元和17 400元。

在固定资产交易的当期，编制的抵销分录如下。

借：营业收入   120 000
 贷：营业成本   90 000
   固定资产——原价   30 000

交易当期就未实现内部销售利润计提折旧，编制的抵销分录如下。

借：固定资产——累计折旧   6 000
 贷：管理费用   6 000

(1) 第1年年末，B公司该固定资产的账面价值=120 000-24 000=96 000(元)。

第1年年末，从集团角度看该固定资产的账面价值=90 000-18 000=72 000(元)。

由于该固定资产可收回金额低于B公司固定资产账面价值6 000元，B公司在个别财务报表中计提了6 000元固定资产减值准备，但该固定资产可收回金额高于集团该固定资产的账面价值，意味着从集团角度看固定资产没有减值，应将内部交易形成固定资产多计提的减值准备予以抵销，编制的抵销分录如下。

借：固定资产——减值准备   6 000
 贷：资产减值损失   6 000

(2) 第 2 年年末，首先，将固定资产原价中包含未实现内部销售利润予以抵销，分录如下。

借：未分配利润——年初　　　　　　　　　　　　　30 000
　　贷：固定资产——原价　　　　　　　　　　　　　　30 000

其次，将第 1 年就未实现内部销售利润计提的折旧予以抵销，分录如下。

借：固定资产——累计折旧　　　　　　　　　　　　6 000
　　贷：未分配利润——年初　　　　　　　　　　　　　6 000

将第 1 年内部交易固定资产多计提的固定资产减值准备予以抵销，分录如下。

借：固定资产——减值准备　　　　　　　　　　　　6 000
　　贷：未分配利润——年初　　　　　　　　　　　　　6 000

再次，将第 2 年就未实现内部销售利润计提的折旧予以抵销。

第 2 年年末，B 公司该项机器计提的固定资产折旧=(120 000－24 000－6 000)÷4=22 500(元)。

第 2 年年末，从集团角度抵销未实现内部销售利润后应计提的固定资产折旧=(90 000－18 000)÷4=18 000(元)。编制的抵销分录如下。

借：固定资产——累计折旧　　　　　　　　　　　　4 500
　　贷：管理费用　　　　　　　　　　　　　　　　　4 500

最后，将第 2 年内部交易固定资产多计提的减值准备予以抵销。

第 2 年年末，B 公司该固定资产的账面价值=120 000－24 000－6 000－22 500=67 500(元)。

第 2 年年末，B 公司固定资产的可收回金额低于其账面价值 3 000 元，B 公司补提固定资产减值准备 3 000 元。

第 2 年年末，从集团角度该固定资产的账面价值=90 000－18 000－18 000=54 000(元)。

第 2 年年末，固定资产可收回金额高于从集团角度看该固定资产的账面价值，意味着在集团中该固定资产没有发生减值，应将 B 公司计提的减值准备予以抵销，分录如下。

借：固定资产——减值准备　　　　　　　　　　　　3 000
　　贷：资产减值损失　　　　　　　　　　　　　　　3 000

(3) 第 3 年年末，编制的抵销分录如下。

借：未分配利润——年初　　　　　　　　　　　　　30 000
　　贷：固定资产——原价　　　　　　　　　　　　　　30 000
借：固定资产——累计折旧　　　　　　　　　　　　10 500
　　贷：未分配利润——年初　　　　　　　　　　　　　10 500
借：固定资产——减值准备　　　　　　　　　　　　9 000
　　贷：未分配利润——年初　　　　　　　　　　　　　9 000

第 3 年年末，B 公司该项机器计提的固定资产折旧=(120 000－24 000－22 500－6 000－3 000)÷3=21 500(元)。

第 3 年年末，从集团角度看抵销未实现内部销售利润后应计提的固定资产折旧=(90 000－18 000－18 000)÷3=18 000(元)。

第 3 年该固定资产多计提的折旧为 3 500(21 500－18 000)元，编制的抵销分录如下。

借：固定资产——累计折旧　　　　　　　　　　　　3 500
　　贷：管理费用　　　　　　　　　　　　　　　　　3 500

第3年年末，B公司该固定资产的账面价值=120 000-24 000-22 500-6 000-3 000-21 500=43 000(元)。

由于第3年年末B公司固定资产的可收回金额低于其账面价值4 000元，B公司计提固定资产减值准备4 000元。

第3年年末，从集团角度看该固定资产的账面价值=90 000-18 000-18 000-18 000=36 000(元)。

第3年年末，B公司固定资产可收回金额高于从集团角度看该固定资产的账面价值，意味着集团本期不应计提固定资产减值准备，应将B公司计提减值准备予以抵销，分录如下。

借：固定资产——减值准备　　　　　　　　　　　4 000
　　贷：资产减值损失　　　　　　　　　　　　　　　　4 000

(4) 第4年年末，编制的抵销分录如下。

借：未分配利润——年初　　　　　　　　　　　　30 000
　　贷：固定资产——原价　　　　　　　　　　　　　　30 000
借：固定资产——累计折旧　　　　　　　　　　　14 000
　　贷：未分配利润——年初　　　　　　　　　　　　　14 000
借：固定资产——减值准备　　　　　　　　　　　13 000
　　贷：未分配利润——年初　　　　　　　　　　　　　13 000

第4年年末，B公司该项机器计提的固定资产折旧=(120 000-24 000-22 500-6 000-3 000-21 500-4 000)÷2=19 500(元)。

第4年年末，从集团角度看抵销未实现内部销售利润后应计提的固定资产折旧=(90 000-18 000-18 000-18 000)÷2=18 000(元)。

第4年该固定资产多计提的折旧为1 500(19 500-18 000)元，编制的抵销分录如下。

借：固定资产——累计折旧　　　　　　　　　　　1 500
　　贷：管理费用　　　　　　　　　　　　　　　　　1 500

第4年年末，B公司该固定资产的账面价值=120 000-24 000-22 500-6 000-3 000-21 500-4 000-19 500=19 500(元)。

第4年年末，B公司固定资产的可收回金额低于其账面价值，B公司计提固定资产减值准备2 100元。

第4年年末，从集团角度看该固定资产的账面价值=90 000-18 000-18 000-18 000-18 000=18 000(元)。

第4年年末，该固定资产可收回金额低于从集团角度看该固定资产账面价值600元，集团应计提固定资产减值准备600元。从合并财务报表编制的角度，本期应冲销的固定资产减值准备为1 500元，故编制的抵销分录如下。

借：固定资产——减值准备　　　　　　　　　　　1 500
　　贷：资产减值损失　　　　　　　　　　　　　　　1 500

各年固定资产减值额的计算如表9-18所示。

表9-18　各年固定资产减值计算表

单位：元

项　目		第1年	第2年	第3年	第4年	第5年
B公司	固定资产原值	120 000	120 000	120 000	120 000	120 000
	当期折旧	24 000	22 500	21 500	19 500	17 400
	累计折旧	24 000	46 500	68 000	87 500	104 900
	账面价值	96 000	67 500	43 000	19 500	0
	可收回金额	90 000	64 500	39 000	17 400	0
	减值额	6 000	3 000	4 000	2 100	0
	累计减值额	6 000	9 000	13 000	15 100	15 100
集团	固定资产原值	90 000	90 000	90 000	90 000	90 000
	当期折旧	18 000	18 000	18 000	18 000	17 400
	累计折旧	18 000	36 000	54 000	72 000	89 400
	账面价值	72 000	54 000	36 000	18 000	0
	可收回金额	90 000	64 500	39 000	17 400	0
	减值额	0	0	0	600	600
	累计减值额	0	0	0	600	600

2)　清理会计期间的内部固定资产交易

(1)　内部交易固定资产使用期限已满。需办理报废手续，进行固定资产清理会计处理。在固定资产使用期限已满进行清理报废的情况下，内部交易固定资产折旧已提足，购买方将固定资产原价与计提折旧、减值准备均予以注销，固定资产原价中包含的未实现内部销售利润和累计折旧中包含的就未分配利润计提的折旧以及固定资产减值准备均已不复存在，这些已不必再予以抵销。只有本期管理费用中包含的就未实现内部销售利润计提的折旧费用需要予以抵销，分录借记"未分配利润——年初"项目，贷记"管理费用"项目。

【例9-45】仍使用例9-44中的有关资料。按照前几年编制合并财务报表的处理方法，则第5年应编制的抵销分录如下。

借：未分配利润——年初　　　　　　　　30 000
　　贷：资产处置收益　　　　　　　　　　　30 000
借：资产处置收益　　　　　　　　　　15 500
　　贷：未分配利润——年初　　　　　　　　15 500
借：资产处置收益　　　　　　　　　　14 500
　　贷：未分配利润——年初　　　　　　　　14 500

第5年无论是从B公司的角度，还是从集团的角度，该固定资产应提取的折旧均是17 400元，所以，无须调整固定资产折旧。

(2)　内部交易固定资产超期使用。该固定资产在使用期限最后一个期间，仍然要计提折旧，同时该固定资产原价、已计提折旧及固定资产减值准备仍然列示在购买企业的资产负债表中。所以，最后一个期间仍要将固定资产原价中包含的未实现内部销售利润抵销，将以前各期对未实现内部销售利润计提的折旧抵销，将本期管理费用中包含的就未实现内部销售利润计提的折旧费用抵销，同时应将以前各期计提的固定资产减值准备抵销。

【例 9-46】仍使用例 9-44 中的有关资料，只是该固定资产现为超期使用。在其使用期限最后一个期间，即第 5 年应编制如下抵销分录。

借：未分配利润——年初　　　　　　　　　　　　　　30 000
　　贷：固定资产——原价　　　　　　　　　　　　　　　　30 000
借：固定资产——累计折旧　　　　　　　　　　　　　15 500
　　　　　　——减值准备　　　　　　　　　　　　　14 500
　　贷：未分配利润——年初　　　　　　　　　　　　　　30 000

第 5 年不需抵销固定资产折旧。

在内部交易固定资产超期使用的各个会计期间内，由于购买企业仍在使用它，并将其列示在资产负债表中，因此必须将该固定资产原价中包含的未实现内部销售利润抵销，将固定资产包含的内部未实现销售利润部分计提的累计折旧抵销；将上期期末"固定资产——减值准备"的余额(即以前各期累计计提的固定资产减值准备)抵销。由于超期使用的固定资产不必继续计提折旧，因此不存在抵销多计提折旧的问题。

【例 9-47】仍使用例 9-44 中的有关资料。固定资产在第 6 年仍继续使用，则第 6 年应编制如下抵销分录。

借：未分配利润——年初　　　　　　　　　　　　　　30 000
　　贷：固定资产——原价　　　　　　　　　　　　　　　　30 000
借：固定资产——累计折旧　　　　　　　　　　　　　15 500
　　　　　　——减值准备　　　　　　　　　　　　　14 500
　　贷：未分配利润——年初　　　　　　　　　　　　　　30 000

假如在第 7 年进行清理，则不必作任何抵销分录，否则上述抵销分录要继续作下去，直至该固定资产进行清理为止。

(3) 内部交易固定资产使用期限未满。在提前清理的情况下，购买固定资产的企业将固定资产原价与计提折旧注销，固定资产原价中包含的未实现内部销售利润和累计折旧中包含的就未分配利润计提的折旧均已不复存在，同时固定资产减值准备也已经注销，所以这些已不必再予以抵销。但是，固定资产原价中包含的未实现内部销售利润，随着固定资产的清理而成为已实现的损益，必须调整合并财务报表中期初未分配利润的数额；同时，以前各期就未实现内部销售利润计提的折旧，也对合并财务报表中期初未分配利润产生了影响，需要进行调整；本期管理费用中包含的就未实现内部销售利润计提的折旧费用也需要抵销；最后，应将以前多计提的减值准备抵销。随着固定资产的清理，这四个需要调整抵销的项目均体现在清理损益中。

【例 9-48】仍使用例 9-44 中的有关资料。固定资产在第 4 年进行清理的抵销分录如下。

借：未分配利润——年初　　　　　　　　　　　　　　30 000
　　贷：资产处置收益　　　　　　　　　　　　　　　　　30 000
借：资产处置收益(前 3 年多计提的折旧之和)　　　　14 000
　　贷：未分配利润——年初　　　　　　　　　　　　　　14 000
借：资产处置收益(第 3 年年末固定资产减值准备余额) 13 000
　　贷：未分配利润——年初　　　　　　　　　　　　　　13 000
借：资产处置收益　　　　　　　　　　　　　　　　　1 500
　　贷：管理费用　　　　　　　　　　　　　　　　　　　1 500

四、集团内部债权、债务交易的抵销

1. 当期内部债权、债务的抵销

母公司与子公司之间、子公司相互之间可能会发生债权与债务，包括应收账款与应付账款、预付账款与预收账款、应付债券与长期债券投资、应收股利与应付股利、其他应收款与其他应付款等。这些债权债务在个别财务报表中，债权方以资产列示，债务方以负债列示。但是从整个企业集团的角度看，这些债权债务只是内部资金往来，既不是企业集团的资产，也不是企业集团的负债。因此，在编制合并财务报表时，应当将这些内部的债权债务项目抵销，同时也要将与这些债权债务有关的其他项目相抵销，具体包括以下内容。

1) 母公司与子公司、子公司相互之间的债权、债务的抵销

将母公司与子公司、子公司相互之间的债权与债务抵销时，应根据内部债权、债务的数额借记"应付账款""应付票据""应付债券""合同负债"等项目，贷记"应收票据""应收账款""债权投资""预付账款"等项目。

【例 9-49】20×1 年 A 公司从 B 公司采购商品 45 000 元，对 B 公司开出并承兑商业汇票 15 000 元，余款未付，所购商品验收入库，商品尚未销售，该商品在 B 公司的成本为 42 000 元；A 公司预收 B 公司贷款 90 000 元；A 公司 20×1 年 1 月 1 日发行面值为 500 000 元的公司债券，年利率为 5%，每年年末付息一次，到期一次还本。其中，B 公司购入债券 70 000 元作为债权投资。

在合并工作底稿中编制的抵销分录如下。

借：应付票据	15 000	
应付账款	30 000	
应付债券	70 000	
合同负债	90 000	
贷：应收票据		15 000
应收账款		30 000
债权投资		70 000
预付账款		90 000

当企业集团内部某企业在证券市场上从第三者手中购买集团内部成员企业的债券，而不是从发行债券的企业直接购买时，从企业集团的角度看，可以推定这部分债券已被赎回，即形成"推定赎回"。若债券赎回价格与其发行企业账面价值不相等，就会产生推定损益，即债券购买方取得债券发行方流通在外的债券所付出的价值高于所取得债券的账面价值，就会产生推定赎回损失；反之，则会产生推定赎回利得。从整个企业集团角度看，债券发行企业的应付债券因推定赎回而不复存在，推定赎回损益实质上构成了集团损益，应将这部分推定损益反映在合并利润表中的合并投资收益或财务费用项目。

【例 9-50】20×1 年 1 月 1 日，B 公司在证券市场上从第三者手中购入 A 公司于 20×0 年 1 月 1 日发行的公司债券作为债权投资，债券的面值为 120 000 元，购买价格为 128 067 元；A 公司在发行日以债券面值发行，票面利率为 10%，每半年计息一次，到期一次还本付息。假设实际利率为 8%。

分析：采用实际利率法摊销债券溢价，截止到 20×0 年 12 月 31 日，B 公司"债权投资——成本"账户余额为 120 000 元，"债权投资——应计利息"账户余额为 12 000 元，"债权投资——利息调整"账户余额为 6 279 元，"债权投资"账户余额为 138 279 元；A 公司"应付债券——成本"账户余额为 120 000 元，"应付债券——应计利息"账户余额为 12 000元，"财务费用"账户余额为 12 000 元，"应付债券"账户余额为 132 000 元。则推定赎回损失为(138 279-132 000=)6 279 元，应编制的抵销分录如下。

借：应付债券   132 000

  投资收益   6 279

   贷：债权投资   138 279

当债权投资的数额低于相对应的应付债券的数额时，对其差额编制抵销分录如下。

借：应付债券

   贷：债权投资

     投资收益

2) 内部利息收入与利息支出的抵销

当企业集团内部企业之间存在债权债务关系时，债权方企业会将收到的利息作为投资收益或冲减财务费用而列示在利润表中；而债务方企业会将利息支出作为财务费用列示在利润表中。由于内部债权债务均属于内部资金调拨，应当将内部利息收入与利息支出抵销。

【例 9-51】根据例 9-49 的资料，债券的利息为 3 500 元。

在合并工作底稿中编制的抵销分录如下。

借：投资收益   3 500

   贷：财务费用   3 500

3) 坏账准备的抵销

母公司与子公司、子公司相互之间应收款项与应付账款等相互抵销后，由于某一会计期间坏账准备的金额是以应收账款等应收款项为基础的，因此，已抵销的应收账款等计提的坏账准备也应予以抵销，按已抵销的应收账款等计提的坏账准备数额，借记"应收账款——坏账准备"项目，贷记"资产减值损失"项目。

【例 9-52】假设例 9-49 中 B 公司的内部应收账款已计提了 3 000 元的坏账准备。

在合并工作底稿中应编制的抵销分录如下。

借：应收账款——坏账准备   3 000

   贷：信用减值损失   3 000

2. 以后各期内部债权、债务的抵销

以后各期内部债权债务的抵销方法与当期内部债权、债务的抵销方法基本一致，但应收账款等计提坏账准备的抵销具有特殊性。坏账准备包括上期计提的部分与本期计提或冲销的部分，本期计提或冲销的部分又要根据本期应收账款余额与上期余额相比的结果确定。

1) 上期计提的坏账准备

在首期编制合并财务报表时，对于企业集团内部应收账款等计提的坏账准备已经予以抵销，减少了资产减值损失，增加了合并后的净利润。当第二期编制合并财务报表时，合并所有者权益变动表中的期初未分配利润就应该是首期合并所有者权益变动表中的期末未分配利润。但是，第二期编制合并财务报表时，仍然以母公司和子公司的个别财务报表为基础，而这些个别财务报表并没有反映首期抵销业务的影响。在首期应收账款提取坏账准备时，第二期以个别财务报表为基础编制的合并所有者权益变动表，其中的期初未分配利润必然与首期合并所有者权益变动表中的期末未分配利润之间产生差额。因此，必须将首期抵销内部应收账款计提的坏账准备，对第二期期初未分配利润合并数额的影响予以抵销，编制的抵销分录借记"应收账款——坏账准备"项目，贷记"未分配利润——年初"项目。

2) 本期计提的坏账准备

(1) 本期应收账款余额与上期余额相等。本期不补提坏账准备，也不冲销坏账准备，只需要将上期计提的坏账准备抵销，调整期初未分配利润的数额即可。

【例9-53】20×0年B公司的应收账款中有30 000元为应收A公司的销货款，提取了3 000元的坏账准备。20×1年B公司应收A公司的内部应收账款余额仍为30 000元。

将上期内部应收账款计提的坏账准备抵销时，分录如下。

借：应收账款——坏账准备 　　　　　　　　　　　　3 000
　　贷：未分配利润——年初 　　　　　　　　　　　　　　　3 000

(2) 本期内部应收款项余额大于上期余额。一方面将上期计提的坏账准备抵销，调整期初未分配利润的数额；另一方面将对本期内部因应收账款增加部分而补提的坏账准备抵销。

【例9-54】仍使用例9-53中的资料，只是本期B公司应收A公司的内部应收账款余额为54 000元，补提了2 400元的坏账准备。

将内部应收账款与内部应付账款抵销，分录如下。

借：应付账款 　　　　　　　　　　　　　　　　　　54 000
　　贷：应收账款 　　　　　　　　　　　　　　　　　　　54 000

将上期内部应收账款计提的坏账准备抵销，分录如下。

借：应收账款——坏账准备 　　　　　　　　　　　　3 000
　　贷：未分配利润——年初 　　　　　　　　　　　　　　　3 000

将本期补提的坏账准备抵销，分录如下。

借：应收账款——坏账准备 　　　　　　　　　　　　2 400
　　贷：信用减值损失 　　　　　　　　　　　　　　　　　2 400

(3) 本期内部应收款项余额小于上期余额。一方面将上期计提的坏账准备抵销，调整期初未分配利润的数额；另一方面将对本期内部因应收账款减少部分而冲销的坏账准备抵销。

【例9-55】仍使用例9-53中的资料，只是本期B公司应收A公司的内部应收账款余额为24 000元，冲销了600元的坏账准备。

将内部应收账款与内部应付账款抵销，分录如下。

借：应付账款 　　　　　　　　　　　　　　　　　　24 000
　　贷：应收账款 　　　　　　　　　　　　　　　　　　　24 000

将上期内部应收账款计提的坏账准备抵销，分录如下。

借：应收账款——坏账准备 　　　　　　　　　　　　3 000
　　贷：未分配利润——年初 　　　　　　　　　　　　　　　3 000

将本期冲销的坏账准备抵销，分录如下。

借：信用减值损失   600

  贷：应收账款——坏账准备   600

第六节 所得税会计相关的合并处理

一、所得税会计概述

在编制合并财务报表时，由于需要对企业集团内部交易进行合并抵销处理，由此可能导致在合并财务报表中反映的资产、负债账面价值与其计税基础的不一致导致的差异。为了使合并财务报表全面反映所得税相关的影响，特别是当期存在所得税费用的情况下，应当进行所得税会计核算，在计算确定资产、负债的账面价值与计税基础之间差异的基础上，确认相应的递延所得税资产或递延所得税负债。

二、内部应收款项相关所得税会计的合并处理

在编制合并财务报表时，随着内部债权债务的抵销，也将内部应收账款计提的坏账准备予以抵销。合并财务报表中内部应收账款已不存在，由内部应收账款账面价值与计税基础之间的差异所形成的暂时性差异也不能存在。在编制合并财务报表时，对持有该集团内部应收款项的企业因该暂时性差异确认的递延所得税资产则需要进行抵销处理。

【例 9-56】甲公司为 A 公司的母公司。甲公司本期个别资产负债表应收账款中有 1 700 万元为应收 A 公司账款，该应收账款账面余额为 1 800 万元，甲公司当年对其计提坏账准备 100 万元。A 公司本期个别资产负债表中列示有应付甲公司账款 1 800 万元。甲公司和 A 公司适用的所得税税率均为 25%。甲公司在编制合并财务报表时，处理如下。

(1) 将内部应收账款与应付账款相互抵销，分录如下。

借：应付账款   1 800

  贷：应收账款   1 800

(2) 将内部应收账款计提的坏账准备予以抵销，分录如下。

借：应收账款   100

  贷：信用减值损失   100

(3) 将甲公司对内部应收账款计提坏账准备导致暂时性差异确认的递延所得税资产予以抵销。甲公司在其个别财务报表中，对应收 A 公司账款计提坏账准备 100 万元，由此导致应收 A 公司账款账面价值为 1 700 万元，而该应收账款计税基础为 1 800 万元，差额 100 万元形成暂时性差异。按照所得税会计准则规定，甲公司在其个别财务报表中应当确认相应的递延所得税资产(100×25%)25 万元，借记"递延所得税资产"项目 25 万元，贷记"所得税费用"项目 25 万元。在编制合并财务报表时随着内部应收账款及其计提坏账准备的抵销，在合并财务报表中该应收账款已不存在。甲公司在其个别财务报表中因应收 A 公司账款账面价值与其计税基础之间形成的暂时性差异也不存在，对该暂时性差异确认的递延所得税资产则需要予以抵销。编制合并财务报表对其进行抵销，抵销分录如下。

借：所得税费用　　　　　　　　　　　　　　　　　　25

　　贷：递延所得税资产　　　　　　　　　　　　　　　　　　25

三、内部交易存货相关所得税会计的合并处理

对于内部商品交易所形成的存货，从持有该存货的企业来说，假定不考虑计提资产减值损失，其取得成本就是该资产的账面价值，这其中包括销售企业因该销售所实现的损益，这一取得成本也就是计税基础。由于所得税是以独立的法人实体为对象计征的，这一计税基础也是合并财务报表中该存货的计税基础。此时，账面价值与其计税基础一致，不存在暂时性差异，不涉及确认递延所得税资产或递延所得税负债。但在编制合并财务报表时，随着内部商品交易所形成的存货价值包含未实现内部销售损益的抵销，合并资产负债表所反映的存货价值是以原来内部销售企业该商品的销售成本列示的，不包含未实现内部销售损益。由此导致在合并资产负债表所列示存货的价值与持有该存货的企业计税基础不一致，存在着暂时性差异。这一暂时性差异的金额就是编制合并财务报表时抵销未实现内部销售损益的数额。从合并财务报表编制来说，对于这一暂时性差异，必须确认递延所得税资产或递延所得税负债。

【例 9-57】甲公司持有 A 公司 80%的股权，是 A 公司的母公司。甲公司 20×1 年利润表列示的营业收入中有 5 000 万元，是当年向 A 公司销售产品取得的销售收入，该产品销售成本为 3 500 万元。A 公司在 20×1 年将该批内部购进商品的 60%实现对外销售，其销售收入为 3 750 万元，销售成本为 3 000 万元，并列示于其利润表中；该批商品另外 40%则形成 A 公司期末存货，即期末存货为 2 000 万元，列示于 A 公司 20×1 年的资产负债表中。甲公司和 A 公司适用的企业所得税税率均为 25%。

甲公司在编制合并财务报表时，合并抵销处理如下。

(1) 将内部销售收入与内部销售成本及存货价值中包含的未实现内部销售利润抵销，抵销分录如下。

借：营业收入　　　　　　　　　　　　　　　　　50 000

　　贷：营业成本　　　　　　　　　　　　　　　　　　　44 000

　　　　存货　　　　　　　　　　　　　　　　　　　　 6 000

(2) 确认因编制合并财务报表导致的存货账面价值与其计税基础之间的暂时性差异相关递延所得税资产。

从 A 公司来说，其持有该存货账面价值与计税基础均为 2 000 万元；从甲公司角度来说，通过上述合并抵销处理，合并资产负债表中该存货的价值为 1 400 万元；由于甲公司和 A 公司均为独立的法人实体，这一存货的计税基础应从 A 公司的角度来考虑，即其计税基础为 2 000 万元。因该内部交易抵销的未实现内部销售损益导致的暂时性差异为 600 万元[即(2 000-1 400)万元]，就是抵销未实现内部销售损益的金额。为此，编制合并财务报表时应当对该暂时性差异确认递延所得税资产 150 万元(即 600 万元×25%)，抵销分录如下。

借：递延所得税资产　　　　　　　　　　　　　　150

　　贷：所得税费用　　　　　　　　　　　　　　　　　　150

四、内部交易固定资产相关所得税会计的合并处理

对于内部交易形成的固定资产，从持有该固定资产的企业来说，假定不考虑计提资产减值损失，其取得成本就是该固定资产的账面价值，其中包括销售企业因该销售所实现的损益，账面价值与其计税基础一致，不存在暂时性差异，不涉及确认递延所得税资产或递延所得税负债。但在编制合并财务报表时，随着内部交易所形成的固定资产价值所包含的未实现内部销售损益的抵销，合并资产负债表中所反映的该固定资产价值不包含这一未实现内部销售损益，也就是以原销售企业该商品的销售成本列示，导致在合并资产负债表所列示的固定资产价值与持有该固定资产的企业计税基础不一致，存在暂时性差异。这一暂时性差异的金额就是编制合并财务报表时抵销未实现内部销售损益的数额。从合并财务报表编制来说，对于这一暂时性差异，必须确认相应的递延所得税资产或递延所得税负债。

【例 9-58】A 公司和 B 公司均为甲公司控制下的子公司。A 公司于 20×1 年 1 月 1 日，将自己生产的产品销售给 B 公司作为固定资产使用，A 公司销售该产品的销售收入为 1 680 万元，销售成本为 1 200 万元。A 公司在 20×1 年度利润表中列示有该销售收入 1 680 万元、该销售成本 1 200 万元。B 公司以 1 680 万元的价格作为该固定资产的原价入账。B 公司购买的该固定资产用于公司的销售业务，该固定资产属于不需要安装的固定资产，当月投入使用，其折旧年限为 4 年，预计净残值为 0。B 公司对该固定资产确定的折旧年限和预计净残值与税法规定一致。为简化合并处理，假定该内部交易固定资产在交易当年按 12 个月计提折旧。B 公司在 20×1 年 12 月 31 日的资产负债表中列示有该固定资产，其原价为 1 680 万元，累计折旧为 420 万元、固定资产净值为 1260 万元。A 公司、B 公司和甲公司适用的所得税税率均为 25%。

甲公司在编制合并财务报表时，应当进行如下抵销处理。

(1) 将该内部交易固定资产相关销售收入与销售成本及原价中包含的未实现内部销售利润予以抵销，抵销分录如下。

借：营业收入   1 680

    贷：营业成本   1 200

         固定资产原价   480

(2) 将当年计提的折旧和累计折旧中包含的未实现内部销售损益的金额予以抵销，抵销分录如下。

借：累计折旧   120

    贷：销售费用   120

(3) 确认因编制合并财务报表导致内部交易固定资产账面价值与其计税基础之间的暂时性差异的相关递延所得税资产。

确认递延所得税资产或负债相关计算如下：

B 公司该固定资产的账面价值=1 680-420=1 260(万元)

B 公司该固定资产的计税基础=1 680-420=1 260(万元)

从 B 公司角度来看，因该内部交易形成的固定资产账面价值与其计税基础相同，不产生暂时性差异，个别财务报表中不涉及确认递延所得税资产或递延所得税负债。

合并财务报表中该固定资产的账面价值=1 200-300=900(万元)

合并财务报表中该固定资产的计税基础=B公司该固定资产的计税基础=1 260万元

合并财务报表中该固定资产相关的暂时性差异为360万元。

关于计税基础，企业所得税是以单个企业的纳税所得为对象计算征收的。某一资产的计税基础是从使用该资产的企业来考虑的。从某一企业来说，资产的取得成本就是其计税基础。由于该内部交易固定资产属于B公司拥有并使用，B公司该固定资产的计税基础也就是整个企业集团的计税基础，个别财务报表确定该固定资产的计税基础与合并财务报表确定的是相同的。

关于合并财务报表中该固定资产账面价值，是以抵销未实现内部销售利润后的固定资产原价(即销售企业的销售成本)1 200万元(固定资产原价1 680万元-未实现内部销售利润480万元)，以及按抵销未实现内部销售利润后固定资产原价计算的折旧额为基础计算的。

合并财务报表中该固定资产相关的暂时性差异，就是因抵销未实现内部销售利润而产生的。该固定资产原价抵销的未实现内部销售利润为480万元，同时由于该固定资产使用而当年计提折旧额420万元中包含未实现内部销售利润120万元，这120万元随着固定资产折旧而结转为已实现内部销售利润，因此，该内部交易形成的固定资产价值中当年实际抵销的未实现内部销售利润为360(480-120)万元。这360万元就是因未实现内部销售利润而产生的暂时性差异。

对于合并财务报表中该内部交易固定资产因未实现内部销售利润的抵销而产生的暂时性差异，应当确认递延所得税资产为90(360×25%)万元，抵销分录如下。

借：递延所得税资产　　　　　　　　　　　　　90
　　贷：所得税费用　　　　　　　　　　　　　　　90

第七节　合并现金流量表的含义与编制

一、合并现金流量表概述

合并现金流量表是综合反映母公司及其子公司组成的企业集团在一定会计期间现金流入、现金流出数量以及其增减变动情况的财务报表。合并现金流量表以母公司和子公司的现金流量表为基础，在抵销母公司与子公司、子公司相互之间发生内部交易对合并现金流量表的影响后，由母公司编制。合并现金流量表也可以合并资产负债表和合并利润表为依据进行编制。

二、合并现金流量表的编制方法

合并现金流量表的编制原理与个别现金流量表是一致的。从理论上说，合并现金流量表的编制方法有两种：一种是以合并资产负债表和合并利润表为基础，采用与编制个别现金流量表相同的方法编制合并现金流量表；另一种则是以母公司和纳入合并范围的子公司的个别现金流量表为基础，采用与编制合并资产负债表、合并利润表及合并所有者权益变动表相同的编制原理、编制方法和编制程序来编制合并现金流量表。首先，编制合并工作底稿，将母公司和子公司个别现金流量表各项目的金额过入合并工作底稿；其次，根据当期母公司与子公司以及子公司相互之间产生的影响其现金流量增减变动的经济业务，编制抵销分录，将个别现金流量表重复反映的现金流入量和现金流出量予以抵销；最后，计算出合并工作底稿中各现金流量表项目的合并数，并填列在合并现金流量表中。下面具体介绍采用第二种方法的现金流量表的编制。

1. 合并现金流量表正表的编制方法

合并现金流量表正表的格式和内容与个别现金流量表基本相同，分为经营活动产生的现金流量、投资活动产生的现金流量、筹资活动产生的现金流量以及现金及现金等价物增加额。在合并现金流量表正表的编制中，需要将母公司与子公司以及子公司相互之间当期发生的各类交易或事项对现金流量的影响予以消除。

(1) 母公司与子公司、子公司相互之间当期以现金投资或收购股权增加的投资所产生的现金流量应当抵销。当母公司从子公司中购买其持有的其他企业的股票时，由此所产生的现金流量，在购买股权方的母公司的个别现金流量表中，表现为"投资活动产生的现金流量"中的"投资支付的现金"的增加，而在出售股权方的子公司的个别现金流量表中则表现为"投资活动产生的现金流量"中的"收回投资收到的现金"的增加。在母公司对子公司投资的情况下，其所产生的现金流量表在母公司的个别现金流量表中表现为"投资活动产生的现金流量"中的"投资支付的现金"的增加，而在接受投资的子公司个别现金流量表中则表现为"筹资活动产生的现金流量"中的"吸收投资收到的现金"的增加。因此，编制合并现金流量表时将其予以抵销。

(2) 母公司与子公司、子公司相互之间当期取得投资收益收到的现金，应当与分配股利、利润或偿付利息支付的现金相互抵销。母公司对子公司投资以及子公司之间进行投资分配现金股利或利润时，由此所产生的现金流量，在股利或利润支付方的个别现金流量表中表现为"筹资活动产生的现金流量"中的"分配股利、利润或偿付利息支付的现金"的增加，而在收到股利或利润方的个别现金流量表中则表现为"投资活动产生的现金流量"中的"取得投资收益收到的现金"的增加，为此，在编制合并现金流量表时必须将其予以抵销。

(3) 母公司与子公司、子公司相互之间以现金结算债权与债务所产生的现金流量应当抵销。以现金结算内部债权债务，对于债权方来说表现为现金的流入，而对于债务方来说则表现为现金的流出。在现金结算的债权与债务属于母公司与子公司、子公司相互之间内部销售商品和提供劳务所产生的情况下，从其个别现金流量表来说，在债权方的个别现金流量表中表现为"销售商品、提供劳务收到的现金"的增加；而在债务方的个别现金流量表中则表现为"购买商品、接受劳务支付的现金"的增加。在编制合并现金流量表时必须将由此所产生的现金流量予以抵销。在现金结算的债权与债务属于内部往来所产生的情况下，在债权方的个别现金流量表中表现为"收到的其他与经营活动有关的现金"的增加，在债务方的个别现金流量表中表现为"支付的其他与经营活动有关的现金"的增加，在编制合并现金流量表时由此所产生的现金流量也必须将其予以抵销。

(4) 母公司与子公司、子公司相互之间当期销售商品所产生的现金流量应当抵销。母公司与子公司、子公司相互之间当期销售商品没有形成固定资产、在建工程、无形资产等资产的情况下，该内部销售商品所产生的现金流量，在销售方的个别现金流量表中表现为"销售商品、提供劳务收到的现金"的增加，而在购买方的个别现金流量表中则表现为"购买商品、接受劳务支付的现金"的增加。而在母公司与子公司、子公司相互之间当期销售商品形成固定资产、工程物资、在建工程、无形资产等资产的情况下，该内部销售商品所产生的现金流量，在购买方的个别现金流量表中表现为"购建固定资产、无形资产和其他长期资产所支付的现金"的增加。为此，在编制合并现金流量表时必须将由此所产生的现金流量予以抵销。

(5) 母公司与子公司、子公司相互之间处置固定资产、无形资产和其他长期资产收回的现金净额，应当与购建固定资产、无形资产和其他长期资产支付的现金相互抵销。内部处置固定资产时，由于处置固定资产等所产生的现金流量，对于处置方个别现金流量表来说，表现为"处置固定资产、无形资产和其他长期资产收回的现金净额"的增加；对于购置该资产的接受方来说，在其个别现金流量表中表现为"购置固定资产、无形资产和其他长期资产支付的现金"的增加。故在编制合并现金流量表时必须将由此所产生的现金流量予以抵销。

(6) 母公司与子公司、子公司相互之间当期发生的其他内部交易所产生的现金流量应当抵销。

2. 合并现金流量表的格式

合并现金流量表的格式综合考虑了企业集团中一般工商企业和金融企业(包括商业银行、保险公司和证券公司)的现金流入和现金流出列报的要求，与个别现金流量表的格式基本相同。

合并现金流量表的编制与个别现金流量表相比，一个特殊的问题就是在子公司为非全资子公司的情况下，涉及子公司与其少数股东之间的现金流入和现金流出的处理问题。对于子公司与少数股东之间发生的现金流入和现金流出，从整个企业集团来看，也影响其整体的现金流入和流出数量的增减变动，必须在合并现金流量表中予以反映。子公司与少数股东之间产生的影响现金流入和现金流出的经济业务包括：少数股东对子公司增加权益性投资、少数股东依法从子公司中抽回权益性投资、子公司向其少数股东支付现金股利或利润等。为了便于企业集团合并财务报表使用者了解并掌握企业集团现金流量的情况，有必要将与子公司少数股东之间的现金流入和现金流出的情况单独予以反映。

对于子公司的少数股东增加在子公司中的权益性投资，在合并现金流量表中应当在"筹资活动产生的现金流量"之下的"吸收投资收到的现金"项目下"其中：子公司吸收少数股东投资收到的现金"项目反映。

对于子公司的少数股东依法抽回在子公司中的权益性投资，在合并现金流量表中应当在"筹资活动产生的现金流量"之下的"支付其他与筹资活动有关的现金"项目反映。

对于子公司向少数股东支付现金股利或利润，在合并现金流量表中应当在"筹资活动产生的现金流量"之下的"分配股利、利润或偿付利息支付的现金"项目下"其中：子公司支付给少数股东的股利、利润"项目反映。

有以下事项需要说明。

(1) 在企业合并当期，母公司购买子公司及其他营业单位支付对价中以现金支付的部分与子公司及其他营业单位在购买日持有的现金和现金等价物，区别两种情况分别处理：

① 子公司及其他营业单位在购买日持有的现金和现金等价物小于母公司支付对价中以现金支付的部分，按减去子公司及其他营业单位在购买日持有的现金和现金等价物后的净额在"取得子公司及其他营业单位支付的现金净额"项目反映。

② 反之，在"收到其他与投资活动有关的现金"项目中反映。

(2) 在企业合并当期，母公司处置子公司及其他营业单位收到对价中以现金收到的部分与子公司及其他营业单位在丧失控制权日持有的现金和现金等价物，区别两种情况分别处理：

① 子公司及其他营业单位在丧失控制权日持有的现金和现金等价物小于母公司收到对价中以现金收到的部分，按减去子公司及其他营业单位持有的现金和现金等价物后的净额在"处置子公司及其他营业单位收到的现金净额"项目反映。

② 反之，在"支付其他与投资活动有关的现金"项目中反映。

思 考 题

1. 我国合并财务报表规定的合并范围有哪些？

2. 合并财务报表编制的前期准备有哪些？

3. 编制合并财务报表的程序有哪些？

4. 国际上编制合并财务报表的合并理论主要有哪些？有何区别？

5. 集团内部交易事项有哪些？如何进行分类？

自 测 题

一、单项选择题

1. 下列各项关于合并财务报表合并范围的表述中，正确的是( )。

　　A. 合并财务报表的合并范围应当以控制为基础予以确定

　　B. 投资方在判断是否拥有对被投资方权力时应当仅考虑与被投资方相关的保护性权利

　　C. 投资方持有被投资方半数或以下的表决权时表明投资方对被投资方不拥有权力

　　D. 母公司应当将其全部子公司纳入合并财务报表的合并范围

2. 第二期以及以后各期连续编制合并财务报表时，其编制基础为( )。

　　A. 上一期编制的合并财务报表

　　B. 上一期编制合并财务报表的合并工作底稿

　　C. 企业集团母公司与子公司当期的个别财务报表

　　D. 企业集团母公司和子公司的账簿记录

3. 20×1年2月1日，A公司向B公司的股东定向增发1 000万股普通股(每股面值为1元)，对B公司进行合并，所发行股票每股市价为4元，并于当日取得B公司70%的股权。B公司购买日所有者权益的账面价值为4 200万元，可辨认净资产的公允价值为4 500万元。

假定此合并为非同一控制下的企业合并，则 A 公司应确认的合并商誉为(　　)万元。

    A. 500   B. 1 060   C. 850   D. 200

    4. 20×0 年 10 月 12 日，甲公司向其子公司乙公司销售一批商品，不含增值税的销售价格为 3 000 万元，增值税税额为 390 万元，款项尚未收到；该批商品成本为 2 200 万元，至 20×0 年 12 月 31 日，乙公司已将该批商品对外销售 80%。不考虑其他因素，甲公司在编制 20×0 年 12 月 31 日合并资产负债表时，"存货"项目应抵销的金额为(　　)万元。

    A. 160   B. 440   C. 600   D. 640

    5. 甲公司为某集团母公司，其与控股子公司(乙公司)会计处理存在差异的下列事项中，在编制合并财务报表时，应当作为会计政策予以统一的是(　　)。

    A. 甲公司产品保修费用的计提比例为售价的 3%，乙公司为售价的 1%

    B. 甲公司对机器设备的折旧年限按不少于 10 年确定，乙公司为不少于 15 年

    C. 甲公司对投资性房地产采用成本模式进行后续计量，乙公司采用公允价值模式

    D. 甲公司对 1 年以内应收款项计提坏账准备比例为期末余额 5%，乙公司为期末余额 10%

    6. 乙公司为甲公司的全资子公司，且甲公司无其他的子公司。20×1 年度乙公司实现净利润 500 万元，提取盈余公积 50 万元，宣告分配现金股利 150 万元，20×1 年甲公司个别报表中确认投资收益 480 万元。不考虑其他因素，20×1 年合并利润表中"投资收益"项目的列示金额是(　　)万元。

    A. 330   B. 480   C. 630   D. 500

    7. 甲公司 20×0 年 1 月 1 日以银行存款 5 000 万元购入乙公司 80% 股权，当日乙公司可辨认净资产公允价值为 5 000 万元，账面价值为 4 000 万元，其差额为一项自投资日起尚可使用 5 年的无形资产引起，该无形资产采用直线法摊销，无残值。20×0 年乙公司实现净利润 1 000 万元，未分配现金股利。20×1 年乙公司实现净利润 1 200 万元，分配现金股利 600 万元。甲公司和乙公司在进行企业合并前没有关联方关系。乙公司除实现净利润和分配现金股利外不存在其他所有者权益变动。甲公司在编制合并财务报表时采用权益法调整对子公司的长期股权投资。不考虑所得税和内部交易等因素影响，在 20×1 年期末甲公司编制合并财务报表调整分录时，按照权益法应将长期股权投资调整为(　　)万元。

    A. 5 960   B. 7 200   C. 6 600   D. 6 200

    8. 某公司采用备抵法核算坏账损失，坏账准备计提比例为 0.5%。上年年末该公司对其子公司内部应收账款余额总额为 4 000 万元，本年年末对其子公司内部应收账款余额总额为 6 000 万元。该公司本年编制合并财务报表时应抵销坏账准备的总额为(　　)万元。

    A. 0   B. 10   C. 20   D. 30

    9. 20×1 年 3 月，母公司以 1 000 万元的价格(不含增值税额)将其生产的设备销售给其全资子公司作为管理用固定资产。该设备的生产成本为 800 万元。子公司采用年限平均法对该设备计提折旧，该设备预计使用年限为 10 年，预计净残值为 0。所得税税率为 25%。假定该固定资产的折旧方法、折旧年限和预计净残值均与税法规定一致。则编制 20×1 年合并报表时，因该设备相关的未实现内部销售利润的抵销而减少合并净利润的金额为(　　)万元。

    A. 180   B. 200   C. 185   D. 138.75

10. 甲公司 2020 年 1 月 1 日购入乙公司 60%股权，能够对乙公司的财务和经营政策实施控制。除乙公司外，甲公司无其他子公司。2020 年 1 月 1 日，乙公司除一项无形资产外，其他资产公允价值与账面价值相等。该无形资产系 2017 年 7 月 6 日取得，成本为 8 000 万元，预计使用年限为 10 年，采用直线法摊销，残值为 0，2020 年 1 月 1 日的公允价值为 8 400 万元。该资产在企业合并后预计使用年限净残值和摊销方法保持不变。2020 年 8 月，甲公司将其账面价值为 900 万元的商品以 1 200 万元的价格出售给乙公司，乙公司将取得的商品作为管理用固定资产核算，预计使用寿命为 8 年，预计净残值为 0，采用年限平均法计提折旧。2020 年甲公司实现净利润 12 000 万元，乙公司实现净利润 4 000 万元。除上述交易事项外，甲、乙公司无其他内部交易。不考虑其他因素，甲公司 2020 年合并利润表中应确认的少数股东损益是(   )万元。

    A. 1 352   B. 1 357   C. 1 472   D. 1 600

二、多项选择题

1. 根据合并财务报告准则，控制应包括以下基本要素(   )。
    A. 拥有对被投资方的权力
    B. 通过参与被投资方的相关活动而享有可变回报
    C. 有能力运用对被投资方的权力影响其回报金额
    D. 有权决定被投资单位的经营方向

2. 下列项目中，应纳入 A 公司合并范围的有(   )。
    A. A 公司持有被投资方半数以上投票权，但这些投票权不是实质性权利
    B. A 公司持有被投资方 48%的投票权，剩余投票权由数千位股东持有，但没有股东持有超过 1%的投票权，没有任何股东与其他股东能够达成协议或作出共同决策
    C. A 公司持有被投资方 40%的投票权，其他 12 位投资者各持有被投资方 5%的投票权，股东协议授予 A 公司任免负责相关活动的管理人员及确定其薪酬的权利，若要改变协议，须获得 2/3 的多数股东表决同意
    D. E 公司拥有 4 名股东，分别为 A 公司、B 公司、C 公司和 D 公司，A 公司持有 E 公司 40%的普通股，其他 3 位股东各持有 20%，董事会由 6 名董事组成，其中 4 名董事由 A 公司任命，剩余 2 名分别由 B 公司、C 公司任命，E 公司章程规定其相关决策经半数以上表决权通过方可执行

3. 母公司在编制合并财务报表前，对子公司所采用会计政策与其不一致的情形进行的下列会计处理中，正确的有(   )。
    A. 按照子公司的会计政策另行编报母公司的财务报表
    B. 要求子公司按照母公司的会计政策另行编报子公司的财务报表
    C. 按照母公司自身的会计政策对子公司财务报表进行必要的调整
    D. 按照子公司的会计政策对母公司自身的财务报表进行必要的调整

4. 在判断投资方对被投资方所拥有的权力时，下列表述正确的有(   )。
    A. 应仅考虑投资方及其他方享有的实质性权利
    B. 实质性权利应是在对相关活动进行决策时有实际能力行使的可执行权利

C. 对于投资方拥有的实质性权利，如果投资方并未实际行使，在判断投资方是否对被投资方拥有权力时不予以考虑

D. 仅享有保护性权利的投资方不拥有对被投资方的权力

5. 下列各项中，企业编制合并财务报表时，需要进行抵销处理的有(　　)。

A. 母公司对子公司长期股权投资与对应子公司所有者权益中所享有的份额

B. 子公司对母公司销售商品价款中包含的未实现内部销售利润

C. 母公司和子公司之间的债权与债务

D. 母公司向子公司转让无形资产价款中包含的未实现内部销售利润

6. 以下属于母子公司合并现金流量表应抵销的项目有(　　)。

A. 以现金投资或收购股权增加的投资所产生的现金流量

B. 当期取得投资收益收到的现金与分配股利支付的现金

C. 以现金结算债权与债务产生的现金流量

D. 母公司以固定资产对子公司增加投资

7. 甲公司(非投资性主体)为乙公司、丙公司的母公司。乙公司为投资性主体，拥有两家全资子公司，两家子公司均不为乙公司的投资活动提供相关服务，丙公司为股权投资基金，拥有两家联营企业，丙公司对其拥有的两家联营企业按照公允价值考核和评价管理层业绩。不考虑其他因素，下列关于甲公司、乙公司和丙公司对其所持股权投资的会计处理中，正确的有(　　)。

A. 乙公司不应编制合并财务报表

B. 丙公司在个别财务报表中对其拥有的两家联营企业的投资按照公允价值计量，公允价值变动计入当期损益

C. 乙公司在个别财务报表中对其拥有的两家子公司按照公允价值计量，公允价值变动计入当期损益

D. 甲公司编制合并财务报表时，将通过乙公司间接控制两家子公司纳入合并财务报表范围

8. 在内部销售商品未实现对外销售的情况下，编制抵销分录涉及的项目有(　　)。

A. 营业收入　　　　B. 营业成本　　　C. 未分配利润——年初　　D. 存货

9. 甲公司持有乙公司 75% 的股权，能够对乙公司实施控制。20×1 年 12 月 31 日，甲公司存货中包含从乙公司购入的 A 产品 100 件，其账面成本为 700 万元。该 A 产品系甲公司 20×0 年度从乙公司购入。当年甲公司从乙公司累计购入 A 产品 1 500 件，购入价格为每件 7 万元。乙公司 A 产品的销售成本为每件 5 万元。20×0 年 12 月 31 日，甲公司从乙公司购入的 A 产品中尚有 900 件未对外出售。假定 20×0 年度以前甲、乙公司未发生任何内部交易。不考虑其他因素，20×1 年 12 月 31 日甲公司编制合并财务报表时，以下存货内部交易处理正确的有(　　)。

A. 调减年初未分配利润 1 800 万元　B. 调减本期营业成本 1 800 万元

C. 调减本期营业收入 1 800 万元　　D. 调减存货账面价值 200 万元

10. 20×0 年 12 月 31 日，甲公司以某项固定资产及现金与其他三家公司共同出资设立乙公司，甲公司持有乙公司 60% 股权并能够对其实施控制；当日，双方办理了与固定资产所有权转移相关的手续。该固定资产的账面价值为 2 000 万元，公允价值为 2 600 万元。乙

公司预计上述固定资产尚可使用 10 年，预计净残值为 0，采用年限平均法计提折旧，每年计提的折旧额直接计入当期管理费用。不考虑其他因素，下列各项关于甲公司在编制合并财务报表时会计处理的表述中，正确的有(　　)。

A. 20×1 年合并利润表管理费用项目抵销 60 万元

B. 20×0 年合并利润表资产处置收益项目抵销 600 万元

C. 20×2 年年末合并资产负债表固定资产项目抵销 480 万元

D. 20×2 年年末合并资产负债表未分配利润项目的年初数抵销 540 万元

三、判断题

1. 在判断投资方是否对被投资方拥有权力时，应注意"权力"是一种实质性权利，而不是保护性权利。　　　　　　　　　　　　　　　　　　　　　　　　　　(　　)

2. 合并财务报表的合并范围应当以股权为基础予以确定。　　　　　　　(　　)

3. 母公司应当将其全部子公司纳入合并财务报表的合并范围。　　　　　(　　)

4. 当子公司所有者权益为负数时，母公司对其权益性资本投资数额为 0。在这种情况下，不应当将这一子公司纳入合并范围。　　　　　　　　　　　　　　　　(　　)

5. 本期如果不发生内部固定资产交易，则不存在固定资产中包含的未实现内部销售利润的抵销问题。　　　　　　　　　　　　　　　　　　　　　　　　　　　(　　)

6. 当本期内部应收账款的数额与上期内部应收账款的数额相等时，编制合并财务报表时不需要对坏账准备进行抵销处理。　　　　　　　　　　　　　　　　　　(　　)

7. 对于上一年度抵销的内部应收账款计提的坏账准备的金额，在本年度编制合并抵销分录时，应当借记"应收账款——坏账准备"项目，贷记"信用减值损失"项目。(　　)

8. 甲公司拥有乙和丙两家子公司。20×0 年 6 月 15 日，乙公司将其产品以市场价格销售给丙公司，售价为 100 万元(不考虑相关税费)，销售成本为 76 万元。丙公司购入后作为固定资产使用，按 4 年的期限、采用年限平均法对该项资产计提折旧，预计净残值为 0。假定不考虑所得税的影响，甲公司在编制 20×1 年年末合并资产负债表时，应调减"未分配利润"项目的金额为 10 万元。　　　　　　　　　　　　　　　　　(　　)

9. 可变回报是不固定的，并可能随被投资方业绩而变动的回报，可能是正数，也可能是负数，或者有正有负。　　　　　　　　　　　　　　　　　　　　　　(　　)

10. 母公司在编制合并现金流量表时，应将其直接以现金对子公司进行长期股权投资形成的现金流量，与子公司筹资活动形成的与之对应的现金流量相互抵销。　(　　)

业 务 题

1. 母公司 20×0 年购入子公司存货 1 000 元，子公司内部销售毛利率为 20%，当年母公司售出其中的 60%。20×1 年母公司又购入子公司存货 2 000 元，子公司内部销售毛利率为 25%，假定母公司对存货计价采用个别认定法，当年售出上期结存存货的 70%、本期购入存货的 50%。

要求：编制 20×0 年及 20×1 年的抵销分录。

2. A 公司是 B 公司和 C 公司的母公司。20×1 年度相关内部商品交易的资料如下。

(1) 20×1年1月1日，A公司将账面价值为1 100万元的存货以1 000万元的价格卖给B公司，20×1年12月31日该批存货没有售出企业集团，20×1年12月31日该批存货的可变现净值为1 020万元。

(2) 20×1年1月1日，A公司将账面价值为1 100万元的存货以1 000万元的价格卖给C公司，20×1年12月31日该批存货没有售出企业集团，20×1年12月31日该批存货的可变现净值为940万元。

要求：编制20×1年A公司合并会计报表相关抵销分录(假设不考虑所得税的影响)。

3. 甲公司和B公司均为增值税一般纳税人，销售商品适用的增值税税率均为13%，适用的所得税税率均为25%。甲公司持有B公司90%股份(系20×0年以前取得)，拥有对B公司的控制权。甲公司与B公司20×0年度有关资料如下。

(1) 20×0年6月10日，甲公司从B公司购进W商品200件，购买价格为每件2万元(不含增值税)，价款已支付。B公司W商品每件成本为1.6万元，未计提存货跌价准备。20×0年甲公司将上述W商品对外销售150件，每件销售价格为2.2万元(不含增值税)，年末结存W商品50件。20×0年12月31日甲公司结存的W商品的可变现净值为70万元。

(2) 20×0年7月1日，B公司出售一项专利权(符合税法规定的免税条件)给甲公司。该项专利权在B公司的账面价值为380万元，销售给甲公司的售价为500万元。甲公司取得该专利权后，预计尚可使用年限为10年，按照直线法摊销，无残值。假定税法规定的摊销年限、摊销方法及净残值与会计规定相同。该专利权摊销计入管理费用。20×0年12月31日该项无形资产(专利权)未发生减值迹象。至20×0年12月31日，甲公司尚未支付该笔专利权购买价款。B公司对该项应收账款计提坏账准备60万元。

要求：根据上述事项，将甲公司20×0年12月31日合并资产负债表部分项目的列示金额和调整金额填列于下表中。(单位：万元)

项　目	列示金额	调整金额 调增(+)、调减(−)
存货		
无形资产		
递延所得税资产		

4. 20×1年1月1日，甲公司以银行存款5 700万元自非关联方取得乙公司80%的有表决权的股份，对乙公司进行控制，本次投资前，甲公司不持有乙公司股份且与乙公司不存在关联方关系，甲公司、乙公司的会计政策和会计期间相一致。

资料一：20×1年1月1日，乙公司所有者权益的账面价值为5 900万元，其中，股本2 000万元，资本公积1 000万元，盈余公积900万元，未分配利润2 000万元。除存货的公允价值高于账面价值100万元外，乙公司其余各项可辨认资产、负债的公允价值与其账面价值相同。

资料二：20×1年6月30日，甲公司将其生产的成本为900万元的设备以1 200万元的价格出售给乙公司，当期，乙公司以银行存款支付货款，并将该设备作为行政管理用固定资产立即投入使用，乙公司预计设备的使用年限为5年，预计净残值为0，采用年限平均法计提折旧。

资料三：20×1年12月31日乙公司将20×1年1月1日库存的存货全部对外出售。

资料四：20×1年度，乙公司实现净利润600万元，提取法定盈余公积60万元，宣告并支付现金股利200万元，不考虑增值税、企业所得税等相关因素，甲公司编制合并报表时，以甲、乙公司个别财务报表为基数在合并工作底稿中将甲公司对乙公司的长期股权投资由成本法调整为权益法。

要求：

(1) 分别计算甲公司在20×1年1月1日合并财务报表中应确认的商誉金额和少数股东权益的金额。

(2) 编制20×1年1月1日合并工作底稿中与乙公司资产相关的调整分录。

(3) 编制甲公司20×1年1月1日与合并资产负债表相关的抵销分录。

(4) 编制20×1年12月31日与合并资产负债表、合并利润表相关的调整和抵销分录。

5. 甲股份有限公司(以下简称"甲公司")20×0年为实现产业整合、减少同业竞争实施了一项企业合并，与该项企业合并及合并后相关的交易事项如下。

(1) 3月20日，甲公司与其控股股东(P公司)及独立第三方S公司分别签订股权购买协议，从P公司购买其持有的乙公司90%股权，从S公司购买其持有的乙公司10%少数股权，两项股权交易分别谈判，分别确定有关交易条款。

甲公司自P公司取得乙公司90%股权作价5 400万元，以定向发行本公司普通股为对价，双方约定甲公司普通股价格为3元/股，甲公司向P公司定向发行1 800万股。甲公司自S公司取得乙公司10%股权作价600万元，以银行存款支付。

7月1日，甲公司向P公司定向发行1 800万股普通股，甲公司用于购买乙公司10%股权的款项通过银行划付给S公司，相关股权于当日办理了工商变更手续，甲公司对乙公司董事进行改选。当日，乙公司账面所有者权益为4 000万元，包括股本1 000万元、资本公积1 600万元、盈余公积800万元、未分配利润600万元，其中，20×0年上半年实现净利润180万元。

(2) 20×0年1月1日，甲公司应收乙公司货款为400万元，根据应收账款坏账准备计提政策，甲公司在其个别财务报表中就该应收款项计提了20万元坏账准备；乙公司账面存货中有280万元为自甲公司购入并拟对外出售，该批商品在甲公司的账面价值为200万元，乙公司未计提跌价准备。至20×0年7月1日，乙公司20×0年1月1日账面持有的自甲公司购入存货已全部实现对外销售，甲公司在其个别财务报表中应收款项计提的坏账准备没有变化。

(3) 甲公司取得乙公司股权后，双方于20×0年发生的交易事项如下。

7月10日，甲公司将本公司生产中使用的一项专利技术作价200万元出让给乙公司，该专利技术在甲公司的原价为110万元，至出让日已摊销10万元，未计提减值准备，预计该专利技术未来仍可使用5年，预计净残值为0，采用直线法摊销，乙公司将取得的该专利技术作为管理用无形资产。

(4) 至20×0年12月31日，甲公司应收乙公司400万元货款及200万元专利技术出让款均未收到，至20×0年12月31日止，该部分应收账款累计计提的坏账准备余额为50万元。

(5) 乙公司20×0年下半年实现净利润400万元，实现其他综合收益60万元，乙公司

20×0 年 12 月 31 日账面所有者权益如下：股本 1 000 万元，资本公积 1 600 万元，其他综合收益 60 万元，盈余公积 840 万元，未分配利润 960 万元。

其他有关资料：甲、乙公司均按净利润的 10%计提法定盈余公积，不计提任意盈余公积，未向股东分配利润，不考虑相关税费及其他因素。

要求：

(1) 判断甲公司合并乙公司交易的性质，并说明理由。

(2) 确定甲公司对乙公司长期股权投资的初始投资成本，并编制与确认该项股权投资相关的会计分录。

(3) 编制甲公司 20×0 年度合并财务报表中与乙公司相关的合并抵销或调整分录。

参 考 文 献

[1] 刘永泽，傅荣. 高级财务会计[M]. 7 版. 大连：东北财经大学出版社，2021.

[2] 中国注册会计师协会. 会计[M]. 北京：中国财政经济出版社，2021.

[3] 傅荣. 高级财务会计[M]. 6 版. 北京：中国人民大学出版社，2021.

[4] 财政部会计资格评价中心. 中级会计实务[M]. 北京：经济科学出版社，2020.

[5] 杨绮，任春艳. 高级财务会计[M]. 北京：高等教育出版社，2021.

[6] 苏强. 高级财务会计[M]. 北京：经济科学出版社，2021.

[7] 滕晓梅. 高级财务会计[M]. 2 版. 大连：东北财经大学出版社，2020.

[8] 张宏亮. 高级财务会计[M]. 北京：清华大学出版社，2020.

[9] 石本仁. 高级财务会计[M]. 4 版. 北京：人民邮电出版社，2020.

[10] 施先旺，马荣贵. 高级财务会计[M]. 大连：东北财经大学出版社，2020.

[11] 吴娜，韩传模. 高级财务会计[M]. 2 版. 厦门：厦门大学出版社，2020.

[12] 陈庆保. 高级财务会计[M]. 北京：中国财政经济出版社，2020.

[13] 刘颖斐，余国杰，许新霞. 高级财务会计理论与实务[M]. 2 版. 北京：清华大学出版社，2019.

[14] 杨伯坚，申香华. 高级财务会计[M]. 5 版. 北京：首都经济贸易大学出版社，2018.

[15] 程克群. 高级财务会计[M]. 大连：东北财经大学出版社，2017.

[16] 任春艳. 高级财务会计[M]. 北京：清华大学出版社，2017.

[17] 黄中生，路国平. 高级财务会计[M]. 2 版. 北京：高等教育出版社，2017.

[18] 邵俊波. 高级财务会计理论与实务[M]. 上海：复旦大学出版社，2016.

[19] 陈玲娣，花爱梅，金颖. 高级财务会计理论与实务[M]. 2 版. 北京：清华大学出版社，2016.

[20] 韩传模. 高级财务会计[M]. 厦门：厦门大学出版社，2015.